始皇帝的遺產

秦漢帝國

ファーストエンペラーの遺産　秦漢帝國

鶴間和幸—著
李彥樺—譯

第二章　皇帝制的形成……59

第三章　秦楚漢的三國志……107

第四章　劉氏皇朝的誕生……145

第五章 漢武帝的時代I 司馬遷活著的時代……205

第六章

共一百三十篇、五十二萬六千五百字

第七章　從後宮之窗看帝國發展……285

第八章 民眾的世紀……348

第九章 自然災害與內亂的世紀

將歷史情境化——鶴間和幸《始皇帝的遺產：秦漢帝國》導讀*

中興大學歷史系助理教授　游逸飛

若不算王子今於二〇〇九年出版的《秦漢史——帝國的成立》，中文世界的秦漢史通論已久未更新，學界多半還在使用三十年前林劍鳴的《秦漢史》，甚至連民國初年錢穆的《秦漢史》也常為學者的重要參考書。故日本講談社「中國の歷史」多卷本中鶴間和幸《始皇帝的遺產：秦漢帝國》中譯本的引進，無疑為中文世界的秦漢史通論注入一道活水，也讓我們翹首期盼新的中文秦漢史通論的書寫出版。

過去日本學者的中國史研究往往具有相對濃厚的理論色彩，令中文世界的讀者不易把握。但拜日本學界強盛的公眾史學寫作傳統所賜，《始皇帝的遺產》文筆流暢，內容可謂平易近人。雖然我在愉悅閱讀的同時，也不免想念日本學者精深晦澀的概念思考。

至少在中文世界裡，過去的秦漢史通論，或因出版條件的限制、或因重文獻而輕圖像，所附的

* 本文的部分觀點曾得閻鴻中老師賜教，示意圖由陳弘音協助繪製，唯一切錯誤皆由我本人負責。

文物圖版往往少得可憐，歷史當真成了「黑白」的歷史、「文字」的歷史。拜講談社「中國の歷史」規劃所賜，《始皇帝的遺產》配置了大量精美的文物圖版，從金縷玉衣到隨葬陶俑、從竹木簡到畫像磚，在在帶給讀者豐富的視覺饗宴。本文想進一步強調這些文物圖版並非簡單的插圖、文字的附庸，它們是活生生的史料，帶有文獻未曾留下的歷史訊息，必須和文字一樣被細膩解讀，方能從中得出新鮮的歷史認識。透過《始皇帝的遺產》，讀者得以更貼近文物，逐步走入情境化的歷史。

例如《始皇帝的遺產》指出兇惡的蚩尤在漢代是以「軍神」形象出現，然後配置東漢武氏祠畫像石上的蚩尤形象，頭與四肢各持戈、劍、弩等五種兵器，不僅圖文互證，畫像石更引導讀者去注意蚩尤發明「五兵」的傳說。（見本書二四九頁）

再如書中的湖北雲夢睡虎地十一號秦墓墓主照片（見本書二一九頁），棺中的死者從頭到腳擺放著千餘枚竹簡，如此特殊的隨葬現象反映這些以法律文書為主體的竹簡深受墓主重視。參照《後漢書》裡儒生周磐以儒家經典《尚書》隨葬之例，睡虎地秦墓似乎顯示秦漢文法吏發展出自我的身分認同。千枚睡虎地秦簡文字上頭沒有記載的歷史現象，一張睡虎地秦墓棺內平面圖便可充分展現。

文物的功能不僅是補充文字的歷史而已，作者還嘗試根據出土文物去重新解釋文字的歷史。例如他根據西漢陽信公主陪葬坑出土的中空鎏金銅馬，推測漢朝使者從大宛帶回來的金馬可能也是一樣的形制。此說雖無法確證，但無疑開啟了一扇窗，不僅讓讀者更加重視文物，藉此反思原先所知的歷史；更引導讀者將歷史情境化，不再只是讀到文獻表面的「金馬」二字，而是能具體推敲金馬的形狀、材質及製作方式。

文物只是將歷史情境化的契機之一，掌握將歷史情境化的技巧後，僅憑文字，我們亦可建構出生動活潑的情境化歷史，甚至據此探討懸而未決的歷史問題，發掘前所未見的歷史真相，這就是情境史的意義所在。

作者注意到項羽的叔叔項梁在櫟陽有案在身時，透過蘄縣獄掾曹咎跟櫟陽獄掾司馬欣聯絡，方得以脫身。面對這一歷史故事，讀者可能會注意到項羽後來封司馬欣為塞王，曹咎也當上海春侯、大司馬。項氏叔姪顯然頗念舊情、知恩圖報，與大殺功臣、「不知老父處」的劉邦顯然大相徑庭。這正是司馬遷書寫項、劉的用意之一。

但作者並未停留在「善體太史公意」的層次，他進一步指出曹咎與司馬欣的關係並非偶然，在識字率不高的秦漢社會裡，「獄掾」不宜等閒視之，這群擁有專業法律知識的「知識分子」，彼此之間可能存在著廣泛的人際網絡。相較於「細察人情」的傳統史家，現代史家更關心個人如何組織成群體、龐大的帝國是怎麼建立起來的。作者探討此故事背後的普遍性背景，突破了個案的限制，超越項梁、曹咎、司馬欣等個人，進入了社會史的層次，值得咀嚼再三。

本文想從制度史的背景，進一步為獄掾的人際網絡補充論證。根據睡虎地秦簡與張家山漢簡的法律文書，我們已知秦至漢初最基層的史職為世襲性官職：只有「史」的兒子可以在十七歲時進入「學室」、成為「史學童」，用三年的時間學習文字等相關知識，然後通過統一考試，分發為吏。考試成績優異者，有機會進入郡甚至中央政府擔任地位更高的史職。掌握這一制度，我們便可理解為何櫟陽與蘄縣遠距千里，兩地的獄掾卻可以有所往來。獄掾之間的人際網絡，是在整個史職培養、任用制度的基礎上發展出來的。推而廣之，先秦以來各個獨立的地域社會之所以能凝聚成一個大一統的秦漢帝國，不同地區的人群得以成為帝國統治下的吏民，其原理亦可從各種帝國制度中窺見。制度史與社會史相依互存，焦不離孟、孟不離焦的複雜關係於焉呈現。而上述所有歷史解釋的起點，皆來自於生動且深入地重建歷史情境。

秦至漢初的史職制度所建立的歷史情境，還有助於解決一個兩千年來聚訟紛紜、但本書的多數讀者可能會忽略的問題——劉邦的年齡。《始皇帝的遺產》書末提供了一份歷史年表，其中在西元前二四七年記載了「劉邦出生」。這樣的書寫體裁，容易讓讀者誤以為劉邦在此年出生是一項歷史常識、甚至是定論。其實不然，此說雖有其文獻根據（《漢書・高帝紀》師古注引臣瓚曰），但信從者其實不多，絕非常識或定論。學界較普遍接受的是劉邦出生於西元前二五六年之說，其根據同樣為早期注解（《史記・高祖本紀》集解引皇甫謐曰）。

雖然限於體例，本書在此未能詳論，但我受其啟發，細究劉邦的年齡問題後，不得不佩服作者的洞見，轉而支持劉邦出生於西元前二四七年之說，為什麼呢？

除了早年的故事，劉邦為人熟知的事蹟，多見於他成為沛公之後。此時劉邦已近中年，上述劉邦生年的二說，相差不過十歲，對一個接近中年的男子來說，並沒有顯著區別，因此不易論定二說優劣。

但對年輕時的劉邦來說，「十歲」的差異不可謂不大。而上面介紹的秦至漢初的史職制度，又為我們提供了相對精確且普遍適用的制度社會史背景。今日我們如果細細考察劉邦早年的事蹟，並結合出土文獻帶給我們的新認識，其實不難找出關鍵證據，解決劉邦生年這個兩千年來聚訟不已的疑難問題。

《史記．高祖本紀》記載劉邦：

> 及壯，試為吏，為泗水亭長。

由於《禮記．曲禮》記載「三十曰壯」，過去學者往往認為劉邦要到三十歲以後才通過考試，擔任泗水亭長。如此一來，可以說劉邦甫登上歷史舞臺便已年紀不小，於西元前二五六年出生之說自然與之更為協調，遂成為主流。

但劉邦「試為吏」的制度，應與上述秦至漢初的史職制度有著密切關聯。十七歲的「史子」在「學室」學滿三年，通過考試擔任史職時應是十九歲。而睡虎地秦簡《編年記》（《葉書》）恰恰記載了墓主「喜」十七歲時「傅」，十九歲時任史，與上述制度非常契合。張家山漢簡也存在大量以「十七歲」為標準的法律規定。據此我們可篤定地說《史記》此處「壯」的具體年紀，應根據秦至漢初的制度與法律理解為「十七歲」，「十七歲」是當時編戶齊民的成年標準。《禮記》的「三十曰壯」，即使淵源自周代貴族社會，在秦至漢初也只存於儒家典籍之中，與現實制度的關係並不密切。因此〈高祖本紀〉的記載必須理解為劉邦年滿十七歲以後，通過公務員考試，成為泗水亭長。即使劉邦沒有在十九歲時就考上，也不應間隔太久。如此一來，劉邦成為泗水亭長的年紀至多二十出頭，與三十歲的傳統說法恰好相差十歲左右，於西元前二四七年出生之說顯然更加協調。

除了成年及任吏年齡，婚齡亦是可以參考的社會標準。由於劉邦與呂雉結婚的時間必為秦統一天下之後。若以上述推論為前提，秦統一天下（西元前二二一年）時，劉邦的年紀為二十七歲。若不久便與未來的岳父呂公相見，就可能在三十歲前後與呂雉完婚。相較之下，西元前二五六年出生之說導致劉邦必定在三十五歲以後，方與呂雉完婚。綜合上述對劉邦成年及任吏年齡的探討，我們幾乎不必考慮劉邦晚婚的可能性。

劉邦年齡大十歲、小十歲，只是一個細微的歷史考證，並不影響重大的歷史解釋，但這個例子頗有助於我們理解「情境史」的價值與意義。兩千年來曾關心此問題的學者必然都熟讀《史記・高祖本紀》、《漢書・高帝紀》，對劉邦「及壯，試為吏，為泗水亭長」、於秦統一後與呂雉完婚的史實瞭若指掌。但只有根據出土文獻清晰重建劉邦成年及考試任吏的歷史情境後，我們才能將這些歷史事實準確地安置在劉邦的編年史中，進而對劉邦的婚齡與生年得出恰當的結論。

上文嘗試探討《始皇帝的遺產》一書帶給我們的幾個「情境史」佳例，希望讓讀者理解將歷史情境化的重要性。接下來我想討論一則《始皇帝的遺產》並未述及的史事。

《始皇帝的遺產》花了不少篇幅描述諸呂之亂後，周勃等功臣將代王劉恒迎來即位、成為漢文帝的過程，波瀾壯闊，聳動人心。但與《史記》、《漢書》的敘事相比，或因篇幅有限之故，《始皇帝的遺產》筆下的代王在此過程當中直如扯線木偶，任群臣擺佈。

其實從《史記》、《漢書》裡劉恒在代國與群臣議事、派遣大臣入京等舉措，我們很容易讀出漢文帝的謹慎與果斷，其能成為一代賢君，絕非巧合。周勃等群臣雖然占據了主動，但其政治手腕

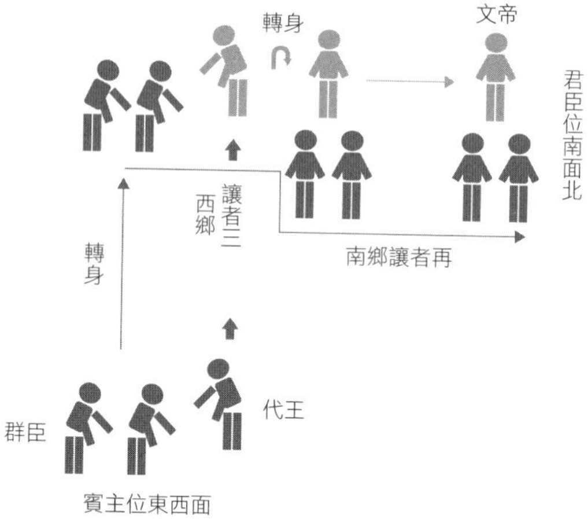

代王與群臣讓位示意圖

未必高於劉恒。而代王即天子位的過程中，有一處《始皇帝的遺產》刪去的細節，尤其值得我們品味再三，那就是在代王府邸裡，周勃等群臣固請代王即天子時：

代王西鄉讓者三，南鄉讓者再。

根據如淳注，此處座次的東西向為主客位，南北向為君臣位。代王一開始西向坐，連續往北側身避讓三次，然後轉身南向坐於君位，再經過兩次推辭，完成了從東西主客位到南北君臣位的乾坤大挪移。透過座次的轉換，代王與群臣的關係也從主客關係轉換為君臣關係，簡單明瞭，似無剩義，這或許就是《始皇帝的遺產》將此細節刪去的原因。

但若我們配合示意圖，具體重建當時的歷史情境，便不難見識到代王巧妙的政治藝術，從而對此細節提出新的詮釋。一開始西向坐的代王，為什麼要連續往北側身避讓三次，才轉身南向坐於君位呢？復原當時的場景，代王往北一讓再讓三讓，讓到最後座位已接近北牆，無法再往北側身避讓，於是只好轉身南向，應是最合理的解釋。進一步說，西向坐的代王，最終若要轉為南向坐，一開始的側身避讓方向就必須往北，不可往南。若往南側身避讓，不管幾次，最終只能轉身北向，反居於臣位。雖然往北避讓與往南避讓的或然率各占百分之五十，但就結果論言之、就歷史書寫言之、就帝王心術言之，代王一開始往北避讓的舉動，應是有意為之，代王邁出第一步之時，便已考慮到五讓之後即天子位的結果。

「西鄉讓者三，南鄉讓者再」，整個場面雖有如行雲流水般地自然，但背後卻隱藏著精心周詳的安排，體現了代王洗練的政治藝術。如果周勃等群臣當時體會到代王的用心，並積極配合代王的舉動，那整個場面就是一場精彩的政治表演。

「西鄉讓者三，南鄉讓者再」，何其自然！何其巧妙！如果我們沒有將歷史情境化，就不能讀懂司馬遷十字背後的微言大義，不能理解政治史的複雜機巧。情境史是我們讀懂歷史的一把必備鑰匙。

本文最後想舉一個例子，藉此說明《始皇帝的遺產》所揭示的諸種歷史情境並非定於一尊，或有商榷空間。讀者應以中正平和之心，享受作者帶來的知識饗宴，不輕疑，亦不輕信。

作者探討二十一世紀的重大發現——湖南龍山里耶秦簡時，主張里耶秦簡的出土地——兩千年前的遷陵縣，是秦人從洞庭湖沿著沅水、酉水逆流而上，在酉水上游設置的據點，並指出這一行進方向與《桃花源記》中的漁夫駕著小船自沅水逆流而上一致。除了《桃花源記》，作者應該還參考了兩種交通路線：一是今日從湖南省會長沙前往里耶的路線，一是里耶秦簡裡洞庭郡傳遞公文到遷陵縣的路線。此說既符合當時公文傳遞的路線，又符合後世及現代的交通，建構的歷史情境似無疑義。

但當我們考慮到更多歷史情境時，未始不能提出別解。第一，當代里耶鎮亦有道路通往西北方的重慶。第二，里耶秦簡裡有遷陵縣與西北方的巴郡屬縣涪陵往來的紀錄，這條「西北道」在當時確實存在。第三，考古學者指出湘西地區有不少戰國中晚期的楚城遺址，反映了當時西秦東楚在此區域拉鋸角力的情勢。里耶古城當不自外於此。綜上所述，遷陵縣亦可能為秦人自巴蜀順流東下，侵略楚國的橋頭堡；也是秦人雄踞湘西山地，虎視洞庭湖平原的哨站。我們甚至不妨考慮秦王政二十五年置遷陵縣之前，秦人便已控制這一地區，甚至築城的可能性。

歷史情境千變萬化，隨著人事時地物的不同，情境也隨之改變，幾無規律與通則可循。而「人」所處的情勢、環境方可稱之為「情境」，故歷史情境必然參雜了所處之人的主觀認識，並非絕對客觀的存在。歷史學者要想掌握並不客觀的歷史情境，自然也得運用自己的主觀意識，去理解、去體會、去感悟，於是每個人所描繪的歷史情境，絕不會完全一致。撰寫一部秦漢史通論，顯然不可能建立全面而統一的歷史情境，引發諸多議論也就成為勢所必然。以上幾個情境史的例子，只是餐前小菜，希望有助於引出《始皇帝的遺產》所揭示的精彩歷史情境，讓讀者大快朵頤，進而建構出更深入的歷史情境。歷史情境於焉不斷更新，我們對歷史的認識也就更加豐富。

序言　超越《史記》及《漢書》

二十一世紀最重大的發現：里耶秦簡

在進入二十一世紀的今天，還能為這部秦漢史著作下如此撼動人心的標題，實在是筆者始料未及的事。考古學家在湖南省湘西的龍山縣里耶古城的一口古井裡，找到了多達三萬六千枚的秦代簡牘。中國報紙立即大加宣揚，稱這是「二十一世紀最重大的發現」，足以「改變秦代歷史」。姑且不論二十一世紀云云，至少稱其為二〇〇二年中國的重大發現可說是當之無愧。一九七四年發現秦始皇兵馬俑，一九七五年於湖北省雲夢縣睡虎地秦墓發現約一千一百枚竹簡，都曾震驚世人。過了二十七年之後，於二〇〇二年六月里耶秦簡的出土，其震撼性可說是有過之而無不及。

所謂的簡牘，就是木片。里耶秦簡上頭記載的文字多達數十萬字。兵馬俑與簡牘的價值不同，難以單純比較，但若拿睡虎地秦簡跟里耶秦簡相比，後者的份量高達三十六倍。這樣的字數遠超過一本書，可說是相當珍貴的秦代文字史料。

這二十多年來的中國古代史研究，尤其是關於秦朝統一中國的歷史，一九七五年出土的睡虎地秦簡可說是占有舉足輕重的地位。光靠司馬遷的《史記》這本基礎史料，已不足以滿足學者們的需求。同樣的道理，里耶秦簡將成為未來描述秦漢歷史時不可或缺的重要史料。出土短短半年之後，

里耶古城的發掘現場 2002年，湖南省龍山縣里耶古城的古井裡出土了多達3萬6千枚秦代簡牘，被稱為「21世紀最重大的發現」，其重要性甚至超越了1974年所發現的秦始皇兵馬俑。

《文物》便在二〇〇三年第一期發表了以〈湖南龍山里耶戰國—秦代古城一號井發掘簡報〉為題的報告書，發表速度如此之快可說是相當罕見。當然報告書中介紹的只是出土物的一部分，但文中以豐富的彩色版面介紹了不少簡牘。因為這個緣故，筆者在撰寫本書時，也必須隨時參考報告書中所公布的文書內容。這既是中國古代史研究的有趣面，也是其艱難面。

以下我想先概略介紹一下里耶秦簡的特色。龍山縣位於湖南省西北角，鄰近以石英砂質奇岩景觀著稱且已登錄為世界自然遺產的張家界及武陵原。這種地理環境稱為喀斯特地形，乃是太古時代在海中沉積的石灰岩隆起至海面上後遭侵蝕造成的結果。龍山縣在其西邊，位於湘西土家族苗族自治州內。土家族為少數民族，人口僅八百零二萬（二〇〇〇年），自稱「瓦卡」，漢名譯為「土家」。苗族人口則有八百九十四萬（二〇〇〇年），在古代曾被稱為五溪蠻、武陵蠻。秦代史料出土於現代這塊少數民族居住之地，具有相當重大的意義。

陶淵明的桃花源是否真的存在

這些新發現的簡牘或許可以證明一件事，那就是西元四、五世紀的隱逸詩人陶淵明（一名潛，三六五—四二七）筆下描寫的桃花源或許並非天馬行空的幻想，而是有其歷史根據。

陶淵明的〈桃花源記〉描寫的是東晉太元年間（三七六～三九六）的故事。有一天，武陵的一名漁夫駕著小船進入了一片桃花盛開的樹林裡。漁夫棄船步行，穿過了洞窟，來到一個奇妙的村落。居民們告訴漁夫：「**先世避秦時亂，率妻子邑人來此絕境，不復出焉，遂與外人間隔。**」（從前我們的祖先為了逃避秦朝末年的戰亂，帶著家人及村人來到這塊土地，過著與世隔絕的生活。）居民們接著詢問漁夫現在是什麼時代，還說「**不知有漢，無論魏、晉。**」（不知道有漢朝，更不用提魏朝及晉朝。）漁夫受到居民們親切地款待酒食，離開時還特地在路上做了辨識的記號，以便再度造訪。後來漁夫將這件事告訴該郡太守，太守派人想要找出這個村落，卻怎麼也找不到。

陶淵明最後還為這個故事寫了一首詩，前幾句為：「**嬴氏亂天紀，賢者避其世。黃綺之商山，伊人亦云逝。往跡浸復湮，來徑遂蕪廢。**」（秦始皇嬴政搗亂了上天的秩序，賢能的人只好逃離塵世。就像秦朝末年的夏黃公、綺里季躲至商山一樣，這些人也逃到了這塊土地。他們走過的足跡已被淹沒，路徑也荒蕪了。）

里耶秦簡　開頭的「三十三年」指的是始皇33年，也就是西元前214年。

過去一般人大多認為桃花源是陶淵明憑空想像出來的理想世界。因為秦朝末年的戰亂對陶淵明而言，不管是時間上還是空間上都太過遙遠。然而新出土的這些簡牘，卻證明了秦朝的勢力曾經延伸到了這片邊陲之地。

原本有不少學者認為〈桃花源記〉中提到的秦

朝其實是一種假託，用意在影射後來的其他朝代。例如南宋的洪邁便在《容齋隨筆》中主張〈桃花源記〉中的秦朝其實是暗指南朝宋的劉裕時期。然而新出土的里耶秦簡，卻為這個理想世界傳說提供了史實上的依據。秦朝的人曾經進入這片土地，這點如今獲得了印證。

根據推測，〈桃花源記〉中的漁夫是駕著小船自沅水逆流而上，而根據里耶秦簡的記載，秦朝的人確實曾經自洞庭湖沿沅水逆流而上，途中轉入酉水後繼續上行，在其上游地區設置了遷陵縣。與桃花源的位置相較之下，遷陵縣的位置甚至更加深入內地，而里耶秦簡的內容就是遷陵縣的行政公文紀錄。而且由於這些簡牘皆書寫於秦始皇在世之時，從這些文字紀錄中可清楚看出秦始皇推動統一大業的時候，這塊小小的土地上發生了什麼事。

桃花源的村民們不見得是大老遠從中原地區逃來此地。倘若當時秦朝在這塊土地上的勢力範圍僅侷限在河川沿岸的小盆地之內，村民們很可能只是從該處逃到了山中的洞窟裡躲起來。後來的改朝換代對他們來說，都像是發生在異次元世界的事情。

相繼出土的史料超越了《史記》及《漢書》

世紀的大發現往往源自於機緣巧合。秦始皇的兵馬俑坑能夠出土，也是因為當地農民在鑿井時發現了模樣古怪的俑。里耶秦簡被發現，則是因為一場大雨造成土石坍塌，使古井重見天日。秦朝為什麼要將勢力深入如此窮鄉僻壤之地？這個新發現除了讓我們一窺幻想著作〈桃花源記〉的真相之外，也為我們帶來了更大的疑竇。

在秦始皇去世一個世紀之後，司馬遷在《史記・秦始皇本紀》中寫下了關於秦始皇的編年體紀錄。若說這部著作的基礎為秦都咸陽及漢都長安所保有的史料，則我們可以說里耶秦簡的大量公文是與秦始皇同時代的人在非計畫性的前提下累積而成的史料。這些史料的出土，讓我們有機會重新審視秦始皇時代這個最初帝國的歷史。

二〇〇三年秋天，考古學上又有了重大發現。湖南省長沙市的一口古井出土了超過一萬枚的漢武帝時代前期簡牘。這個地區亦曾在一九九六年出土多達十四萬枚的三國時期吳國簡牘，兩個出土地點相距不到一百公尺。長沙走馬樓吳簡還沒有全部整理完，竟然又冒出了大量的走馬樓漢簡。就跟秦始皇時期的里耶秦簡一樣，這批武帝時期的公文都被古人棄置在古井之中。

雖然這些漢簡的內容都還沒有整理及發表，但這意味著漢武帝的時代也將超越《史記》及《漢書》，逐漸進入靠著出土史料進行研究的時代。我們可以說秦漢時代史即將邁入一個全新的里程。

老山西漢墓復原婦人像　此人很可能是西漢燕王的王妃，但關於其所屬民族則意見分歧。

複合民族秦漢帝國誕生前的四百年

一九九九年，北京市石景山老山地區的西漢時期諸侯王墓遭到大規模盜墓。這個事件讓考古學家在墓中發現了一具遺骨，經分析為年約三十歲的女性，很可能是諸侯王的王妃。二〇〇一年，研究人員依其頭骨形狀加上臉部肌肉，完成了五官復原想像圖，赫然發現其相貌頗類似新疆維吾爾自治區的塔吉克族人。這意味著身為劉氏一族的諸侯王迎娶了西域的胡女為王妃。塔吉克族是印歐語系的民族。這個結論震驚了世人，許多學者都大呼「這絕不可能」。北京市文物研究所於是帶頭利用3D技術依其頭骨形狀復原頭部外觀，得到的結論是「這是一名典型的漢代中原地區居民」（《中國文物報遺產週刊》二〇〇三年第十六期，二月二十八日），徹底否定了塔吉克族人之說。

近年來生物科學的發展可說是日新月異。有些學者利用遺傳基因資訊為人類分門別類。人類身上所有細胞都帶有粒線體（mitochondrion），這些粒線體之中亦帶有DNA，獨立於細胞核的基因體DNA之外，可自行增殖，且只會繼承自母親。相較於多達三十億的細胞核基因體DNA，粒線體DNA則小得多，只有一萬六千。近幾年有人類學者針對世界各民族的粒線體DNA鹼基對進行分析，將各民族的相似度彙整成了表格。現代人類（智人）誕生於距今二十萬年前的非洲大陸，並歷經多次分化。到了大約十萬年前，其中一個分支遷徙至歐亞大陸，成為歐洲人及亞洲人的祖先。

東京大學研究所理學系研究科的植田信太郎，及中國社會科學院遺傳研究所的王麗等人組成的中日共同研究團隊，針對出土於山東省臨淄的西漢時期人骨五十八件，以及東周時期人骨九十二件，進行了粒線體DNA分析。其結果讓我們對秦國最後消滅的齊國民族有更進一步的瞭解。研究人員比較了距今二五〇〇年前春秋戰國時代中期的山東人、二〇〇〇年前的西漢末年的山東人，以及現代山東人的身體特徵，得到了頗令人感到意外的結論。戰國時代中期的山東人比較接近歐洲人，而西漢末年的山東人則接近中亞地區的維吾爾人及吉爾吉斯人。當然現代的山東人則與東亞的日本人、韓國人較接近（多賀谷昭《日本人漫長之旅1・從容貌探討日本人的由來》，NHK出版，二〇〇一年；《從大陸尋找渡來系彌生人的根源——與山東省的共同研究報告》，土井濱遺跡人類學博物館、山東省文物考古研究所，二〇〇〇年）。

基於傳統上的思維，我們在思考中國歷史及在此締造漫長歷史的漢民族時，往往會陷入「等號」的刻板印象。但我們絕對不能忘記，悠久的中國歷史其實是由各種民族合力創造而成，且過程中不斷發生變質的現象。例如建立秦朝的集團與建立漢朝的集團，就是來自於西方與東方的兩個不同的集團。所謂的秦，原本是在秦始皇誕生的六百年前，一個名叫非子的人物為周朝繁殖馬匹有功而獲封的土地，位於甘肅省東方的清水縣、秦安縣附近，即黃河支流渭水上游的黃土高原地區。至於漢，原本也是源自於劉邦當初獲封的小國，其首都位在陝西省南方漢水上游流域的漢中縣附近。另一方面，建立漢朝的劉邦集團，其根源為江蘇省西北方的沛縣、豐縣的勢力，廣義上屬於黃河下游的東方平原。

原本只是小國的秦國、漢國經由不斷吞併他國，終於成為治理天下的大秦、大漢。當時的人並沒有為後來形成的大國另外取一個國名。我們認為這兩個國家皆是帝國，稱其為秦帝國、漢帝國，或是合稱為秦漢帝國。在這兩個國家成為大秦、大漢之前，小小的秦國與漢國是如何在區域集團鬥爭中脫穎而出，逐漸擴張秦人集團、漢人集團的勢力範圍？以下我們將回顧這段四百多年的歷史。

第一章　秦始皇的誕生

秦始皇暗殺未遂事件

西元前二五九年正月，秦始皇以秦國王子的身分出生於趙國邯鄲，紛擾的戰國時代（前四〇三～前二二一年）就終結在他的手上。在他五十年的生涯中，其中有二十五年是戰國時代的秦國君王。最後的十二年，則成為統一天下的帝國皇帝。秦始皇死於西元前二一〇年，在其過世的一個世紀之後，司馬遷以《史記》中的〈秦始皇本紀〉記錄了他的生平事蹟。〈秦始皇本紀〉是以秦朝留下的《秦記》（編年體史書）為基礎，再加入流傳各地的傳說及古蹟舊地的石刻紀錄編寫而成。

地方官吏眼中的秦始皇

然而如今我們已能透過完全不同的觀點來審視這個人物。那就是與秦始皇生活在同一時代，對後來的漢代一無所知的地方官吏是如何看待秦始皇。這些人作為秦朝的官員，在各地維持著秦朝的政治運作。秦統一天下的大業，可說是徹底改變了此後兩千兩百年的中國歷史。這些官吏活在那個當下，對時代的巨變想必有著最直接的感受。但《史記》不曾提及這些人的名字，他們就這麼消失在時代的洪流之中。

雲夢睡虎地11號秦墓的埋葬者　全身從頭到腳散落著竹簡公文，腳底下還有毛筆的筆筒。《編年記》放置在頭部的位置。（《雲夢睡虎地秦墓》）

留下了雲夢秦簡的雲夢睡虎地十一號秦墓裡，埋葬的是南郡管轄下的一名縣官，我們不知道他姓什麼，只知道他的名字是「喜」，出生於西元前二六二年，死於前二一七年（始皇三〇年）。他以一介地方官員的身分，歷經了秦始皇即位為秦王（前二四六年），以及前二二一年之後的統一時代。

據考證，該墓的主人名叫「喜」，生前曾擔任過縣的令吏，參與過「治獄」，這些竹簡可能是墓主人生前根據工作需要對秦朝的法律和法律文書所作的抄錄。雲夢睡虎地十一號秦墓的埋葬者全身從頭到腳散落著竹簡公文，腳底下還有毛筆的筆筒。《編年記》放置在頭部的位置。

留下了龍崗秦簡的雲夢龍崗六號秦墓的埋葬者也是一名縣官，但我們不知道他的姓名。「喜」死得比秦始皇早，而龍崗六號秦墓的埋葬者則見證了秦始皇的辭世。

至於里耶秦簡，則不是私人墳墓內的陪葬物，而是一些被當時的人扔進井裡丟棄的簡牘。其內容是許多縣官所留下的公文紀錄。在秦始皇統一天下的時代，這些官吏在各地肩負著行政職責。

《史記》的列傳描寫了不少與秦始皇有關的名人。呂不韋、嫪毒、韓非、荊軻、李斯、蒙恬、趙高、徐福、盧生等都是名留青史的人物。《史記》裡的這些人，確實都有著戲劇性的一生。相較之下，地方官吏留下的文字史料在氛圍上就顯得冷靜得多。但由於他們貼近庶民百姓的生活，反而更加讓人感覺他們是有血有肉的活人。圍繞著秦始皇的政治高層所發生的各種戲碼雖然精彩無比，但若能加入地方官吏的觀點，將能夠對秦始皇及秦代有更全面性的認知。就連司馬遷，也做不到這樣的歷史描述。

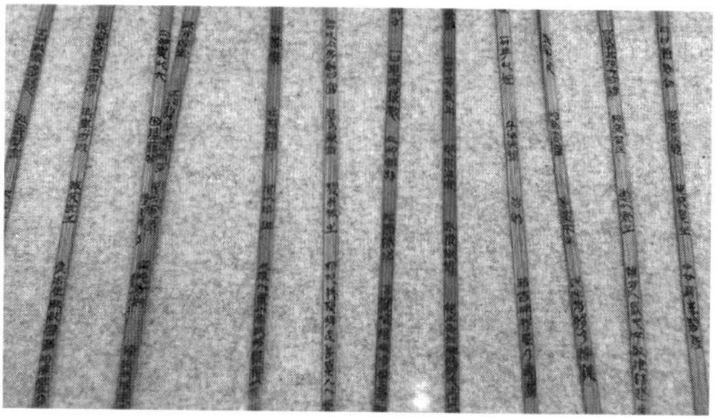

睡虎地11號墓出土的秦代竹簡〈為吏之道〉 1975年12月於中國湖北省雲夢縣城關睡虎地11號墓出土的秦代竹簡，內容為當時的法律及公文。

暗殺秦始皇

秦始皇雖然是距今兩千兩百年前的帝王，卻從不曾自中國的歷史上消失。例如文化大革命時，孔子遭到嚴厲批判，秦始皇卻受到讚揚。就連毛澤東也寫過這麼一首詩：「勸君少罵秦始皇，焚坑事業要商量。祖龍魂死秦猶在，孔學名高實秕糠。」當時崇敬秦始皇的聲浪可見一斑。事實上早在秦朝滅亡後不久的西漢時代，便已出現「秦始皇到底是暴君還是明君」的爭論。

秦始皇的事蹟在後世逐漸偏離史實，化成了傳說，其最大的理由就在於他是中國史上第一個皇帝（統一朝代的皇帝至少就有九十八人），而且親手建立了第一個統一帝國。這個統一帝國是西方的秦國征服了東方六國所創下的豐功偉業，卻在短短十五年後遭東方的勢力摧毀。基於這種種因素，才產生了不知該說是賢能君主還是暴君的兩極化評價。傳說跟史實的定義相當模糊，往往難以區分。就連司馬遷自己，也不曾把傳說跟史實當成兩件事看待。

秦始皇統一天下後，派人在各地樹立石碑，彰顯自己的功績。在這些碑文之中，包含了一些回顧戰爭歷史的詞句，例如「**六國回辟，貪戾無厭，虐殺不已。皇帝哀眾，遂發討師，奮揚武德。義誅信行，威燀旁達，莫不賓服**」。所謂的六國，指的是中原三國韓、魏、趙，及周邊三國燕、齊、楚。站在秦國的角度來看，秦軍在這場征服六國的戰爭中扮演的是正義之師的角色。然而若站在戰敗六國的角度來看，這無疑是一場侵略戰爭。由於遭侵略的六國因秦始皇的焚書令而無法留下史書，筆者想藉由一起事件來探討其背後真相。

秦始皇自十三歲即位為秦王，其統治期間可分為前二十五年的秦王時期，以及後十二年的皇帝時期。在前半段的秦王時期，發生了一起由北方敵國燕國所策劃的暗殺未遂事件。關於這起事件，秦國只留下了簡單的紀錄。

「**二十年，燕太子丹患秦兵至國，恐，使荊軻刺秦王。秦王覺之，體解軻以徇，而使王翦、辛勝攻燕。**」

以上為《史記・秦始皇本紀》中的記載，遭秦消滅的各國世家留下的紀錄也大同小異，敘述方式相當平淡。這段文字真正想要表達的不是暗殺事件的真相，而是秦始皇藉由這起事件而有了攻打燕國的藉口。要發動戰爭，就必須有一個正當的理由。我們可以說在戰國時期的國際社會上，秦國張開雙臂迎接刺客，卻又嚴懲其背後的策劃者。

風蕭蕭兮易水寒的刺客荊軻

另一方面，《史記》的〈刺客列傳〉則對企圖暗殺秦始皇的刺客荊軻所採取的種種行動有著相當感性的描寫。荊軻接下了太子丹的命令後，準備了送給秦王的伴手禮（秦將樊於期的首級，以及豐饒土地督亢的地圖），帶著秦舞

筑　全長117公分，寬11公分。上頭有5根弦，演奏時以左手握住長柄，可調整音階，右手則持竹撥子敲打弦。

陽出發前往咸陽。眾人在燕國的易水河畔為荊軻送行的橋段相當有名。所有人都身穿白衣，配合著一種名為筑的樂器，唱出了充滿哀戚的訣別詩。根據書中記載，眾人來到了易水邊時，先祭拜了道路之神，接著由高漸離擊筑，荊軻配合著節拍高歌，令所有來送行的人不禁潸然淚下。荊軻是這麼唱的：

風蕭蕭兮易水寒，壯士一去兮不復還。

即使是以現代的北京腔來朗讀，也是鏗鏘有力。其中連接四字句與三字句的「兮」字乍看之下沒有意義，卻扮演了舉足輕重的角色。因為這個字不僅能調整呼吸及音調，而且還發揮了增添餘韻的重要功效。書上說聽到這段歌的人都因太過感動而「**瞋目裂眥，髮植穿冠**」。接著荊軻便上了馬車，沒有再回頭。據說遠行者若回頭看，路途上將發生不祥之事。

筑樂器的伴奏，更是將悲愴的氣氛拉升到了更高的境界。筑是一種弦樂器，但不以弓拉，也不以指甲彈，而是以竹撥子敲打。這是一種小型的樂器，即使攜帶到野外也不會感到不便。自宋朝之後便已失傳，成為傳說中的夢幻樂器，直到湖南省長沙王后墓出土了實物，我們才得以目睹其真正的面貌。其上頭有五根弦，長約一百一十七公分，寬約十一公分，厚度僅有六公分。有一根像吉他一樣的握柄，演奏時以左手握住，可調整音階，右手則持竹撥子敲打。江蘇省連雲港侍其繇墓出土了一幅擊筑歌舞圖，可以一窺演奏時的模樣。

中國既有以弓拉或以手指彈的弦樂器，也有像這樣以長棒敲打的弦樂器。這種打擊式的弦樂器在中國被稱為打弦樂器或擊弦樂器，現代較有名的是來自西方的揚琴，古代則有筑。敲擊時手腕動作必須靈活俐落，因此音色比拉弓式的弦樂器更加清脆響亮且帶有餘韻（事實上當時並沒有弓弦樂器）。當荊軻唱到「兮」字時，歌聲的餘音與筑的音色融為一體，與內心的感觸產生美麗共鳴，足以撥動每個人心中的琴弦。

暗殺秦王畫像石　山東省武氏祠石室畫像石。

一行人抵達咸陽後，刺殺秦王的大戲旋即進入高潮。東漢時期的畫像石，多刻於祭拜死者的祠堂石壁上。其中一幅畫像石將刺殺秦王的整個過程濃縮在單一的圖面

史書與畫像石在暗殺場面上的差異

內。以下讓我們一邊看著圖面，一邊對照《史記・刺客列傳》中的描述。

荊軻獲得秦王的許可，進入了咸陽宮。荊軻手上捧著一個盒子，盒裡裝著樊於期的首級。跟在一旁的秦舞陽也捧著一個盒子，裡頭裝的是地圖。來到秦王面前時，秦舞陽因害怕而直打哆嗦，引起了群臣的懷疑。畫像石右下角那個伏在地上的人正是秦舞陽。荊軻此時轉頭看了秦舞陽一眼，笑著向群臣道歉：「**北蕃蠻夷之鄙人，未嘗見天子，故振慴**。（他是北方蠻夷的鄉巴佬，沒見過天子，所以心裡害怕。）」秦王於是說：「**取舞陽所持地圖**。」荊軻將地圖交給秦王，秦王將地圖攤開，最後出現了匕首。荊軻以左手揪住秦王的袖子，右

手持匕首刺向秦王，但還未刺到，秦王嚇得起身逃走，扯斷了袖子。畫像石的中央靠右處，可看見扯斷的袖子浮在空中。秦王想要拔劍反擊，卻因內心慌亂加上劍鞘太緊而拔不出來。荊軻追趕秦王，秦王繞著柱子逃走。畫像石的左右兩側，可看見倉促中掉了鞋子的秦王，以及怒髮衝冠的荊軻。

這突如其來的事態讓群臣全都慌了手腳。依照秦國律法，近臣上殿時不得攜帶武器。此時御醫夏無且在百忙中以手中藥囊擲向荊軻，荊軻避開，秦王趁機將劍背在身後，終於拔出了長劍，砍向荊軻。荊軻擲出匕首，卻刺中了柱子。畫像石中央描繪的正是這個瞬間。最後荊軻遭左右近臣殺死。

《史記・刺客列傳》中的描寫，與畫像石有三點不同。第一，仔細看畫像石左側的秦王右手，可以發現他手上並沒有一把能攻擊荊軻的劍，而是焦急地想要扔出身上的玉環。第二，書中說近臣禁止攜帶武器，但仔細看圖上左右兩側角落的近臣，他們手上都拿著武器。第三，御醫夏無且是在千鈞一髮之際救了秦王的重要人物，但圖上並沒有這樣的人物。

採用的史料不同，史實也會跟著改變

這個故事在民間流傳著各種不同的版本，或許司馬遷採用的版本只是剛好與畫像石採用的版本不同。除了這個畫像石之外，各地都可找到類似的荊軻刺秦王傳說，且各自帶有其地方傳說的特色。所謂的歷史，往往會像這樣偏離一個史實，隨著流傳而在世人的內心產生變化。因此有人說「歷史都是古人演的戲」。但戲劇性越強的歷史，我們愈需要仔細分清楚哪個環節是史實，哪個環節是後人的加油添醋。當然，要分得一清二楚絕不是件簡單的事。

秦始皇的御醫因救了皇帝而獲得豐厚賞賜，而且一直活到了漢代。他肯定將這件發生在宮廷內的機密事件告訴了漢代的人。司馬遷在撰寫〈刺客列傳〉時，一方面參考了畫像石之類的民間荊軻傳說，一方面也加入了夏無且救秦始皇的橋段。建構歷史的基礎材料，往往像這樣包含各種不同觀點的史料。我們必須慎重思考原史料的作者（或傳揚者）是誰，以及站在什麼樣的立場等等。以荊軻刺秦王為例，悼念荊軻之死、站在荊軻角度描寫刺殺秦王經過的故事，肯定是出自遭秦消滅的六國遺民之口。至於秦國記錄這起事件，則只是為了替秦滅六國找一個理由。漢代的司馬遷融合新舊資料，一方面記錄秦國的統一戰爭，另一方面又寫下了讚揚荊軻的列傳。

如此冷靜的筆法，在通篇《史記》都可觀察到。司馬遷是依據原史料描寫事件經緯或人物。即使記錄的是相同事件，只要史料不同，立場也會大異其趣。就算出現了矛盾，也不加以修正。只要明白了這點，我們便能發現《史記》並非司馬遷的個人創作，雖然書中沒有列出每個環節的出處，作為第一級史料亦當之無愧。

一介地方官吏與秦始皇的相遇

暗殺秦始皇未遂事件發生於西元前二二七年，秦國南郡下的地方官吏「喜」這一年三十六歲。他的父親已死，母親也在該年的七月甲寅日辭世。荊軻在咸陽宮行刺秦王的事件，史料上並沒有留下月、日紀錄。但在這一年的四月丁亥日（二日），秦國的南郡郡守向轄下各縣發布了一道整頓治安的命令。這份標題為「語書」的竹簡共有十四枚，也收藏在喜的墳墓之中。當時秦國雖然已占領了南方大國楚國的領土，而且設置了郡，但還無法達到徹底的統治。倘若《語書》的發布是在荊軻行刺事件之後，這意味著當時的國際局勢正處於連秦王的性命也受到威脅的緊繃狀態，秦國為了防止占領地發生叛變，決定嚴格執行對各地的統治政策。

秦王這一年三十三歲，年紀比喜小了三歲。喜在偏遠地方為秦王推動行政工作，我們很想知道他的內心抱著什麼樣的想法，可惜簡牘公文中並不包含任何個人心情的紀錄。當喜過世的時候，家屬們在他的墳墓裡放置了一些竹簡，內容除了與他身為地方官吏的職務有所關聯的法律公文外，還有一份《編年記》。這份《編年記》共有五十三枚竹簡，從中可看出緊張的政治局勢對喜的影響。

所謂的《編年記》，就像是埋葬者的履歷表。魏晉時代的人會將刻著死者生平經歷的石頭放進墳墓裡，稱為墓誌，但秦代的人還沒有這樣的風俗習慣，當時的習俗是將死者的生平經歷依紀年排列，寫在竹簡上，看起來類似現代的履歷表。喜是秦國人，紀年當然也是秦的紀年，除了喜的個人事蹟之外，還一併記錄了秦國的國家大事。

例如「**四十五年，攻大壄（野）王。十二月甲午雞鳴時，喜產**」。此處的四十五年，指的是秦始皇的曾祖父秦昭王四十五年，也就是西元前二六二年。秦王政則是在這一年的三年之後，也就是秦昭王四十八年（前二五九年）出生於邯鄲。而記錄喜出生的方式，則是先寫下這一年為秦國攻打大（太）行、野等地之年，接著才寫下喜出生於十二月甲午日雞鳴之時（相當於現在的凌晨兩點）。史書上對秦王政的出生紀錄只有「**以秦昭王四十八年正月生於邯鄲**」，而喜身為區區一介官吏，卻連出生的時間也寫得清清楚楚。一位是不久之後將成為中國第一個皇帝的大人物，另一位只是小小地方官，這樣的對比實在令人莞爾。

喜並非由中央派遣至地方的長吏（郡縣首長或次官），而是在當地出生並獲得錄用的地方官，稱為史或掾史。喜在十七歲以成年男子的身分進行戶籍登記，並在十九歲時獲任為縣史。要當上史，條件是必須識字。喜當了數任縣令史之後，在二十八歲就任鄢都獄史。要當上獄史，只會讀書寫字是不夠的。由於獄史必須負責處理犯罪事件，因此必須熟悉法律及判例，且必須擁有製作筆錄及司法公文的能力。

西元前二三四年，喜投筆從戎，加入了軍隊。當時他二十九歲。劍拔弩張的國際局勢，對一介地方官的生活也造成了影響。西元前二三二年，喜參與了平陽之戰。後來秦始皇吞併六國，開始巡狩天下，喜才終於有了看見秦始皇的機會。項羽是在秦始皇最後一次巡狩天下時看見秦始皇，《史記》中記錄了他當時說出口的話（詳情後述）。相較之下，喜則是在西元前二一九年看見秦始皇，並且在竹簡上寫下了「**今過安陸**（剛剛通過了安陸）」一語。身為地方官，喜有責任在秦始皇前來巡狩時確保其安全無虞且道路暢通。喜在迎接了秦始皇的隊伍之後，自行寫下了「皇帝剛剛通過眼前」的紀錄。

當時喜四十四歲，或許已不是現役的地方官了。他的一生大部分是在秦王時期度過，親眼目睹了秦始皇的紀錄雖然只是短短一句話，卻隱約流露出了興奮之情，這跟看到了秦始皇後說出「**彼可**

取而代也」的項羽可說是有著天壤之別。事實上在喜留下的所有文書之中，這是唯一提到了統一天下後的秦朝的一句話。喜是個不在文章中表露感情的人。但是在這短短四個字之中，卻感受得到為了秦國奉獻一生的喜所懷抱的欣慰。

相較於出土史料的平淡內容，《史記・秦始皇本紀》對秦始皇第二次巡狩天下卻是多有著墨。《史記》將秦的歷史分成〈秦本紀〉及〈秦始皇本紀〉兩篇，是希望讓秦王政（秦始皇）的時代與其之前的時代有所區別。相較之下，喜的《編年記》則沒有這個問題。這部《編年記》從昭王元年（西元前三〇六年）開始記錄，五十六年後歷經孝文王一年、莊襄王三年，再到今元年（今上元年，即始皇元年），最後記錄到三十年。將近一個世紀（約九十年）的歷史全收錄在同一個年表裡。其中最值得注意的時代，就屬在位期間長達半個世紀以上（五十六年）的昭王時代。在那個秦王政跟喜都已出生的時代，秦正逐漸形成一個帝國。

為帝國時代揭開序幕

戰國秦昭王的時代

昭王又稱昭襄王。由於周朝第四代的王也叫昭王，因此叫昭襄王比較不容易搞混，但此處還是依照出土史料，稱其為昭王。昭王年僅十九歲便當上了秦王。要討論秦漢歷史，絕對不能忽略昭王在位的這五十六年。畢竟就連秦始皇，其在位期間的總長也只有三十七年而已。昭王的在位期間超過半個世紀，足以與西漢的漢武帝相提並論。秦國自昭王時代開始對外擴張勢力，不斷朝著東方攻城掠地，建立帝國的時期甚至比秦始皇早了半個世紀。在西元前二八八年，昭王有兩個月的時間自稱西帝，而東方的齊王（岷王）則為東帝。

早在秦始皇之前，昭王便曾稱帝於天下，視之為後世之先驅可說是名副其實。當時還沒有皇帝這個稱號，昭王是以帝號來取代過去王號的權威地位。司馬遷的祖先司馬錯，亦在昭王的時期占領了蜀國（相當於現在的四川省成都平原。事實上司馬錯早在惠文王在位的西元前三一六年就曾消滅過蜀國一次）。

長平之戰遺跡　中國古代的戰爭只能以慘絕人寰來形容。山西省高平市永祿村發現了十多處人骨坑，出土一百三十多具20～45歲的男性白骨。

昭王在位的期間發動了不少大屠殺的戰爭。繼斬首兩萬（楚）、斬首二十四萬（韓、魏）、斬首四萬（魏）、斬首十五萬（魏）、斬首五萬（韓）之後，到了西元前二六〇年，秦國白起攻打趙國長平時，坑殺了四十五萬降兵。這場戰爭打得驚天動地，白起的列傳裡記錄了當時的狀況。

秦王聞趙食道絕（中略）發年十五以上悉詣長平，遮絕趙救及糧食。至九月，趙卒不得食四十六日，皆內陰相殺食。（中略）秦軍射殺趙括。括軍敗，卒四十萬人降武安君。（中略）乃挾詐而盡阬殺之，遺其小者二百四十人歸趙。前後斬首虜四十五萬人。趙人大震。

這一戰秦國雖然獲勝，但己方也死傷過半，大受打擊。其後秦國又曾斬首四萬（韓），並於前二五五年滅了周國。倘若這些傷亡數字都屬實，至少有將近一百萬的東方諸國士兵死在秦國的手裡。秦兵只要帶回敵人首級，就可以換取爵位、宅地、耕地等獎賞。秦國為了統治新占領的東方土地，設置了河東郡、南郡、黔中郡、南陽郡等各郡。當時的秦國並沒有消滅六國，而是對國土相鄰的楚、韓、魏等國發動攻擊，占領其土地。所謂的郡，原本的概念正是為了統治占領地而設置的據點。

從「問鼎輕重」這句成語的典故，我們可以得知九鼎（可能指九座鼎，也可能指蒐集自九個州的銅所鑄成的鼎）是周天子的象徵。據說就連九鼎，也在這時落入了秦昭王的手中。全天下的人紛紛依附昭王，令昭王一時之間得到了稱帝於天下的資格。司馬遷在《史記》第七十二卷〈穰侯列傳〉的文末，為此讚揚了穰侯的功績。穰侯指的是昭王的母親宣太后的弟弟魏冉。

而秦所以東益地，弱諸侯，嘗稱帝於天下，天下皆西鄉稽首者，穰侯之功也。

（秦國能夠向東方拓展領土，削弱諸侯的勢力，稱帝於天下，讓天下人對著西方稽首，全是穰侯的功勞。）

「稱帝於天下」一詞具有相當重大的意義。特定國界範圍內的區域稱為國家，而國家的統治者為王。昭王當初即位的時候，只是秦這個國家的王而已。然而戰國時代出現了太多王國，世人開始以天下這個概念來形容跨越了國界的國際世界。雖然當時還沒有產生由一人直接統治天下的觀念，但統治者已有了跨越王國的邊界，向天下諸侯展現霸權的企圖。昭王與齊王打算平分天下，正是基於這樣的想法。

「天下」的概念

然而《史記・秦本紀》中的昭王編年紀錄，卻只是淡淡地列出了征戰得利的事蹟，看不到任何精采有趣的劇情。這讓讀者們無法對昭王這個人有所瞭解。對於其周圍的人，倒是有一些描述，例如輔佐年輕昭王的母親宣太后。《史記》以「自治」「專制」等字眼來形容宣太后的施政，令人聯想到秦始皇的母親。就連漢惠帝的母親呂太后的掌權方式，也彷彿是拿宣太后的做法依樣畫葫蘆。

昭王對外擴張領土，或許可以視之為中國古代的一種帝國主義戰爭。但除了《史記・秦本紀》之外，在其他史料上還可找到一些昭王時期的內政紀錄，可見得昭王並非只顧著對外征戰而已。然而司馬遷卻只強調征戰的部分，似乎不打算讓讀者對昭王的時代有通盤的瞭解。事實上昭王曾下令蜀地（遭秦占領的地區）的蜀守李冰對岷江實施治水灌溉工程，而且也承襲了商鞅變法時制定的阡陌制度（將耕地以東西向的小徑〈阡〉及南北向的小徑〈陌〉劃分區塊的制度）。為了對抗北方的匈奴，昭王還曾下令修築隴西至北地、上郡的長城。從昭王的施政，隱約可看出未來秦始皇政治的雛形。

昭王死後埋葬在芷陽，位於秦始皇埋葬地驪山的西麓。他還在世的時候，便已選擇此地作為自

傳「莊襄王陵」 位於西安市區東方一座小山丘上的圓墳，據傳是秦莊襄王的陵墓，但較有可能是即位三天後便病逝的秦孝文王的陵墓。

己的陵墓。太子及宣太后亦埋葬於此。一九八六年發掘調查團隊在此地發掘一片名為東陵的秦國王族墓葬區域。東陵中有著巨大的墳墓，輪廓呈亞字形，四方各有一條傾斜墓道。秦昭王的陵墓應該就在這裡頭，秦始皇的父母也葬在這裡。在秦始皇即位為秦王時，也依循這個傳統，指定東陵為自己的埋葬地。

秦昭王的帝國主義政策，令秦國在其曾孫秦始皇死後付出了極大代價。在昭王時期飽受秦國侵略的楚、趙等國可說是舉國上下都對秦國恨之入骨，而且這股恨意代代傳承了下來。司馬遷不重視昭王時期的周秦革命，只特別強調終結了戰國時代的秦始皇統一大業。相較之下，喜的《編年記》卻是將秦昭王、秦王政到秦始皇的各時代擺在一個連貫性的年表之中。因此《編年記》開始於昭王元年，而結束於秦始皇三十年。

秦王政與呂不韋

從西元前二五一年至前二四七年的五年之間，秦國的王室可說是禍不單行。昭王、孝文王、莊襄王（莊王）相繼過世。這時期的喜還是個孩子，尚未獲得官職。但即使已任官，一個區區地方官吏也不可能知道政治中心發生巨變的背後真相。以《編年記》上的紀錄來看，寫著「五十六年後（閏）九月昭（王）死」「孝文王元年立即死」「莊王元年」「莊王三年莊王死」「今元年」等字串的竹簡相鄰排列。七十五歲的昭王去世並不奇怪，但孝文王即位三天就暴斃可就不對勁了。從「立即死」這三個字，便可看出當時即使是不知真相的異國或偏遠地方人士，也很清楚事有蹊蹺。不過由於昭王在位期間太長，孝文王即位時已五十三歲了，確確實實是病死的可能性倒也不低。然而孝文王的陵墓並沒有被安排在昭王附近，光從這一點就讓人忍不住揣測其背後有著想要讓莊襄王早點即位的陰謀。

此處有個非提不可的人物，那就是呂不韋。這個人原本是陽翟（今河南省禹縣）的巨商，我們不知道他賣的是什麼商品，只知道他擅長低買高賣，做的是行商生意。但他經營的多半不是個人事業，而是擁有一個大規模的區域間行銷通路。他在韓的首都陽翟與趙的首都邯鄲之間往來經商，直線距離有兩百五十公里。這兩個地點分別位於河南省中部及河北省南部，相當於在黃河下游的南北兩側遊走。

距離與時間都會影響價格的高低起伏。在戰國時代，穀類、鹽、鐵、漆器、絲綢等各式各樣的東西都是四處流通的商品。除了可以利用南北氣候差異來做生意，人口密度高低當然也會影響消費能力。呂不韋靠著做生意累積了龐大資產，據說雖然比不上王家之富，但已可與一城之主相匹敵。其跨越了國境的投資對象，甚至也包含了「人」。而且呂不韋還很巧妙地將其身為商人的智慧運用在秦國的政治上。

昭王因太子過世，改立次子安國君為太子。安國君因而成了王位的繼承人。但安國君之後的位子該由誰來接，卻成了大問題。繼承人的挑選不止看長幼順序，還得考量其身分是否為嫡子。但正夫人的地位卻不固定，任何寵妾都有可能成為正夫人，而正夫人的兒子當然就是太子。安國君的正

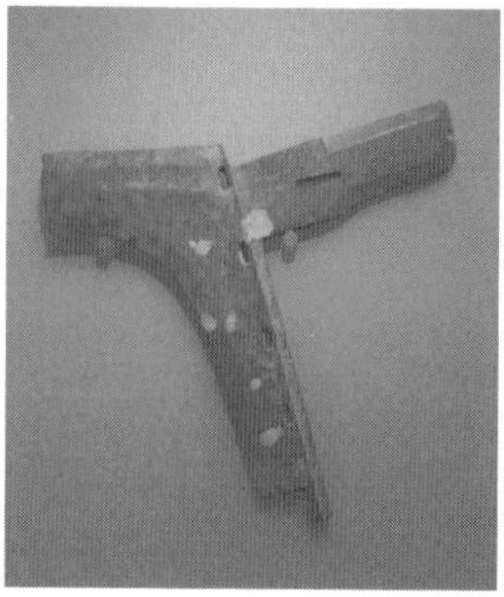

相傳由呂不韋下令製造的戈
戈的上頭刻有「相邦（國）呂不韋」等字樣。

夫人是華陽夫人，她雖然相當受到寵愛，卻沒有生下兒子。

安國君有個叫子楚的兒子，被送到了邯鄲當人質。子楚是安國君二十多個兒子裡排在中間的一個，其母夏姬不受安國君寵愛。呂不韋見到了子楚，認為他「此奇貨可居」，也就是很有利用價值。長年經商的經驗，讓呂不韋立刻就算出了子楚的「價格」。只要經過一段時間的醞釀，這個人的商品價值就能大幅提升，但前提是必須先在其身上投資千金才行。呂不韋考量了所有環境條件及可能性，諸如昭王的壽命、安國君即位時的年紀、華陽夫人的心願、子楚的落魄處境等等。以結果而言，奇貨不僅僅只是子楚，還包含了秦王政，也就是後來的秦始皇。

子楚愛上了當時在邯鄲與呂不韋住在一起的一名舞孃。這名舞孃原本是趙國的豪門出身，當時已懷了呂不韋的孩子，但子楚一直被蒙在鼓裡。政出生後，子楚就把舞孃立為夫人。昭王的大軍包圍邯鄲時，政的年紀才三歲，跟著父母倉皇逃進秦軍的陣營內。昭王過世後，安國君即位，是為孝文王。一如當初的預定計畫，子楚被立為太子，一切都在呂不韋的盤算之中。

孝文王猝死，子楚即位為王，是為莊襄王。莊襄王任命呂不韋為相國（丞相），並封他為文信侯，賞了他雒陽十萬戶的領地。當初的千金商人，如今真的成了一城之主。莊襄王即位三年後也過世了，政年僅十三歲便即位為秦王。在秦國當官，得年滿十七歲才行。十三歲年紀要扛起君王政務，實在是太年輕了些。政的母親於是以太后的身分輔佐兒子，呂不韋也繼續擔任相國。

嫪毐之亂

呂不韋因是商人出身，相當擅長在區域國家之間建立人脈網絡。據說他的家裡聚集了三千名來自各國的食客。由呂不韋下令編纂的《呂氏春秋》是一部集合了各家思想的著作。其中的篇章有〈八覽〉〈六論〉〈十二紀〉等，共二十餘萬字。其中又以〈十二紀〉最為重要。十二紀的內容是將一年十二個月區分為四季，明列出世人依循大自然的循環法則所應該採取的行動。雖然這實在不像是呂不韋這種算盡心機的謀略家會編的書，但在昭王過世之後，呂不韋在秦國所追求的理想政治，全闡述在這部著作中了。後來的《漢書》〈藝文志〉將這部著作列為「雜家」，但絕不代表其思想是雜亂無章的。

倘若呂不韋能夠輔佐秦王政直到最後一刻，或許秦這個帝國會呈現出完全不同的風貌。

天下非一人之天下也，天下之天下也。（〈孟春紀・貴公〉）

呂不韋並不認為天下應由皇帝一人採行獨裁統治。身為天子，應該洞察民意。身為百姓若麻木不動，將有利於暴君之政。官吏若能負起職責，不辱君主的期望，君主就能高枕無憂。這就是呂不韋心中的理想天子及理想國家。倘若呂不韋能持續擔任相國，或許天下能形成一個維持著戰國結構，但由秦國掌握主導權的聯邦政體。可惜呂不韋的政權因嫪毐之亂而垮台了。

根據《史記・呂不韋傳》記載，呂不韋在秦王政即位後依然與政的母親，也就是太后私通。呂不韋擔心東窗事發，因此改派了嫪毐進宮服侍太后。嫪毐是個魁梧的壯漢，卻故意剃掉了眉毛及鬍子，假裝是個宦官。太后偷偷與嫪毐生下了兩個孩子，嫪毐因得寵於太后而掌握權勢，獲封為長信侯，得到山陽的領地。但是到了前二三八年，有人密告嫪毐與太后的關係，事態因而有了戲劇性的變化。

嫪毐偽造秦王御璽及太后璽，召集士兵、騎兵、戎翟之長及舍人至雍城的蘄年宮，打算發動政變。秦王政接到消息後先發制人，派出相國昌平君及昌文君前往圍剿，在咸陽的這一激戰，數百人遭到斬首，嫪毐原本逃走，也被抓了回來。秦王政下令徹查，呂不韋亦遭到牽連。秦王政於是處死嫪毐一族，將太后軟禁在雍城，並且將嫪毐的舍人流放至蜀地。至於呂不韋則服毒自殺了。

這場幾乎可說是內亂的重大事件，並沒有出現在喜的《編年記》上。（秦王政）九年的竹簡只寫了紀年，底下一片空白。想必就跟行刺未遂事件一樣，秦王並沒有對外公布真相。中央政府要是出現亂象，占領地的治安也會跟著惡化。

統一天下

自呂不韋失勢且太后遭軟禁之後，秦王政開始親政。秦王政選擇了李斯來輔佐自己。李斯所追求的政治理想，與呂不韋截然不同。

李斯的野心

李斯出身於楚國的上蔡縣（河南省），年輕時就跟喜一樣擔任過當地的地方官。喜為縣官，而李斯則是層級高於縣的郡內小吏。雖然郡縣有別，但李斯年輕時的地位與喜幾乎相同。喜一輩子都是地方官，而李斯卻從地方官躍升為秦國丞相，怎麼會有這麼大的差別？

李斯與喜最大的不同，就在於李斯主動向荀卿（即荀子，本名荀況。荀卿為尊稱）學習帝王學，並且在很早的時期便看出楚王難成大業，決定藉由秦王政實現自己的抱負。荀卿也是儒家的思想家，但相較於孟子的性善說，荀卿則主張性惡說。但這套理論絕非「每個人天生都是壞人」這麼單純。荀卿的觀點是每個人都有與生俱來的慾望，必須仰賴禮儀及法治才能維持社會秩序。荀卿是趙國出身，但他自己也曾追隨楚國的春申君，擔任過蘭陵令（蘭陵的首長）。透過治理縣政的實務經驗，荀卿領悟了帝王學思想。

原本只是一介地方官的李斯，決定前往秦國。剛開始，他在呂不韋的家裡當舍人。舍人並非官銜，而是指在主人家裡幫傭做雜事的人。呂不韋賞識李斯的才幹，將他介紹至秦王的身邊當郎官。舍人的「舍」為主人家的意思，相較之下，郎官的「郎」原為走廊之意。換句話說，郎官是負責守護宮中走廊的近臣。李斯得到了接近秦王政的機會，不斷向秦王政闡述他的帝王學思想。李斯一再向秦王政強調，從孝公、昭王到莊襄王的六代秦王已成功讓諸侯臣服於秦，如今正是絕佳的好機會，應該趁機消滅這些諸侯，完成統一大業。所謂的諸侯，原指周王所封的諸國君主，但戰國時代的諸侯早已各自稱王。

呂不韋從不曾說過「天下統一」這種話。但秦王政卻抱持著繼承昭王的帝業，並加以徹底實現的想法。秦王政採納了李斯的策略，任命他為長吏（中央官僚制度下的官吏），並賜給他客卿的稱號。客卿的「客」指的是異邦之人，客卿就像是賜給外國人的名譽頭銜。為了實現統一天下的大業，秦王政派密使帶著金銀珠寶前往各國，企圖離間各國的君臣感情。

西元前二三七年，秦王政下了驅逐外國人的逐客令，李斯上書反對，成功讓秦王回心轉意。這件事成為了李斯站上中央官僚制度頂點的契機，秦王也開始積極任用外國人才。其貫徹執行的程度，遠超越我們現代人的想像。例如平定了嫪毐之亂的相國昌平君、昌文君，也是楚國的公子（王子）。雖說諸國王室之間透過聯姻建立友好關係或是解除同盟大興干戈都是家常便飯，但秦國竟然採用他國王室的成員來擔任國家中樞的重要官職，實在令人難以想像其意圖。所謂的相國，就是國家的輔佐者，也就是後來的丞相。

貫徹法治與帝王學的構想

事實上秦惠文王的相國張儀，是主張秦國應該與東方諸國進行連橫的縱橫家。把一國最重要官職交給向諸國遊說外交策略的謀略家，這早已超越了一般對雇用外國人的概念。顯然這是站在國際戰略視野對國家進行強化，為了國家的永續生存而追求珍貴人才的結果。但即使是在如此風氣的時代，依然存在著保守派。有個來自鄰國韓國的水利工程師，名叫鄭國，來到秦國說服秦王挖掘渠道，後來卻遭發現他是韓國派來的間諜。秦國人認定韓國的用意是讓秦國把資源投注在大型水土工程上，如此一來軍事力就會減弱。類似這樣的事情發生了好幾起，王族及大臣們於是要求秦王將所有異國人全都趕出秦國，這就是有名的逐客令。這道命令一出，楚國出身的李斯也受到波及，於是他為了自保而上書秦王。

李斯說服秦王的論點相當高明，不愧是荀卿的門生。秦王看了之後不僅回心轉意，而且封李斯為廷尉。前文提到喜當上獄史是在西元前二三五年，大約在同一時期，李斯坐上了司法的最高官位。因為這個緣故，喜在這個時期或許有機會與李斯接觸。喜身為地方官員，必須依據法律處罰犯罪者，但倘若法律條文出現疑義，就必須向中央的廷尉請求解釋。尤其是喜所任官的地點是秦國的占領地，法律執行得相當徹底。李斯在秦王的面前實現了連老師荀卿也沒能做到的事情。

戰國時代的最後十年，一如李斯的預期，戰國諸國的勢力均衡開始瓦解，出現了天下統一的趨勢。西元前二三〇年，韓王安遭擄，秦消滅了韓，緊接著魏、楚、燕、趙也相繼滅亡。西元前二二一年，位於最東方的齊也亡國了，秦完成了統一大業。前述的秦王政行刺未遂事件雖然讓秦王政差點遭到殺害，卻也間接加快了天下統一的速度。站在廷尉李斯的角度來看，帝王學的理想終於在秦國獲得了實踐。

喜的《編年記》記錄了西元前二二三年以前秦與諸國之間的戰爭。但是（秦王政）二十五年、二十六年卻只寫出紀年，底下一片空白。李斯大力提倡並獲得了實現的天下統一大業，年過四十的喜看在眼裡不知有何感想。空白代表無言，但無言也是一種訊息。相較之下，喜在二十七年記錄了族人的生產，二十八年記錄了前述的秦始皇出巡。

實現天下統一的一年

《史記・六國年表》中使用的「始皇帝元年」一詞，是後人追溯時使用的紀年。秦王政當然不可能一即位就採用始皇帝元年這種稱呼。相較之下，《編年記》中使用的「今元年」這種說法，更給人一種真正活在秦王政時代的臨場感。同樣的氛圍，在出土的同時代史料之中亦能感受得到，就連我們這些讀者也不由得感染了緊張氣氛。

《史記・秦始皇本紀》中的二十六年這一節，開頭第一句話便是描述秦俘虜了六國最後一王，也就是齊王。其內文如下：

二十六年，齊王建與其相后勝發兵守其西界，不通秦。秦使將軍王賁從燕南攻齊，得齊王建。秦初并天下。

（二十六年，齊王建與相國后勝出兵防禦西邊國境，不與秦往來。秦派將軍王賁自燕國的南邊攻齊，俘虜了齊王建。秦王首次統一天下。）

〈六國年表〉則以更簡單扼要的詞句記錄了這件事：

王賁擊齊，虜王建。初并天下，立為皇帝。

（王賁攻打齊，俘虜了齊王建。秦王首次統一天下，登基為皇帝。）

倘若《編年記》內也有類似的紀錄，則這段歷史可說是無庸置疑，偏偏《編年記》二十六年的部分一片空白。

這一年發生的事不僅是對秦，甚至對整個中國歷史都具有重大意義。但我們甚至不知道秦是在一年十二個月中的哪一個月消滅了齊，統一了天下。當時秦國的曆法是以十月為一年的開始，而以九月為一年的尾聲。換句話說，一年的第一個季節為冬天（十～十二月），而不是春天。既然喜的《編年記》二十六年為一片空白，我們只好設法尋找其他的證據。在近年出土的里耶秦簡中，我們找到了標註為二十六年的簡牘。

里耶秦簡共有三萬六千枚，如今尚未全部解讀完畢，而且只對外公開了一部分。但我們從中找到了標註著秦始皇時代的二十五年至二世皇帝二年的簡牘。這個發現的意義非常重大，因為這能讓我們觀察到偏遠地區的人們對天下統一這個歷史事件抱持什麼樣的態度，而非僅侷限於勢力中心。秦終於消滅了位於山東地區的齊國，統一了天下。居住在酉水上游流域的里耶古城內的人們，對於這件發生在遙遠的秦都咸陽內的重大事件，不知做何感想？

標記著二十六年的木牘共有四枚。其月分及日期分別為三月甲午（十三日）、五月庚子（二十日）、六月癸丑（四日）、八月丙子（二十七日）。內容都是縣內的行政公文，執筆者為洞庭郡遷陵縣的官吏。

然而我們的滿心期待卻落了空。這些紀錄裡完全沒有提到天下統一。秦的地方官員們在這一年裡只是專注於縣內的行政工作。以下我們依序介紹這四枚木牘中能夠辨識的內容。

三月甲午（十三日）這一枚木牘記載著「**遷陵司空導尉乘□**（一字難以解讀）**卒算簿**」等語。

秦始皇　17世紀明代所作的《三才圖會》中的秦始皇。（《中國歷史人物大圖典》）

遷陵是遷陵縣，司空是為國家或地方政府管理傜役勞動的公家機關。卒是服兵役或是在土木工程事業中服傜役的人。算是指對一般庶民百姓課徵的人頭稅。此外秦代有罰金刑，也就是讓罪犯以繳交罰金的方式來免除罪責，而這個罰金也能夠以提供勞動服務來換算，因此司空還負有管理罪犯的職責。根據前述的喜所遺留下的《司空律》竹簡文書記載，罪犯一天的折抵金額為八錢。假設犯了必須繳交八百錢的罪，則只要服一百天的勞役就可以抵罪。這些罪犯被送往都城、長城、陵墓等地投入建設工程。由於徵調農民畢竟不能毫無節制，而且還有著必須避開農忙時期等限制，但使喚罪犯做工就沒有這些顧忌。基於這樣的考量，縣級的政府單位於是製作了徭役勞動力的登記簿。

隔年（二十七年）八月壬辰（十九日）的木牘上，則記載著隔壁酉陽縣的獄史啟請求提供名簿上登記的服徭役人員，遷陵縣的守丞（副首長）要求司空妥善處理此事。倘若服徭役的內容為支援警備人力，則表示酉陽縣發生了某種緊急事態。

叛亂事件與船舶侵占事件

二十六年五月庚子（二十日）的公文，則是關於遷陵縣轄下一處名為啟陵鄉的村落內所發生的事情。當時縣底下的行政單位為鄉及里。里是最小的單位，由鄉管轄。縣級的官府也設置在鄉內，該鄉被稱為都鄉。實際發生的問題，是啟陵鄉內，劾等十七戶人家必須遷移至都鄉的管轄之下。遷陵縣的守丞（副首長）敦狐要求都鄉處理此事。根據筆者的猜測，這十七戶應該是原本住在山上，形成了孤立的聚落。對於勢力範圍有限的秦而言，像這類孤立的村落也必須趕緊納入鄉里制的行政村落之中才行。

二十六年六月癸丑（四日）的公文記載內容則更加嚴重。越人竟然鼓吹整個城邑發動了叛亂。不過這只是遷陵縣實際下判決前的確認公文。而且內文殘缺不全，難以確認實際的詳情。倘若以張家山漢簡的《賊律》（西漢初期的法律）作為參考，煽動城邑或堡壘造反的謀反份子將遭處腰斬之刑。那是一種將身體攔腰斬斷的酷刑，可見得反叛國家是多麼嚴重的罪名。「越人」一詞乍看之下讓人聯想到越族（生活在長江以南的山地民族）之人，但由於這是與反叛勢力首腦的判決有關的公文，所以「越人」應該是人名。

在三十三年的公文裡，同樣記錄著一位名叫越人的人（並非同一人）。此外，春秋時代的名醫扁鵲事實上也是姓秦、名越人。比起北方的戰況，遷陵縣官員的心中更在乎的是縣內的治安與穩定。

二十六年八月丙子（二十七日）的公文內容，是司空守樛向上呈報發生了這樣的事件：南郡競陵縣（竟陵）有個名叫狼的官員，他在二月時向遷陵縣商借了官船來搬運故荊之地的積瓦，卻遲遲沒有歸還。遷陵縣面對酉水，通往洞庭湖的水路運輸相當發達。洞庭湖以北是江陵縣（南郡的郡治），而江陵縣的東邊便是竟陵縣。此時楚國（因莊襄王名叫子楚，為避諱而改稱為荊）已遭秦消滅，狼這個人借了遷陵縣所擁有的官船，前往從前的楚國領地搬運物資。然而縣與縣之間的借貸狀況卻似乎出了問題。狼任職於專門管理軍馬的縣司馬，我們不清楚他為何要在二十六年二月搬運積瓦，但以他的職務來看，多半是基於軍事上的需要。

二十六年的三、五、六、八月這四枚簡牘，到底哪一枚的時間較接近齊的滅亡？此處屬於洞庭郡，是秦占領了楚的黔中郡之後新設的郡。楚已在西元前二二三年亡國，但附近的沅水一帶卻依然維持著剛占領時的劍拔弩張，絲毫感覺不到慶祝天下統一的氣氛。

偏遠地方的氣氛如此緊張，中央當然也好不到哪裡去。中央在這個時期召開了一場重要會議，包含秦王在內，丞相、御史皆出席了此會議。御史是御史大夫的簡稱，其職責是輔佐丞相。由於丞相為左右兩人制，此時中央地位最高的官員為右丞相隗狀及左丞相王綰，其下則有御史馮劫及廷尉李斯。首先，秦王傳達了其想法。秦俘虜六國之王，皆有其正當理由。韓王、趙王、魏王、楚王背叛盟約，燕王圖謀行刺、齊王擅自斷交。秦向六國興兵，乃是師出有名。會議接下來討論起了採用皇帝稱號的會議。其中有臣子讚頌秦王的功績：

咸陽宮的御前會議

今陛下興義兵，誅殘賊，平定天下，海內為郡縣，法令由一統，自上古以來未嘗有，五帝所不及。

由這段敘述可看出，秦主張六國之王殘虐無道，秦出師征討六國是為了拯救天下蒼生。會議接下來討論起了該不該為六國另立新王的問題。丞相王綰認為燕、齊、荊（楚）等地距離遙遠，若不立王難以管理，其他群臣皆贊同此意見。即使此時秦已消滅六國，中央官員心中依然有著六國之地難以統治的觀念。但廷尉李斯卻抱持反對意見。他說：

今海內賴陛下神靈一統，皆為郡縣，諸子功臣以公賦稅重賞賜之，甚足易制。天下無異意，則安寧之術也。置諸侯不便。

秦始皇採納了李斯的意見。

秦於二十六年召開了這場位於咸陽宮的御前會議，其會議內容並非戰勝國的勝利宣言。秦雖征服了六國，但接下來該怎麼做，高官們並非打從一開始就有通盤的規劃。就在舉棋不定的氣氛下，眾人採納了李斯的天下統一構想。但李斯也不是完全無視於現實的困境。正因為他很清楚統治天下有多麼困難，才會極力鼓吹郡縣制度。他知道各地的反秦勢力皆來自於基層庶民，而非六國之王。

古代的時間概念

張家山漢簡裡也包含了一些秦始皇時期的文書。所謂的張家山漢簡，指的是一九八三年湖北省江陵縣西漢墓出土的一千多枚竹簡。其內容除了西漢時期的法律條文等紀錄之外，還有一部名為《奏讞書》的法令集。其中包含了秦代的案例，因此亦可作為研究秦代的史料。根據《奏讞書》的記載，二十七年二月壬辰（十七日），一件發自御史的公文送抵了南郡官府。御史是地方官府的監察官，這件公文的內容是中央要求地方官府對「某件案子」進行重審。重審的過程一直持續到隔年（二十八年）的九月，長達四百六十九天，可見得案情有多麼複雜。

根據記載，這件公文當時是以馬、船運送，總距離為五千一百四十六里，以每天八十五里計算，費時六十天還差四十六里。當時的一里約相當於現在的四百公尺，因此相當於一天運送三十四公里，總距離達二千零五十八公里，約是咸陽至南郡的直線距離（約四百公里）的五倍。由此可知當時的馬匹一天可走八十五里，也就是三十四公里。另根據張家山漢簡中的《行書律》的記載，若是不分日夜地運送，一天可移動兩百里（約八十公里）。從咸陽到南郡，特急件約一星期抵達，一般件則是十至二十天。值得一提的是漢代的詔書從長安到居延約花五十天。

距離造成了中央及地方在資訊上的落差，讀者們應該對古代的時間概念有所瞭解。例如每年的八月是地方行政的決算期，那是因為若到了九月（年底）才向中央發送公文，無法趕得及在十月（新年度）完成呈報。

中央的命令皆是靠郵送的制度傳達至地方。根據秦代《行書律》的規定，公文郵送的收受人、日期及早晚時刻都必須清楚記錄下來。命書（詔書）或特急件必須以最快速度運送，一旦延誤就會遭到懲處。里耶秦簡的公文末尾皆記錄著最後兩名差使（交付者及接收者）的姓名及時刻。當時的時刻除了早上、晚上的分別之外，還有如食後、日中等稱呼的十二時制，以及如水下四刻、水下八刻、水下盡、水十一刻之類的晝夜百刻制。百刻制規定八刻為一時，因此一刻相當於現在的十四分二十四秒。現代的中國依然保留著類似的說法。例如五點一刻指的就是五點十五分。根據《傳食律》的記載，官府會發穀類作物、醬及菜羹（蔬菜湯）給運送公文的差使作為食物。至於馬匹飼料的支給規定，則記載在《倉律》內。

《史記》上沒提到的天下統一時的狀況

現在讓我們把話題拉回這件重審了一年以上的複雜案件上。這起案子的發生時間，是在二十七年二月之前。南郡管轄下的蒼梧縣利鄉發生了一起大規模的叛亂。地點相當於現代的湖南省長沙市以南至湖南省的南端。這個位置距離西漢武帝時期設置的蒼梧郡差距頗大，此處的蒼梧應視為湖南省最南端的九疑山（現在的九嶷山）一帶。根據傳說，舜（即虞舜。虞為國名，舜為謚號。）在南巡時駕崩於蒼梧野，埋葬於九疑山。舜是五帝中的第四位，堯帝在位期間代堯執政，堯去世時將帝位傳予丹朱，但此時天下人心皆歸於舜。秦始皇曾試圖上九疑山祭拜舜，但沒有成功。舜是秦始皇心目中的理想帝王之一。

馬王堆漢墓出土的絹畫中包含兩張九疑山周邊一帶的地圖，九疑山的位置畫著九座山峰，旁邊寫著「帝舜」，其附近並有一個名為利里的村落。發生叛亂的地點應該就在這附近吧。值得一提的是近年來考古學家在湖南省寧遠縣的九嶷山發現了秦漢時期的舜帝陵。這座陵位於瑤族漢唐坪村的高粱田裡，占地廣達三萬兩千平方公尺。

新黔首（新降伏的當地百姓）中出現了反叛者，官府下令捕捉，但這些人卻帶著武器逃進了山中。有個叫義的人物及其同伴嘗試剿滅叛亂勢力，卻戰敗而死。距離蒼梧縣頗近的攸縣為了對抗亂軍，曾根據名簿進行了三次徵兵，好不容易才鎮壓了叛亂勢力。剛剛提到遷陵縣於二十七年八月根據卒算簿將士兵送至鄰近的酉陽縣，想必也是為了應付類似的狀況。由於三份名簿混在一起徵調，官府已搞不清楚誰才是應該懲罰的逃亡者了。

此時官府下達了一項「令」。令與律不同，相當於未經過條文化的命令，屬於發生緊急狀況時的應變措施。其令如下：

令：所取荊新地多群盜，吏所興與群盜遇，去北，以儋乏不鬭律論；律：儋乏不鬭，斬。

（令：新占領的荊地多群盜，如果徵調的士兵在遭遇群盜時逃亡，以律所規定的戰場上臨陣逃亡之罪論處。律：戰場上臨陣逃亡，當處斬。）

這道命令下得非常嚴峻。但最後攸縣的縣令還是因包庇新黔首的罪名，而遭割去鬍子及服鬼薪之刑（命令其上山砍伐薪柴的刑罰），而逃亡者也依據戰場上臨陣逃亡之罪遭處斬。李斯此時的身分是廷尉，應該也經手了這道命令。李斯非常清楚各地民間的現實狀況。我們應該理解這一點，並重新審視《史記》所見李斯等中央官員的言論及決策。

里耶秦簡裡也有類似的紀錄。二十七年二月庚寅（十五日），洞庭郡守（首長）禮向轄下諸縣官員下達了一道緊急命令：徵調縣內所有士兵及罪犯，將洞庭郡管理的武器運送至內史、巴郡及南郡的蒼梧。由此可知發生在蒼梧的這場叛亂，竟然已蔓延到了屬於中央畿內地區的內史。張家山漢簡與里耶秦簡在關於蒼梧叛亂這個案子上，紀錄的內容可說是完全符合。

以上我們介紹了站在地方的觀點所看見的天下統一後的狀況。當時中央與地方的公文往來，全記錄在當地出土的史料之中。這些由地方官府所製作的公文原本都會在年底時送至中央，但中央所保存的公文卻隨著秦朝的滅亡而佚失了。司馬遷記錄秦代歷史時，並沒有看過這些公文。沒想到這些連司馬遷都沒看過的地方公文，竟偶然地保存到了現代。多虧如此，我們才得以看見《史記》中不曾提及的、天下統一時中央與地方的緊張氣氛。

第二章　皇帝制的形成

煌煌上帝

巨大的陵墓之下，中國史上第一位皇帝長眠於此。他就是從王變成了皇帝的秦始皇。皇帝這個稱號誕生於距今約二千二百年前的秦代。從第一位皇帝秦始皇算起，到二十世紀初期的末代皇帝溥儀為止，這二千一百三十年之間，共誕生了將近五百位皇帝。其中有不到一歲就登基的東漢殤帝，也有活到將近九十歲且在位期間長達六十年的清乾隆帝。中國的皇帝為何能在如此漫長的歲月中維持其權威？又為什麼會有那麼多皇帝一代一代地延續下來？

古代的上天思想

生前致力於對抗最後一個朝代（滿清）皇帝的孫文，在其著作《三民主義》中提到了他對中國古代皇帝制的看法：

劉邦項羽是爭什麼呢？他們就是爭皇帝。漢唐以來，沒有一朝不是爭皇帝的。中國歷史常是一治一亂，當亂的時候，總是爭皇帝。外國嘗有因宗教而戰、為自由而戰的，但中國幾千年以來，所戰的都是皇帝一個問題。

秦始皇陵　秦始皇陵位於陝西西安以東30公里的驪山北麓，高大的封塚在巍巍峰巒環抱之中與驪山渾然一體。巨大陵墓底下長眠著中國第一個皇帝秦始皇。

革命家孫文在這段描述中所提到的那些想當皇帝的人，各自有著什麼樣的故事？

秦王嬴政打倒東方六國諸王，統一了全國（西元前二二一年）之後，開始採用皇帝這個稱號。這個稱號象徵著主宰天的上帝（天帝）的權威。天就是宇宙。古代的中國人認為天是一顆包覆地面的球狀物。站在地表看天，就好像是看著半圓形的頂蓋一樣。太陽、月亮及星辰都在這球狀物上運行。天會以天的北極為中心，進行逆時針旋轉，而天帝就坐鎮在此中心位置。中國人將靠近北極的小熊座β星稱為帝星，並且將大熊座的北斗七星當成是天帝車輦的車轅及車廂。杓子的前端，也就是位於車廂最尾部的α星，是中國人眼中的天樞星。天帝乘坐車輦，巡狩天極一帶。

古代中國人在建造安放死者的墓室時，也仿造了從地表往上看的宇宙。將星辰描繪在墓室的天花板上，其中心為天極及北斗七星。漢代的壁畫上，還可看見天的赤道，以及太陽運行所經的黃道。日本的高松塚古墳壁畫，同樣也畫著這種承繼中國天文思想的天極。另外，北浦古墳中則描繪黃道及天之赤道形成了交叉的圓環。

中國人雖然視天的中心為天帝，但沒有將其擬人化。「神」這個字眼原本代表的是死者的靈魂，相當於英文的spirit，因此若以引申為God的「神」來代指天帝，恐怕會引起誤會。中國古代的皇帝稱號便是誕生在這樣的天文思想背景之下。由天帝變化為皇帝，並且產生了地表統治者的意思。

「皇帝」稱號

就在打敗東方六王、統一天下的那一年，秦王開始使用位居諸王之上的皇帝稱號。司馬遷的《史記・秦始皇本紀》中詳細地記錄了皇帝稱號誕生的過程。事實上皇帝這個名稱的出現並非基於一種共識，而是秦王與大臣們（丞相王綰、御史馮劫、廷尉李斯等人）經過討論後的結果。

首先，秦王下令丞相等人討論出一個能夠取代傳統王號的帝號。經過討論之後，群臣認為秦王的功績已超越了古代的五帝，應該找出一個能夠彰顯出其豐功偉業的稱號。所謂的五帝，指的是黃帝、帝顓頊、帝嚳、帝堯、帝舜。這五帝都不是天帝，而是地表的統治者。在神話的世界裡，他們死後昇至天上，因而被世人尊稱為帝。秦的博士們從古籍中找到了天皇、地皇、泰皇這三個稱呼，其中又以泰皇最為尊貴。泰為「泰一」之意，泰皇的含意並非天地神祇，而是趨近於天上的天帝。大臣們於是建議秦王自稱泰王。

如果秦王採納了這個提議，或許流傳後世的稱號就不是皇帝，而是泰皇了。但秦王最後沒有採納，而是將泰皇的皇字，以及上古帝位的帝字合而為一，成為皇帝。「皇」這個字原本通「王」字，後來引申為光輝、耀眼的形容詞。秦王偏愛「帝」這個字，因此只是想找到一個字來修飾它。

皇皇（煌煌）上帝，就成了皇帝。天帝為天的中心，因此皇帝一詞象徵著坐鎮地表中心的權威。除了皇帝稱號之外，秦王同時還採納了詔（命令）、朕（自稱）等的用法，並由中國歷代皇帝傳承了下來。

戰勝了火德之周的水德之秦

根據〈秦始皇本紀〉二十六年（西元前二二一年）的記載，秦始皇在統一天下後採行了一連串具體政策，在此列舉如下。

首先，秦始皇採納了五行思想，並以水德自居。五行思想源自於戰國時代的齊國鄒衍，包含五行相生說及五行相勝（相剋）說。五行指的是木火土金水，宇宙萬事萬物的變化皆來自於這五種元素的變化。例如水可以幫助木（植物）生長，同樣的道理，木可以生火，火可以生土，土可以生金，金可以生水，水可以生木，如此相生不息，便是五行相生說。相反地，水可以剋火，土可以剋水，木可以剋土，金可以剋木，火可以剋金，這就是五行相勝（相剋）說。五行又可以與方位、季節、顏色及數字搭配。木象徵東方、春季、青色、數字八；火象徵南方、夏季、紅色、數字七；土象徵中央、土用（立春、立夏、立秋、立冬前的各十八日，合計七十二日）、黃色、數字五；金象徵西方、秋季、白色、數字九；水象徵北方、冬季、黑色、數字六。因為周為火德，而秦消滅了周，因此秦以水德自居。既然是水德，在改革上「冬季、黑色、數字六」等都具有重要的象徵意義。

現代人較難理解數字與五行的關係，在此稍作說明。古代的中國人認為水是宇宙萬物中第一個被製造出來的物質。若套用現代人的觀念，地球是由金屬（金）、岩漿（火）、海洋（水）、土壤（土）及植物（木）所組成。宇宙中最豐富的元素為氫（水素），且地表有四分之三的面積是由水覆蓋。古代的中國人認為數字的一至四為生數，而六至九為成數，因此生數與成數的第一個數字，也就是一跟六，便是代表水德的數字。

冬天是從十月開始，因此秦以十月為一年之初。服飾及旗幟的顏色皆為黑色。尺寸也以六為基數，如符節、法冠皆為六寸（約十三・八公分，一寸約二・三公分），車轎的尺寸為六尺（約一公尺三十八公分），度量衡單位的一步也是六尺，馬車由六匹馬來拉。黃河當時原本稱為「河」或「河水」，也仿效水德而更名為「德水」。水德屬陰，主刑罰，因此秦訂下了嚴刑峻罰。

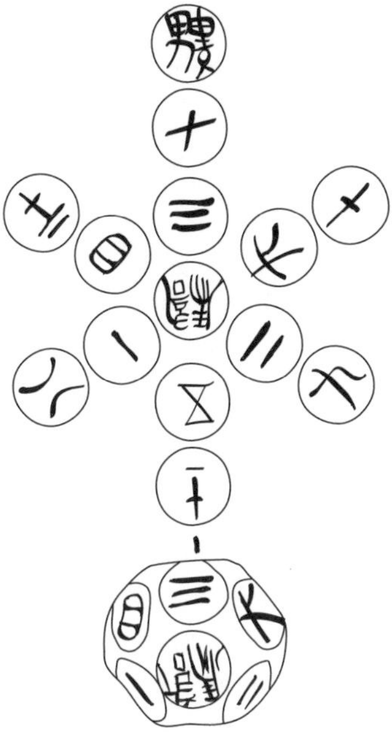

十四面體的骰子（秦始皇陵出土）　古代的遊戲道具。上頭寫著1至12的數字及另外兩個字（驕、騝）。

五行思想並非秦國所獨創，而是誕生於東方的齊國。其重視自然循環的觀念，與《呂氏春秋》中的月令思想亦頗有相通之處。就連刑罰，也被視為自然循環的環節之一。由這點來看，秦的主政者雖然從呂不韋變成了李斯，倒也不能說秦的政治思想因而有了天壤之別。統一天下的法家思想之中，其實也包含了呂不韋的月令思想。

秦始皇陵附近出土的石製骰子，共有十四個面。其中兩面分別寫著驕及䁖，所以數字共有一至十二。遊玩方式是依照骰子擲出來的數字移動棋子，擲出「䁖」得罰酒，若擲出「驕」則是對方罰酒。即使是在官吏們的遊戲世界裡，數字的意義依然相當重要。十二正是六的倍數。

三十六郡之謎與帝國擴大

秦將天下分為三十六郡，各郡設置守（首長）、尉（軍官）、監（監察官），將百姓命名為黔首，並且舉辦了大型的酒宴。當時只有遇上國家慶典，官府才會允許民眾群聚飲宴，並且提供酒及菜餚。秦在二十五年（西元前二二二年）五月也舉辦過一次，當時是為了慶祝秦消滅了齊以外的所有國家且戰事告一段落。這一次，則是慶祝秦消滅齊，實現了統一天下的大業。然而相較於地方公文把日期時間記錄得一清二楚，〈秦始皇本紀〉卻連月分也付之闕如。

此時秦所設置的三十六郡，我們已很難查出到底是哪三十六個郡。

秦自戰國時代的惠文王以來，便不斷攻城掠地且將占領地納編為郡。這三十六郡並非秦始皇在二十六年（西元前二二一年）一口氣同時設下的。如果網羅《史記・秦本紀》、《漢書・地理志》等各種文獻，將秦從戰國時代到帝國時代所設置過的所有郡都列出來，會超過三十六個。秦始皇的三十六郡到底實際指的是哪些郡，二千年來出現過各家說法。不僅如此，而且前述的里耶秦簡中還提到了我們過去從不曾聽過的洞庭郡，這意味著過去所有說法都遭到了全盤否定。出土史料就是如此殘酷卻又充滿趣味。

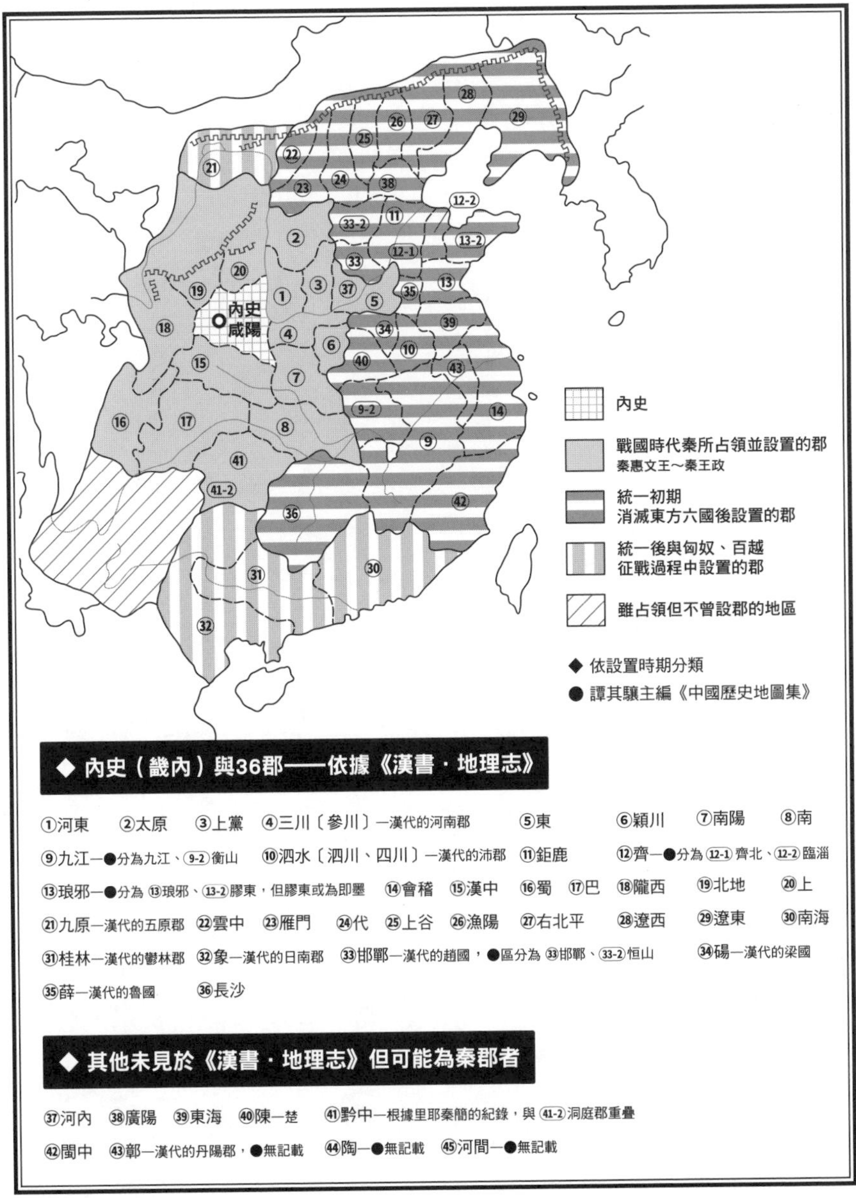

◆ 內史（畿內）與36郡——依據《漢書・地理志》

①河東　②太原　③上黨　④三川〔參川〕—漢代的河南郡　⑤東　⑥穎川　⑦南陽　⑧南
⑨九江—●分為九江、(9-2)衡山　⑩泗水〔泗川、四川〕—漢代的沛郡　⑪鉅鹿　⑫齊—●分為(12-1)齊北、(12-2)臨淄
⑬琅邪—●分為⑬琅邪、(13-2)膠東，但膠東或為即墨　⑭會稽　⑮漢中　⑯蜀　⑰巴　⑱隴西　⑲北地　⑳上
㉑九原—漢代的五原郡　㉒雲中　㉓雁門　㉔代　㉕上谷　㉖漁陽　㉗右北平　㉘遼西　㉙遼東　㉚南海
㉛桂林—漢代的鬱林郡　㉜象—漢代的日南郡　㉝邯鄲—漢代的趙國，●區分為㉝邯鄲、(33-2)恒山　㉞碭—漢代的梁國
㉟薛—漢代的魯國　㊱長沙

◆ 其他未見於《漢書・地理志》但可能為秦郡者

㊲河內　㊳廣陽　㊴東海　㊵陳—楚　㊶黔中—根據里耶秦簡的紀錄，與(41-2)洞庭郡重疊
㊷閩中　㊸鄣—漢代的丹陽郡，●無記載　㊹陶—●無記載　㊺河間—●無記載

秦36郡　秦將天下分為36郡，各郡設置守（首長）、尉（軍官）、監（監察官）。36郡的具體郡名已難以查證。

現在我們試著將這三十六郡分門別類。依照設置時期的不同，秦郡共可分為四類。第一類是戰國秦的固有領土內的郡，又稱為內史。第二類是秦在戰國時代派軍越過國界占領土地後設置的郡，因此當然與秦的原領地相鄰。第三類是秦消滅了六國之後接收的六國之郡。第四類是統一天下後繼續擴張領土並設置的郡。此外還有一些是為了湊三十六之數而冒出來的郡名，有些甚至難以證實是否真的存在。

將這些郡標示在地圖上（見本書第六五頁），便可看出秦逐漸壯大成帝國的過程。喜任官的地點在南郡的轄下，南郡屬第二類的占領地。照理說第二類與第三類加起來應該就是秦統一天下時的三十六郡，但不管怎麼算，最多也只有三十四郡。因此我們只能藉由其他文獻來補足這剩下的兩郡。例如《漢書・地理志》中曾提及漢郡的前身為秦郡，且其數量剛好是三十六。但是這三十六個漢郡中，有四郡屬於第四類，也就是秦統一天下後才編入的郡。如果剔除這四郡，哪些郡可放入秦始皇的三十六郡，長久以來未有定論。從清代到今天的三百多年來，如王鳴盛、錢大昕、全祖望、王國維、錢穆、勞榦、譚其驤等諸多學者都致力於解開秦三十六郡這個千古之謎。

然而里耶秦簡中關於洞庭郡的紀錄，可說是讓所有人跌破了眼鏡。《漢書・地理志》的記載原本是學者們賴以為依據的大前提，但如今其可信度已然動搖。例如《漢書・地理志》內提到長沙國為秦郡之一，但如今我們不得不懷疑秦代是否真的有長沙這個郡。例如在前述的蒼梧之亂中收復的是南郡轄下的縣。而該地正是長沙地區，紀錄中卻完全沒提到長沙郡。此外根據文獻記載，秦在昭王時期（西元前二七七年）曾攻打過楚的巫郡與黔中郡，但這兩郡都是楚郡而非秦郡。秦在占領後有可能會改掉此兩郡的郡名，因此不應直接將黔中郡視為秦的郡名。然而自《晉書》以來的許多學者卻為了湊足三十六個郡，將《漢書》〈地理志〉中並不視為秦郡的黔中郡納入三十六郡之中。如今新發現的洞庭郡，擠掉了楚郡黔中郡原本占據的位置。或許這意味著秦在占領黔中郡後將其更名為洞庭郡。

度量衡、車軌及文字的統一

〈秦始皇本紀〉二十六年（西元前二二一年）記載「一**法度衡石丈尺，車同軌，書同文字**」，可知秦始皇統一了度量衡、車軌尺寸及文字。任何一本介紹歷史的書籍在提到秦始皇的統一政策時，都會提及這段史實。戰國七雄在度量衡單位、車馬的輪距轍幅及文字的寫法上皆大相逕庭，造成了不便，因此秦始皇將其統一。這乍聽之下沒什麼，但實際上沒那麼容易。簡單來說，最大的問題就在於這一連串改革並非直接與庶民的生活產生關聯。不管是度量衡單位、車軌或文字，最大的使用者都不是平民百姓。

穀物計量與武器製造的基準

統一度量衡的作法並非將七國規格平均後制定出新的規格，而是以秦的舊有規格作為全天下的統一規格。尺寸（長度）、石斤兩（重量）、斗升（容積）等皆以秦的尺度作為統一規格，文字也統一為小篆及隸書（秦隸）。這套統一規格並非在始皇二十六年於全天下同時實施，而是先從秦人眼中的異域，也就是占領地開始推廣起。但不管是度量衡，還是車軌及文字，實際的使用者都不是

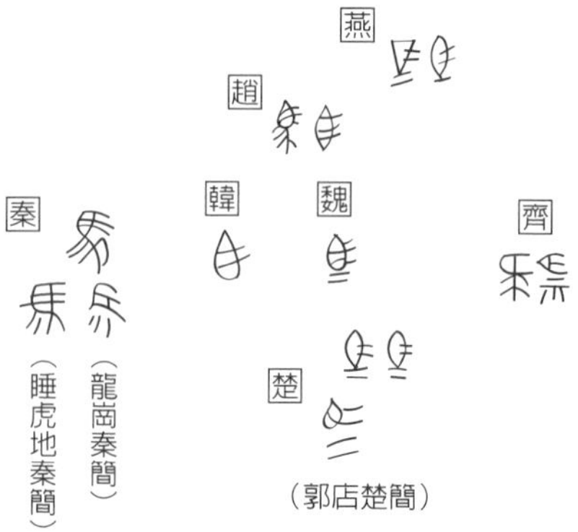

文字的統一　各種「馬」字。七國的「馬」字、睡虎地及龍崗出土的秦簡中的「馬」字、楚簡中的「馬」字。

一般庶民，而是必須依照規格製造物品的工匠，以及必須依照規格進行管理的官吏。因此當違反規格時必須遭受處罰的人，自然也是這些工匠及官吏。當時即使是以穀類作物繳交賦稅，也不用擔心測量的容器不同而造成不公平的現象，因為秦在度量衡的管理上可說是相當嚴格。

喜所遺留下的秦代法律文書，統稱為《秦律》。事實上雲夢縣龍崗秦墓也出土了一些《秦律》，因此若將睡虎地秦簡的《秦律》及龍崗秦簡的《秦律》合併計算，分量可說是相當龐大。除此之外，張家山漢簡也包含了大量的《漢律》，而且其制定年代與《秦律》非常接近。以下我們拿《秦律》與張家山漢簡的《漢律》進行比較，相信可以讓讀者們對《秦律》有更進一步的理解。

《秦律》中的〈工律〉一開頭便指出「**為器同物者，其小、大、短、長、廣亦必等**」，在度量衡的管理上並規定縣及工室（官營工廠）的秤砣、斗桶必須每年檢查一次。此外在〈內史雜〉（關於京師所在官府的雜律）中，亦規定儲有穀類作物的官府必須隨時備妥計量用的秤砣及斗桶，這些器物不得借予百姓，在管理上可說是相當嚴格。在規定物品管理的〈效律〉中，也有著當秤砣、斗桶出現誤差時，負責官員需繳交罰金的規定。秤砣誤差十六兩以上罰一甲，八兩以上未滿十六兩罰一盾；斗桶誤差兩升以上罰一甲，一升以上未滿兩升罰一盾。但若是測量黃金的秤砣，只要誤差半銖以上就罰一盾。此外，官員若是遺失度量衡工具，刑罰等同遺失公文、證件或公印。當時對度量衡的重視可見一斑。

度量衡的規定在穀類作物的計量及武器的製造上最為嚴格，但除此之外還涉及許多層面，例如土木工程測量、身高的測量（以是否超過六尺來區分大人及小孩，小孩在法律上被視為無行為能力）、傷害罪的傷勢判定（例如咬傷他人臉部，以傷口是否大於一寸見方、深度是否超過半寸作為判斷標準）等。

道路交通網的建設與車軌統一

車軌即車轍，統一車軌指的就是統一車輪之間的寬度。一般人的觀念裡多認為這就跟火車的鐵軌一樣，如果有窄有寬，往往會造成不便。但為何會有這樣的需求，卻是值得探討的問題。

秦朝的首都咸陽對外有著放射狀的國有道路，名為馳道。同為古代的帝國，波斯帝國有王道、羅馬帝國有羅馬街道，同樣的道理，秦帝國為了維持中央極權統治，也需要道路交通網。這些連結秦都咸陽與占領地諸郡、六國諸郡的馳道，皆採用了秦的規格。統一天下後的隔年，也就是西元前二二〇年，秦的馳道東至燕、齊，南至吳、楚，直達沿海。這些馳道寬五十步（約六十七・五公尺），每隔三丈（約七公尺）種植一棵青松作為行道樹，外側皆以鐵鎚夯實。

銅權　權的意思就是秤砣。所謂的統一度量衡，指的是以秦的尺度作為天下的統一規格。

另外在陝西省北部高原的丘陵上，還可看見以夯土鋪成的道路，名為直道。直道自咸陽筆直向外延伸，用途在於當與匈奴發生戰爭時，可以迅速派遣軍隊前往長城。如今考古學家對直道的調查只進行了一部分，而且並沒有找到馳道，因此還需等待未來的進一步調查。直道雖然是以夯土鋪成，但馬車通過時，木製的車輪還是會留下車轍。

我們目前對秦代的道路還不十分瞭解，但龍崗秦簡出土的《秦律》裡卻有不少關於交通的規定，可幫助我們想像秦代的道路狀況。通行在秦的道路網上的馬車，包含由六匹馬拉的皇帝馬車（乘輿）、由兩匹馬拉的戰車，以及驛站馬車等等。除了名為馳道的一級道路之外，還有名為弩道的軍用道路，以及名為甬道的皇帝專用道路。甬道兩側砌著遮蔽視線用的土牆，一般人無法看見裡頭的模樣。馳道為三線道，中央為天子專用道，皇帝以外的車馬只能走在兩側。擅自使用中央天子道的人會遭流放，車馬亦會被沒收。但是當馳道與其他道路交錯時，其他道路的通行車馬當然必須穿過馳道的中央，這樣的情況是被允許的。由於道路皆是以夯土做成，一旦進入雨季就會泥濘無法通行。

地方官吏每年到了九月都必須整修轄區內的道路。這片遍及全天下的交通網可說是秦帝國的生命線，站在中央政府的立場來看，道路阻絕就代表失去統治權。這僅有的一條道路延伸到了帝國的最遠端。值得一提的是戰國時代的秦亦曾在攻打蜀時，為了越過秦嶺而修築名為金牛道的棧道，並且曾在西南夷的山中修築五尺道，其路寬只有一公尺二十公分。

文字學習與公文書寫

秦的中央政府雖然大力鼓吹文字統一，卻始終未能在全國貫徹執行。官吏以秦字書寫公文，對中央政府而言是非常重要的事。中央政府雖會指派秦人前往各地方官府任職，但畢竟人力有限。地方官府內受中央任命的秦人唯有郡守（首長）、丞（副首長）、尉（武官）等長吏。實際執行日常行政業務的還是當地採用的官員，而是否為秦人並不在其任官的條件之內。盡量採用異國人作為地方行政的基層官員，可讓秦帝國的政治基礎結構更加鞏固。例如劉邦並非秦人，卻得以擔任秦的亭長（負責維護村落治安的官職）。既然能夠任官，當然能讀、寫秦字。跟隨劉邦打天下的曹參原本為獄掾，任敖則跟喜一樣，是個獄史。這些人當然都看得懂以秦字寫成的律法，也能以秦字書寫公文。

當時只要能夠讀、寫五千多個秦字，便可以任官。這跟後世的科舉制度必須背誦多達四十三萬字的四書五經，可說是有著天壤之別。當時的文字都是以筆墨書寫在竹簡或木牘上，字體都是隸書。只要花一點時間專心學習，要當上秦官可說是一點也不難。當時刻在石頭或青銅器上的字體是將大篆稍加簡略的小篆，但這在當時也是屬於特殊字體，只要讀得懂就行了。這些所謂的秦字，事實上並非誕生於秦。大篆據說是由周朝的太史所發明，因此秦字與六國的文字就像是兄弟關係。如最常被當成例子的七國「馬」字，雖然筆畫各異，但外觀極為相似（見本書第六八頁圖）。若以隸書來比較，想必會更加接近。否則的話，戰國時代的外交書信及人物交流不可能那麼熱絡。秦王政讀了韓人韓非的著作，甚至還曾說出「**寡人得見此人與之遊，死不恨矣**（我若能與這個人交遊，就算死了也不怨恨）」之語。由此可知秦王當然讀得懂韓的文字。戰國時代是個非常能夠接納異己、互相交流的時代。

李斯、趙高及秦的太史令胡母敬分別寫過名為《蒼頡篇》《爰歷篇》及《博學篇》的字典。蒼頡（即倉頡）是傳說中發明文字的人物，爰歷則是由爰書（古代的一種司法文書）及歷（曆）法兩詞合併而成。《蒼頡篇》的完整版本已佚失，但我們能從漢代的竹簡及木牘中找到一些從秦代流傳至漢代的斷章殘句。秦代的人想要做官，就得靠背誦這些書來學習文字。其內容是以四字為一句，如「**秦兼天下、海內并廁**（秦統一天下，海內一致歸順）」，學字的同時還可進行思想教育（『蒼頡篇』傳至漢代後，「秦」字被改成了「漢」字）。除此之外，還有「**薄厚廣狹**」之類由反意語組成的四字句。又如「**黶黯深黑**」，將代表深黑之意的**黶黯**兩個艱難字與深黑放在一起記，同時發揮了說明字意的字典功能。

秦的領土範圍

秦王政當上了皇帝之後，從統一的隔年（西元前二二〇年）起，到駕崩（西元前二一〇年）的十年之間，總共巡狩了天下五次。平均兩年一次，這樣的頻繁程度實在頗不尋常。第二次巡狩時，他下令在琅邪臺建築行宮，並在該地居住了三個月。第四次巡狩時，他也曾逗留於碣石的行宮。第五次巡狩更是花了長達七個月的時間，而且在途中駕崩了。若依照他原本的計畫，或許當他再回到首都咸陽已是十個月後了。想必這是因為前往天下各地巡狩，有著建立權威的政治效果，讓他寧願對首都咸陽長期置之不理。他設置左右丞相，把右丞相留在咸陽維持首都的正常運作，而把左丞相帶在身邊，不管巡狩到哪裡都可以處理政務。

秦國的故地稱為關中，位於渭水盆地內，四周受關隘包圍，是個易守難攻的天然要塞。但要從關中前往六國所在的黃河、長江下游廣大平原，必須穿過函谷關、武關這些關口才行。關中是個相對較小的平原，海拔約三百～八百公尺，周圍盡是高原地帶。然而東方的大平原卻是海拔低於一百公尺的廣大土地。如果一直待在封閉的關中地區，實在很難統治天下。光是靠從中央發出命令，以及派遣長吏前往各郡縣，沒辦法做到高枕無憂。要實現李斯心中的天下統一，領土的巡狩是不可或缺的環節。皇帝甚至必須登上矗立於東方大平原的高山上，眺望其背後的廣大海洋。

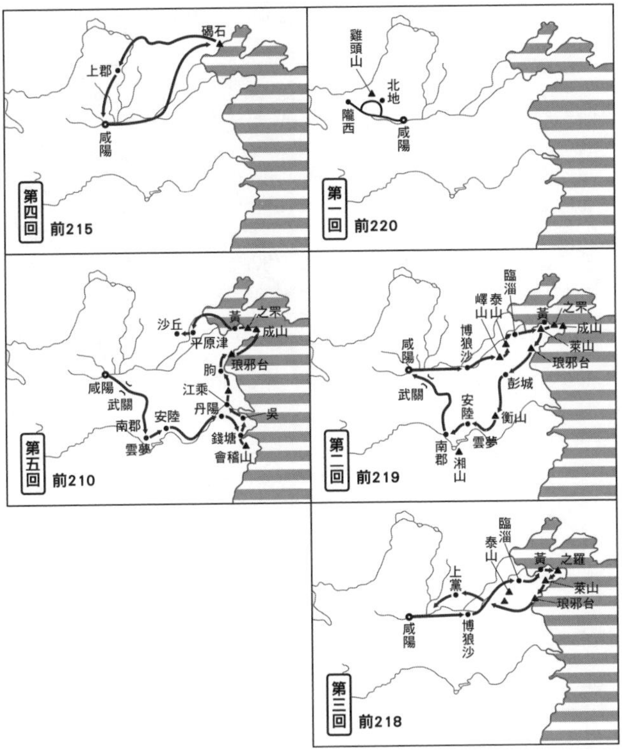

秦始皇巡狩圖　秦始皇從統一的隔年（西元前220年）起，到駕崩（西元前210年）的10年之間，總共巡狩了天下5次。

話雖如此，秦帝國的天下與現在的中華人民共和國（領土面積九百六十萬平方公里）相比，卻是小巫見大巫了。二千二百年前的秦帝國，不包含現在的新疆維吾爾地區、西藏、內蒙古自治區北部及東北三省，面積約三百四十萬平方公里，大約是現在國土的四〇%左右。統一初期甚至不包含南海三郡，因此只有二百七十萬平方公里，大約是現在國土的三〇%左右。相當於日本列島的七倍大，遠不及漢朝及唐朝領土。

琅邪刻石（中國國家博物館藏）
秦始皇巡狩天下是為了向征服地展現威望，因此在各地豎立了彰顯功績的刻石。

征服地的揚威之旅

秦始皇巡狩天下，又稱巡行或巡幸，其目的在於祭祀天下山川，以及在天下各地進行狩獵。但秦始皇的東方巡狩之旅，同時也具有親自向征服地揚威的意義。秦始皇曾命人豎立七座相當於彰顯碑的「刻石」，現在僅存泰山及琅邪臺刻石的碎塊。讚美秦始皇的部分已不知去向，只剩下二世皇帝追加刻上的文字。殘缺的文字已不見任何對秦朝豐功偉業的讚頌。當初由中央官員所作的那些讚美秦始皇的四字詩，如今只能見於《史記》之中：

皇帝躬聖，既平天下，不懈於治。夙興夜寐，建設長利，專隆教誨。（泰山刻石）

雖然絕大部分是對秦始皇表達景仰之意的美麗辭藻，但其中也不乏引人注意之處。例如豎立於西元前二一八年的之罘刻石，如今依然留存於山東半島的芝罘島，刻石上寫著：

六國回辟，貪戾無厭，虐殺不已。皇帝哀眾，遂發討師，奮揚武德。義誅信行，威燀旁達，莫不賓服。烹滅彊暴，振救黔首，周定四極。普施明法，經緯天下，永為儀則。（之罘刻石）

由這段文章可以看出，秦主張吞併六國的統一戰爭是拯救黔首（百姓）的正義之舉。不論任何時代都一樣，發動戰爭的一方總認為正義是站在自己這一邊。這些話既是說給被推上戰場的秦國百姓聽，也是說給遭攻打的六國百姓聽。秦方高喊的正義，聽在敵人耳裡全不是那麼一回事。所謂的正義之師，最後的目的是統一天下。

今皇帝并一海內，以為郡縣，天下和平。（琅邪臺刻石）

何謂泰山封禪

遭征服的六國百姓心中的正義，沒有留在任何史料之中。

但《史記》記錄著即使是在統一天下之後，秦始皇依然曾遭人行刺。從這些事件，便能一窺六國百姓的心情。

遭消滅的一方

荊軻的朋友之中，有個擅於擊筑的高漸離。他在天下統一之後，仍然決意要殺秦始皇。荊軻死了之後，所有參與行刺計畫的人都遭到追捕，高漸離只好隱姓埋名，當一個受雇的雜役。有一天，他在主人家裡聽到客人擊筑，忍不住評論了幾句。主人將高漸離叫來詢問，高漸離也不再隱瞞，從暗藏的箱子裡取出筑及衣飾，為主人敲起了筑。他的筑藝實在太高明，所有客人聽了莫不流淚。這件事傳入秦始皇耳裡，秦始皇查出他就是刺客荊軻的好友高漸離。但秦始皇愛惜他的筑藝，於是弄瞎他的雙眼，將他留在宮中擊筑。高漸離雖然失明，還是在筑裡暗藏了鉛，找機會扔向秦始皇。可惜沒有扔中，高漸離被殺，秦始皇決定終身不再靠近異國之人。

始皇二十九年（西元前二一八年），秦始皇在第三次巡狩天下的途中，於博浪沙（現在的河南省鄭州東北方）遭到盜賊襲擊。所謂的「盜賊」是秦方的說法，策畫此事的其實是個叫張良的人物。張良出身於遭秦消滅的韓，祖父及父親皆是韓的丞相。祖國遭秦征服的時候，張良的年紀還很小。張良的弟弟也慘遭殺害，連屍骨也無人埋葬。張良於是散盡家財，尋找刺客報此深仇大恨。後來他找到一名大力士，朝著秦始皇的車隊擲出一百二十斤（約三十公斤）的大鐵鎚。但鐵鎚只擊中秦始皇的副車，沒有殺死秦始皇。後來秦始皇駕崩，張良決定跟隨劉邦，共同對抗秦帝國。

祭拜上天：祭祀的傳承

仔細觀察秦始皇數次巡狩天下的路線，可以發現他數次造訪山東。當時的山東地區與現在的山東省大致相符，但範圍更大得多。山東的原意為華山以東，也就是秦的根據地關中地區的東方，有時更可泛指東方六國領地。秦是發跡於高原之上的國家，對大海非常陌生。當秦始皇看見了東方的渤海時，肯定有種來到了異境的感覺。而且由長江及黃河交織而成的廣大平原地帶，在地貌上也與黃土高原截然不同。山東丘陵矗立在一望無際的平原上，峰頂彷彿深入天際，令人肅然起敬。

秦始皇進入山東之後，所到之地大多是從前齊所祭祀的山川。齊是最後一個被消滅的大國。雖然齊國已亡，但那些以齊王為祭主的祭祀儀式，總不能就這麼擱置不理。秦人認為倘若中斷祭祀，恐怕會為祖國招致災厄，因此秦始皇無論如何必須親自前往祭祀一次才行。然而齊的祭祀儀式並非集中在同一個地點。這些祭祀儀式合稱八主或八神，也就是共有八個地點。

泰山山頂　泰山位於山東半島，海拔只有1545公尺，但中國人自古以來視之為聖山，許多帝王在山頂築壇，舉行封禪儀式。

所謂的八神，指的是天、地、日、月、陰、陽、四季、軍神。當時的人認為世界受天地包覆，日月環繞其間，陰氣與陽氣的交替產生了四季變化。這些循環如果受到阻礙，山東地區就會發生黃河氾濫或乾旱之類的天災，諸國之間也會戰事連年。由此可知在當時的觀念裡，戰爭並非人禍，而是自然循環受阻的結果。因此他們將軍神列入八神之中，這樣的想法似乎也是順理成章。身為秦國君主的秦始皇走出了位於內陸的黃土高原，目睹了蔚藍的大海，且對東方人重視季節循環的思想大為嘆服。他前後三次造訪山東半島的琅邪臺，而且於該處建設宮殿，逗留了長達三個月的時間。從琅邪臺的高臺遠眺北海岸，景色確實引人入勝。

封禪的「封」代表著將土堆高作為祭壇，在上頭祭拜上天之意。「禪」的意思也很類似，是將地整平後築壇祭拜大地之意。秦始皇相當執著於這個祭拜天地的封禪儀式。中國的高山峻嶺雖多，但矗立於山東丘陵之上的泰山即使高度只有一千五百四十五公尺，卻因為山形巍峨莊嚴，自古以來被視為聖山。只要往上爬一千五百公尺，就有一種彷彿俯仰可得天地的遼闊感。仰望夜晚的星辰，彷彿能以全身感受到滿天星座的脈動，那就像是一座自然形成的天文館。秦始皇於是決定在泰山山頂築壇祭天，接著在泰山山麓的另一座小山梁父山祭地。

在秦始皇即帝位的第三年（始皇二十八年，西元前二一九年），秦始皇首先登上嶧山，豎立了彰顯自身功績的刻石。嶧山又名鄒嶧山，高度僅有五百四十五公尺，是春秋時代鄒國北方的名山。這座山有著連綿不絕的奇岩怪石，因此被稱為嶧（山勢連綿之意）山。巨大花崗岩覆蓋整片山肌的景象頗具神祕氛圍。穿過巨岩之間的縫隙，登上了主峰的峰頂之後，南方的景色一覽無遺。該地在春秋時期是鄒國的都市，更是孟子（孟軻）的出生地。孟子出生於戰國末年，曾主張易姓革命，比秦始皇的誕生早了一百年。

「孟子認為天命並無定數，降於有德者，無德則去。天見百姓所見，天聽百姓所聽。所以百姓最重要，社稷國家次之，君王最不重要。君王若有重大過失，應該好好勸諫，如果反覆勸諫還是沒用，則應該將君王換掉。」

在當時，這是相當偏激的思想。孟子在鄰近魯國的鄒地宣揚其思想，時代比孔子晚了一百年。

封祭與帝國不滅宣言

秦始皇登過了嶧山之後，下令讓該地的齊、魯國儒生討論封禪及山川祭祀該如何進行。秦人當然不會知道這些東方祭祀儀式的詳細做法。但是儒生們卻各執一詞，討論不出個結論。秦始皇大失所望，沒有採納他們的意見。最後秦始皇決定清掃車道，並從泰山的南邊山道上山，豎立彰顯秦始皇統一大業的石碑，在山上舉行封祭。從南邊上泰山的道路，以現在的山道來看，必須從紅門行經中天門，直抵南天門，一口氣登上六千級石階，最後到達玉皇頂。結束了封祭之後，秦始皇自北方的山道下山，在梁父山舉行禪祭。

但下山途中卻遇上暴風雨，秦始皇一行人只好在一棵大松樹下避雨。這棵大松樹被封為五大夫，一直到今天都還活著。

秦始皇在泰山舉行的封禪儀式，參考的是秦的太祝官在雍城祭拜上帝的做法。簡單來說，因為秦人並不清楚東方國家舉行封禪儀式的傳統做法，只好以秦人在領內祭天的做法來取而代之。司馬遷認為秦將這套封禪儀式列為最高機密，因此沒有留下紀錄。包含祭祀用的牲口及祭器的種類及數量在內，我們確實對這套儀式一無所知。

關於此次封禪的現存史料，只有泰山刻石的一點斷篇殘字。此史料由泰山山麓的岱廟保存了下來，上頭只有寥寥十個小篆文字，包含「（臣李）斯、臣（馮）去疾」「臣請」等等。其中可解讀出李斯、馮去疾這兩個名字。但這部分只是後來的二世皇帝為了讓父親秦始皇的功績流傳後世，命人在秦始皇的功德文後頭添加的詔書辭句，彰顯秦始皇的石刻本文已不知去向，如今我們只能從《史記・秦始皇本紀》得知其刻文內容。但在這篇文章裡，完全沒有提到皇帝親自祭天一事。或許真正立石祭天的祭文並非這篇秦始皇的功德文，而是記錄於玉牒上，埋入了地底。

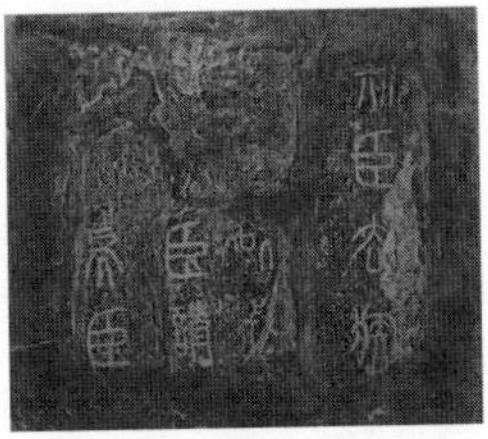

泰山刻石　使用的文字為小篆。內容殘破不全，僅能辨識10個字。

到了西漢時代，漢武帝也曾在元封元年（西元前一一〇年）夏四月登上泰山，立石及舉行封禪儀式。此時名為「封」的土堆祭壇每一邊長為一丈兩尺，高則為九尺，玉牒書就埋於其下。據說玉牒上所寫的內容必須保密。封禪結束後，漢武帝更曾出海尋訪仙人，仿效秦始皇的行動。到了東漢，光武帝也曾在建武中元元年（西元五六年）正月丁卯日出發前往東方巡狩，在二月造訪魯地及泰山，並於辛卯日登泰山舉行封祭。秦始皇的遺產，確實由漢朝傳承了下來。

秦始皇在泰山頂上向天宣稱帝國將永遠不滅。除此之外，秦始皇相信東方的渤海海上有個不老不死的仙人世界，因此又向天祈禱自己的肉體也能夠永遠不滅。然而現實卻是帝國及肉體都有消滅的一天。一場足以撼動帝國基業的戰爭，已近在咫尺。

對外戰爭：遇見新的天下

李斯在始皇三十四年（西元前二一三年）由廷尉升任丞相。他以丞相的身分目睹了這個讓自己賭上一生的帝王走到了人生終點。接著他擁立二世皇帝，卻在隔年（西元前二〇八年）遭處刑，沒有機會看到帝國的結束。

征討蠻夷

三十四年，咸陽宮裡召開了一場繼二十六年那次以來最大的御前會議，七十名博士首先舉杯祝賀皇帝萬壽無疆。僕射周青臣讚頌皇帝之德：

他時秦地不過千里，賴陛下神靈明聖，平定海內，放逐蠻夷，日月所照，莫不賓服。以諸侯為郡縣，人人自安樂，無戰爭之患，傳之萬世。

據說秦始皇聽了這段話感到相當欣喜。但若仔細審視周青臣這段言詞，會發現其中有一句話在八年前的御前會議上從來不曾被提起過，那就是「放逐蠻夷」。八年前的天下，指的還只是合併了六國諸侯之地的範圍，但是八年之後，秦人開始意識到若不驅逐外界的蠻夷，將無法安穩地治理這個天下。秦的敵人，顯然已從六國諸侯變成了蠻夷。就在這個時期，世人開始產生了中華與蠻夷的差別意識。事實上在秦漢時代還沒有「中華」這個詞，或許應該稱為「中夏」比較恰當，但筆者在此還是繼續沿用中華這個大家早已熟悉的詞彙。包含秦始皇在內，這場會議的所有出席者都已開始為蠻夷的問題感到頭疼。事實上當時的秦正陷入了與蠻夷交戰的危機之中。

概觀秦帝國的十五年歷史，大致上可分為三期，時間分別為六年、六年、三年。最初的六年，秦剛結束與六國之間的戰爭，勉強算得上是「和平的時期」。秦始皇在這個時期巡狩天下多達四次。接下來的六年，則是「與蠻夷交戰的時期」。皇帝暫時停止巡狩天下，進入備戰狀態。等到戰事告一段落後，秦始皇又舉行了第五次巡狩，卻在半路上過世了。至於最後的三年，則是二世皇帝至子嬰的「帝國瓦解時期」。

在秦始皇召開這場御前會議的時候，秦國早已進入了「與蠻夷交戰的時期」。始皇三十二年（西元前二一五年），秦始皇第四次巡狩，首次打從一開始就往北走。他滯留在面對渤海灣的碣石宮，並派人於碣石門的岩礁上刻了功德文。碣石宮位於現在的遼寧省與河北省的交界處。碣石為突出的石頭之意，因附近海岸多岩礁，所以有此稱呼。說起當地的北戴河，如今已是知名的避暑勝地。除此之外，此地也是明代長城山海關的東側盡頭，更是孟姜女傳說的發生地點。當地有著祭祀孟姜女的廟，以及據傳為古墳的岩礁。當然孟姜女傳說是在北周至唐朝之後的時代才開始流傳。根據傳說，孟姜女有個剛成婚的丈夫，以徭役的身分被派往修築秦始皇的萬里長城。孟姜女擔心丈夫的安危，帶著禦寒衣物前往長城探視丈夫，卻得知丈夫早已死了。孟姜女嚎啕大哭，竟然哭倒了長城，露出了城下無數白骨。有一具白骨吸附了孟姜女滴下的鮮血，孟姜女明白那就是丈夫的遺骨，於是帶著遺骨回到了故鄉，從此被讚頌為貞女。

貿然對北方匈奴及南方百越同時開戰

秦始皇在碣石宮時，下令讓一群方士前往東海盡頭尋找仙人及長生不老之藥。但得到的答案卻是：此時該把心思花在北方而不是東海。燕人盧生自北方歸來之後，獻出了一本名為《錄圖書》的奇書，上頭記載著這麼一句預言：「亡秦者胡」。漢代的人都主張此處的胡指的是二世皇帝胡亥，但這是在知道秦朝歷史的前提下作出的結論。當時的胡指的不是西域民族，而是北方的游牧民族，也就是匈奴。

秦始皇派遣蒙恬將軍率領三十萬大軍攻打匈奴，占領了河南（鄂爾多斯）地區。此處的河南，指的是西、北、東方皆受黃河包圍的區域，但由於很容易與河南郡或河南省的河南混淆，加上此地自明代以後便遭蒙古的鄂爾多斯族占據，因此後來更名為鄂爾多斯。現代的鄂爾多斯是廣大的毛烏素沙漠及庫布齊沙漠，但當時卻是物產豐饒的草原地帶，為匈奴及秦的必爭之地。秦想要奪下這片土地，作為放牧軍馬的牧場。當時秦始皇剛從北方回到咸陽，且秦已有七年的時間未曾出動三十萬以上的大軍。

不僅如此，而且到了隔年（三十三年，西元前二一四年），秦竟然又派出五十萬大軍攻打南方的百越。南北同時開戰，在外人眼裡這實在是相當魯莽。雖說秦在當年曾與六國周旋，對於同時與多國交戰相當有經驗，但這次南北相隔遙遠，且大軍分別多達三十萬及五十萬，不管怎麼說都太莽撞了些。該南方之地稱為陸梁，為長江以南至南海之間的山岳地帶。範圍涵蓋現在的湖南、江西、廣東三省及廣西壯族自治區，有著宛如波浪般連綿起伏的丘陵。河川沿岸的山谷內有著道路網，零星分布著大小聚落。

若以中國全土的地形圖來看，這個區域的最大特徵是茶色與綠色宛如馬賽克一般互相交錯。這意味著綠色的平地居民與茶色的山地居民也是交錯居住。出身於北方乾燥高原地帶的秦人來到此地，絕對無法適應高溫多溼的氣候及肆虐的傳染病。因此被派來參加這場戰爭的人，大多是脫離戶籍的逃亡者、以入贅的名義遭賣身的窮人，以及商人。秦在這一帶設置了桂林、象、南海三郡，並派遣罪犯前來防禦。秦的對手「百越」指的是各式各樣的越人，而非單一國家名稱。因此這並不是國與國之間的戰爭。

艱難的百越征服戰

根據《淮南子》的記載，尉屠睢率領了五十萬大軍來到南方。這裡的「尉」指的是郡尉、縣尉之類的軍官。既然能統率五十萬大軍，想必應該是郡尉才對。後來建立了南越的趙佗也因為曾擔任南海郡尉，而有了尉佗的稱呼。相較於南方的五十萬大軍，由蒙恬率領攻打匈奴的兵力卻只有三十萬。在天下統一之前，秦王政試圖向楚發動總攻擊，交給李信二十萬軍隊卻鎩羽而歸，後來交給王翦六十萬軍隊才成功消滅了楚。這次秦始皇發動南征，派出的軍隊已很接近當年滅楚的兵力。

所謂的百越，並非反抗秦的單一國家。這次秦所征戰的對象，是越人的居住地區。秦軍分成了五路，占據鐔城、九疑、番禺、南野、余干等五地長達三年之久。這五個據點廣泛分布於如今的廣西壯族自治區的桂林、湖南省南部、廣東省廣州、江西省南昌等地區。秦軍企圖以這五個據點壓制所有居住在山岳地帶的越人。

秦所能控制的只是孤立的點，卻嘗試占領整個百越，可想而知那是多麼艱難的事情。前述《淮南子》的紀錄，還有後半段。秦軍與越人交戰，殺了西嘔君主譯籲宋，但越人卻「**皆入叢薄中，與禽獸處**」，沒有一人成為秦軍的俘虜。接著這些越人自行選出俊傑之士作為將領，「**夜攻秦人，大破之。殺尉屠睢，伏尸流血數十萬**」。

北方人來到了南方，最無法忍受的便是高溫多溼的氣候。司馬遷也曾在到過南方後寫下「**江南卑溼，丈夫早夭**（江南氣候潮溼，男子大多壽命不長）」（《史記・貨殖列傳》）之語。此外，東漢的王允也曾說出「**太陽之地，人民促急，促急之人，口舌為毒**。（陽光強烈的南方之地，百姓性情急躁，口舌皆帶有毒性。）」（《論衡・言毒篇》）的評論。口舌帶有毒性這種話當然包含了偏見，但王允接著又說明「**楚、越之人（中略）口唾射人，則人脤胎，腫而為創**（住在吳、越地區的人說話時會將口水噴在對方臉上，導致對方的嘴唇紅腫受傷）」。事實上土地的乾溼狀況與毒物的多寡有關，江南的沼澤溼地棲息著不少毒蟒蛇之類的動物，令北方人相當害怕。

睡虎地秦墓竹簡中有一篇以「毒言」為題的口供紀錄相當耐人尋味。這是一起關係到南方特有習俗的案子。居住在某里的甲等人，認為住在同里內的丙口舌有毒，因而拒絕與丙一同用餐。根據丙的證詞，丙的外祖母也曾因言毒之罪而遭流放。從那之後，丙家舉行的祭祀活動，甲等人皆不肯出席。就算是里內的祭祀，參加者也不願與丙一同用餐。正因為南方有著高溫多溼的氣候，才會有這種以毒言一詞來迴避病菌帶原者、預防傳染的習俗。

靈渠　連結湘水與灕水的運河。可藉由水門的開關來調節水位高低差，成為通往南海的交通要徑。

占領河南（鄂爾多斯）與南海三郡

為何秦願意為了這場戰爭付出這麼大的代價，是個值得深思的問題。秦利用水運，將軍隊及軍糧送往南海地區。注入長江中游洞庭湖的湘水和灕水的上游之間僅有數公尺的距離，而且流動方向相反。只要能夠將兩條河連接起來，船隻就能夠沿著灕水順流而下，經珠江直達南海。但由於兩河之間有著數公尺的高低差，因此要連接起來並不容易。後來秦建造了一條全長三十四公里的運河，命名為靈渠。這條運河能夠將水導入湘水的支流，並藉由水門的開關來解決水位高低差的問題。如此一來，便確保了通往南海沿岸的交通動線。

自此之後，犀角、象齒（象牙）、翡翠、珠璣（分別為圓玉及方玉，圓玉指的就是珍珠）、珊瑚等南海物產開始能夠傳入秦地。秦付出龐大的犧牲，換來的就是這個好處。翡翠是一種硬玉，因顏色與翡翠鳥相似而得名。硬度約在六・五至七之間，不僅堅硬且質地細緻，原本凝聚在蛇紋岩之中，但風化後就會分離而落入河川或海裡。絕大部分為白色，但若含有鉻，就會呈現美麗的綠色。在日本有新潟縣糸魚川等少數幾個地點能發現原石。緬甸的翡翠則是在唐代之後才開始採集。

秦征服的南海領土由漢所繼承，西漢的漢武帝在該地設置了九郡。中國的朝廷不斷追求東南亞的豐饒物產，這個現象一直延續到了唐朝的安南都護府時代。這些物產皆來自於南海的交易網絡。中國南部的雲南、貴州、廣西、廣東等地正是聯繫東南亞世界的中繼點。

秦同時向北方的匈奴及南方的百越發動戰爭，打出的新口號是「放逐蠻夷」，不再是從前的「拯救六國百姓」。繼六國領地之後，秦將河南（鄂爾多斯）及南海三郡也納入了帝國疆域。秦的天下確實不斷向外擴張。

戰爭體制下的土木工程

為了同時進行兩邊的戰爭，秦帝國於始皇三十三年（西元前二一四年）至三十五年（前二一二年）宣布首都圈及交戰的邊陲地區進入戰爭體制。北方築起圍繞著鄂爾多斯地區的長城，南方則建立堡壘據點。前述的靈渠，也是為了戰爭而建設的工程之一。此外秦為了能夠迅速將軍隊派往長城，還在咸陽及長城之間削山填谷，建立了一條筆直的軍用道路。這條路從南邊的雲陽貫通至北邊的九原。此外秦將咸陽城擴張至渭水南岸並建築阿房宮，也是在這個時期。秦始皇又命令三萬戶移居至建造中的自身陵墓附近，建立一座名為麗邑的都市。接著，秦始皇又命令五萬戶移居至直道的出發點雲陽。相較於二十六年統一初期，大型土木工程幾乎全集中在這個時期。

長城、直道、阿房宮、麗邑、雲陽、靈渠等等，都是在新的天下局勢之下，為因應戰爭體制所需要的土木工程建設。因此「秦在統一天下後修築萬里長城」這種說法並不十分正確，嚴格來說應該是「秦在統一天下並開始對外發動戰爭時修築萬里長城」。考古學上的調查與發掘已進行了一部分，如今我們已逐漸能掌握當時的實際狀況。

早在戰國時代，秦昭王便已建了長城。如今在寧夏回族自治區的固原，還可看到不少以夯土製成的長城遺跡。至於秦始皇的長城則是沿著陰山山脈而建，相當於黃河在其流域的最北方由西向東平行流動的位置。如今在這地區依然可看見秦始皇時期的石砌長城。萬里長城西起臨洮，東至遼東，總長一萬里（約五千公里），但這長達五千公里的長城並非全由秦所建造。戰國時代的諸國為了抵禦敵國的騎兵戰術，都曾沿著國境建築長城。此外趙、燕等國也曾為了對抗匈奴，而在北方建長城。秦只是善加利用了這些長城而已。為了統合六國領土，秦始皇放棄了內地長城，並且修築了北方的長城，作為「放逐蠻夷」戰略的一環。事實上只要增建陰山山脈一帶的部分，就可以連接東邊的趙、燕長城。

此外陝西省也可看到一部分的直道遺跡。以直道通過的地形來看，南方黃土高原的山區為山巒的稜線，北方鄂爾多斯平原則是筆直前進。長約九百公里的直道在對抗匈奴上發揮了極大的功效。

巨大首都與阿房宮

咸陽城建於西元前三五〇年的戰國時代秦孝公時期，到了秦始皇時代已有一百四十年歷史。咸陽的「咸」為「皆」之意，咸陽即皆陽，因此地為兩種陽地重疊而得名。古代川北為陽，川南為陰；山北為陰，山南為陽。此地位於渭水之北、九嵕山之南，包含了兩種陽地，故名咸陽。渭水的北方有一片梯狀平原，稱為咸陽原，咸陽城的宮殿就位於此處。即使到了今天，附近依然到處可看到夯土材質的建築地基宛如小山丘一般散布各地，梯狀平原的斷崖側面還可看到不少排水管道、瓦片、水井、陶器的殘缺碎塊。不難想像這裡在秦剛統一天下的二十六年（西元前二二一年）時是一處大都市，有十二萬戶富豪移居在此。秦為了維持帝國的順利運作，下令讓各地的權貴人士移居至首都。這項政策在漢代也獲得了沿用。假設一戶平均為五人，則當時的咸陽擁有六十萬人口，不愧是與推算人口為一千五百萬至兩千萬人的秦帝國規模相符的巨大都市。即使是東方的齊國首都臨淄，人口也只有三十五萬人。不可思議的是我們找不到明顯的咸陽城城郭。由於渭水北移的關係，咸陽城的南半邊都被沖走了。

為了守護首都咸陽，秦還規劃了擁有十五萬人口的麗邑及擁有二十五萬人口的雲陽作為衛星都市。此外麗邑亦帶有保護皇帝陵墓的意義。這一套帝國首都建設計畫，也成為了秦帝國的遺產，由西漢所繼承。秦雖然在二十六年就已消滅了六國，卻沒辦法立即推動帝國建設計畫。前面的六年，秦始皇忙著巡狩天下，直到對外戰爭成為新的壓力，秦始皇才開始推動帝國的建設。

對外戰爭正式展開後，位於渭水北方的咸陽城已逐漸不敷使用，於是秦始皇下令在渭水南方的上林苑（當時為動、植物園）內建造朝宮。渭水北側取水不便，只能鑿井來彌補用水的不足。相較之下，渭水南側則有充足的水源。那是由於渭水帶來了終南山上的豐沛水源之故。戰國時代必須優先考量戰略位置，因此只能背著渭水建設首都。但如今秦帝國需要建設一個更符合帝國地位的首

秦阿房宮的台基夯土層。

都。首先秦始皇下令建造了一座巨大的前殿，規模為東西五百步（六百九十公尺）、南北五十丈（一百一十五公尺），堂上可坐一萬人，堂下可豎五丈（十一．五公尺）之旗。這座被稱為阿房宮的宮殿並沒有完成。所謂的前殿，指的就是正殿。

如今依然殘存著東西一千二百七十公尺、南北四百二十六公尺、高十多公尺的夯土基礎。秦人自渭水北側的咸陽宮渡過渭水，建立阿房宮等宮殿時，模仿了天上星辰的配置。以渭水為銀河，在其南方建設相當於天極的極廟，並以閣道（名為王良的星座）與北方的營室（飛馬座，天帝的宮殿）相連。這樣的全新都市景色，在地下再次重現。

焚書坑儒與不死仙藥

丞相李斯的施政

丞相李斯很清楚這場戰爭有多麼艱難。過去與六國的戰爭，交戰對象都是長年來重複著外交與戰爭的國家，國與國之間有著一定的不成文規矩。但這次的交戰對象卻是騎馬游牧民族與山地民族，生活型態完全不同，可說是名副其實的異域之戰。尤其是與越人的戰爭，交戰對象並非國家，而是一些難以捉摸的山地民族。雖然艱難，但李斯認為這是將六國殘存勢力的注意力引向外族的大好機會。這場「放逐蠻夷」的戰爭，是李斯的天下統一計畫的第二階段。成功的關鍵，就在於能否凝聚全天下的力量。

前述的御前會議上，博士淳于越批評周青臣等人對皇帝過於阿諛奉承，且反對李斯主張的郡縣制度。李斯則以「愚儒」一詞來反擊淳于越。「儒」字在這個時期有溫柔及愚蠢的意思，而非如後世侷限於「繼承孔子學問的學者」之意。李斯當時的態度，就像是批評淳于越「只是個愚蠢的學者卻來大放厥詞」。更讓李斯不滿的一點，在於淳于越出身於秦最後所消滅的齊。對於很早便棄楚投秦的李斯來說，齊人這種依舊拘泥於封建制度的態度實在令他相當火大。李斯身為丞相，對於地方郡縣的大小事情當然都掌握得一清二楚。

里耶秦簡之中，有著註記為三十三年（西元前二一四年）、三十四年（前二一三年）的簡牘。三十三年四月丙午（六日），洞庭郡陽陵縣有十二名男子受郡徵調。這些人都是罪犯，必須服勞役來贖罪。罪犯一天的工資為八錢，扣去伙食費只剩六錢，假設罪刑的罰金還剩一千三百四十四錢，則須服勞役二百二十四天才能還清。就像這樣，秦並非將罪犯關在牢裡，而是善加利用了他們的勞動力。有時會讓他們拿著鐵鍬參與土木工程，有時會讓他們拿著武器上戰場打仗。紀錄中這十二名男子正是被派去擔任警備工作，以防範百越的進攻。

隔年八月，遷陵縣向上呈報縣內共有弩一百六十九把，其中四把送至益陽縣，三把送至臨沅縣，因此還剩下一百六十二把。這意味著各縣的武器可以互通有無。雖然只是雞毛蒜皮的小事，卻記錄得一清二楚，由此可知郡縣制度在邊陲地帶確實發揮了作用。

對批判體制的諸生進行鎮壓

為了不讓學者們在戰爭時期打亂首都秩序，李斯採取了一連串打壓行動。這麼做也是為了向全國宣示貫徹臨戰體制的決心。西元前二一三年，李斯下達了燒毀特定書籍的焚書令，隔年又坑殺了四百六十餘名諸生，這就是有名的焚書坑儒事件。這一連串事件經常被拿來證明秦始皇有多麼殘暴不仁。但這並非如後世的儒生所強調，是法家的李斯為了打壓儒家而採取的暴政。李斯只是害怕秦帝國的現行體制若遭批判，可能會導致郡縣制度瓦解。

焚書的最重要對象，是史官們手邊的諸國（秦以外）史書。當時遭秦消滅的諸國史書紀錄全都還留存著。秦主張統一天下的戰爭為正義之戰，但在六國的紀錄裡肯定成了侵略戰爭。其次的焚書對象，則是不具博士身分的人所持有的《詩經》《書經》及諸子百家著作（博士所收藏者不在此限）。百姓必須將這些書籍繳交給所轄之郡的官府進行焚燒。這些書籍雖然並不包含批評秦的內容，但李斯擔心可能會有人拿書中所寫的古代理想政治來大做文章，當作諷刺及批判現行政治體制的工具。當時的書籍皆是竹簡、木簡或帛書（寫在絹帛上的書籍），如果官府徹底執行政策，想必全國各地都可聽見焚燒書籍所發出的劈啪聲響。

違反法令的人，將遭受懲罰。聚眾討論《詩》《書》內容者處以棄市（處死後將屍體放在市場示眾），借古諷今者滅族，官吏知情不報者同罪，禁令下達三十日後仍不焚書者處黥刑且罰為築長城勞役。但醫學、卜筮、農業等相關書籍不在禁書之列。此外並倡導欲學習法令者可向官吏請教。

坑儒的對象則為諸生，也就是學者。發生坑儒事件的契機，是方士們沒有辦法取得仙藥，反而毀謗秦始皇，做出妖惑百姓的舉動。住在咸陽的諸生都遭到了審問，其中有四百六十餘人在咸陽遭到活埋。當時被稱為諸生的人，大多是追求長生不老仙藥的方士，以及信奉孔子的儒生。雖然犧牲者之中確實包含了一些儒生，但秦始皇下令坑儒的真正原因在於對方士的不信任。嚴格說來不該稱為坑儒，而該稱為坑諸生。到了東漢時代，遭坑殺的對象才遭訛傳為全部都是儒生，成了名副其實的坑儒。

方士與秦始皇

秦始皇在巡狩東方的時候遇上過不少方士。例如三十二年前往碣石時，秦始皇便曾要求燕人盧生探訪羨門及高誓。羨門、高誓都是仙人的名字。這個時代的仙人寫作僊人，僊的意思為高昇。韓終、侯公、石生等都是追求仙人或仙藥（長生不死之藥）的方士。宋毋忌、正伯僑、充尚、羨門子高等人原本都是燕人，後來因修行方僊道而成為仙人。

根據《史記・封禪書》的記載，仙人、仙藥皆存在於渤海中的蓬萊、方丈、瀛洲這三座神山之上。「**去人不遠；患且至，則船風引而去**（看起來並不遠，但船隻即將抵達時就會被風吹離）」、「**未至，望之如雲；及到，三神山反居水下。臨之，風輒引去，終莫能至云**（還沒到時，看起來像雲；到了之後，三神山反而在水下。想要靠近就會被風吹離，到頭來還是無法抵達）」等等描述，讓三神山簡直成了渤海上的海市蜃樓。

海市蜃樓一詞原指大蚌（蜃）一吐氣，海中就會出現樓臺的傳說現象。如《史記・天官書》及《漢書・天文志》皆記載「**海旁蜃氣象樓臺**」。若站在科學角度來解釋，海市蜃樓是溫差造成空氣密度差距所導致的光線曲折現象。在日本，海市蜃樓亦可見於富士灣、琵琶湖等地。在什麼都沒有的海面上，不會出現海市蜃樓。十至數十公里遠之外的實際景色，會在眼前向上翻轉或伸縮（春季至初夏的高位海市蜃樓），或是向下翻轉（冬季的低位海市蜃樓）並與其他景色重疊。

中國的山東半島也可看見此現象。尤其是蓬萊閣以北的廟島群島一帶，也就是遼東半島與山東半島之間的海域上，每年六月時微風會帶來溫暖的空氣，與海面上的冰冷空氣混合在一起，低溫而密度較高的空氣會出現光線曲折的現象，造成海市蜃樓。那景象看起來像是實際的島嶼上方還有另外一座倒轉的島嶼。北宋沈括在《夢溪筆談》中也曾提及登州（蓬萊）的海市蜃樓。從前的人認為仙人就住在像這樣的地方。

現代醫學已逐漸明白了老化的機制。身體機能會隨著年紀增加而衰退，是因為細胞最後將停止分裂，導致失去新陳代謝的能力。隨著醫療的進步，平均壽命不斷增加，但最長壽命一直是在一百二十歲左右，這點從古至今並沒有太大改變。老化的機制會隨著基因傳給下一代，因此古代跟現代的條件毫無變化。只要是活到接近人類最長壽命的人，就會被當成仙人，但若說要活到兩、三百歲，那是不可能的事情。傳說東漢的冷壽光活到一百五、六十歲，甘始東、郭延年、封君達等方士都活到一、兩百歲，那都只是無稽之談。方士們看透現實之後，開始摸索延遲老化、讓壽命接近最長壽命的訣竅。

方士盧生曾向秦始皇說明成為真人的方法。盧生告訴秦始皇，只要成為真人，就可以「**入水不濡，入火不爇，陵雲氣，與天地久長**（進入水中不會沾溼，進入火中不會感到灼熱，能夠騰雲駕霧，壽命與天地一樣長）」。接著盧生又說，陛下剛得天下，內心無法達到恬淡無欲的境界，應該經常微服出巡，不要告訴任何人，如此一來才能除去體內的惡鬼，成為真人。盧生還說一旦被臣子們得知身處何處，將損及元神。秦始皇極想成為真人，因此不再自稱朕，改自稱真人。而且他為了能夠悄悄在咸陽一帶的宮殿自由來去，還下令在多達二百七十座的宮殿之間建築復道（上下重疊的通道）及甬道（兩側有圍牆遮蔽視線的通道）。

但方士們的所作所為卻惹怒了秦始皇。徐市（徐福）等方士耗資巨萬，卻遲遲沒有找到仙藥。盧生等人享受尊榮待遇，卻在背後說三道四。秦始皇的這股怒火甚至也波及了長子扶蘇。扶蘇認為此時偏遠地區的百姓對秦的施政還不十分滿意，倘若懲處太過嚴苛，恐怕會引起百姓的不安。沒想到秦始皇卻將扶蘇與蒙恬一起軟禁在北方的上郡。

最後一次巡狩天下

秦始皇趁著南北兩邊的對外戰爭趨於穩定的時期，舉行了一場到目前為止最大規模的巡狩。那一年為始皇三十七年（西元前二一〇年）。打從前一年起，便發生了許多不吉利的事情。一顆隕石落在東郡，竟然有人在上頭刻了一句「**始皇帝死而地分**」。有人送來一枚玉璧，說了一句「**今年祖龍死**」後留下玉璧揚長而去。這枚玉璧正是九年前秦始皇第二次巡狩天下時，投入長江之物。秦始皇趕緊占卜吉凶，得到的答案是「**游徙吉**」。於是秦始皇立即下令將三萬戶百姓遷徙至黃河上游的榆中，並在隔年年初的十月癸丑日出發巡狩天下。

一九九三年，湖北省荊州市周家臺秦墓出土了一份寫在木牘上的月曆。根據此月曆的記載，始皇三十七年的十月是從辛亥開始，且是大月（三十天）而非小月（二十九天），由此可知癸丑日為十月三日。秦始皇認為卜文中的「游」字，指的就是離開首都巡狩天下。

第五次巡狩天下長達將近一年，而且最後是因秦始皇駕崩才結束。雖說在這之前因戰爭的關係而有四年無法巡狩天下，但要離開首都這麼長的時間肯定需要下非常大的決心。若一直待在首都，將沒有辦法確切掌握天下局勢。這趟巡狩左丞相李斯同行，右丞相馮去疾則留守咸陽。少子胡亥希望同行，秦始皇答應了。秦始皇的妻妾全都沒有留下名字，但我們知道秦始皇至少有二十多個兒子。長子是遭軟禁的扶蘇，么子是胡亥。

這次的路線跟過去四次完全不同，秦始皇首先前往了因與百越交戰而陷入動盪不安的長江中游流域，並於十一月抵達了雲夢。秦始皇在這裡上了九疑山的舜廟祭祀。皇帝親臨當地祭祀，事實上是一件相當危險的事。秦始皇搭船自長江順流而下，前往江南。抵達了現在的浙江省錢塘江之後，秦始皇登上會稽山，祭拜大禹。史書中稱秦始皇在此「**望于南海**」，但實際上南海還在更遠的南端。雖說秦帝國在戰爭的時期開拓了從湘水經灕水直達南海的水上交通網，但皇帝親自涉險畢竟不是明智之舉。因此秦始皇的這趟巡狩，南方的路線最後還是僅侷限於長江流域。秦與匈奴、百越的戰爭並沒有明確的終結或勝利宣言，匈奴只是回到了蒙古高原，百越之民也只是回到了山上。

單一法制的天下統治

秦始皇派人在會稽山上製作了彰顯自身功績的刻石。這顆「會稽刻石」現已佚失，但其文章收錄在《史記・秦始皇本紀》內。文中歌頌秦始皇如何讓百越之民移風易俗，其中還提及了具體的婚姻習俗，例如：

飾省宣義，有子而嫁，倍死不貞。防隔內外，禁止淫泆，男女絜誠。夫為寄豭，殺之無罪，男秉義程。妻為逃嫁，子不得母，咸化廉清。

（掩飾過失而口稱正義，明明是有孩子的寡婦卻改嫁，這是背叛亡夫的不貞行為。只要嚴格區分家門內外，禁止淫亂的行徑，男女的關係就能更加謹慎真誠。丈夫若與他人之妻有不義之舉，則殺其夫者無罪，如此一來男人就會守義。妻子若逃走且改嫁他人，不能讓她與新的丈夫所生的孩子認她為母親，如此一來就能減少淫亂的行為。）

從這段紀錄，可看出秦始皇想要對不同於北方的婚姻習俗加以規範。

位於北方的秦早在戰國時代的西元前三七五年，就已制定了嚴格的戶籍制度。不管是徵兵還是納稅，都是以戶為單位。商鞅變法時規定「一家有兩男以上卻不分家，賦稅以兩倍計算」及「禁止父子兄弟同居」，藉此獎勵單婚家庭。原本秦的習俗也是兩代同堂，但戰國時代為了富國強兵政策而開始推動單婚家庭。因此當秦人得知了南方社會的婚姻習俗後，當然會試圖以單一法制進行統治。若細看秦的律法，能找到諸如「已婚女子逃婚，若因年少而未曾向官府提出結婚登記者不以逃婚罪論處」及「妻子在離婚時若沒有向官府登記須受罰」等等規定，不難看出秦即使是對婚姻也想要嚴格管理。基於單一法制的天下統治，正是李斯的方針。

秦始皇往北來到琅邪臺，又見到了方士徐市（徐福）。徐市擔心遭受責罰，想出了這套說詞：「**蓬萊藥可得，然常為大鮫魚所苦，故不得至，願請善射與俱，見則以連弩射之。**（原本可以取得蓬萊仙藥，但一直受大鮫魚阻撓，請派給我一些善於射箭的人，看見了就以連弩射殺。）」當時秦始皇剛好也夢見了與看起來像人的海神交戰，於是找來博士占夢，博士回答：「**水神不可見，以大魚蛟龍為候**。（水神是看不見的，只能靠大魚及蛟龍來辨識。）」最後秦始皇在山東半島的之罘（現在的芝罘島）發現了一條巨魚，並加以射殺。

秦始皇之死

秦始皇在平原津發病，我們不知其病名，但病情相當嚴重。秦始皇面對這突如其來的事態，寫了一封遺詔要長子扶蘇「在咸陽為自己舉行喪禮並下葬」。我們可以從中感受到秦始皇因沒有事先立下太子而感到不安。他認為胡亥年紀太小，還是敢對自己正言直諫的長子扶蘇最值得信賴。他將遺詔寫在竹簡上，綁上了繩子，在繩結上糊了黏土，蓋上了皇帝的璽印。為先帝舉行喪禮，便帶有繼承帝位之意。但中車府令趙高卻將這分重要的遺言扣了下來，沒有交到扶蘇手上。

根據《史記》記載，秦始皇於七月丙寅日駕崩於沙丘平臺。但根據出土的月曆，七月並沒有丙寅日。七月應是抵達沙丘的月分，秦始皇則死於八月丙寅日（二十一日）。若是這麼解釋，在時間上也符合九月葬於驪山。

李斯立即察覺不妙。倘若讓全天下知道秦始皇死於從前的趙王行宮，事態的變化將難以掌控。不僅秦始皇的公子們會爭奪帝位，全天下還可能發生叛亂。於是李斯隱瞞了皇帝的死訊，並不對外發喪，且將棺材放置在轀輬車內。從車外看不見車內的景象。秦始皇陵出土的銅車馬之一，被稱為安車或轀輬車，側面有橫拉式的小窗，後方則有可開關的門扉可以進出。李斯讓宦官同坐在車上，照常獻上飲食及裁斷國政。知道真相的只有胡亥、趙高、李斯、宦官等五、六人。趙高毀壞皇帝的遺詔，李斯亦從旁相助。兩人偽造了改立胡亥為太子及賜死扶蘇與蒙恬的遺詔。由於天氣太熱，轀輬車內的遺體開始發出異味，李斯於是派人在車上放一石（約三十公斤）鮑魚（指鹹魚）來掩蓋。秦始皇巡狩各地，自然會有人獻上當地土產，車內有鹹魚並不是什麼奇事。

倘若秦始皇還活著，最後應該會抵達與匈奴交戰的前線，並自九原行直道（軍用道路）回咸陽。九月，胡亥發喪，成為二世皇帝。秦始皇的死訊傳遍天下，為其五十年的生涯及三十七年的統治期間畫下句點。

秦始皇的地下帝國

從秦王政即位起就開始在驪山北麓興建的陵墓，歷經三十七年後終於進入最終階段。秦始皇過世，最後的工程由二世皇帝負責。這也是他正式繼承帝位的環節之一。喪禮結束後，遺體被送入了還沒有墳丘的陵墓地底下。陵墓有兩排城牆，內城東西五百八十公尺、南北一千三百五十五公尺；外城東西九百四十公尺、南北二千一百六十五公尺、周長六・二公里，簡直像是重現了其生前居住的都市。這整片墓葬區域合稱為陵園。

水銀江河與人魚膏燭臺

傾斜的坡道可通往位於地下三十公尺深的墓室。這樣的深度約相當於十層的地下室，就算是現

一號銅車馬側面圖　發現於秦始皇陵的西側，又稱為安車（坐著駕駛的馬車）或轀輬車（載運棺材的馬車）。

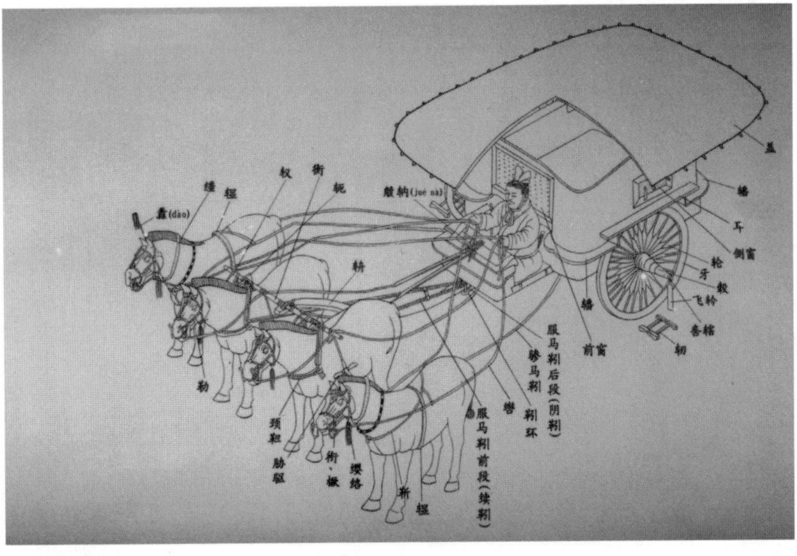

二號銅車馬圖

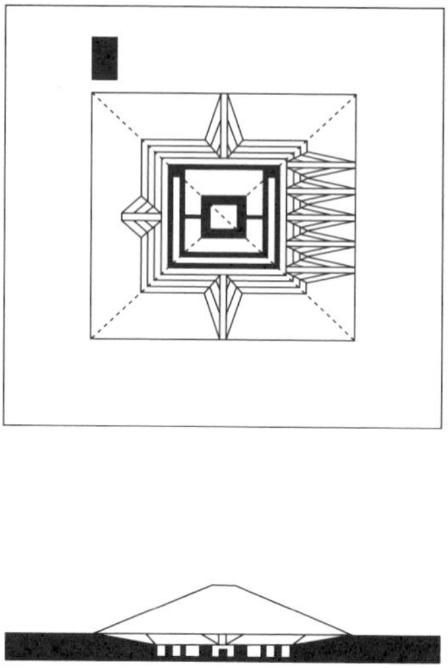

秦始皇陵地下宮殿推測圖（平面圖、側面圖）

代建築也不會挖得這麼深。棺材送入了墓室後，在上頭覆土，門口上封印，地上再築起了約二十五層樓高的墳丘。

自西安沿高速公路往臨潼區的方向行駛二十五公里，便可看見這座秦始皇陵。現存的墳丘為東西三百四十五公尺、南北三百五十公尺、高七十六公尺。站在丘頂，往北可看見渭水，往南可看見驪山的山巒。自南方的斜坡下丘，便會發現這座陵墓有著兩排夯土材質的城牆。所謂的夯土，指的是將黃土壓實形成的硬塊，雖然工法相當簡單，但在乾燥地區其硬度不亞於燒製的磚塊。如長城、直道、墳丘、宮殿的基礎等等，秦代的大型土木工程幾乎都是以夯土為材料。

《史記》中記載了秦始皇陵地底下的狀況：

穿三泉，下銅而致槨，宮觀百官奇器珍怪徙臧滿之。令匠作機弩矢，有所穿近者輒射之。以水銀為百川江河大海，機相灌輸，上具天文，下具地理。以人魚膏為燭，度不滅者久之。

（挖掘了三層地下水的深度，將銅灌入槨室的木材之間，並將宮中及官府內的各種珍奇之物運來填滿此地。命人製造機關弩矢，若有人想來盜墓就加以射殺。以水銀重現天下百川，以及江（長江）、河（黃河）及大海。利用機關使水銀不斷流動。天花板繪製天文圖，地板繪製地理圖，以人魚油膏製作燭臺，使燭火永遠不會熄滅。）

司馬遷生活在西漢的漢武帝時期，距離秦始皇死亡已過了一百年。地下宮殿的細部結構應是機密，《史記》中的描述是否正確我們不得而知。由於地下宮殿還沒開始發掘，我們只能從外觀推測其內部狀況。二〇〇二年，中國國家科研計畫（八六三計畫）通過了一項以遙感及地球物理學的最先進技術對秦始皇陵的墳丘內部進行探測的研究。

揭開地下宮殿內部結構之謎

二〇〇三年九月，第一期調查結束。十一月二十八日，秦始皇帝陵考古隊隊長段清波在北京發表了一年來的調查成果。其做法是自地表發射彈性波（確認地下空間）、脈衝雷達（確認地下埋藏物的位置）、電磁波（測定電流傳導度以確認有無金屬物）、電波（確認有無地下水）、熱紅外線（確認地表溫度，地下空間的上方溫度較高）等等，來分析地下空間的結構。此外，亦偵測來自地底下的岩石磁力（藉由岩石中的磁場方向錯亂來測定人工地下空間）、氡放射線（利用上升氣體氡確認地下空間）、重力（利用重力差確認地下空間）、水銀、伽瑪射線（確認岩盤龜裂及地下水位置）等資訊。這些都是從外側探查內部結構，不必實際將秦始皇陵的地下宮殿挖出來。

根據偵測結果，可知地下宮殿呈現巨大的長方形，東西一百七十公尺，南北一百四十五公尺。墓室位於地下宮殿中央，深三十公尺，東西約八十公尺，南北約五十公尺，高約十五公尺。秦始皇的遺體應該就在此處。墓室周圍受到石灰岩保護，有著十六～二十二公尺的厚壁，墓室沒有進水也

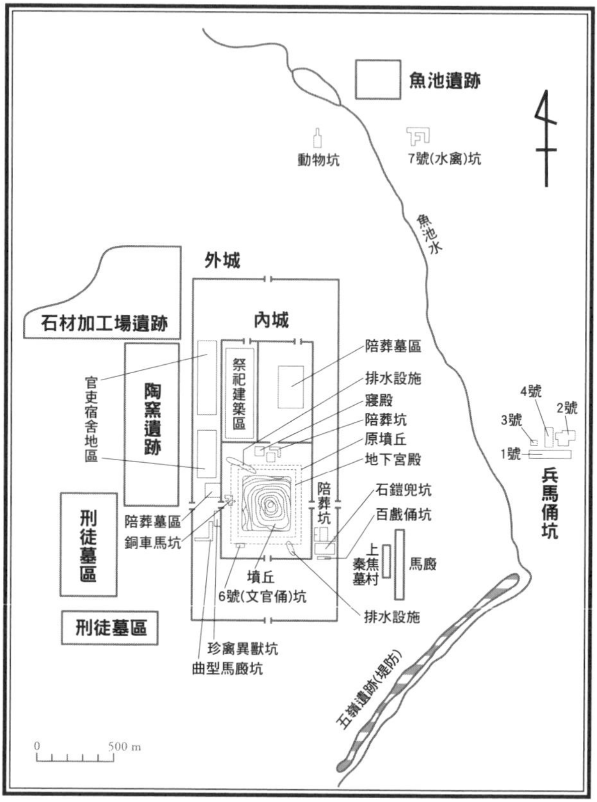

秦始皇陵園平面圖

沒有崩塌。

就算活到人類壽命的極限，最後還是難逃一死。既然如此，想要獲得永恆的生命，唯一的辦法就是將遺體永久保存下來。不讓屍體腐敗的訣竅，就是創造一個分解蛋白質等有機物的微生物無法繁殖的環境。現代的做法是在零下二十度的環境裡冷凍保存，或是在血管及腹部注入福馬林之類的防腐劑，古代的做法則是密封後埋藏於地下深處。

早在之前的鑽孔調查，已知地下三十公尺深處有個槨室。這個深度不會受太陽溫度變化影響，一整年因地熱而維持在十度至十五度之間。槨室的周圍覆蓋著木炭。木炭有防腐及調整溼度的作用。

到目前為止，考古學家已從漢代的墓室中發現三具沒有腐爛的遺體。繼長沙馬王堆漢墓的婦人遺體、荊州的男性遺體之後，二〇〇二年七月於江蘇省連雲港市海州區的漢墓又出土了一具身高一百五十八公分的婦人遺體。皮膚狀態良好，肌肉也還保有彈性，脂肪已蠟化，呈屍蠟狀態。現代人還沒辦法將冬暖夏涼的地熱效果運用得淋漓盡致，但中國的古人卻已十分清楚其原理，著實令人吃驚。

密封保存的遺體沒有必要讓活人看見，因為當時的人認為靈魂會上升至地表上。供秦始皇遺體內的靈魂日常起居用的寢殿、休息用的便殿、伺候膳食的官吏用房都在地表上。陵園的官吏須侍奉每日的飲食。

秦始皇死後的第四年，這座陵墓便遭項羽軍發掘。後來又有牧童為了追趕迷路的羊隻而誤入地下宮殿，不慎引發火災，據說大火燒了九十天都沒有熄滅。

兵馬俑（秦始皇兵馬俑博物館藏） 兵馬俑據說全部共有8千具，每一具都有自己的特色，額頭的皺紋及表情極為逼真。

說起古墓，大部分的人都會先注意到覆蓋地下墓室的墳丘，但經過調查，我們逐漸發現整座陵園是個祭祀秦始皇亡魂的巨大建築。二〇〇〇年夏天，考古學家在外城的東北方發現了水鳥坑（七號坑）。秦人在地下挖出河川，並且在岸邊放置青銅製的鳥類。共出土六座鶴、二十座天鵝及二十座雁。此外還出土了負責養育水鳥的官吏俑，令人不由得想像這些官吏一邊彈奏樂器一邊養育水鳥的畫面。經由這次的發現，我們得知秦人將人工製造的大自然帶進了地下世界。地表上的咸陽早成廢墟，周圍的大自然也遭破壞殆盡，地下帝國卻封存了當時的自然環境。

高級軍吏俑（額頭細部），陝西秦兵馬俑博物館。

一九七四年，考古學家在此地以東一・五公里遠的位置發現了兵馬俑坑。其中的士兵、軍馬陶俑據估計多達八千具，宛如是在守護著這座秦始皇死後居住的都市，其氣勢令人為之震懾。有可能是秦始皇當上皇帝後花了整整十二年的時間派人製作，也有可能是二世皇帝在秦始皇去世後的短時間之內派人製作。

天下的軍隊

大量兵馬俑所排列的隊伍，或許是模擬秦軍在統一天下時使用的陣型，也或許是模擬秦始皇去世時防衛咸陽的軍隊。前者為統一六國時的軍隊，後者為對外戰爭時的軍隊。筆者的看法為後者。到目前為止出土的兵馬俑坑，可分為一號坑、二號坑、三號坑及未完成且什麼都沒有埋入的四號坑。一號坑配置的是步兵、戰車、騎兵的混編主力部隊，二號坑配置的是機動部隊，三號坑配置的是指揮部。四號坑因歷經陳勝、吳廣率領的農民叛亂，因此沒有完成。

每一具兵馬俑都有其特徵，彷彿都是依照真人的相貌所製作。不管是從寫實的手法來看，還是從數量來看，都沒有其他任何古物能夠把中國古代人物的相貌如此完美地呈現出來。我們甚至能從額頭的皺紋判斷每一具兵馬俑的年齡，而且有些兵馬俑的表情彷彿是在說著話。這實在是彌足珍貴的歷史資料。

秦始皇的兵馬俑從一號坑到三號坑據推測共有八千具，目前還沒有全部挖出來。以出土部分的兵馬俑密度來計算，一號坑約有六千具，再加上二、三號坑共有八千具。目前我們無法預測有多少具兵馬俑能確認五官長相。一號坑的東方最前頭有三排共二百零四具身穿輕裝戰袍的士兵俑已修復完畢，目前排列於現場。加上十一處過洞（土壁夾縫之間的窄坑）所挖出的部分，共有一千零八十七具。若再加上二、三號坑的士兵俑，則共有一千三百七十九具。如此龐大的數量，照理應該能分析出秦人的臉部特徵，但實際嘗試之後，研究人員發現其特徵不具一貫性。

袁仲一將這些士兵俑依身體臉部特徵區分為三類。五官純樸、臉頰豐潤的是關中出身的秦兵，圓餅臉卻有著尖下巴的是巴蜀兵，顴骨高挺、體格精悍的是隴東（甘肅省東部）兵。由這樣的分類，可看出袁仲一認為這些士兵俑模擬的是天下統一時的秦軍。前述的三種出身地，分別為西周時期秦所發跡的黃土高原、秦在春秋戰國時代以此為據點實現天下統一的關中平原，以及秦在戰國時代之後納為殖民地的巴蜀（四川省）地區。但值得注意的是，其中有些臉孔看起來像是遭秦消滅的東方六國人士、匈奴之類的北方游牧民族，或是居住於秦地以西的西域人士。

從士兵俑及文官俑看帝國的擴張

士兵俑的臉孔或許大致上可分為兩類，也就是西方臉孔及東方臉孔。所謂的西方臉孔，可從特定的鬍鬚及髮髻特徵看出端倪。除了嘴唇上下的鬍鬚之外還留有絡腮鬍的士兵，鼻樑高挺、顴骨及下顎骨的後腮部位突出，嘴唇寬厚，髮髻也較高。絡腮鬍與下巴鬍鬚連在一起的士兵，臉部特徵也大同小異。大八字的鬍鬚服貼於突出的臉頰下方的凹陷處，與這種特徵明顯的臉孔可說是完美搭配。至於後腮部不明顯但顴骨突出的臉孔，應該也屬於西方人吧。這種顴骨突出、眼角上揚的臉孔，可見於鎧甲士兵俑及戰袍武士俑。有學者主張那樣的臉部特徵應該是少數民族，但秦代的少數民族到底指的是那些民族，卻沒有

秦文官俑　始皇陵出土，陝西歷史博物館。

明確的定義。現代的中國包含漢族在內共有五十六個民族獲得認定，但民族這個概念要加以定義並不容易。相較之下，視之為西方人的特徵長相或許比較妥當。

二〇〇〇年，秦始皇陵園區的六號陪葬坑內出土了八具文官俑。這些文官俑皆把手藏在袖中，雙手在身前交握，頭上戴著長冠，腰際懸掛著小刀與砥石。當時的人以毛筆在竹簡上書寫文字，若須修改就以小刀切削竹簡的表面，而砥石則是用來將小刀磨利。這兩件物品便象徵著負責文書行政的文官職務。

文官的頂點為丞相。從秦王政時期到秦始皇時期，擔任過丞相的人物有呂不韋、昌平君、昌文君、隗狀、王綰、李斯、馮去疾、趙高等人。呂不韋是東方的陽翟商人，昌平君是楚的公子，馮去疾及趙高是趙人，李斯是楚人。這麼多異國人士站上秦的官吏頂點，實在是件相當有趣的事。文官俑為高階官吏之俑，看起來就像是丞相。這些人的長相與將軍俑有著明顯的不同。

比起文獻史料，這一類考古資料更能讓我們了解秦帝國的擴張狀況。但超越了現代人常識的秦帝國遺產，恐怕還不止這些。

第三章　秦楚漢的三國志

陳勝、吳廣之亂

秦楚漢更迭的歷史

《史記》內將各朝代的編年紀錄稱為「本紀」。如〈夏本紀〉〈殷本紀〉〈周本紀〉〈秦本紀〉等。但接下來的〈秦始皇本紀〉〈項羽本紀〉〈高祖本紀〉的記錄重點卻不是朝代，而是秦始皇（西元前二五九年～前二一〇年）、項羽（西元前二三二年～前二〇二年）及高祖劉邦（西元前二四七年～前一九五年）這三人。司馬遷藉由這三位充滿了個性的帝王，描繪出了秦楚漢更迭的時代。尤其是項羽，司馬遷認為他在秦、漢輪替之際復興了楚，也算是一個帝王。從秦始皇出生到劉邦死去的五十六年之間，三人同時存活的時間為三十二年，正是從戰國末年邁入秦統一天下的時期。

秦始皇死後，中國的歷史歷經了二世皇帝的三年統治（西元前二〇九年～前二〇七年），接著又邁入項羽與劉邦的五年楚漢之爭（西元前二〇六年～前二〇二年）。這段時期對秦始皇之後的中國歷史有著舉足輕重的影響。劉邦與項羽之間的英雄之戰固然精彩，西楚霸王項羽所追求的嶄新國家規劃亦耐人尋味。一個皇帝底下有十八個地位相等的諸侯國，其下又採郡縣制。相較之下，秦代的郡縣是由秦始皇直接管轄。

若說秦始皇是君臨天下的「帝」，則項羽或許可稱之為驅策天下的「霸」。帝與霸的差別，是個相當值得深思的問題。隨著項羽的死，他的國家規劃也化為泡影。但劉邦所建立的漢，原本沿用的是項羽的楚的體制，後來才修正方針為繼承秦帝國。漢所採用的郡國制度，便是源自項羽的楚。項羽所建立的國家架構往往容易被人忽略，我們有必要先從敗者項羽的立場來審視這個時代。

動亂時代的史料
《楚漢春秋》

研究秦始皇過世後的秦末到楚漢時代的基本史料，就是《史記》中的〈秦始皇本紀〉〈項羽本紀〉〈高祖本紀〉這三篇。由於是以不同立場來寫同一時代發生的事，因此我們必須以跳躍的方式拼湊出整個時代的歷史。從〈秦始皇本紀〉可解讀二世皇帝的時代，從〈項羽本紀〉可站在項羽的角度審視秦的滅亡及楚漢相爭。至於〈高祖本紀〉，則能從劉邦的角度審視秦的滅亡、楚漢相爭及漢朝誕生的歷史。除此之外，還有以追隨項羽或劉邦的功臣為主角的世家或列傳可作為佐證資料。

當然這個動亂時代的歷史並非司馬遷親眼所見。在編纂本紀或列傳時，他依據的是陸賈的《楚漢春秋》。這本書如今已佚失，我們只能讀到其中的一些斷章殘句。以下我們舉楚漢相爭之際，項羽威脅要烹殺劉邦之父太公的橋段當例子。〈項羽本紀〉中的描述如下：

為高俎，置太公其上，告漢王曰：「今不急下，吾烹太公。」漢王曰：「吾與項羽俱北面受命懷王，曰『約為兄弟』，吾翁即若翁，必欲烹而翁，則幸分我一杯羹。」

〔項羽蓋了一座高俎（放置牲肉的高臺），將太公放在上頭，對漢王劉邦說道：「若不立刻投降，我就把太公煮了。」劉邦回答：「當初我跟你一同效忠於懷王時，曾說過要成為兄弟。我父親就是你父親，既然你要殺自己的父親，就分我一碗肉湯吧。」〕

從這個著名的橋段，我們可以看出項羽的殘酷，以及劉邦即使看見父親有性命之憂依然不為所動的性格。但只要與《楚漢春秋》的內文一比，便可知道司馬遷並非這個橋段的原始作者。北宋時代的類書（百科全書）《太平御覽》中引用了《楚漢春秋》的這段內文：

《楚漢春秋》曰：項王為高閣，置太公於上，告漢王曰：「今不急告下，吾烹太公。」漢王曰：「吾與項王約為兄弟，吾翁即若翁，若烹汝翁，幸分我一杯羹。」

若仔細查看兩段文字，不難發現一些細微的出入。如放置太公的地點，一邊是高俎，另一邊是高閣。還有劉邦對項羽的稱呼，一邊是項羽，另一邊是項王。但即使如此，我們還是不能否認這兩段文章幾乎大同小異。同樣的狀況發生在現代，我們可以說《史記》抄襲他人作品。但換個角度想，《史記》本來就是彙整各種原典史料而成的史書，這是理所當然的事情。比起這個，更值得注意的是陸賈生活在那個動盪不安的時代，卻能確實地記錄下那個時代的歷史。

重新檢視歷史的珍貴史料

一九九九年，考古學家於湖南省沅陵縣發現了西漢初期的沅陵侯吳陽（長沙王吳臣之子）的墳墓，在裡頭找到一些竹簡。其中有一部占卜用的書籍，名為《日書》，內文有著「**陳勝反攻秦**」「**陳以丙午誅軍吏**」「**楚將軍項籍助**

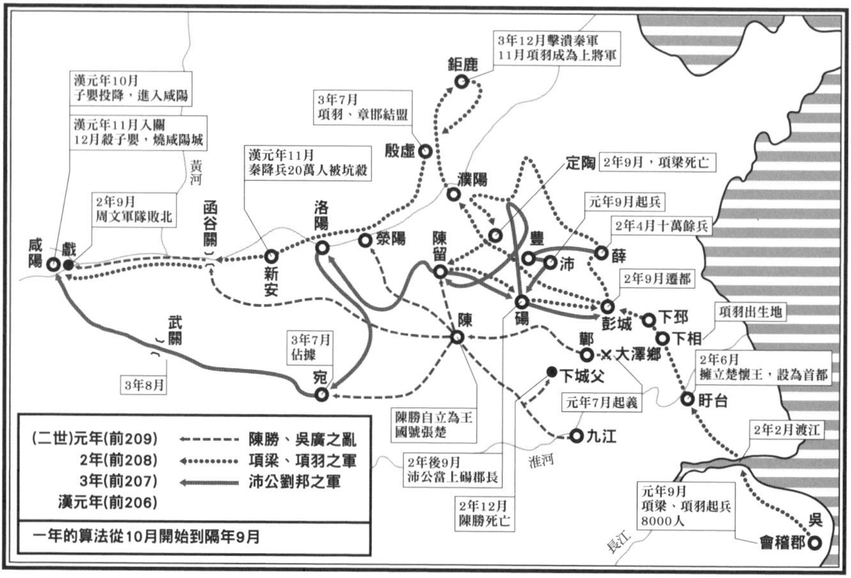

楚漢之爭略圖

趙」「**攻秦鉅鹿下章邯降項籍、以八月西略秦**」等句子。與《史記》不同的一點，在於《日書》稱項羽為項籍（羽為字，籍為名）。

二世皇帝元年（西元前二〇九年），陳勝舉兵。他自稱將軍，入陳地後又自立為王，定國號為楚（或稱張楚）。《日書》中的「**陳以丙午誅軍吏**」便是呼應這段歷史的珍貴紀錄。此句中的陳不是陳勝的陳，而是陳王的陳。陳王挑了丙午這個良辰吉日，誅殺了秦的軍吏。《史記》中並沒有這段記載。其後到了二世皇帝三年（西元前二〇七年），項籍救援遭秦攻擊的趙。原本遭秦占領的鉅鹿投降，其後秦將章邯也投降了。接著八月進軍關中。這部從沅陵侯吳陽墓出土的竹簡，成書年代在西漢第五代的文帝（在位期間西元前一八〇～前一五七年）之前，比《史記》更加古老。由於更加接近《楚漢春秋》，所以是相當珍貴的史料。

張家山漢簡的出土史料，也讓我們更加看清楚了秦楚漢三朝更迭時期的社會及國家狀況，引發我們探討「朝代更迭」的興致。在楚漢相爭的混亂時期，雙方都想要盡可能地拉攏百姓，納入傘下。若把這個問題放在行政面來看，關鍵就在於戶籍資料上登錄了多少百姓。在當時，脫離楚或漢的戶籍稱為「亡命」，而登錄戶籍稱為「占書」。此處的「占」是主動申報之意。許多百姓脫離楚，加入了漢的戶籍，於是漢果然獲得了最後勝利。這些珍貴的史料，讓我們有機會重新審視楚漢相爭歷史的背後意義。

六個月的農民起義

秦始皇死後，東方六國舊勢力紛紛叛變，各自自稱趙王、燕王、齊王、魏王、陳王及楚王。這些勢力的最大目標，就在於復興當初遭秦王政消滅的戰國諸國。其中反抗秦的政權最為激烈的是楚人。楚原本是個相當大的國家，疆域廣及淮水及長江中下游流域。陳勝首先自立為陳王，接著又定國號為張楚（比楚更加廣大之意）。

陳勝一直到死都沒有辦法消滅秦帝國，但他在激起亡秦勢力這一點上扮演了極重要的角色。後來的漢高祖甚至特地為了陳勝而安置了三十戶的守墓人。正因為有陳勝登高一呼，才有後來項羽的楚、劉邦的漢。在秦漢更迭的過程中，共出現了兩個楚，以下我們先稍微詳細說明陳勝的楚。

秦始皇被埋葬於酈山陵的隔年，便發生了一件足以撼動秦帝國基業的重大事件，那就是陳勝、吳廣之亂。後人認為這起事件是中國歷史上的第一起農民起義。在現代中國人的認知裡，這不是叛亂，而是起義，由此便可看出中國人對這起事件的評價有多高。而且這起事件並非以單純的叛亂畫下句點，還造就了張楚這個國家的誕生。

陳勝於二世皇帝元年（西元前二〇九年）七月舉兵，到十二月就戰死了。他的政權只維持了短短的六個月。但由此衍生出的勢力最後卻消滅了秦帝國，可見其對後世的影響實在大得難以估計。司馬遷的《史記》把〈陳涉世家〉放在第四十八卷，排在〈孔子世家〉的後面，足見司馬遷對陳勝的評價有多高。雖然只有六個月，但能成為楚王的確值得讚許。

陳勝，字涉，河南陽城出身。吳廣也出身於淮陽的陽夏。陳勝年輕時是個受雇於田裡工作的短工，他曾對雇主說過：

苟富貴，無相忘。

雇主笑他區區一個短工怎麼可能得到富貴，他的回答是：

嗟乎，燕雀安知鴻鵠之志哉！

老百姓建立的國家

七月，九千人聚集在大澤鄉（現在的安徽省宿縣），準備要前往漁陽（現在的北京附近）防守邊界。此處是淮水北方的平原地帶。陳勝、吳廣負責帶領這群農民前進，卻遇上了大雨，道路不通，已不可能在期限之內抵達漁陽。一旦誤期，將遭處斬刑。

兩人於是商議：「**今亡亦死，舉大計亦死，等死，死國可乎？**（現在逃亡是死，幹下一番大事業也是死，既然同樣得死，不如為建立自己的國家而死？）」陳勝接著批評二世皇帝根本沒資格繼承秦的帝位。長子扶蘇才是帝位的真正繼承人，卻因直言勸諫皇帝而遭派往邊境，後來又遭二世皇帝無端殺害。如今天下百姓都還不知道扶蘇已經死了。事實上此時扶蘇確實已接到父親秦始皇的假遺詔，以賜劍自殺了；蒙恬將軍也同時遭賜死，飲毒自盡了。此外還有深受楚人愛戴的楚將軍項燕，同樣生死不明，有人說他死了，有人說他只是逃走了而已。陳勝、吳廣商量之後，決定假借扶蘇、項燕的名義起兵造反。

陳勝在農民們面前以一句「**王侯將相寧有種乎**」（王、諸侯、將軍及丞相這些顯赫地位都不是與生俱來，而是靠自己的能力取得）鼓吹一同造反。於是陳勝自封為將軍，吳廣自封為都尉（郡的武官）。進入陳地時，兵力已壯大至戰車六、七百、騎兵千餘、步兵數萬。此時陳勝自稱陳王，以復興楚國為號召。原本不過是一般的老百姓，卻為了建立一個新的國家而賭上了性命。這不再是場單純的暴動，叛亂集團開始以成為一個嚴謹組織為目標。

時代造就了像陳勝、吳廣這樣的人。這些人出生於鄉里之間，原本只是秦這個巨大帝國裡頭的小人物，如今他們卻跨越了鄉里的藩籬，試圖建立起一個小小的國家。陳勝的這場行動，讓他比劉邦更早以一介農民的身分躍升為一國之王，在復興楚國這一點上也成了項羽的先驅。陳勝的部將周章（周文）比劉邦、項羽更早率領數十萬大軍進入關中，在秦始皇陵前與秦軍交戰。秦被迫中斷即將完成的陵墓，下令讓罪犯們拿起武器對抗亂軍。所謂的關中，指的是現在的西安東西兩側的廣大渭水盆地。東接函谷關，西接散關及隴關，北接蕭關，南接武關。

陳勝等人的舉動雖然一方面讓人感受到了新時代的趨勢，但另一方面卻又充滿了矛盾。與秦瓜葛不深的項燕也就罷了，扶蘇卻是凌虐百姓的秦帝國皇族成員之一。陳勝是以打倒秦始皇的帝國為目標，怎麼會假借其長子的名義？或許是憎恨二世皇帝的心情，在他們心中誘發了對扶蘇的同情吧。

二世皇帝胡亥

在陳勝、吳廣之亂發生之前，二世皇帝胡亥一直是以秦始皇繼承人自居。但輔佐者已不再是丞相李斯，而是郎中令趙高。這個職位並非行政的最高官階，僅是皇帝的私人宮殿護衛官員，卻獨攬了政治大權。光從這一點，便可感受到秦的宮殿內人人自危的氣氛。為了化解先帝駕崩造成的帝國瓦解危機，二世皇帝與趙高可說是竭盡心力。但歷史上多認為二世皇帝與趙高是造成秦帝國滅亡的元凶，《史記》中針對這兩人的描述也頗為負面。

說起二世皇帝胡亥，大家最先想到的應該是指鹿為馬的故事。這個故事造成了一種誤解，令後人以為胡亥是個連鹿跟馬也分不清楚的愚昧皇帝。由於（日文中的）「馬鹿」一詞是無知、愚蠢之意，因此大家很容易會把這兩者聯想在一起。但事實上當成為丞相的趙高把獻上的鹿稱為馬時，二世皇帝相當勇敢地提出了質疑。

二世笑曰：「丞相誤邪？謂鹿為馬。」問左右，左右或默，或言馬以阿順趙高。

由這段敘述可以得知，真正畏懼趙高權勢，夾在皇帝與丞相之間不知所措，最後只能稱鹿為馬的是周圍的群臣。趙高雖然在秦朝末期擔任相當重要的角色，但司馬遷卻沒有將他放入列傳之中，只在李斯的列傳裡順帶提及。

二世皇帝曾經試圖為秦始皇的時代做一個總結。他即位時的年紀有二十一歲、十二歲這兩種說法。但他在即位時曾有「**朕年少，初即位**」之語，因此十二歲是較符合邏輯的。對年幼的胡亥而言，稱頌秦始皇的時代有助於鞏固自己的權威。

二世皇帝決定模仿秦始皇巡狩天下。在這治安惡化的時期，他選擇以皇帝的身分親臨各地，在不拋頭露面的前提下展現自己的權威。這正是秦始皇經常採行的做法。二世皇帝前往了秦始皇時代的七處刻石地點，在石上追加了文字。因為他擔心後世的人不知道石上所刻「**皇帝哀眾，遂發討師，奮揚武德**」等語中的皇帝指的是誰。

不論是秦始皇還是二世皇帝，生前當然都自稱皇帝。世代交替之後，前代皇帝留下的文章內的稱呼都必須變更。但當時的實際做法並非把皇帝兩字刪改為始皇帝，而是附加上二世皇帝即位時的詔書。

二世皇帝如此告訴群臣：「**金石刻盡始皇帝所為也。今襲號而金石刻辭不稱始皇帝，其於久遠也如後嗣為之者，不稱成功盛德**。（金石上所刻的那些事情都是父皇的功績，如今我繼承了皇帝稱號，如果不將金石上的皇帝一詞改為始皇帝，年代久遠之後世人會以為那是繼承者的功績，如此一來就無法彰顯父皇的成功與盛德。）」

丞相李斯等行政官員聽了之後，提議將二世皇帝的詔書添加在刻石之上。二世皇帝答應了，於是帶著李斯前往碣石，並繞往南方的會稽。現存的泰山刻石及琅邪臺刻石，剩下的都是二世皇帝追加刻上的部份。秦的度量衡器上也刻有這篇詔書。

但二世皇帝的這場行動，卻引發了地方百姓的反感。四月，二世皇帝回到咸陽，將秦始皇的遺

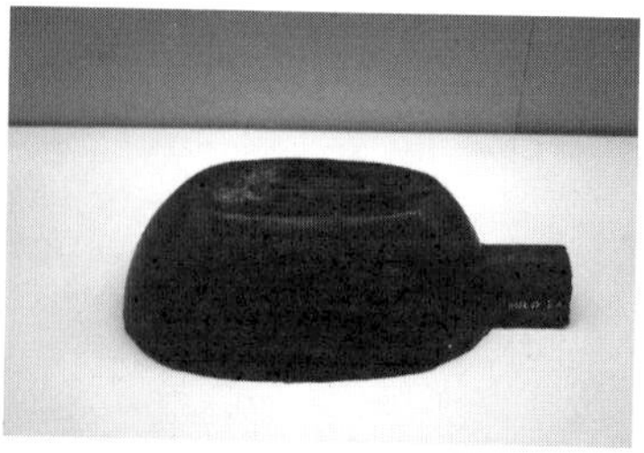

始皇詔量　秦代，青銅，器外壁一側刻秦始皇二十六年詔書，中國國家博物館文物展。

體埋入地下，並完成了地面上的高聳墳丘。接著二世皇帝將這些緊急徵調的工人派往興建蓋到一半的阿房宮，並派五萬人駐守咸陽。就在這個時期，七月爆發了陳勝、吳廣之亂。

叛亂的擴散與評價

在陳勝自立為陳王之後，燕、趙、齊、楚、韓、魏等舊六國勢力也紛紛自立為王。趙王武臣、燕王韓廣、齊王田儋、魏王咎等勢力各占一方。但是到了十二月，陳勝在下城父遭車夫莊賈殺害，王位只維持了短短的六個月。秦將章邯率軍反攻，一時占了優勢。

雖然是只有六個月的短命國家，其施政卻頗有遠大的規劃。國號張楚，首都為陳，據說還蓋了華麗的宮殿。陳勝年輕時的雇主來到宮殿拜訪陳勝，以楚的方言讚嘆了一句：「**夥頤**（物資豐沛之意）！」陳勝自稱陳王而非楚王，是因為當時他還不是整個楚地的統治者。他派遣周文、呂臣等將領四處攻城掠地，企圖收復楚的領土。他所封的上柱國、中正、司過這些官，都是楚的官名。中正與司過負責輔佐陳王，對不服王令者加以嚴懲。陳勝並承認其他自立勢力的王，企圖統合諸勢力。後來項羽所建立的國家，早在此時已出現了雛形。陳勝復興楚的宗旨並非讓楚獨得天下，而是讓楚成為六國聯合的勢力之一。

最早給予陳勝、吳廣之亂正面評價的人並非司馬遷，而是西漢文帝時期的官員賈誼（西元前二〇〇～前一六八年）。賈誼年僅二十歲便當上博士，成為漢文帝的年輕輔佐者，官至太中大夫。他所寫的《過秦論》一書，正如其書名，內容為批評秦的過失。秦帝國只傳了兩代，區區十多年便覆滅，賈誼為其找出了原因，作為西漢政權的施政參考。當時西漢政權誕生二十多年，正試圖改變繼承秦代制度的方針，建立一套更合適於統一朝代的皇帝制度。

賈誼在《過秦論》中寫道：「**一夫作難而七廟隳，身死人手，為天下笑者，何也？仁義不施而攻守之勢異也**。（一人〈指陳勝〉發動叛亂，能使天子七廟之國〈指秦〉覆滅，天子不僅遭到殺害，還成為天下的笑柄，這是為什麼？那是因為秦不施仁義，且沒有察覺攻守之勢已經轉變。）」

陳勝出身貧寒，卻能「**斬木為兵，揭竿為旗，天下雲集響應，贏糧而景從，山東豪俊遂并起而亡秦族矣**」（〈秦始皇本紀〉）。此處的山東，並非現在的山東省，而是指華山或淆山以東的廣大地區。

秦帝國的滅亡

繼陳勝之後崛起的是出生於楚將世家的項羽，以及東方農民出身的劉邦。在秦始皇還活著的時候，他們都曾見過秦始皇。現在讓我們將時間稍微往前拉，回到秦始皇的時代。

擁有楚國名將血統的項梁

始皇三十七年（西元前二一〇年），秦始皇最後一次巡狩天下，來到了江南地區。此時秦始皇五十歲，項羽二十三歲。項羽與叔父項梁見到了秦始皇的巡狩隊伍。雖說是見到，但實際上當然不可能親眼看到秦始皇的臉。此時項羽突然說出一句：「**彼可取而代也**。（我可取代他）」項梁趕緊摀住項羽的口，說道：「**毋妄言，族矣！**（別亂說話，會遭滅族）」秦始皇接著往北行，病死於沙丘。到了二世皇帝的時代，項羽果真發動叛亂，企圖復興遭秦消滅的楚。

接著我們看看劉邦的情況。劉邦原本在如今的江蘇省某地區擔任亭長一職（負責守護村里治安的小官）。有一次他押解罪犯至咸陽服勞役，恰巧看見秦始皇，脫口說出了一句：「**嗟乎，大丈夫當如此也！**」

項羽一心只想要憑自己的力量奪取權力並消滅秦始皇的帝國，而劉邦的理想卻是像秦始皇一樣建立一個帝國。從這兩句話便可看出兩人的性格差異。

項梁的父親是遭秦將王翦殺死的楚國名將項燕。項燕死去的隔年，秦將王翦、蒙武俘虜楚王負，消滅了楚。事實上將軍項燕一死，楚便已算是瓦解了。由此可知項燕對楚而言是多麼重要的人物。繼承項燕血脈的項梁，原本出身於臨淮的下相，後來殺了人，為了避仇而遷居至吳中，即現在的江蘇省蘇州太湖邊。項梁在此地發揮了其才能。每當官府發布徭役或葬禮的命令時，項梁便負責在當地招募人才。

由於侄兒項羽鋒芒太強，導致大家常常忘了項梁這號人物。事實上我們對項梁這個人所知不多，例如他曾在櫟陽遭到逮捕，櫟陽位於關中地區，是秦的重要都市。項梁為何從故鄉下相大老遠跑到位於現在的陝西省櫟陽，如今我們已難以查證。遭到逮捕後，項梁向鄰近故鄉的蘄縣的獄掾曹咎求助，曹咎寫了一封信給櫟陽獄掾司馬欣，把項梁救了出來。當時的獄掾屬於高知識分子，並非只是單純管理監獄的官員。除了管理監獄之外，他們還經手各種審判事務，必須理解法律且能撰寫審判文書。由上述這件事，可知當時的獄吏之間或許存在著人脈網絡。項梁由於受到敬重，移居江南之後立即成為當地的領袖人物，他並曾將兵法傳授給賓客及子弟們。

陳勝等人叛亂的消息立即傳入了項梁的耳中。項梁觀望了兩個月之後，帶著當時二十四歲的項羽殺死會稽守（太守）殷通，於江南舉兵。項梁很快就招募到了八千精兵，於是自封為會稽守，項羽為裨將（副將）。

項羽的崛起

項梁率兵沿著長江北上，由於他是聲名遠播的楚國望族人士，兵力迅速暴增至六、七萬。他帶著軍隊來到了故鄉下相附近。初期項梁聽命於陳王（陳勝），陳王死後，項梁從民間找出了一個名叫心的人物，據說是楚懷王的孫子，項梁擁立他為楚王。項梁很清楚自己的家世只是代代效忠於楚王的將軍。

楚懷王（在位期間西元前三二九～前二九九年）名熊槐，晚年遭秦昭王監禁，病死於異鄉之地。這場悲劇的肇因，是原本在秦當人質的楚太子與秦的大夫私鬥，殺死對方後逃回了楚。秦昭王大為憤怒，於是用計擒住了楚懷王。懷王遭秦陷害而死於異鄉，加上國家遭秦消滅，新仇舊恨讓楚人對秦恨之入骨。因此項梁擁立懷王之孫成為楚王，在凝聚反秦勢力上發揮了極大的效果。

項梁的軍隊與秦將章邯率領的軍隊正面交鋒。章邯是秦帝國的最後一位名將，足以比擬戰國時期的白起及統一後的蒙恬。自從將陳王的軍隊逐出函谷關外後，章邯一直積極發動攻勢。項梁最後戰死於定陶。

西元前二〇七年，項梁的侄子項羽取代遭秦將章邯殺死的叔父掌握軍隊主導權。大家應該都聽過項羽這個人物，但事實上羽是他的字，他的名是籍。名是出生時由父母或親人所取，字則是在成年的冠禮儀式上由賓客所取。因此比起名，字更能表現出成年之後的個人特質。身分對等的人通常會互相稱對方的字，較能產生親近感。相較之下，劉邦（名邦、字季）卻極少有人以字稱呼他。

項羽率軍在鉅鹿與秦將章邯、王離交戰，拯救了趙王。從這一戰之後，章邯的秦軍開始轉為劣勢。後來章邯與項羽在洹水邊的殷墟結盟。殷墟是商朝自盤庚之後的首都。章邯一看見項羽，忍不住流下了淚水。章邯為了秦在戰場上出生入死，卻因朝中趙高弄權而感到不安，最後向項羽投降，受封為雍王。但項羽竟然派楚軍將秦的二十萬降兵殺死，埋在新安城的南邊。這種封其降將為王卻坑殺其兵的行為，成為後來劉邦抨擊項羽的理由。

劉邦的為人

另一方面，劉邦出身於沛豐邑中陽里，是個父母皆未能在史書上留名的一般百姓。該地以漢代行政劃分來看，屬沛郡豐縣；以秦代行政劃分來看，則屬泗水郡沛縣豐邑。史書上稱劉邦的父親為太公，但這是後來採用的敬稱而非本名。劉邦的母親則被稱為劉媼，媼為老婦人之意，這也不是本名。何況劉邦的劉應為父姓，中國人在傳統上避免夫婦同姓，照理來說劉邦的母親應該不姓劉。劉邦曾擔任泗水亭長，泗水亭因鄰近泗水而得名，亭長則是秦代地方行政組織中維持治安的小官。關於劉邦這個人，《史記・高祖本紀》有著以下記載：

好酒及色，常從王媼、武負貰酒，醉臥，武負、王媼見其上常有龍，怪之。高祖每酤留飲，酒讎數倍。及見怪，歲竟，此兩家常折券棄責。

（劉邦好酒色，常到王、武兩個老婦人開的酒館賒帳喝酒。每次劉邦醉倒在地上，王、武老婦人都會看見他背上出現一條龍，兩人感到很不可思議。而且每當劉邦來店裡飲酒，店的生意就會特別好，賣出比平常多數倍的酒。因此每到年底，兩個老婦人總是將賒帳的單子撕毀，不向他收帳。）

有一次，劉邦帶領了一群役伕前往酈山陵。上頭指示要派這些人加入興建秦始皇的陵墓，但途中很多人逃亡，劉邦大醉之餘，竟然乾脆把這些人都釋放了。就在這時，突然有一條大蛇阻擋在劉邦等數十人的前方，劉邦於是將這條大蛇砍死了。不久後突然有個男人追上劉邦，說出了以下這段奇妙的故事：

後人來至蛇所，有一老嫗夜哭。人問何哭，嫗曰：「人殺吾子，故哭之。」人曰：「嫗子何為見殺？」嫗曰：「吾，白帝子也，化為蛇，當道，今為赤帝子斬之，故哭。」人乃以嫗為不誠，欲告之，嫗因忽不見。後人至，高祖覺。後人告高祖。

（後來有個人來到了大蛇遭砍死之處，看見一名老婦人在半夜裡啼哭，那人問老婦人為何啼哭，老婦人說：「我的孩子被殺了，所以在這裡哭泣。」那人問：「妳的孩子為什麼會被殺？」老婦人說：「我的孩子是白帝之子，化成了蛇擋在路上，剛剛被赤帝之子斬殺了，所以我忍不住哭泣。」那人認為老婦人說話不誠實，正打算加以責罵，老婦人忽然消失了。那人追趕上了高祖（劉邦），高祖剛酒醒，那人於是把這件事告訴了高祖。）

這些當然都是在劉邦成為皇帝之後，為了正當化其政權而杜撰出來的故事。在這些故事裡，隱含著源自於五行思想的皇帝觀。所謂的五行思想，筆者在前面的章節也曾提過，是一種以木火土金水這五元素的循環來解釋宇宙及朝代更迭的思想。其循環有兩種解釋方式，其一是依照木火土金水的順序不斷循環的五行相生說，其二則是依照水剋火、土剋水的方式解釋的五行相勝（相剋）說。漢代的思想也因此出現火德及土德這兩種說法。主張漢為火德的說法，是否定了秦的地位，認為漢直接繼承了木德的周，故為火德（相生）。主張漢為土德的說法，則是認為水德的秦消滅了火德的周，而漢又消滅了秦，故漢為土德（相勝）。前述的故事中提到的赤、白這兩種顏色，則是象徵來自南方（赤）楚地的劉邦，打倒了位於西方（白）的秦帝國。朝代一旦更迭，皇帝當然也會換人做。五行思想就是用來給這個轉變一個合理的解釋。

劉邦在史書中被神化，而項羽卻從頭到尾都是個凡人。其最大的差別，就在於劉邦成了漢朝的開朝皇帝，而項羽卻沒有稱帝。

沛公劉邦的反叛

陳勝等人的起義，引出了劉邦這股勢力。劉邦的故鄉沛縣，位於現在的江蘇省徐州市北方四十公里處，在秦代為泗水郡轄下的縣。泗水郡在戰國時代原為楚的領土，鄰近楚的首都壽春。秦統一天下不過十多年，在那之前的戰國時代，劉邦也是楚人。在短短十二年的秦始皇時代，劉邦成了秦的基層官員。我們無法體會身為楚人卻受秦統治，那是什麼樣的心情。但秦始皇一死，蕭何、曹參等沛縣出身的低階官吏率先採取了行動。蕭何原本為負責指揮沛縣眾官吏的主吏掾，而曹參、任敖則為負責處理沛縣內審判事務的獄掾。至於夏侯嬰，原本是接送賓客的馬車伕，後來升格為縣內的官吏。這些人的地位，就跟前述留下睡虎地秦簡的「喜」相去不遠。他們負責彙整行政文書，看得懂法律審判公文，是一群被稱為文吏的知識分子。

這些紮根於地方社會，卻又在秦的統一政權之下擔任基層行政事務的一群人，如今決定起身抗秦。他們既擁有來自中央的資訊，又對地方情勢瞭如指掌。其他如郡守、縣令這些所謂的長吏，都是由中央派往地方任職，每隔兩、三年可能就會調走，因此無法與地方社會產生緊密的關聯。如今我們在史料中可看到如泗水守「壯」、泗水監（郡的監督官）「平」這些人物，都是二世皇帝時期的長吏。當時的官吏為了表示臣屬於皇帝之意，在公文中不寫姓氏。

沛縣的低階文吏們殺死了身為長吏的沛令（沛縣的縣令），轉為擁戴逃亡中的劉邦。劉邦於是取代長吏，成為了沛令。原本應該由中央指派的縣令，如今卻由百姓自己選出來了。從這個時期開始到成為漢王為止，劉邦一直被稱為沛公。將縣令稱為某公，這是楚的制度。由此可知劉邦是以楚人的身分，向秦發動反撲。此時的沛公劉邦早已不是秦帝國底下的長吏了。他祭拜黃帝及軍神蚩尤，高舉赤旗，這些當然都象徵著對秦的反叛。

劉邦集團的成員

沛公劉邦的集團除了這些低階官吏之外，還聚集了各行各業的人物。樊噲原本在沛縣賣狗肉，同鄉的周勃編織養蠶用的容器維生，灌嬰則是在睢陽販賣絲綢。除此之外還加入了一些逃家後在都市裡遊手好閒的無賴，這些人的年紀都相當輕，稱之為少年也不為過。沛縣不過是當時全天下上千個縣的其中之一，而參與了這個叛亂集團的這些人，後來卻成為取代秦的巨大帝國的政權中樞。倘若只強調農民出身的皇帝劉邦，恐怕不足以看清整個歷史的全景。實際上是圍繞在劉邦周圍的這些人形成一種連帶關係，不斷吸收其他地區的人才，逐漸打造起一個全新的權力架構。

劉邦集團的成員還可區分為客、中涓、舍人、卒等身分。《史記》中有一份〈高祖功臣侯者年表〉，這是劉邦集團論功行賞的紀錄，從紀錄中可得知這一三七名跟隨高祖打天下的功臣在剛發動叛變時的身分。蕭何、王陵、任敖、冷耳、酈食其等人與沛公為主客關係，立場較為自主。至於中涓（涓為清掃之意）、舍人（舍為主人家之意）、卒（並非士兵而是雜工）等身分，則相當於在主人家裡負責各種雜役的奴僕，與主人有著從屬關係。

曹參、周勃、灌嬰、王吸、召歐、孫赤、陳倉、毛澤為中涓；樊噲、奚涓、傅寬、薛歐、朱軫、周定、單寧、丙倩、唐厲、審食其、周緤、陳遬為舍人。至於卒的地位則更低，例如彭祖就是以卒的身分打開沛縣的城門迎入叛軍。單父聖、周聚、朱濞等人也是卒。以上從客到卒的眾人，都是出身於沛縣（到了漢代成為郡治）及鄰近的豐邑（劉邦的出生地，到了漢代升格為豐縣），聽命於新的縣令沛公。

趙高的專權與二世皇帝之死

秦軍處於劣勢的消息傳開之後，秦的宮廷之內也起了極大的變化。二世皇帝二年（西元前二〇八年），李斯遭處死，趙高成為丞相，開始獨攬大權。長年來維持著秦帝國政治運作的李斯，在這時死於非命。率軍出戰的秦將章邯、王離戰敗，軍事上再也沒有能夠仰賴的人物。八月，趙高發動叛變，秦面臨了內憂外患的窘境。前述指鹿為馬的故事，正是發生在這個時期。宮廷內的人大多害怕趙高，不是保持沉默，就是跟著附和那是一匹馬。至於老實說出那是鹿的人，都私下遭受了懲罰。沛公的數萬軍力正從武關逐漸逼近關中。關中的正面關隘為函谷關，南面關隘則是武關。秦始皇每次巡狩天下，也是通過武關前往長江流域。

二世皇帝做了一個夢。他夢見拉馬車的四匹馬（駟馬）中，左邊外側的驂馬（列於外側的輔助馬）遭一頭白虎咬死。二世皇帝找來博士解夢，得到的回答是「涇水作祟」。涇水是靠近咸陽宮北邊的一條河川，從前的鄭國渠就是由此分出，可說是秦的命脈之河。二世皇帝於是在望夷宮內齋戒，並將四匹白馬沉入涇水。二世皇帝最後就是死在這座望夷宮內。趙高命令女婿咸陽令閻樂偽裝成山東群賊，衝入望夷宮逼迫二世皇帝自殺。青史上的記載為趙高弒殺二世。

秦始皇是第一個皇帝，他的兒子胡亥卻是秦的最後一個皇帝。秦這個帝國僅僅傳了兩代就落幕了。繼位的子嬰是胡亥哥哥的兒子，但他已不再是皇帝，而是以王自稱。此時趙高的態度竟然相當平淡，他告訴群臣：「**秦故王國，始皇君天下，故稱帝。今六國復自立，秦地益小，乃以空名為帝，不可。宜為王如故，便。**（秦從前只有王，秦始皇統一了天下才稱帝，如今六國自立，秦的領地狹小，不能繼續使用皇帝這個空名，還是照舊稱王吧。）」由這段話可看出趙高並不拘泥於帝國的心態。當時項羽已封秦將章邯為統治關中西部的雍王，趙高卻暗中希望與沛公劉邦相約二分關中，自己也當個王。據說他走到二世皇帝的遺體前時，曾一度將皇帝的璽印帶在身上，顯然有自行稱帝的意圖，但周圍沒有人願意擁立他。

李斯遭趙高監禁後，曾在牢裡上書，書簡中不僅自陳罪狀，而且站在批判的角度回顧秦帝國的歷史。他在書簡中說，秦王政時期「**秦地不過千里，兵數十萬**」，而他靠著各種詭計誆騙諸侯，成功俘虜六王，使秦王成為天子，這就是一項罪過。統一天下後，領土已相當廣大，但他為了展現秦帝國的強盛，又「**北逐胡貉，南定百越**」，這也是一項罪過。此外他為了樹立秦帝國的威望，還將秦的度量衡及文字推廣至全天下，這又是一項罪過。雖說這些都是在獄中自暴自棄的言論，卻一針見血地說出了秦帝國的優缺點。

趙高後來遭秦王子嬰的宦官韓談殺死，子嬰自己則是在即位短短三個月後帶著妻小在頸上綁了繩子（表示服從之意），向沛公投降。

楚漢戰爭

項羽、劉邦的對峙

秦帝國瀕臨瓦解之際，沛公劉邦與上將軍項羽在鴻門見了一面。此時雙方的身分還不是漢王及西楚霸王。項羽率軍突破函谷關進入敵地關中時，沛公劉邦的十萬軍隊早已駐紮在關中的灞水河畔。項羽於是讓四十萬大軍屯駐在鴻門，與劉邦的陣營對望。這裡就是有名的「鴻門宴」的舞臺。鴻門位於秦始皇兵馬俑坑正北方的丘陵上，北臨渭水，因地勢上有著宛如巨大（鴻）門扉的斷崖，所以名為鴻門。項羽與劉邦在此地對峙，而不遠處就是防衛咸陽的秦軍。

沛公劉邦底下的左司馬曹無傷向項羽密報「**沛公欲王關中**」。事實上依照當初諸侯之間的約定，第一個率軍入關的人確實能成為關中之王。關中是秦一開始的領地，成為關中之王就代表承接秦的統治地位。不僅如此，而且沛公還跟父老豪傑「約法三章」，也就是廢除秦代所有繁雜法令，只留下三條規定（法三章）。父老指的是村里內的耆老，豪傑則是社會上擁有權勢地位的人物。此時沛公還對父老豪傑說出「**父老苦秦苛法久矣**」這些安慰之語，正如同當初剛從沛縣起義時，他也曾對父老說過「**天下苦秦久矣**」這句話。沛公明白只要得到父老的支持，其子弟就能為己所用。所謂的法三章，指的是「**殺人者死，傷人及盜抵罪**（殺人者處死刑，傷害及竊盜也須懲罰）」。

單憑這區區的法三章，當然無法治理一整個國家。但此時還是亂世，當務之急是讓沛公集團得到更多支持者。規則訂得越簡單，越容易凝聚群眾。

若站在項羽的角度來看，當初沛公是趁項羽軍救援趙軍之際偷偷攻入了關中。因此項羽無法原諒沛公，也無法原諒默許此事發生的楚懷王。怒不可遏的項羽直接攻破函谷關，駐紮於戲水河畔。戲水是一條來自酈山的小河，由於水量豐沛，足以讓四十萬大軍在此歇息。

鴻門宴

項羽的叔父項伯與張良有私交，暗中把項羽這邊的情況告訴了沛公陣營。沛公劉邦為了讓項羽息怒，一大清早便親自帶著百餘騎來到項羽陣營，對項羽說道：

臣與將軍戮力而攻秦，將軍戰河北，臣戰河南，然不自意能先入關破秦，得復見將軍於此。

（臣與將軍合力攻秦，將軍戰於河北，臣戰於河南，臣沒有意料到能先入關破秦，又在這裡見到了將軍。）

沛公自稱為臣，而尊稱項羽為將軍，表示自己的敬意。項羽明白了沛公的來意，於是立即設宴款待沛公。項羽在鴻門算是主人，因此與叔父項伯一同面向東邊坐，范增面向南邊坐，沛公劉邦因是客人，所以在項羽的右側面向北邊而坐，張良則面向西邊坐。若從兵馬俑坑的角度來看，項羽與兵馬俑同樣面對東方，劉邦則坐在背對兵馬俑坑的位置。范增建議讓項羽的堂弟項莊舞劍助興，並暗中囑咐項莊伺機刺殺沛公。項伯察覺兩人的圖謀，於是也起身舞劍，保護沛公的安全。

漢墓裡也可找到以這場鴻門宴為主題的畫像石及壁畫。南陽漢畫館收藏的畫像石中，項羽及劉邦在右側相望而坐，在中央舞劍的項莊正準備要偷襲劉邦的背後，張良及項伯站在其左側，而站在最左邊角落的范增則觀察著全場的動靜。此外，一九五七年出土於洛陽市燒溝村的西漢後期墓室，裡頭也有著色彩鮮豔的鴻門宴壁畫。在這面壁畫中，右邊角落畫著串在鉤子上的肉，正在爐火上燒烤。背景可看見山巒，可見得這是一場野外的宴會。項羽及劉邦在其左邊，正在舉杯飲酒。除此之外還有貌似項伯、張良、范增的人物。在最左邊舞劍的人則應該是項莊。但這面壁畫的中央還有貌

鴻門宴畫像石（南陽漢畫館藏）　在右側相望而坐的是項羽及劉邦。一邊舞劍一邊伺機想從背後偷襲劉邦的是項莊（中央）。站在項莊左側的是張良及項伯。在最左側觀察全場動靜的是范增。（《南陽畫像石》）

似方相氏的人物，因此也有人認為這其實是一幅儺戲打鬼圖。

最後是樊噲化解了這場危機。他帶著劍及盾牌闖入軍門，怒氣沖沖地瞪著項羽，史書中以「**頭髮上指，目眥盡裂**」來形容他那凶神惡煞般的模樣。項羽賜樊噲一斗酒及一塊生的豬肩肉，樊噲站著喝乾了酒，將盾牌翻過來擱在地上，把生肉放在上頭，以劍切下肉塊放進嘴裡大嚼。項羽欣賞樊噲的豪邁，想要再賜他酒，樊噲趁機為主君辯護：

今沛公先破秦入咸陽，豪毛不敢有所近，封閉宮室，還軍霸上，以待大王來。

（如今沛公率先破秦進入咸陽，卻不敢擅自取走一物，他封閉宮室，指揮軍隊退回霸上，全是為了等待大王前來。）

這個舉動可說是舍人解救主君危機的典範吧。後來沛公以上廁所為藉口離開宴席，並把樊噲也叫出來一同逃走了。張良估算時間，在沛公應該已平安抵達己方陣營的時候，才回到宴席上，就沛公不告而辭一事向項羽致歉，並呈上沛公交託的白璧及玉斗，獻給項羽及范增。范增見計畫失敗，氣得拿劍將玉斗擊碎了。

火燒秦都咸陽

數天後，項羽率軍進入秦都咸陽，殺死當初已向沛公投降的秦王子嬰，並焚毀咸陽宮殿。《史記》上記載這場大火延燒了三個月都沒有熄滅。北魏時代的地理書《水經注》甚至記載項羽派人挖掘秦始皇陵墓，動員三十萬人，搬了三十天也沒有辦法搬完陪葬品，這當然是有些誇大其辭了。近年來考古學家在兵馬俑二號坑發現了這個時代的盜墓坑，此外兵馬俑坑頂層的木製棚架也有因焚燒而炭化的痕跡。

當時有人認為關中地區占了地利，因而勸項羽將首都設於此地以成其霸業，但項羽見咸陽已燒成廢墟，並沒有接納這個建議，還說了一句：「**富貴不歸故鄉，如衣繡夜行**」。這種「衣錦還鄉」的想法，著實耐人尋味。項羽因此而放棄了秦帝國舊都，選擇回到自己的故鄉。這件事也象徵了項羽後來建立新國家的策略。

早一步進入關中的沛公對秦的財寶及婦女連碰也沒碰，還將宮室封閉，等待項羽入關。相較之下，項羽卻是在關中盡情擄掠後率軍東還。這兩人採取的行動可說是剛好相反。若站在勢力紮根地區的角度來看這段秦楚漢興衰歷史，可發現是以關中↓關東↓關中的順序進行輪替。秦將首都設置在關中（渭水盆地）中央的咸陽，實現了天下統一大業，而項羽的楚卻是將勢力重心放在關東（函谷關以東），企圖建立一個新的帝國。當初項羽焚毀咸陽宮殿時，一心只想回到遙遠的東方故鄉，對於「**關中阻山河四塞，地肥饒，可都以霸**」這樣的建議根本沒有放在心上。

西楚霸王項羽

西元前二〇五年一月，隨著秦的滅亡，由項羽主導的新國家體制也相應而生。這個體制與獨尊皇帝的秦帝國完全不同。首先，項羽讓楚懷王升格為義帝，定都於東方的彭城。項羽自己沒有成為皇帝，而是自願當一個王。他自稱西楚霸王，領有西楚九郡。霸王為王中之霸，地位在諸王之上。進入函谷關的諸將領皆成了王，分封至天下各地。當時正值秦末亂世，東方早已出現與從前的六國有所淵源的諸般勢力，項羽只是將其領土分得更細，封給成為王的舊王族或帶軍將領。

十八王聯邦體制

楚分三國，分別為衡山（吳芮）、臨江（共敖）、九江（英布〈黥布〉）。趙分兩國，分別為常山（張耳）、代（趙王歇）。齊分三國，分別為臨淄（田都）、濟北（田安）、膠東（田市）。燕分兩國，分別為燕（臧荼）、遼東（韓廣）。魏分兩國，分別為西魏（魏王豹）、殷（司馬卬）。韓分兩國，分別為韓（韓王成）、河南（申陽）。除了上述十四國，項羽還為了施恩於秦的降將章邯、司馬欣及董翳，分別封他們為雍王、塞王及翟王。繼這十七王之後，項羽又封沛公劉邦為漢王，統治巴蜀及漢中。漢王的漢為漢中的漢，即漢水的漢。自這個時期之後，劉邦的稱呼從沛公變成了漢王。

戰爭已經告一段落，十八諸侯各自前往其國都。分封並非只是形式而已，這些人必須實際上治理其國家。項羽也在這時進入了西楚首都彭城，即現在的江蘇省徐州市。此地距離項羽的故鄉下相

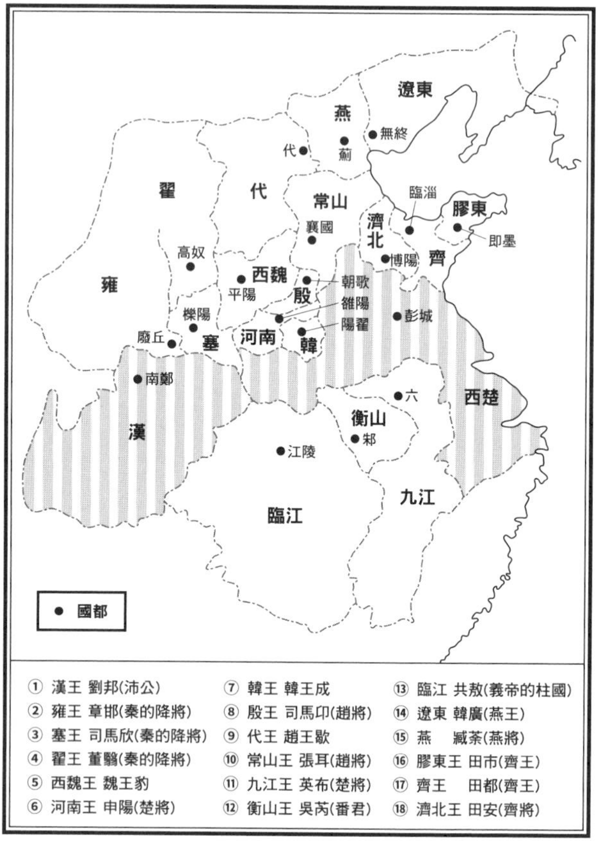

項羽統率的十八王聯邦體制

縣只有不到一百公里，可說是名副其實的衣錦還鄉。距離劉邦的沛縣更是只有五十公里。戰亂的時代一結束，長期遭到項羽利用的義帝（楚懷王）先被流放至長沙南邊鄰近九疑山的郴縣，接著又遭到殺害。

但項羽的十八國體制很快便面臨了瓦解的危機。一來他們失去了義帝這個凝聚全體向心力的權威象徵，二來齊、趙、漢都出現了反叛的徵兆。漢王劉邦當時帶著項羽分給他的三萬兵，以及自願追隨漢王的數萬百姓，進入了其首都南鄭（現在的陝西省漢中市）。此地距離咸陽只有兩百公里，卻須橫越秦嶺山脈，尤其是海拔三千七百六十七公尺的太白山連峰更是宛如屏風一般高聳入天。漢王經由棧道（在懸崖峭壁上開挖築起的道路）越過秦嶺之後，立即將棧道焚毀，表面上是防止敵人侵犯，實際上則是向項羽表明自己並沒有向東發展的意圖。這是張良提出的策略。不過就現實面而言，戰爭已經結束，士兵們都極想回到東方的故鄉，漢王燒毀棧道或許也是為了穩住軍心。

這塊位於漢水上游流域的土地雖然同在陝西省境內，卻與秦嶺北部的乾冷氣候完全不同，是一片溫暖溼潤的水田地帶。漢代的墓室中出土了大量的水田明器（冥器）。然而這個地區尚未開發，如果數萬人能夠下定決心在這裡建造家園，加上南方巴蜀之地的援助，或許漢能成為一個相當豐饒富庶的國家。

韓信力勸「爭奪天下」

然而韓信的勸說改變了劉邦的想法。韓信從小家境貧窮，年輕時當不成地方官吏，又當不成商人，曾經在亭長的家裡吃了好幾個月的閒飯，因而遭到厭惡。甚至就連在河邊洗滌絲棉的老婆婆也曾看他可憐，拿出食物給他吃。街上的無賴少年說他體格壯碩卻膽小，要他從胯下爬過去，這個「胯下之辱」的故事相信大家都曾聽過。後來韓信辯解自己是覺得為了一群無賴流氓而犯罪實在太不值得，所以才忍辱求全。

剛開始的時候，韓信跟隨項羽，但不受重用，韓信於是轉為投靠劉邦，成為劉邦的中涓。後來韓信不僅成為統率數萬人的上將，而且漢王對他相當禮遇，「**載我以其車，衣我以其衣，食我以其食**」，韓信因而感懷漢王的恩情。不僅如此，蕭何也對韓信讚譽有加，稱韓信為「**國士無雙**」（意為全天下無人能跟韓信相提並論）。韓信告訴漢王，被封到如此偏遠的土地是遭到了貶低，何況士兵們都想回到山東故鄉，因此軍心渙散，漢王應該向東爭奪天下。

於是漢王在漢中僅僅待了四個月，便率軍越過了秦嶺。當時關中已被分為三國，合稱三秦，漢王很快便征服了整個三秦。隔年（漢二年、西元前二〇五年），漢軍出函谷關，魏、河南、韓、殷王皆投降。漢王在此時期廢除秦的社稷，建立起漢的社稷。在這之前雖然秦已滅亡，但郡治都還留有秦的社稷祭壇。這乍看之下只是微不足道的小事，卻是彌足重要。社為土地之神，稷為五穀之神。社稷的祭祀極其重要，足以讓這兩個字成為國家的代名詞。

漢原本只是建立於漢中、巴蜀地區的國家，但迅速向外擴張。每占領一塊新的土地，便設置郡代替原本的國。例如俘虜殷王時，便改設河內郡，取代原本的王國。如此一來，漢的社稷就包含了河內郡。從這個時期開始，漢王採納了秦帝國的統治體制。據說漢王聽到義帝的死訊時，忍不住「**袒而大哭**」。天下人共同推舉的義帝，竟然遭項羽殺害了。如此一來，漢王獲得了新的開戰理由。

逐鹿中原

漢王的軍隊與齊軍、趙軍一同逼近項羽的西楚首都彭城。漢王軍與項王軍展開了一場激烈的戰鬥。楚漢之戰就此正式揭開序幕，項羽所追求的聯邦體制也徹底瓦解。名義上雖是楚漢之戰，但實際上這是一場楚人與楚人的戰爭。雙方的共同敵人「秦」已經不在了。昔日戰國七雄逐鹿中原，秦始皇抓住了這頭象徵帝位的鹿，統一了天下。如今秦已消滅，綱紀蕩然無存，列強再次開始追趕這頭中原的鹿。

剛開始的交戰是由項羽軍占了優勢。五十六萬漢軍死了十多萬，留在沛縣的漢王父母及妻小都被捉為人質。漢王落荒而逃，在滎陽重整軍勢後，才擊破了楚軍。

隔年（漢三年、西元前二〇四年），漢王求和，希望以滎陽以西為漢的領土，項羽沒有答應。項羽陣營的范增原本力勸項羽全力發動攻勢，卻中了漢王陣營的陳平所設下的離間計。范增離項羽而去，不久後便病死於路途上。這時的范增已是年過七旬的老臣，當年正是他建議項梁擁立懷王、復興楚國。在鴻門宴上，他力勸項羽把握機會殺死沛公，如今又力勸項羽把握機會殺死漢王，但兩次都沒有獲得項羽的同意。陳平的際遇與范增剛好相反，他對項羽感到失望，因而轉為投靠漢王，竟立即獲得了重用。他很清楚項羽的性格及楚的內部局勢，漢王因此交給他四萬斤黃金作為資金，要他設法擾亂楚軍。但真正幫助漢軍反敗為勝的人物，卻是因攻下了齊而成為齊王的韓信。有人說韓信當時若助楚則楚勝，若助漢則漢勝。

達成停戰協議

漢四年（西元前二〇三年），交戰長達三年之後，楚漢終於達成了停戰協議。雙方以滎陽的鴻溝為界，將天下一分為二，西側屬漢，東側屬楚。漢王的父母妻小也獲得釋放，整個軍中歡聲雷動。考古學家曾在一九七二年對楚漢二城進行了一次調查。《文物》一九七三年第一期刊登了一篇名為〈漢王城、楚王城初步調查〉的文章，作者為張馭寰。這篇文章在一開頭引用了毛澤東的《中國革命戰爭的戰略問題》的內容。楚漢戰爭中，劉邦以十萬兵力打敗了項羽的四十萬兵力，毛澤東試圖從這段歷史中學習戰略教訓，他在該文中提到：「**有名的大戰，都是雙方強弱不同，弱者先讓一步，後發制人，因而戰勝的。**」套用在楚漢之戰上，我們可以說劉邦在廣武、滎陽、成皋等地遭項羽先聲奪人，因而退一步等待時機，最終趁項羽軍渡汜水時發動總攻擊。

這篇文章發表於文革時期，只有短短兩頁，實在不足以稱之為學術調查報告。但文章中所附的楚漢二王城址圖，卻經常受到引用。圖中黃河流經兩城的北方，沖走了兩城的北側城壁，而且可以清楚地看出廣武山的中央有一條極深的鴻溝，將這片地區切割成了東西兩側。漢王城較大一些，城壁東西長約一千二百公尺，楚王城則約一千公尺。但當地並沒有出土任何文物足以證明這兩座城就是二王城，完全是以傳說為基礎。

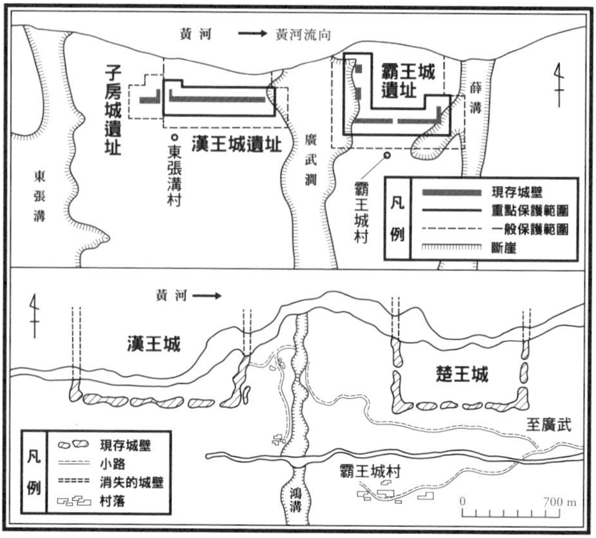

楚漢二王城城址圖　下圖為1972年的調查成果，上圖為現在的調查成果。

漢王與項羽曾隔著廣武山進行了一次對談。項羽說：「**願與漢王挑戰決雌雄，毋徒苦天下之民父子為也**。」意即想要與漢王以單挑的方式一決勝負，漢王則回答：「**吾寧鬥智，不能鬥力**」。

接著漢王又舉出了項羽的十大罪狀，藉以激怒項羽。例如項羽背約只封劉邦為蜀漢王、焚燒咸陽宮殿、挖掘秦始皇的陵墓、殺死已投降的秦王子嬰、坑殺二十萬秦兵、弒殺義帝等等。項羽的弩射中了漢王，但沒有致命。

漢王這一邊有不少人熟知項羽的性格，因為他們原本都曾待在項羽的身邊。除了較有名的韓信、英布（黥布）之外，還有叔孫通這個人物。他原本是二世皇帝的博士，後來背叛了秦，投靠項梁。在漢軍攻打彭城時，又投降於漢。他們隨時可以向劉邦說明項羽的為人。

雙方停戰之後，兩軍原本該各自往東西兩邊撤退，但漢王聽從張良、陳平的計謀，決定追擊楚軍。不久後韓信、彭越的軍隊也加入了戰局。

楚國的瓦解

項羽最後死於垓下。此地是淮水北方的平原地帶，位於現在的安徽省固鎮縣以東，距離項燕身亡的蘄縣，以及陳勝舉兵的大澤鄉都很近。垓下的「垓」字可能指堤防，也可能指國界。若是堤防，則可能有某種蓄水池。

垓下之戰

除了劉邦之外，韓信、彭越、劉賈的軍隊也都集結於垓下。韓信軍多達三十萬，項羽軍則只有十萬。強弱局勢跟當初的鴻門宴可說是剛好相反。此時周殷也已背叛項羽，投靠了劉邦。為了迎擊敵人，項羽在垓下蓋了一座要塞。「四面楚歌」的故事就是發生在這個時候。每到夜晚，項羽就會聽見周圍傳來數不清的漢軍歌聲，而且唱的全是楚歌。〈項羽本紀〉形容當時的情況為「**夜聞漢軍四面皆楚歌**」。這可以有兩種解釋，一是漢軍為了欺騙項羽而故意大唱楚歌，二是投降漢軍的楚人唱起了楚歌。史書中說項羽聽了歌聲，認為許多楚軍都已投降漢軍了。

楚漢時代有許多精采的歷史故事傳於後世，其中又以清代的京劇《霸王別姬》（又稱《十面埋伏》）最為有名。項羽與虞姬的訣別以一句「**虞兮虞兮奈若何**」為人津津樂道，甚至成為著名京劇演員梅蘭芳的代表作。一九九三年由陳凱歌執導的電影《霸王別姬》，描寫的是兩個飾演京劇《霸王別姬》的演員之間的愛恨情仇。比起當上皇帝的勝利者劉邦，失敗者項羽臨死前的故事更加引人入勝。弱者往往能引來同情，但項羽並非弱者。跟劉邦相比，項羽應該算是強者。《霸王別姬》的故事強調的是四面楚歌之後的結果，但概觀雙方的整個對峙過程，項羽陣營其實一直占了優勢。項羽軍曾在滎陽將劉邦軍四面包圍，逼得劉邦必須命紀信當替身，自己偷偷溜出城逃走。後來劉邦又在成皋遭到包圍，也是勉強撿回一條命。正因為項羽太強，後來的局勢逆轉及最後的下場才更加引人同情。

虞美人之歌

楚歌到底是什麼樣的歌，《史記》中並沒有詳細記載。東漢的應劭認為楚歌為「雞鳴歌」，但此處的雞鳴並非真的指雞的鳴叫聲，而是比喻黎明。若照這麼解釋，雞鳴歌應該指的是以黎明為主題的歌。項羽半夜在軍帳中飲酒，也唱了一首歌。歌中的主角為陪伴在項羽身邊的虞美人（虞姬）及一匹名叫騅的駿馬。滿懷憂愁的項羽唱道：

力拔山兮氣蓋世，時不利兮騅不逝，騅不逝兮可奈何，虞兮虞兮奈若何。

項羽的全盛時期，真可說是力拔山兮氣蓋世（拔山為越過山嶺之意）。可惜天下局勢的發展沒有當初預期的那麼順利，愛馬騅也不走了。項羽不禁感嘆，虞美人妳今後該何去何從？

項羽唱了數次，虞美人也唱了一首歌回應項羽。《史記・項羽本紀》並沒有載明虞美人所唱的這首歌，但唐代張守節的《史記正義》中引用了《楚漢春秋》的內容，可知虞美人所唱的歌詞為：

漢兵已略地，四方楚歌聲。大王意氣盡，賤妾何聊生。

《史記》與《楚漢春秋》所載的這兩首歌，古人認為一首是項羽所唱，另一首則是虞美人的回應。項羽稱虞美人為「若」，虞美人則稱項羽為「大王」，自稱「賤妾」。在當時四面楚歌的緊張局勢下，項羽與虞美人真的有閒情逸致這樣作歌答問嗎？不，或許正因為處在危機之中，才會做出這種事。高祖劉邦回到故鄉沛時，也曾飲酒擊筑，詠唱自己創作的歌，並讓眾人合唱共舞。這是一種抒發心情的手段。

混雜交錯的楚漢兩軍

西楚霸王項羽統治西楚，定都彭城；漢王劉邦則統治巴蜀及漢中，定都南鄭。西楚指的是淮水以北的地區，相當於現在的安徽、河南及湖北省。其東邊（現在的江蘇省）稱為東楚，其南邊（現在的安徽省南部、廣西及湖南省）則稱為南楚。當時的楚，範圍涵蓋淮水至長江中下游流域。項羽出生於下相，雖然後來遷居至吳，但與沛郡出生的劉邦都算是西楚之人。秦這個共同的仇敵消失後，兩個楚人開始大打出手。

劉邦雖受封於漢，但他不肯屈就於漢地，立即又翻越秦嶺山脈，進入了關中，不久後便回到了楚地。楚地才是劉邦與項羽大戰的舞臺，漢地實際上並沒有牽扯在內。劉邦只是被迫在漢地建國，事實上漢軍的士兵絕大部分並非出身於漢水流域或巴蜀，而是與項羽軍一樣來自東方。劉邦在衣著上也偏好短襬長冠的楚服。

楚漢相爭的「楚」「漢」並非依地區來判斷。只要受劉邦軍統治便是漢人，只要受項羽軍統治便是楚人。隨著局勢的變化，楚軍會變成漢軍，漢軍也會變成楚軍，往來相當自由。這跟原本出身於楚地或漢地無關。漢軍、楚軍混雜交錯，來來去去的情況相當頻繁。

張家山漢簡的《奏讞書》中包含了楚漢戰爭的五年及西漢初期的審判案例。在楚漢戰爭的時期，漢的國家地位在楚之下，因此當時算是（項羽的）楚的時代。在這個楚的時代裡，有這麼一個判決案例。有個女婢私下逃走，投靠了漢，但沒有登錄戶籍。女婢的原主人將女婢抓了回來，重新登錄戶籍，又以一萬六千錢的價格將她賣了。女婢的年紀為四十四歲。審判的重點，就在於這場買賣是否成立。女婢主張自己從楚人變成漢人，已不再是女婢。所謂的《奏讞書》，就是將這類找不到先例的疑難案件提交至中央，請求廷尉加以裁斷的文書。根據上頭的紀錄，官吏認為應該對女婢處以黥面之刑，並交給購買她的新主人，但也有人主張應該讓女婢以庶人的身分恢復自由。

投靠劉邦的人只要在戰場上立功，就能獲得爵位。例如夏侯嬰就是在攻秦時不斷立下戰功，爵位迅速向上攀升，歷經七大夫、五大夫、執帛、執珪，最後由漢王封為列侯。灌嬰也是歷經七大夫、執帛、執珪後成為列侯的一人。漢王成為皇帝後，漢帝國設有二十等爵，但前述的七大夫、執帛、執珪等爵位並不在二十等爵之中。那是因為這些人是在沛公劉邦的時期加入陣營，劉邦是依照楚的制度封給他們爵位。劉邦當上皇帝後才徹底改革制度，參考秦帝國的制度訂出了漢帝國的二十等爵。劉邦打敗了項羽的楚，因此想要徹底與楚撇清關係。

站在上述觀點來看，我們不能說楚漢相爭時漢軍唱楚歌是故意想要誆騙項羽。事實上漢軍絕大部分也是出身於楚。漢軍攻打楚地的楚軍，就如同攻打自己的故鄉。漢軍會唱楚歌，可說是理所當然的事。

漢代的《方言》一書〔作者為西漢末期的揚雄，書名全稱為《輶軒使者絕代語釋別國方言》，據說揚雄乘著輶軒（天子使者之車）至全國蒐集方言〕中，記錄了一些已失傳的陳楚宋魏等東方諸國的方言。例如楚國稱案（桌子）為「櫝瀉枕檇；又如秦國稱鑰匙為「鑰」，而中原及楚國稱鑰匙為「鍵」。由此可知現代漢語的「鑰匙」一詞源自於秦語。值得一提的是日文稱鑰匙為「鍵」，可知是源自於楚語。

此外尚有其他失傳的東方諸國方言，如稱圍棋為「奕」，稱雞為「鸊鴟鴟」（陳楚宋魏），稱蝙蝠為「服翼」或「飛鼠」，稱盾為「鶝敬畝」或「干」，稱蟬為「蜩」（楚）或「螗蜩」（宋衛）或「蜋蜩」（陳鄭）。另外，亦以「夥」字來表示「多」的意思。

船這種東西在關東稱為「舟」或「航」，但在盛行乘船的楚則有各種不同的稱呼。除了依大小不同而有「舸」「艖」「艇」等別稱之外，還依形狀不同而區分為「艜」（長而淺）、「艀」（短而深）、「艓」（小而深）等等。但這些帶有地方色彩的本土方言都被盛行騎馬的游牧民族秦統一為「船」字。

當然有些方言還是保存了下來。例如稱長老為「父老」（南楚）、稱箭為「矢」（江淮）。又如「蚊」字原為楚語，秦、晉稱之為「蜹」。

項羽帶著八百名壯士於深夜騎馬突出重圍逃走。漢軍直到天快亮時才察覺，趕緊派出五千騎兵追趕。項羽且戰且走，渡過淮水時只剩百餘騎，抵達東城時更只剩下二十八騎。項羽此時對跟隨在後的部下們說道：「**吾起兵至今八歲矣，身七十餘戰，所當者破，所擊者服，未嘗敗北，遂霸有天下。然今卒困於此，此天之亡我，非戰之罪也。今日固決死，願為諸君快戰。**」

項羽之死

不久之後一行人來到了烏江，這裡是長江的渡口，烏江亭長早已派船等在岸邊，急忙對項羽說道：「**江東雖小，地方千里，眾數十萬人，亦足王也。願大王急渡。今獨臣有船，漢軍至，無以渡。**」但項羽卻不上船，說道：「**籍與江東子弟八千人渡江而西，今無一人還，縱江東父兄憐而王我，我何面目見之？縱彼不言，籍獨不愧於心乎？**」接著項羽將自己的馬賜給亭長，下馬持劍衝向漢軍。即使渾身是傷，依然浴血奮戰，最後氣力用盡，才橫刀自刎。五名士兵為了討賞，竟然爭奪起他的屍體。由於項羽從前曾被封為魯公，漢王將他的屍體送至魯的穀城埋葬。

司馬遷對項羽這個人本身的評價是很低的。畢竟他殺了秦王子嬰，沒有依約封劉邦為關中之王，而且流放並殺害楚懷王（後來的義帝），這些都是足以引來批評的道義瑕疵。但若以整個歷史趨勢來看，若不是項羽殺死秦王子嬰，秦朝也不會徹底結束；若不是項羽藐視劉邦且將他封為偏遠的漢王，劉邦也不會發憤圖強打敗項羽並建立漢朝。因此項羽的楚夾在秦漢之間，可說是意義重大。正因為司馬遷抱著這樣的觀點，才會把項羽放進本紀而非列傳，而且還排在〈秦始皇本紀〉及〈高祖本紀〉之間。

但有一點我們不能忽略，那就是司馬遷將項羽納入本紀，也是因為他認同項羽所獨自建立的國家體制。雖然楚取代秦只有短短四年（漢元年正月至四年二分天下，五年垓下之戰），但項羽曾以西楚霸王的身分建立起冊封十八諸侯的體制。

《漢書》由於是漢朝的單一朝代史，項羽的事蹟從本紀被降格為列傳，而且還被放進卷三十一的陳勝、項籍（籍為名，羽為字）合傳之中。亦即認定陳勝與項羽都是反叛秦朝的人物，因此地位相同。當然，項羽與陳勝的立場都是抗秦興楚，這樣的觀點倒也沒錯。

項羽沒有當皇帝，是因為當不成，還是不想當？筆者認為應該是後者吧。他擁立戰國時代的楚懷王的子孫為義帝，自己甘願只當個王，並且分封了十八個王。由此可看出他想擁立一個封建體制的皇帝，實現其獨自的體制思想。畢竟他親眼目睹採行郡縣制度的秦朝分崩離析，這樣的政策或許也是理所當然。

項羽的評價

現代歷史學家對項羽的評論並不像劉邦那麼多。張傳璽於一九五四年發表的〈項羽評論〉（《秦漢問題研究》，北京大學出版社，一九八五年）雖然年代已久遠，但足以看出一個較具代表性的方向。其觀點認為項羽雖然在反秦鬥爭中發揮了作用，但他站在舊貴族的立場分封天下的做法已與時代潮流反其道而行。但筆者不禁想問，真的是這樣嗎？

殺死秦的第三代君主子嬰的人是項羽，焚燒首都咸陽、挖掘秦始皇陵墓的人也是項羽。是項羽徹底消滅了秦帝國。另一方面，劉邦是在西楚霸王的勢力內成為漢王，最後才成功打敗項羽，成為皇帝並承襲了秦始皇的統一帝國體制。我們可以說劉邦是經由項羽間接繼承了秦始皇的遺產。

仔細想想，秦、楚、漢原本都只是小國。原本的地方之王，後來卻成為統治天下的皇帝。統治這個中國人口中的天下，就是我們所說的帝國。首先秦王政稱帝，是為秦始皇；接著項羽擁立義帝，自封為西楚霸王；最後漢王劉邦的地位凌駕諸王之上，於是又成了皇帝。劉邦雖是皇帝，但面對諸王勢力，已沒辦法像秦帝國那樣以郡縣制度直接統治所有領土。

項羽的做法是將天下分封給十八王，並在諸王之上安排一個義帝。漢則是一邊承襲秦的郡縣制度，一邊又採納楚的政治模式，因而演變出了郡國制度。中央政權可直接控管的地區，其實只有十五郡而已。這時期還殘留著很重的戰國時代觀念，因此想要順利統治全天下，需要採用各種不同的政治技巧。從這樣的觀點來看，劉邦的漢雖然與項羽的楚互相敵對，卻是誕生於楚的體制之下，並且接納了楚的制度。

第四章　劉氏皇朝的誕生

劉邦的漢帝國

《二年律令》的發現

一九八三年，與劉邦同時代的證據史料出現在一個令人意想不到的地方。湖北省荊州市西南城外一・五公里處，在一座被命名為張家山二四七號漢墓的小型豎穴式木槨墓中，出土了一千二百三十六枚竹簡。雖然難以求證埋葬者的姓名，但以規模及陪葬品來判斷，埋葬者應該是一名地方官吏。其遺體附近的竹箱裡放置了大量法律、曆譜、數學、兵法及醫學方面的竹簡文書。其中的曆譜（即日曆）記錄了十七年間每月朔日（一日）的干支。只要知道朔日的干支，就可以算出這個月每一天的干支。由於一年是從十月開始，因此如漢六年的干支便記錄為「**六年十月辛卯**、**十一月丁亥**、**十二月丁巳**、**正月丙戌**、**二月丙辰**、**三月丙戌**、**四月乙卯**、**五月乙酉**、**六月甲寅**、**七月甲申**、**八月癸丑**、**九月癸未小**」。剛開始的五年到十二年為高祖紀年，接下來的元年至七年為惠帝紀年，最後的元年及二年應該是少帝或呂太后的紀年。

這名埋葬者應是死於西元前一八六年前後。漢五年（西元前二〇二年）為劉邦即位成為皇帝之年，因此這名埋葬者在漢代的生存期間應該就是劉邦當皇帝的八年，加上惠帝的七年，再加上呂太后的兩年，合計十七年。高祖五年處寫有「新降為漢」四字，可見得這個人是在漢王劉邦即位為皇帝的那一年成為漢的官吏。此外在惠帝元年處寫有「病免」兩字，可見得他在這一年因病辭官。後來的八年都是以退休官吏的身分度過。他所留下的法律文書以《二年律令》為題。以下我們就來回顧這個無名地方官吏的證詞吧。

漢皇帝即位

劉邦出生於秦昭王五十一年（西元前二五六年），於漢十二年（西元前一九五年）以六十二歲的年紀去世。秦二世皇帝元年（西元前二〇九年），以沛公的身分起兵造反，於漢元年（西元前二〇六年）受封為漢王，於漢五年（西元前二〇二年）即位為皇帝。算起來他總共當了三年沛公、四年漢王、八年皇帝。死後被尊稱為高祖、高帝或高皇帝，取其功績最高之意。其本紀在《史記》中為〈高祖本紀〉，在《漢書》中為〈高帝紀〉。高皇帝是他的諡號，相較於始皇帝（秦始皇）為「第一個皇帝」之意，高皇帝則是「功績最高的皇帝」之意。在劉邦之前，當上皇帝的人物只有始皇帝（秦始皇）與二世皇帝，因此高皇帝一詞顯然有與始皇帝互別苗頭之意。至於高祖的高，也是相同的涵義，但這不是廟號，劉邦的廟號為太祖。

高祖在當上皇帝之後，依然四處勞碌奔波。例如他曾親征匈奴，卻遭到大軍包圍。亦曾為了平定諸王之亂而親征淮南王，卻受了傷。他心中到底在追求著什麼，我們不得而知。他所統治的十二年，雖然都是漢，但前四年他是漢王，後八年他是皇帝。以國家來看，前者為漢國，後者為漢帝國，這兩者當然不能混淆。然而就算進入了漢帝國的時期，也並非全天下所有百姓都屬於漢帝國。就跟秦帝國一樣，所謂的帝國是我們現代人所使用的歷史概念。漢這個國家從來沒有消失，一直與其他諸侯國並存著。換句話說，即使劉邦已成為皇帝，但他的漢王之國卻是長久延續了下來。

西元前二〇二年正月，漢王率領當初與他在楚漢戰爭中結盟的諸侯及將軍，將項羽埋葬於穀城，其後於定陶召開了一次集會。這裡是山東丘陵西邊的平原地帶，相當於現在的山東省的西側角落。項羽這個敵人既已剷除，西楚霸王這個領袖當然也不復存在，接下來要讓漢王劉邦名正言順地統率跟隨他的諸般勢力，就必須提高漢王的身分。漢王與諸功臣們之間於是有了以下這樣的對話。

漢王說道：

「吾聞帝賢者有也，空言虛語，非所守也，吾不敢當帝位。」

（我聽說只有賢德之人才能當皇帝，像我這種只會說空話的人實在不敢即位。）

群臣回答：

「大王起微細，誅暴逆，平定四海，有功者輒裂地而封為王侯。大王不尊號，皆疑不信。臣等以死守之。」

（大王雖是庶民出身，但誅殺暴虐之輩，平定了天下。只要是有功勞的人，就分封土地，使其成為王侯。大王如果不就帝位，諸侯們都會感到不安。我們這些臣子都誓死守護大王的帝位。）

漢王推辭了三次，最後無奈地說道：

「漢并天下」瓦當　出土於西安的漢長安城遺址的瓦當。上頭記錄著漢在楚漢戰爭中獲勝並統一天下的事蹟。

「諸君必以為便，便國家。」

（既然大家都認為這樣比較好，就由我來統治國家吧。）

於是劉邦挑了個日子，於氾水的北岸即位為皇帝。當時的漢帝國連首都沒有，即位的地點為戰場，實在很符合劉邦的風格。

為了強化中央權力而進行肅清

繼秦始皇之後，不僅項羽將自己擁立的楚懷王尊為義帝，秦代末期獨立的南越也開始使用文帝、武帝之類的稱號。例如位於廣州的南越王陵墓，就出土了文帝璽印。從這個時期開始，進入了連地方統治者也自立為帝的時代。漢王劉邦雖然舉兵打倒了秦，最後卻模仿秦使用起了皇帝稱號。皇帝這個稱呼在中華帝國從此一直被沿用至二十世紀。

劉邦及後世的明太祖朱元璋（在位期間一三六八～一三九八年），都是歷史上有名的平民皇帝。明朝的朱元璋原本是貧窮農家的四男，在饑荒及瘟疫中失去了父母，其後一直是個到處流浪的遊方僧。據說朱元璋能當上皇帝，是把一千五百年前的劉邦當成了榜樣。

要剖析中國的皇帝制度，這件事可以給我們很大的啟發。正如孫文說的，擁有領袖魅力的人才能在亂世當皇帝，與身分無關。這可說是中國社會的一種權力特徵。

劉邦即位稱帝，造就了西漢政權。但為了鞏固中央政權的基礎，他所採行的第一項政策是削弱地方諸王的勢力。從即位的西元前二〇二年至前一九五年，在這短短幾年的時間裡，劉邦就拔除了淮陰侯韓信、韓王信、梁王彭越、淮南王英布（黥布）等勢力，這些都是當初在楚漢戰爭中幫助劉邦的人物，可說是建立西漢政權的大功臣。高祖劉邦本人亦在追擊英布時為流箭所傷，在前一九五年因傷勢惡化而駕崩。這些肅清行動，可說是劉邦晚年採取的重大政策。

輔佐皇帝的官吏與諸王

輔佐漢帝國運作的高階官吏，全都來自於劉邦集團內部的「自己人」。王陵原為統率數千人的沛縣豪傑，後來歸降漢王，官至漢帝國的右丞相。審食其也是沛縣出身，在呂后成為項羽的人質時以舍人的身分服侍呂后。後來他雖然成為左丞相，卻還是對呂后唯命是從。

當初劉邦以沛公的身分進入咸陽時，蕭何發現了一些秦朝丞相及御史們的圖書，於是暗中藏匿。多虧了他這個舉動，這些珍貴的圖書才能在項羽火燒咸陽時倖免於難。據說劉邦成為漢王後，蕭何便是仰賴這些秦朝圖書，掌握了全天下的地形、人口分布、防衛上的強弱、人民的煩惱等等資訊。蕭何在劉邦還是漢王時便已官至丞相，當漢王與項羽大戰時，蕭何以行政官的身分留守關中，肩負起了後方支援的重大職責。漢王軍只要一處於劣勢，就能立即退回關中重整軍備，而且關中及巴蜀也成為支援前線的軍糧補給基地。

漢王劉邦要取得天下，必須從巴蜀、漢中領地出擊，打倒其他東方諸王的勢力，並且獲得一些原本不臣服於自己但擁有才幹的諸王的協助。領地在偏遠的巴蜀及漢中有兩個好處。第一，距離秦朝故地關中很近；第二，與其他六國的距離相對遙遠。劉邦先打倒了塞、翟、雍三王，掌控了關中

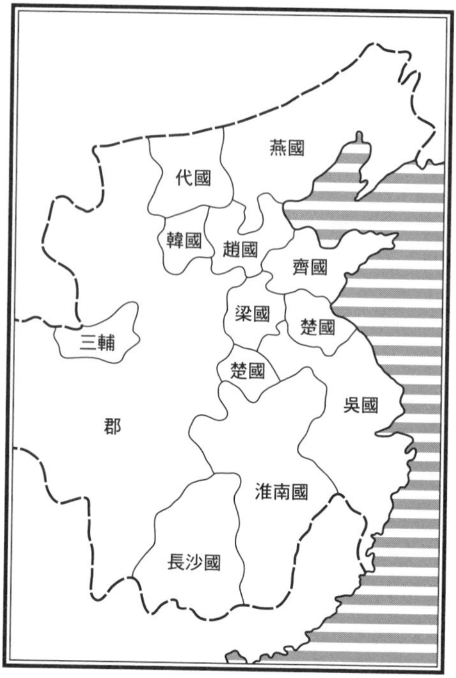

漢高祖時期的郡國

地區，接著渡過黃河，逐一消滅河南、殷、西魏、常山、代、九江、臨江等國，設置直轄郡。但劉邦並非將所有占領的土地都改設直轄郡，對於一些投靠己方的諸王，劉邦亦會進行重新分封。

例如常山王張耳離開項羽，進入關中後投靠漢王，劉邦封他為趙王，取代趙王歇。韓國的情況也一樣，劉邦廢去項羽所封之王，改立韓王信。又如韓信叛離項羽投靠漢軍後，在蕭何的推薦下拜為大將，不久後封為齊王，後來又轉封為楚王（西元前二〇二年）。劉邦當年正是從楚地起兵反秦，如何確實掌控楚地對劉邦而言極為重要，最後劉邦決定將楚地託付給熟悉楚國風俗的韓信。

韓信擁有百萬大軍，而且連戰皆捷，劉邦成功將他拉攏過來，可說是為統一天下的大業打了一劑強心針。此外，曾經因犯罪而遭受黥刑（刺青）且曾被送往酈山與數十萬人一同建造陵墓的英布，原本也屬於項羽陣營。投靠漢軍後，受封為淮南王（西元前二〇三年）。

彭越原本是山東鉅野澤的漁夫，受劉邦任命為將軍，在垓下之戰擊敗項羽軍有功，受封為梁王（西元前二〇二年）。此外還有吳芮，原本為衡山王，劉邦將臨江的一部分切割出來，轉封他為長沙王（西元前二〇二年）。

當初正是楚王韓信、韓王信、淮南王英布、梁王彭越、衡山王吳芮、趙王張敖、燕王臧荼等異姓諸侯王，建議劉邦即位為諸王之上的皇帝。吳芮、英布、臧荼原本都是項羽所封的十八王，後來投靠了劉邦。韓信則是從楚軍投奔漢軍的功臣。這些人都在楚漢戰爭中助了劉邦一臂之力。

西漢剛成立之初，皇帝必須受到諸侯王擁戴才能維持其地位。但後來皇帝的權力迅速攀升，令其他諸侯王難以望其項背，成為名副其實的皇帝。這就是西漢時期的政治歷史趨勢。高祖劉邦要成為真正君臨天下的皇帝，勢必得對諸侯王展開肅清行動。

封爵之誓

漢王劉邦即位為皇帝的隔年，即漢六年（西元前二〇一年）冬十二月，劉邦與功臣們之間舉行了一場名為「封爵之誓」的締結契約儀式。劉邦論功行賞，依照協助漢王取得天下的功績，將一三七名功臣封為列侯。列侯是漢代二十等爵的最高位，可獲得大約一個縣的封地，在稱呼上皆是冠其縣名，稱為某某侯。

《史記・高祖功臣侯者年表》中記載了其封爵時的誓詞。

使河如帶，泰山若厲。國以永寧，爰及苗裔。

《漢書》中的記載略異，「河」成了「黃河」，「永寧」成了「永存」，但意思是一樣的。事實上這段文字共有兩部分，以丹書寫於鐵券上，分成了兩半，一半賜給功臣，另一半則保存於漢室宗廟。

《太平御覽》第五九八卷引用了如今已佚失的《楚漢春秋》中的另外半段文字：

使黃河如帶，泰山如礪。漢有宗廟，爾無絕世。

這半段文字的後面八個字，與《史記》及《漢書》中的半段文字不同。原本講的是「國以永寧」，在這裡變成了「漢有宗廟」。

前文中的「國」，指的是功臣們受封的列侯之國。後文中的「漢」，則是高祖劉邦之國。這兩段話的意思，是漢王劉邦對群臣立下堅定的誓言：「即使黃河變得像腰帶那麼細，即使泰山變得像磨刀石那麼平，只要（我的）漢的宗廟依然存續著，你們的國家也將世世代代永不斷絕。」功臣們也以這樣的誓言呼應：「即使黃河變得像腰帶那麼細，即使泰山變得像磨刀石那麼平，（我所受封的）國家也會世世代代傳承下去。」

高祖劉邦與每一名功臣分別立誓，並將誓言分成兩半，劉邦把自己持有的這一半放進黃金內箱，再放進石製外箱，收藏於漢室宗廟內。所謂的漢室宗廟，指的是放置帝室劉氏祖先牌位的靈廟。高祖劉邦在世的時候，已有父親太上皇的宗廟，劉邦自己的宗廟則建於其陵墓長陵的旁邊。劉邦所持的誓文，應該是在駕崩後被放進了宗廟內。

諸侯王的叛亂

劉邦成為皇帝之後，為了打壓諸王勢力，採取的策略是將劉姓族人封王，取代異姓之王。這些諸侯王並非早期為劉邦的叛亂集團貢獻心力的功臣，而是後期向漢王靠攏的將軍，因此與劉邦集團並沒有極強的信賴關係。劉邦的做法並非一口氣推動中央集權，而是將這些異姓諸侯王一一剷除。秉持「非劉氏不王」的方針，將異姓的諸侯王或廢或誅。在這波肅清行動之下，除了偏遠地區的長沙王吳氏之外，異姓諸侯王無一倖免。肅清的藉口，包含密謀行刺皇帝、武裝叛亂、逃亡國外等等，這些都被視為對朝廷的背叛行為。然而絕大部分都是空穴來風的誣告，可看出高祖劉邦在暗中策動的跡象。

第一次的肅清，發生在劉邦即位之年的十月。燕王臧荼謀反，高祖御駕親征，擒住了臧荼，改封太尉盧綰為燕王。這時劉邦還沒有只封劉氏為王的意圖。西元前二〇〇年，韓王信也與匈奴在太原發動叛變，遭剝奪封國。不久後又發生了一件事，趙王張耳的兒子張敖有個名叫貫高的賓客，他與其同伴企圖在高祖訪問趙國時行刺高祖，張敖被懷疑是背後主謀，因而遭到逮捕並送往長安接受調查。但他是呂后的女婿，最後得以無罪開釋，但劉邦還是將趙國轉封給自己的兒子劉如意，以劉姓取代異姓諸侯王（西元前一九九年）。

劉邦最害怕的兩個人，是韓信與彭越。韓信原本由齊王轉封為楚王，但後來劉邦追究他擅自用兵之罪，將他降為淮陰侯（西元前二〇一年）。劉邦接著將楚國切割成兩塊，分別封給將軍劉賈及自己的弟弟劉交。韓信原本受封的齊國，此時也已封給劉邦的兒子劉肥。後來有人密告韓信圖謀殺害呂后及太子，韓信因而被斬殺於長樂宮內，一族也遭到誅滅（西元前一九六年）。

梁王彭越經常自封國前往長安朝見皇帝，以顯示自己的忠誠，但當時梁國有個太僕因犯了錯而畏罪逃往長安，竟誣告彭越企圖謀反。彭越於是被流放至蜀地，但後來又遭懷疑他打算在蜀地再度謀反，最後彭越一族遭到誅殺（西元前一九六年）。梁國轉封給高祖的兒子劉恢。據說彭越的屍體被醃漬後分送給諸侯王。同一年，淮南王英布也遭誣告企圖謀反，英布趁朝廷派使者前來調查時舉兵，與漢軍發生了一場激戰。英布於西元前一九六年遭誅殺，封國轉封給高祖的兒子劉長。

當初在西元前二〇二年正月建議劉邦即位為皇帝的諸侯王，除了長沙王之外全都遭到了肅清。長沙王吳芮雖然倖免，卻也在同一年死去，王位由兒子吳臣繼承。由於封國較為偏遠，沒有被劉邦視為眼中釘。

漢朝的首都圈建設與法律體制

以重新開發的關中為據點

肅清非劉氏之王的結果，使得燕、代、齊、趙、梁、楚、吳、淮南等八國之王皆由高祖的族內子弟取代，異姓國只剩下長沙一國。然而即使把王換成了同姓族人，領土的大小卻沒有隨之改變。諸侯王的領土較大者相當於五、六個郡，縣城數十座，有些王的宮殿及官吏組織甚至足以與皇帝匹敵。相較於此，中央直轄的郡卻只有中央京畿內的內史（關中）地區，以及三河、東郡、穎川、南陽等內史與東方諸侯王之間的緩衝地帶，就算再加上從江陵到蜀地的西南邊陲地區，以及雲中、隴西等北方邊陲地區，總共也只有大約十五郡。西漢政權成立初期，東方六國疆域皆由新的東方諸侯王所占據，如今雖然以劉姓之王取而代之，但可以預見未來一定會出現同族相鬥、骨肉相殘的悲劇。

當初的秦帝國試圖一鼓作氣消滅東方六國，實現中央集權統治。但相較之下，西漢政權最初的反秦聲浪卻是以東方六國的復興運動為基礎，因此西漢可以說是建立在東方諸王聯盟這個前提之下的政權。項羽的政權在遭到消滅前也是以諸王聯盟為目標，但漢王政權與項羽政權卻有著決定性的差異，那就是漢王劉邦擁有漢中（漢水流域上游）、蜀地這些邊陲地帶的據點，雖然領地不大，卻足以對東方諸侯形成包圍之勢。劉邦對諸侯王的肅清行動，也應視為這個大局的環節之一。

在肅清異姓諸侯王的背後，還有另一項不容忽略的政策也正逐步推動著。當初皇帝即位的地點在汜水北岸（現在的山東省曹縣與濟陰縣交界處），可說是剛好在東方諸侯王領地的正中央。而且初期的首都，為了模仿周王分封天下諸侯而定於雒陽（即周王舊都洛邑）。但後來劉邦聽了齊人劉敬及張良的建議，一方面設法廢去東方的異姓諸侯王，一方面將根據地移至與東方隔絕的秦中（關中），並積極推動首都圈的建設事業。當初為了打倒秦帝國，各方諸將大舉攻入此地，秦都咸陽遭焚毀，酈山陵也遭盜掘，整個關中地區早已化成一片廢墟。但劉邦重新建設此地，作為對抗東方諸侯王的根據地。

趙王張敖的丞相貫高意圖行刺的陰謀敗露，這一年為西元前一九八年，劉邦下令楚國的昭、屈、景、懷諸氏及齊國的田氏搬遷至關中。這一方面可以削弱東方六國的舊勢力基礎，另一方面可以靠著這些名門望族的力量復興關中地區。隔年，即西元前一九七年，十月年初，淮南王英布、梁王彭越、燕王盧綰、長沙王吳芮等異姓諸侯王，楚王劉交（劉邦的弟弟）、齊王劉肥（劉邦的兒子）等劉姓諸侯王，還有從將軍升格為王的荊（楚）王劉賈等人來到長安的長樂宮朝見皇上。

但是到了隔年（即西元前一九六年），淮南王英布、梁王彭越、淮陰侯韓信等王侯皆遭肅清。

西元前一九五年，燕王盧綰逃亡匈奴，燕國轉封給高祖的兒子劉建。荊王劉賈也遭英布殺害，封國遭收回，翌年改名吳國，轉封給高祖的侄子劉濞。在這些事發生之前，韓信遭肅清之際，田肯在祝賀之詞中提到「**地埶便利，其以下兵於諸侯，譬猶居高屋之上建瓴水也**（秦中地區地勢便利，從此地派兵征討諸侯，就像是把瓶裡的水從高屋上潑下來）」。由此可看出劉邦是在以長安為根據地之後，才開始能對東方諸國採取強硬的態度。

雒陽好還是長安好

剛開始，高祖定都於雒陽（後來更名為洛陽），並在雒陽的南宮設了一場酒宴。此時高祖還對項羽的事耿耿於懷，於是問群臣：「**列侯諸將無敢隱朕，皆言其情。吾所以有天下者何？項氏之所以失天下者何？**（列侯諸將不要隱瞞，老實對朕說，朕何以能得到天下，項羽又為何會失去天下？）」高起、王陵坦率地告訴高祖：「**陛下慢而侮人，項羽仁而愛人。**（陛下待人傲慢，項羽待人仁慈。）」敢對皇帝說出這種話，可見得此時劉邦集團內的人際關係尚未僵化。高起、王陵接著又解釋：「**然陛下使人攻城略地，所降下者因以予之，與天下同利也。項羽妒賢嫉能，有功者害之，賢者疑之，戰勝而不予人功，得地而不予人利，此所以失天下也。**（但陛下派諸將攻城掠地，將占領的土地分給功臣，與天下同享利益。項羽這個人卻忌妒賢能之人，不僅謀害有功者，懷疑賢士，而且戰勝也不犒賞戰功，占領土地也不將利益分給他人，這就是項羽失去天下的原因。）」高祖聽了之後，又提到自己之所以能得天下，是因為擁有三位傑出的人才，即擅長謀策的張良、擅長行政的蕭何及擅長戰術的韓信。而項羽僅僅只有范增一人從旁輔佐。卻又無法善加利用，所以才會被自己所敗。

短短數個月之後，雒陽作為臨時首都的使命便宣告結束。群臣皆出身於山東，大多希望讓雒陽成為正式的首都，唯獨婁敬主張應該將首都設在關中地區。高祖割捨不下周朝故都洛邑（雒陽），但婁敬則認為如今天下還沒有撫平戰亂的傷痛，與古代建設洛邑的周成王、康王時期截然不同，倘若今後山東再興干戈，唯有秦之故地才足以抵禦。秦地受山河包圍，是處四塞之地，緊急時可得「百萬之眾」，再加上物產豐饒，足以稱之為「天府」。

簡言之，婁敬認為如今天下才剛恢復統一，應該以防範東方發生叛亂作為優先考量。高祖猶豫不決，若不是深受高祖信賴的張良也贊成遷都關中，婁敬的建議恐怕會遭到駁回。當時多數大臣認為雒陽北有黃河，南有伊水及洛水，東有成皋，西有殽山及黽池，同樣適合防守。但張良說道：**「雒陽雖有此固，其中小，不過數百里，田地薄，四面受敵，此非用武之國也。夫關中左殽函，右隴蜀，沃野千里，南有巴蜀之饒，北有胡苑之利，阻三面而守，獨以一面東制諸侯。諸侯安定，河、渭漕輓天下，西給京師；諸侯有變，順流而下，足以委輸。此所謂金城千里，天府之國也。**（雒陽雖有這些屏障，但腹地太小，不過數百里，而且農田的土質不佳，一旦遭到四面圍攻，將難以抵禦。相較之下，關中地區的東側有殽山及函谷關，西側有隴山及蜀地的山脈，肥沃的平原廣及千里。南有豐饒的巴蜀之地，北有胡地可作為牧場。三面都受到阻隔而能夠堅守，能以單獨一面控制東方的諸侯。若諸侯順服，可靠黃河及渭水將天下的糧食輸送至京師；若諸侯叛變，則只要順流而下，就能提供補給援助。可以稱之為金城千里、天府之國。）」

金城的意思是宛若鋼鐵一般堅固的城池，天府的意思則是天然的穀物倉庫。張良的意見同時兼顧了軍事面及經濟面的考量。

高祖於是立即決定遷都關中。他雖然已統一天下，卻擔心東方隨時會發生叛亂。如今被燒成了廢墟的秦都咸陽，正是最好的借鏡。

漢長安城遺址

西漢時代的首都長安城位於現在的陝西省西安市西北方，在渭水的南邊。以土一層層夯實而成的城牆，如今依然殘留著一部分，全城周長達二十五・七公里。其都市結構依《史記》《漢書》及《三輔黃圖》（彙整東漢末年至三國曹魏時期三輔〈京畿地區〉地理資訊的書籍）等文獻史料的記載，加上考古學的調查及發掘成果，已逐漸明朗。根據西漢末期的統計，天下人口約五千九百萬，其中首都長安人口約二十五萬，居民自皇帝以下，有皇族、女官、官吏、商人、百姓等。至於漢代初、中期的人口，則難以查證。

城內結構大致上可區分為占據南邊大部分區域的宮殿區、西北角的市場區、北邊的一般居住區，以及道路。宮殿區的面積占了整個城的三分之二，內部又可區分為未央宮、桂宮、明光宮、北宮等宮殿，其間還有武器庫等建築。

若從長安城的興建過程來看，是先從位於渭水南邊的秦咸陽城宮殿區內的興樂宮（漢代為明光宮）遺址建起，接著建未央宮、北宮、武器庫及市場，到惠帝時代才興建其外圍的城牆。當時的渭水比現在的渭水偏南五公里，緊鄰市場的北側，往東北方向流動。因此長安城的城牆並非整齊的正

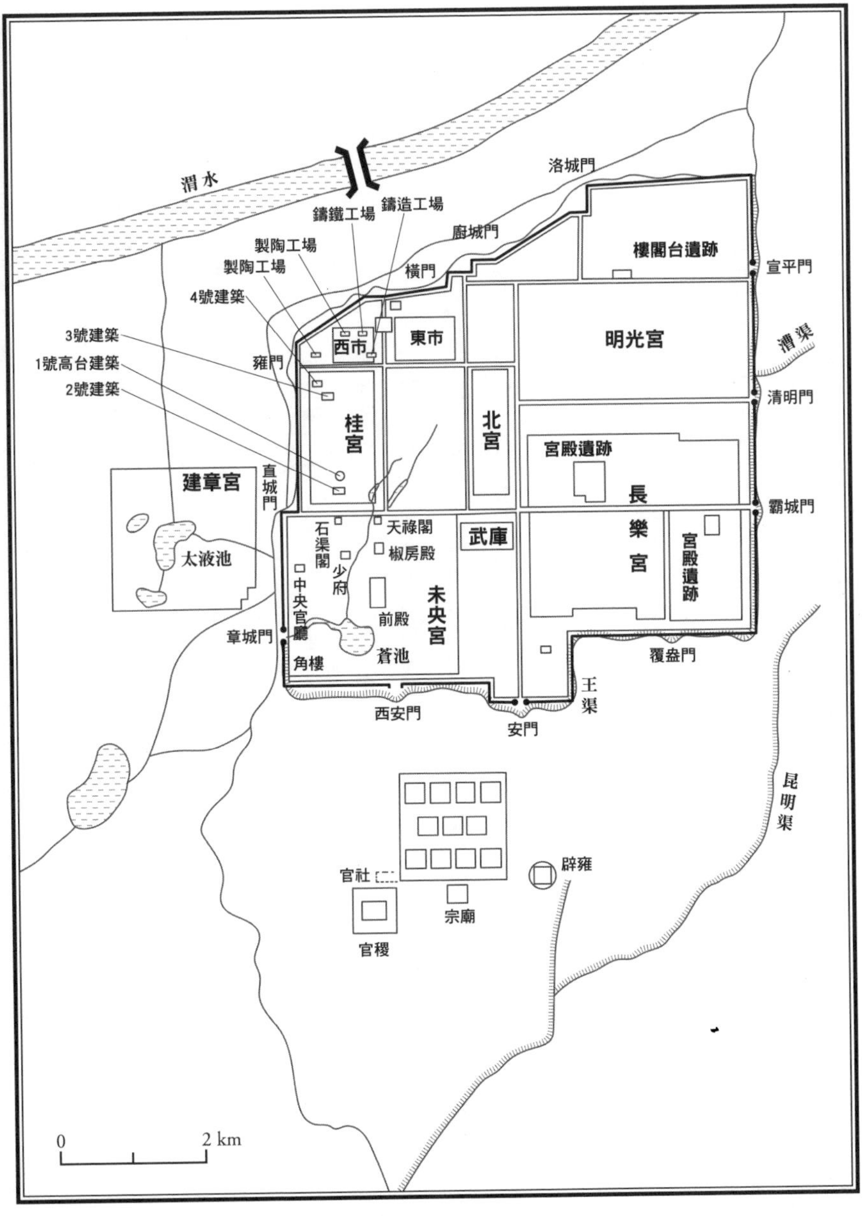

渭水
洛城門
鑄鐵工場
鑄造工場
廚城門
製陶工場
製陶工場
橫門
樓閣台遺跡
宣平門
4號建築
3號建築
1號高台建築
2號建築
雍門
西市
東市
明光宮
漕渠
清明門
桂宮
北宮
宮殿遺跡
直城門
建章宮
長樂宮
霸城門
石渠閣
天祿閣
椒房殿
武庫
太液池
少府
中央官廳
前殿
未央宮
宮殿遺跡
章城門
角樓
蒼池
覆盎門
王渠
西安門
安門
昆明渠
官社
辟雍
宗廟
官稷
0
2 km

漢長安城

方形，西北角是沿著渭水的河道所興建。

長安城的核心為未央宮殿區，形狀約是兩公里見方的正方形，這座宮殿區的正中央有未央宮前殿，如今依然殘留著利用自然丘陵地形築成的長方形高臺。前殿為正殿之意，漢代的皇帝們都是在這裡處理政務及生活。未央宮殿區還有許多宮殿及官廳，圍繞著中央的高臺而建。

東亞世界的法律源頭

沛公劉邦雖曾與咸陽周邊諸縣的父老豪傑「約法三章」，但這只是暫時性的約定而已。當然所謂的三章嚴格來說並非真的只有三條規定，而是如《賊律》《盜律》之類的規範共有三篇。但不管是以漢王身分統治漢國，還是以皇帝身分統治漢帝國，只有三篇法律是絕對不夠的。蕭何的手邊有著秦帝國丞相、御史府內收藏的律令，於是他根據這些秦律，訂定出符合新國家需要的法律。秦律據說是以戰國時期李悝所作的《法經六篇》為基礎，即《盜法》《賊法》《囚法》《捕法》《雜法》及《具法》。秦將「法」字改為「律」字，便成了《秦律六篇》。除了這六篇之外，蕭何又加上《戶律》《興律》《廄律》這三篇，合稱為《九章律》。秦漢時代稱基本法為律，律之中也包含了刑法及行政法。

律令一詞跨越了國境，成為東亞世界諸國所共有的法律體制。正如同羅馬法及日耳曼法長久以來對歐洲社會造成極大影響，律令作為中國法律的代名詞，亦在特定的時期對整個東亞世界發揮了支撐國家及社會的效果。雖然不像漢字及儒教的影響那麼明顯，卻是古代東亞諸國在建國時的重要環節之一。不過接納中國的律令作為國家基本法律的諸國，僅限於新羅、百濟、高句麗、日本、越南等東亞國家。因為要拿外國的法律條文直接套用在自己國內，前提是必須不靠翻譯就能讀懂其條文所使用的漢語。換句話說，只有在東亞的漢字文化圈內，律令才能成為共有的資產。

要維持國家這個巨大組織的運作，官吏必須依據法律執行政務，整個社會亦必須維持在法律的秩序之下。古代的日本也曾引進中國的律令，成為律令制國家。當時日本所引進的是同時代的中國唐朝律令，這是一套在當時的中國實際使用中的法律體制。但若要為中國的律令尋找源頭，勢必得追溯至秦漢時代的律令。

秦始皇的嚴罰主義與漢劉邦的簡約主義

秦漢時代的律令與唐代的律令頗不相同，並沒有將「律」視為刑法，將「令」視為行政法的區別。例如唐代的《戶婚律》中規定「**諸同姓為婚者，各徒二年**」，即是將同姓結婚視為犯罪行為，若是同姓結婚，需服兩年的勞役。在姓氏少的中國，制定這樣的律是為了保護姓氏的血緣關係。此外唐代另有名為《戶令》的行政法，裡頭規定「**諸男年十五，女年十三以上，並聽婚嫁。**」

秦漢時代已有律令一詞，但正確的稱呼為秦律或漢律，不論刑法或行政法都是以律為圭臬。至於令這個字，指的則是皇帝的命令。秦漢時代的律，到了唐代早已失去效力。每次改朝換代，基本的法律雖會傳承下來，但總是會經過重新包裝。漢承襲了秦律，魏晉又承襲了漢律。關於這一點，《漢書・刑法志》及《晉書・刑法志》（編纂於唐代）有著以下的說明。

《漢書》是第一部加入了〈刑法志〉的正史。其〈刑法志〉的內文首先比較了秦始皇的嚴罰主義與劉邦的簡約主義。上頭說秦始皇在施政上過於仰賴刑罰，儘管他「**晝斷獄，夜理書，自程決事，日縣石之一**（白天審理刑案，晚上處理政務，規定自己每天須處理一石〈約三十公斤〉的文書）」，結果卻是「**姦邪並生，赭衣塞路，囹圄成市，天下愁怨**（壞人越來越多，身穿紅色囚衣的罪犯滿街都是，監獄多得像市場一樣，全天下怨聲連連）」。相較之下，高祖進入秦地後與百姓約法三章，即「**殺人者死，傷人及盜抵罪**」，取消了各種繁瑣的秦代法律，活在水深火熱之中的百姓都推崇高祖的簡約主義。

然而「法三章」雖然涵蓋了《賊律》（懲罰傷人或殺人者的法律）及《盜律》等基本法條，但還是不敷使用。於是相國蕭何彙整秦的法律，擷取其中適合於當前狀況的條文，編出了《九章律》。秦律中的《盜律》懲罰竊盜他人財物者，《賊律》懲罰危害他人或國家者，《囚律》規定了收容及管理囚犯的辦法，《捕律》規定了逮捕犯罪者的辦法，《雜律》規定了竊盜以外犯罪行為的懲處辦法，《具律》則統整了刑罰的體制。蕭何繼承了這六篇秦律，另外再加上《戶律》《興律》《廄律》這三篇，合稱為《九章律》。雖說秦律繁瑣，但秦律只有六篇，劉邦宣稱要簡化秦律，與民約法三章，但實際繼承了秦律後卻又加上三篇，變成了九篇。

神祕的秦律與漢律何時能重見天日

年代比唐代早了四百到八百年的秦律及漢律，長久以來一直蒙著一層神祕面紗，因為過去只能在文獻中找到一些斷章殘句。但隨著新出土史料的增加，我們對這套足以與世界帝國隋唐的律令相匹敵的秦漢律體制有了越來越多的瞭解。距今兩千多年前的中國古代帝國，確實是因律而得以維持運作。

藉由一九七五年出土的睡虎地秦簡及一九八三年出土的張家山漢簡，我們得知了不少關於神祕的秦漢律的具體內容。一千一百五十五枚睡虎地秦簡中，有所謂《秦律十八種》，即《田律》（六條）、《廄苑律》（三）、《倉律》（二十六）、《金布律》（十五）、《關市》（一）、《工律》（五）、《工人程》（三）、《均工》（二）、《徭律》（一）、《司空》（十三）、《軍爵律》（二）、《置吏律》（三）、《效律》（八）、《傳食律》（三）、《行書》（二）、《內史雜》（十一）、《尉雜》（二）、《屬邦》（一），共計一百零七條。此外尚有單獨的《效律》（三十）及其他納入《秦律雜抄》的律，計有十一種律二十七條。這十一種律分別為《除吏律》《游士律》《除弟子律》《中勞律》《藏律》《公車司馬獵律》《牛羊課律》《傅律》《敦表律》《捕盜律》《戍律》，共計二十七條。由於過去我們對秦律幾乎一無所知，這二十九種、二百七十一條律一口氣出現在世人面前，可以說是舉世震驚。此外還有蒐集了一百八十七例的法律問答集，以及名為《封診式》的案例集（二十五例）。

張家山漢簡為出土於二四七號墓的竹簡，共一千二百三十六枚，其中五百二十六枚以《二年律令》為題，末尾的竹簡上寫著「律令二十□種」。一同出土的曆譜（即日曆）上記錄著高祖五年至呂后二年的紀年，可見得《二年律令》指的是呂后二年的律令。實際的律令數量為律從《賊律》到《史律》共二十七種，令則只有《津關令》一種。條文數量為《賊律》（四十一條）、《盜律》（十八）、《具律》（二十四）、《告律》（五）、《捕律》（九）、《亡律》（十三）、《收律》（五）、《襍律》（十四）、《錢律》（九）、《置吏律》（十）、《均輸律》（二）、《傳食律》（四）、《田律》（十三）、《市律》（三）、《行書律》（八）、《復律》（一）、《賜律》（十八）、《戶律》（二十二）、《效律》（五）、《傅律》（八）、《置後律》（十八）、《爵律》（三）、《興律》（九）、《徭律》（六）、《金布律》（十二）、《秩律》（十三）、《史律》（七），合計多達三百條。若再加入《津關令》（二十），則共三百二十條。此外還有名為《奏讞書》的審判紀錄事件簿，合計二百二十七枚竹簡，記錄了二十多個案例。

這些漢律過去只有從《說文解字》《史記》《漢書》《周禮》等經典的鄭玄注中找到一些引用的隻字片語，以及極少量的出土史料。自從南宋王應麟在《漢制考》中蒐集了二十多條漢律之後，許多學者都曾致力於漢律的蒐集工作。其成果有薛允升的《漢律輯存》、杜貴墀的《漢律輯證》（一八九九年）、張鵬一的《漢律類纂》（一九〇七年）、淺井虎夫的《支那法典編纂沿革》（京都法學界研究叢書第七冊，一九一一年）、沈家本的《漢律摭遺》（一九一一年）、程樹德的《漢律考》（一九一九年）。

前述兩種竹簡史料的出土，讓我們深深感受到秦漢律的存在意義有多麼重大。在秦漢史的研究上，也造成了巨大的衝擊。不論是睡虎地秦律還是張家山漢律，都只是從秦、漢地方官吏的墓室中偶然出土之物，並不足以看出秦漢律令體制的全貌。雖然出土數量不少，但恐怕只是龐大的秦漢法律制度中的一小部分而已。話雖如此，如此大量的史料突然問世，還是令人咋舌不已。

過去出土史料中的漢律引文極少，只有在居延、敦煌出土的漢簡中可找到十多條。例如敦煌漢簡中節錄了「**畜產相賊殺參分償和**」這條漢律條文。意思是「無端殺害他人家畜，須賠償其家畜價格的三分之一」。賊字為無端加害之意。至於為何只賠償三分之一，而不是賠償全額，那是因為死亡的家畜還是具有市場價值，毛皮、骨、肉都還能賣錢。木簡在這一句的後面還寫著「**令少仲出錢三千及死馬骨肉付循請平**」，意思是「命令殺害馬的少仲賠償三千錢，將死馬的骨肉都還給馬主循，雙方講和」。

對匈奴的外交與高祖之死

冒頓單于的權力篡奪

北方游牧民族匈奴的冒頓單于開始有了不軌的舉動。冒頓單于是從前曾與秦交戰的頭曼單于的太子，他殺害了父親頭曼，自立為單于，建立起一個最強盛的游牧騎馬帝國，進逼剛建國的漢帝國北方邊境。居住在蒙古高原上的匈奴，會依中國的局勢狀況而採取不同的行動。一旦中國發生內亂，就會南下侵犯，而中國若往北進擊，匈奴就會退回草原上。「頭曼」跟「冒頓」都是匈奴語的漢字音譯。「頭曼」的原意為「萬人之長」。

匈奴在與秦交戰後曾一度退回北方，但在楚漢戰爭時又趁中國兵荒馬亂之際占據了黃河以南的鄂爾多斯地區。頭曼單于想要立么子為繼承人，不希望冒頓繼續活著，於是將冒頓送至月氏當人質，接著派兵對月氏發動攻擊。月氏想要殺死冒頓，冒頓勇敢地偷了一匹良馬逃走。冒頓的勇氣令頭曼單于大為讚賞，於是頭曼單于任命冒頓為統率一萬騎兵的將軍。文獻中還記載了冒頓殺死父親頭曼的故事。冒頓向部下們下令，不管自己的響箭射向哪裡，部下們都必須朝相同的方向射箭，違令者將遭處死。首先冒頓射向自己的良馬，接著又射向自己的愛妾，有些部下不敢跟著射箭，冒頓把他們都殺了。等到完全能夠掌控部下的動作之後，冒頓見時機成熟，於是跟著父親頭曼外出打獵。冒頓伺機將響箭射向父親，部下們也一同發箭，將頭曼射殺。冒頓便是利用這個方式建立起自己的地位，自立為單于。

冒頓往東消滅了東胡，往西攻擊月氏，往南吞併樓煩王及白羊王的土地，並奪回當初遭蒙恬占領的土地。匈奴與漢帝國的國界不斷南移，退到了河南（鄂爾多斯）地區。此時冒頓擁有的弓兵部隊已超過三十萬。

這時期劉邦以抵禦北方匈奴為由，將韓王信調到了太原以北。冒頓成為強大游牧帝國的單于之後，曾將成為代王的韓王信圍困在馬邑。韓王信試圖向冒頓求和，這個舉動引來漢的猜疑。沒想到韓王信竟然乾脆發動叛變，與匈奴聯手攻打漢，後來更投降於匈奴。以此時匈奴的強大實力，區區一北方邊境封國根本不是對手。

韓王信有著戰國時代韓國王族的旁系血統，原本任司徒一職，後來投靠了沛公的軍隊。韓國的位置在中原相當重要，因此項羽及漢王當年都曾立韓王，為的就是爭奪這塊土地。韓王信便是由漢王所立的韓王。當時漢王認為立韓人為韓王是最好的做法。後來韓王信又以代王的身分肩負起抵禦北方匈奴的職責。

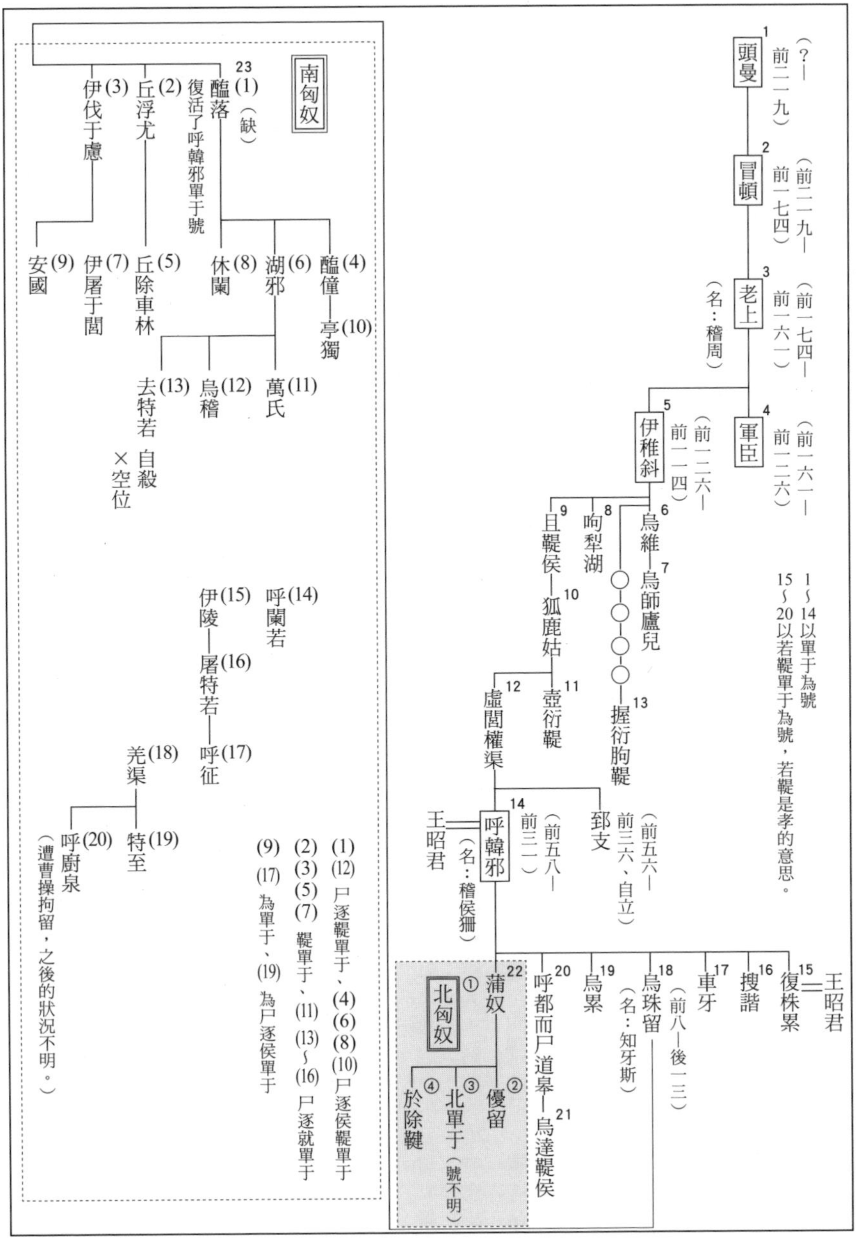

1 頭曼（?—前二〇九）
2 冒頓（前二〇九—前一七四）
3 老上（前一七四—前一六一）（名：稽粥）
4 軍臣（前一六一—前一二六）
5 伊稚斜（前一二六—前一一四）
6 烏維
7 烏師廬兒
8 呴犁湖
9 且鞮侯
10 狐鹿姑
11 壺衍鞮
12 虛閭權渠
13 握衍朐鞮
14 呼韓邪（前五八—前三一）（名：稽侯狦）
王昭君
郅支（前五六—前三六、自立）
15 復株累
王昭君
16 搜諧
17 車牙
18 烏珠留（前八—後一三）（名：知牙斯）
19 烏累
20 呼都而尸道皋
21 烏達鞮侯
22 蒲奴
北匈奴
① 蒲奴
② 優留
③ 北單于（號不明）
④ 於除鞬
1～14以單于為號
15～20以若鞮單于為號，若鞮是孝的意思。
南匈奴
23 (1) 醯落（缺）
復活了呼韓邪單于號
(2) 丘浮尤
(3) 伊伐于慮
(4) 醯僮
(5) 丘除車林
(6) 湖邪
(7) 伊屠于閭
(8) 休蘭
(9) 安國
(10) 亭獨
(11) 萬氏
(12) 烏稽
(13) 去特若
自殺
×空位
(14) 呼蘭若
(15) 伊陵
(16) 屠特若
(17) 呼征
(18) 羌渠
(19) 特至
(20) 呼廚泉（遭曹操拘留，之後的狀況不明。）
(1)(12) 尸逐鞮單于、(4)(6)(8)(10) 尸逐侯鞮單于
(2)(3)(5)(7) 鞮單于、(11)(13)～(16) 尸逐就單于
(9)(17) 為單于、(19) 為尸逐侯單于

匈奴單于系譜

神祕人物劉敬的建言

西元前二〇一年，持續南下的匈奴已進犯太原郡的晉陽，高祖（高帝）決定御駕親征。當時正是大雪紛飛的季節，不少士兵都凍傷了。漢方派出了步兵三十二萬，高祖率領先發部隊抵達平城（現在的山西省大同市），卻在平城郊外的白登山上遭冒頓的四十萬精銳騎兵部隊包圍了整整七天。以雙方兵力來看，局勢想必是一觸即發，就算演變為秦始皇時代以來最慘烈的戰役也不足為奇。

才剛即位沒多久的漢帝，竟然被匈奴包圍了。當初劉邦包圍項羽，如今輪到劉邦遭匈奴包圍。所幸單于夫人閼氏出面居中仲裁，高祖劉邦才化險為夷。據說高祖是聽了陳平的計謀，才以厚禮賄賂閼氏，但閼氏是基於什麼樣的想法才決定出面，史書上並沒有記載。皇帝遭圍是極大的屈辱，整件事情的過程成了最高機密。但不管怎麼說，我們似乎有必要重新審視匈奴與漢之間的互動關係。

劉敬原名婁敬，劉是賜姓。他是個相當神祕的人物，我們只知道他是齊人，對他的來歷幾乎一無所知。他本來被派往隴西防禦國界，卻在途中的洛（雒）陽穿著一身羊皮衣朝見高祖，還當面向高祖提議將首都遷往長安。不僅如此，在對抗匈奴的外交策略上，他還看穿了匈奴的詭計，因而反對高祖派兵攻打匈奴。當時他是以外交使節的身分出使匈奴，看出匈奴故意藏匿精兵，只派出老弱殘兵讓自己看，因而認定這是故意示弱的手法。這兩次提出建言，劉敬都是站在少數派的立場。第一次高祖接納了建言，第二次高祖沒有接納。結果正如劉敬的預期，漢軍遭遇了危險。

在劉敬的心裡，外交跟內政是一體兩面的事情。

匈奴已奪回了河南（鄂爾多斯）地區，就算漢帝國在這時建設新都長安，一旦南邊的白羊王或樓煩王發動攻勢，距離不過區區七百里，一個晝夜就可以兵臨城下。要防止這樣的危險事態，就必須提高圍繞著長安的、整個關中地區的禦敵能力。秦帝國瓦解後，關中地區空有肥沃農田，人口卻大幅減少。必須盡快恢復關中地區的繁榮，才能避免北方匈奴進犯及東方諸侯反攻。於是劉敬建議讓齊的田氏、楚的昭氏、屈氏、景氏，以及燕、趙、韓、魏等舊諸國王族及貴族遷居至關中地區。我們可以說漢代建立關中首都圈的構想，源自於對匈奴的外交策略。

漢高祖劉邦之死

漢十二年（西元前一九五年）四月，高祖駕崩於長樂宮，享年六十二歲。前一年七月，高祖在親征淮南王黥布時遭流箭射中而負傷，雖然於十一月回到長安，但四個月的路程奔波令傷勢不斷惡化。諸侯王接二連三造反，大家都怕漢朝也會一代而終。劉邦政權是建立在劉邦與諸侯王、列侯之間的信賴關係上，一旦劉邦去世，政權很可能瞬間瓦解。畢竟同為編戶之民（指編有戶籍的庶民），只有劉邦成為皇帝，其他人都只是臣子。就算劉邦的兒子繼位，也難以保證君臣關係能維持下去。就跟當初秦始皇去世時一樣，高祖的死訊也被隱瞞了四天。

輔佐高祖直到最後一刻的功臣，有樊噲、周勃、酈商、陳平、灌嬰、蕭何、曹參、張良、王陵等人。這些人大多出

四川酒宴畫像磚　以兩人為一組，坐於席上，使用餐臺，從前方的酒尊舀酒飲用。

身於沛縣，自沛公時期就開始與劉邦並肩作戰。就跟高祖劉邦一樣，這些人即使已當上高官，依然親自拔劍守護漢朝。高祖討伐黥布時，酈商、曹參都曾參與，當時酈商是丞相，曹參則是齊的相國。周勃及樊噲也曾以漢的相國身分討伐燕王盧綰。

故鄉的力量也一直為高祖增添勇氣直到最後一刻。高祖在討伐了黥布之後，曾造訪故鄉沛縣。他在沛宮裡邀集故友及父老子弟，舉辦了一場酒宴，還教沛縣的一百二十多名孩童唱歌。當酒宴進入高潮時，高祖擊筑而歌：

大風起兮雲飛揚，威加海內兮歸故鄉，安得猛士兮守四方。

高祖讓孩子們合唱，自己起身跳舞，兩頰滑過淚水。他雖然建立了漢朝，此時卻深刻感受到要守住這個基業有多麼困難。何況他當時的年紀已過六十，在故鄉的居民面前忍不住表現出脆弱的一面，也是人之常情。這場宴會持續了十天以上，高祖並下令讓沛縣及其出生地豐邑的百姓免除賦稅。

高祖的遺體被埋在距離故鄉非常遙遠的長陵。所謂的長陵，是高祖陵墓的名稱。漢代的皇帝陵都是從即位的隔年開始建造，但高祖在即位為漢王時還沒有定都於長安，因此據推測應該是在漢七年（西元前二〇〇年）遷都長安後才開始挑選陵墓地點及動工。從該年到高祖駕崩，只有短短的六年時間。地點挑選在秦咸陽宮北方附近的咸陽原，剛好位在長安長樂宮的正北方，其間隔了一條渭水。這樣的地點，確實很適合用來埋葬滅秦建漢的高祖。長安的未央宮前殿由於建在頗高的填土基臺上，因此也能夠遠眺長陵。

高祖曾當著沛縣居民的面說道：「**吾雖都關中，萬歲後吾魂魄猶樂思沛**。（我雖然將首都設在關中，但等我死了之後，我的魂魄一定會懷念沛縣。）」可見得高祖在心情上還是比較希望被埋葬在故鄉吧。一想到自己死後魂魄將永存於遙遠的秦都咸陽，高祖的內心想必相當不安。

如今的咸陽市窯點鄉三義村附近，有兩座墳丘被認為底下埋的可能就是長陵。在那一帶曾出土過有著「長陵西神」字樣的瓦當。兩座墳丘的大小都差不多。東邊那座東西長一百五十公尺，南北長一百三十公尺，高三十・七公尺；西邊那座東西長一百五十三公尺，南北長一百三十五公尺，高三十二・八公尺。兩者皆呈橫向較長的長方形，丘頂平坦。十八世紀清朝陝西巡撫畢沅曾立石碑寫道東丘為高祖的長陵，西丘為呂后陵。但成書於四世紀的《關中記》上則載明「**高祖陵在西，呂后陵在東**」，這部文獻的可信度似乎較高。夫妻葬於相同地區但墳墓各自不同，這樣的埋葬方式在當時算是相當新穎。

長陵的東側排列著不少陪葬墓的墳丘。根據文獻記載，蕭何、曹參、王陵、周勃等人在高祖死後也被埋葬在距離故鄉極為遙遠的長陵附近。即使已經辭世，這些人與高祖的關係還是會永遠持續下去。同樣的現象，在秦始皇與呂不韋、李斯、蒙恬等臣子身上是看不到的。我們甚至不敢肯定秦始皇到底有沒有皇后。漢高祖雖採納了秦始皇的皇帝制度，但兩人的狀況卻是截然不同，這點從陵墓的制度上便可以看得出來。

一般而言皇后陵會比皇帝陵小一些，但呂后陵與高祖陵卻幾乎差不多大，因此我們不應該將其視為皇帝陵與皇后陵，而是應該視為皇帝陵及皇帝駕崩後掌握大權的太后陵。高祖死後，呂太后將兒子惠帝埋葬於安陵，並在高祖的長陵旁邊興建自己的陵墓。這顯然並非高祖的遺言。高祖過世後，呂后掌握了政權，將陵墓放在高祖的長陵旁邊應該是她自己的主意。或許對呂后而言，太后的權力只是用來彰顯自身想法的工具。

呂太后政權

惠帝與呂太后的十五年

呂后是靠什麼樣的方法掌握了政權？中國歷史上唯一的女皇帝是唐朝的武則天（則天武后）。武則天原是唐高宗的皇后，後來自己當上了皇帝。為了實現這個目的，她必須發動易姓革命，也就是把李氏的天下變成武氏的天下。

相較之下，呂后是從皇后（皇帝的妻子）變成了皇太后（皇帝的母親），在皇帝年幼時臨朝稱制（在朝堂內行使皇帝的職權），藉此掌握了政權。所以她不稱女帝，只稱女主。為了代替皇帝行使職權，她選擇的做法是讓劉氏的王國與呂氏的王國並立。但這也意味著她必須違背高祖劉邦生前立下的白馬之盟，即「**非劉氏而王，天下共擊之**」的約定。

《史記》將高祖駕崩後惠帝及呂太后掌權的十五年歷史放在〈呂太后本紀〉內。值得注意的是篇名非「呂后本紀」，而是「呂太后本紀」。至於《漢書》，則把這段歷史分成了〈惠帝紀〉及〈高后紀〉。身為女性的皇太后的掌權歷史被放在本紀裡面，這意味著其政權被視為男性皇帝的惠帝及文帝之間的正統政權。史書沒有將兩個少帝列入本紀內，而是將呂太后視為帝王來代替少帝。

換句話說，若不承認呂太后的政權，漢朝的帝位傳承將無法自圓其說。

呂雉與劉邦

呂雉即後來的呂后、呂太后。其父親呂公出身於山陽郡單父，因熟識沛縣的縣令，為了避仇而移居沛縣，借住在縣令家裡。呂公在此時認識了當時還擔任亭長的劉邦。呂公身為外來的客人，不時有人前來拜會，縣府官員蕭何負責為呂公收取賓客所送的禮物，並依此安排賓客的座位。倘若禮物或禮金少於一千錢，則只能坐於堂下。當時的社會要拜見尊長，必須將姓名及禮物清單寫在一塊名為「謁」的木牌上，事先交給負責通報的人。劉邦身上一毛錢也沒有，卻在木牌上寫了「**賀錢萬**（獻上一萬錢）」。呂公見了木牌相當吃驚，親自走到門外迎接，一看見劉邦的臉，呂公更是大為詫異。呂公會看相，看出劉邦擁有貴人之相，趕緊將他迎進門，奉為上座。酒宴舉行到一半，呂公突然懇求劉邦娶自己的女兒。妻子呂媼極力反對，認為寶貝女兒應該嫁給貴族子弟，她都捨不得讓女兒嫁給交情深厚的沛縣縣令，更何況是嫁給像劉邦這樣的人……

這段呂雉與劉邦相識的故事，記載於《史記・高祖本紀》內。他們雖是西漢第一代皇帝及皇后，但此時當然不知道未來會發生什麼事。這段故事讀起來生動有趣，但真實性卻難以求證。呂雉的父母皆不知其名，文章中只稱呂公及呂媼，就像劉邦的父母在史書中被稱為太公、劉媼一樣。媼是對老婦人的尊稱，呂媼的意思是呂公之妻，並非呂雉母親的姓名。至於呂公，也是因為他是呂雉（呂太后）的父親，除了出身於單父縣之外，我們不知道他的一切來歷。

呂雉的丈夫劉邦當上皇帝，身為妻子的呂雉當然就是皇后。奇妙的是中國歷史上第一個皇帝秦始皇及二世皇帝胡亥，文獻上都沒有提及其皇后，當然也不知姓名。因此呂雉成了在中國歷史上第一個留下姓名的皇后。

對戚夫人的殘酷復仇

高祖死後，呂后與高祖所生的劉盈年僅十七歲便即位為西漢第二代皇帝，即漢惠帝。高祖共有八個兒子，以年紀來看惠帝是老二，底下有戚夫人的兒子劉如意、薄夫人的兒子劉恒（後來的漢文帝）等弟弟。高祖最寵愛戚夫人，因此對劉如意也特別偏愛。呂太后於是毒殺了劉如意，接著將戚夫人的四肢斬斷，眼珠挖出，耳朵燒聾，強灌啞藥，扔進茅坑裡像豬一樣飼養，還稱其為人彘（人豬）。從這段著名的歷史事件，便可看出呂太后是個多麼殘酷無情的人。

惠帝在位的七年，外交上沒有任何作為，內政方面也沒有諸侯王發動叛變。名義上是呂后代替惠帝執掌朝政，但實際上較明顯的施政只有為長安城築起城牆而已。高祖在世的時候，長安並沒有城牆，因此嚴格說來並不能算是「城」。宮殿雖有圍牆，但與包圍整個都市的城牆畢竟不能相提並論。當時的防禦政策還僅是只要能守住整個關中地區就行了，對長安也沒有擬定一個整體的都市規劃。直到惠帝的時期，才開始規劃市場及興建倉庫。城牆是以版築夯土工法築成，施工時期特別選在降雨較少的春季，徵調了周邊地區的農民超過十四萬人。版築夯土工法的施工方式相當簡單，只是將黃土倒進夾版之間，再從上方夯實而已。由於黃土的顆粒很細，不必燒製成磚塊，只要自上方

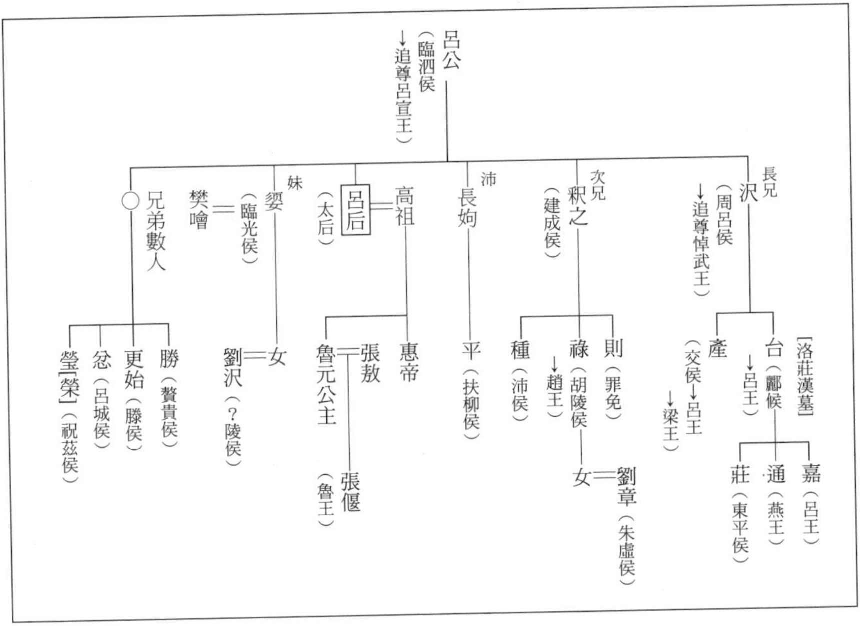

呂氏一族系譜

重壓就能排除其中的水分。每年只施工一個月，總共花了六年的時間。有了城牆之後，長安城才真正成為一座氣派的都市。如今雖然已過了將近二千二百年，但長安城城牆的夯土層依然清晰可辨。城牆每一邊約六公里長，周長共約二十三公里。由於城牆是後來才築起，因此並非正方形，而是呈不規則的形狀。而且渭水的河道當時較偏南方，因此西北角的城牆並非直角，而是斜向延伸。

外戚呂氏的時代

呂太后下令讓惠帝娶了魯元公主的女兒當皇后。魯元公主是呂后的女兒，因此新皇后相當於呂后的外孫女、惠帝的外甥女。這種近親通婚的情況在中國相當罕見。惠帝與後宮嬪妃之間生了許多孩子，但皇后卻一直沒有孩子。呂太后想方設法要讓皇帝跟皇后都是自己的親屬，但皇后一直沒有生下太子，讓呂太后心急如焚。惠帝死後，呂太后先後讓兩名後宮嬪妃所生的孩子以極幼小的年紀即位，自己在背後以太后的身分臨朝稱制，並藉由大封呂氏一族為諸侯王的方式，讓西漢進入了外戚呂氏的時代。甚至有傳聞指出即位的孩子是從宮外偷偷送進後宮，偽裝成惠帝的親生兒子。呂太后便是靠著這樣的方式，在惠帝的七年之後又掌權了八年。

第一個少帝長大之後，發現自己不是皇后所生的孩子，而且親生母親已經遭到殺害。呂太后擔心醜聞曝光，趕緊以健康狀況不佳為由逼少帝退位，將其軟禁並趁機殺害。這個連姓名都沒有流傳下來（一說名「恭」）的少帝，共在位四年的時間。繼位的是劉氏一族的恒山王劉義，後改名劉弘。

《史記》很明白地指出：「**不稱元年者，以太后制天下事也**。」西漢初期（漢武帝之前）還沒有年號制度，每當先帝駕崩、新帝即位，便會以該年的新年過後開始算元年，再過一個新年就是二年。例如惠帝駕崩於年底的九月，隔月便是十月年初，開始算元年（前述少帝的元年）。但是四年後，少帝遭呂太后逼迫退位，劉義（劉弘）於五月即位為帝。照理來說，應該以這一年的十月年初開始算元年，但當時卻沒有這麼做，這等同於呂太后宣布其臨朝稱制的時代將持續下去。若把前述不知名少帝及劉義放進西漢皇帝系譜內，這兩人算是第三代及第四代皇帝。因為這樣的緣故，張家山漢簡中的《二年律令》的「二年」的意義頗耐人尋味。可以指少帝二年，也可以指呂太后二年，但不論是前者或後者，以西元年來看都是前一八六年。

呂太后想要封呂氏為王，右丞相王陵極力反對，認為這違背了高祖當年的白馬盟誓。但陳平與周勃卻支持呂太后，兩人遭王陵大罵「**何面目見高帝地下**」，卻是不為所動。不過呂太后在封王的過程上顯得相當謹慎。首先她封已過世的哥哥呂澤為悼武王，封父親呂公為呂宣王。這些都是徒具形式的追封。張家山漢簡《二年律令》的《具律》中，包含規定呂宣王的內外子孫犯罪可獲減刑的條文，這顯然是為了奉承呂氏一族。接著呂太后又將呂種、呂平封為列侯（前者為沛侯，後者為扶柳侯），並封惠帝後宮嬪妃所生的兩個孩子為淮陽王及恒山王。接下來終於進入重頭戲，呂太后封了侄子呂台為呂王。循序漸進的作法雖然謹慎，但以呂姓為國名卻又顯得相當大膽。其後呂太后又封了梁王呂產、趙王呂祿及燕王呂通。

一九九九年，山東省濟南市東邊的章丘市出土了一座大型漢墓，被稱為洛莊漢墓，據推測應該就是呂台的墳墓。呂台在成為呂王的數個月後就去世了，由兒子呂嘉繼承王位，但呂王的誕生對呂太后而言具有極重大的政治意義。呂台的墳墓相當壯觀，計有三十三座大型陪葬坑，還埋了三輛大型馬車及十二匹陪葬馬。

「皇后之璽」的真偽

呂太后在文化大革命時期獲得了極高的評價。一九六八年，一塊刻著「皇后之璽」的玉璽出現在世人面前。韓家灣公社狼家溝大隊的社員孔祥發有個十四歲的兒子，在放學回家途中發現水溝泥土裡有塊泛著白光的物體，於是將它撿回家。父親孔祥發驚覺這是古蹟文物，於是將它帶往西安，交給了陝西省博物館（秦波〈西漢皇后玉璽與甘露二年銅爐的發現〉《文物》一九七三年第五期）。如今這塊玉璽藏於陝西歷史博物館。形狀為邊長二・八公分的正方形，高兩公分，重量三十三公克，印面為「皇后之璽」字樣，印背上雕有穿綬用的虎形鈕，側面刻有雲紋。由於發現玉璽的地點在長陵陵邑之內，秦波推測這塊玉璽很可能原本藏於呂后陵旁邊的便殿內。發生赤眉之亂時便殿遭焚毀，玉璽埋入土中，後來呂后陵遭盜掘，又導致玉璽落入水中，因而重見天日。

文化大革命時期，毛澤東的第四任妻子李雲鶴（一九一四～一九九一年，後改名江青）在一九七四年的批林批孔運動開始盛行後在政壇快速崛起，甚至引來毛澤東向黨幹部警告「江青自己想當主席」。一九七六年九月，毛澤東去世，到了十月六日，江青因身為四人幫之一遭到逮捕，一九八一年遭判處死刑。在中國人的心中，江青與古代的呂太后頗有相似之處，而江青本人據說也對這塊玉璽相當關心。

發現這塊皇后玉璽至今已過了三十五年以上，當初發現玉璽的韓家灣公社狼家溝，如今既沒有公社也沒有大隊，變成了韓家灣鄉狼家溝。此地位於長陵以西一・五公里處，由於再往西就是惠帝的安陵，因此若要斷定這塊玉璽就是呂后的玉璽，似乎有不少引人疑竇之處。首先，呂太后當皇后的時期，只有劉邦當上皇帝到駕崩之間的八年。後來劉邦的兒子惠帝及孫子少帝在位的十五年間，呂太后的身分都是皇太后。既然呂太后是以皇太后的身分入葬，收藏於陵廟內的璽印應該是「太后之璽」才對。為何出土的竟是「皇后之璽」，這點沒有辦法解釋得通。

早在戰國時代的秦國，就有太后掌權的例子。秦始皇的曾祖父昭襄王由於即位時年紀很小，所以由楚國出身的母親羋氏宣太后擔任攝政。此外，秦王政（秦始皇）在二十二歲時發生了嫪毐之亂，當時嫪毐曾偽造秦王御璽及太后璽，企圖調動軍隊。秦王政在當時雖已即位為王，但在戴冠、佩劍之前，母親（帝太后）一直對朝政握有影響力。由此可以知道，王璽跟太后璽都具有實際的功用。既然如此，呂太后不可能沒有太后璽。

秦始皇的母親被稱為帝太后，與秦莊襄王一同被埋葬在芷陽。這對夫妻跨越了秦始皇及二世皇帝，為漢高祖及呂太后留下了夫妻合葬的前例。至於最早實行太后攝政的宣太后，則沒有與丈夫秦惠文王合葬，而是與兒子秦昭襄王一同葬於芷陽。至於漢惠帝的張皇后，雖然陪葬於安陵，但據說沒有築起墳丘。如今安陵西側有一塊彷彿依偎在安陵旁邊的小墳丘，那似乎是後人建造之物。從玉璽的發現地點來看，有可能是張皇后的玉璽。

呂太后評價的變動

後人對呂太后的評價在漢文帝即位後開始產生變化，歷經王莽時期，進入東漢後負面評價更是高漲。呂太后死後兩百年，赤眉之亂的叛軍甚至挖開了呂后陵，羞辱呂后的遺體。這些人雖是叛軍，卻不是漫無目標地亂挖皇帝陵。《後漢書・劉玄劉盆子列傳》中記載這些人「**發掘諸陵，取其寶貨，遂汙辱呂后屍。凡賊所發，有玉匣殮者率皆如生，故赤眉得多行婬穢**」。皇帝陵之類的陵墓內，穿有玉衣（玉匣）的遺體往往不會腐爛，看起來就跟生前沒有兩樣。這絕不是誇大其辭。密封的槨室深埋在地底下，沒有接觸到外界的空氣，內部保持一定的溼度及氣溫，不論是木材或遺體都不會滋生腐菌。雖說得以保存兩千年以上的遺體只是極少數，但保存個一、兩百年絕非難事。

赤眉叛軍並非偶然發現呂太后的遺體，而是顯然打從一開始就以呂后陵為盜墓的目標。因為赤眉集團所信仰的城陽景王祠，將呂太后視為大敵。城陽景王是高祖的孫子劉章，他曾在宴席上大膽批評呂太后一族挾勢弄權。後來復興了漢室的光武帝劉秀，也將呂太后的牌位從高祖廟中移去，改祀薄太后為高皇后。薄太后即文帝的母親薄夫人，後人認為她是個充滿慈愛的人物，評價也越來越高。值得一提的是光武帝祭祀西漢十一個皇帝的陵墓，但其中不包含兩個少帝。

長沙國與南越國

吳氏在長沙國傳承了五代共四十六年（西元前二〇二～前一五七年），為高祖時期十個諸侯王國中唯一的異姓諸侯王國，亦稱吳氏王國。五代國王分別為文王吳芮、成王臣、哀王回、恭王右、靖王著，但在文帝時期遭劉氏取代。

長沙吳氏王國

吳芮在秦朝原為番陽令，頗得民心，有番君之稱。他率領越人起兵造反，投靠項羽後獲封為衡山王。項羽死後，吳芮投降漢王，徙封為長沙王。吳芮對漢朝相當忠心，在異姓諸侯國裡算是特例。吳芮的墳墓在西元三世紀（三國時代初期）遭盜，據說當盜墓人將他的遺體挖出來時，發現遺體保存得相當完美，看起來簡直像是還沒斷氣。但如今我們已難以求證到底哪一座墓是吳芮之墓。長沙王墓目前還沒有開始發掘，但王后墓已經開挖。

一九九九年，長沙王之子（第二代吳臣的兒子）沅陵侯吳陽之墓也進入發掘作業，即虎溪山一號漢墓。地點在連接秦朝里耶古城的沅水沿岸。武陵郡雖是漢朝的直轄地，但郡內的沅陵侯國卻是吳陽的領地。印章上有「吳陽」的姓名，封泥上則有「沅陵」字樣。吳陽的遺體並沒有被送回故鄉，而是埋葬在列侯的封地。

墓中出土了一千三百三十六枚竹簡，其中有侯國的行政公文。列侯的封地大小只相當於縣，但也稱之為國。公文中記錄了國內鄉（村落）的戶數、耕地面積、課稅額、官吏人數等等，此外還記載了該地距離首都長安三千二百一十九里。例如其中一個聚落有一百三十四戶，共五百二十一人。列侯的收入包含「算」（人頭稅）及「田租」（耕地稅）。但其中一部分得上繳給漢朝的中央政府，並非全部都是列侯的收入。除此之外，還出土了以《美食方》為名的食譜，內容詳細記載了各種動物的屠殺方法、蒸煮方式、調味料使用方式等。

長沙馬王堆漢墓帶來的震撼

不過最令人震撼的還是一九七二年發掘的長沙馬王堆一號漢墓。墓中發現一具西漢初期的一位年約五十歲的婦人遺體，此屍身沒有腐爛，呈屍蠟狀態。最驚人的是其皮下組織還保有彈性。墳丘約五、六公尺高，自墳丘底部再往下挖掘十六公尺深，才是墳墓的槨室。槨室周圍以木炭及白膏泥層緊密包覆，所以沒有腐爛。內部維持著一定的溼度及溫度，可說是保存遺體的良好環境。而且值得慶幸的是盜墓者所挖的坑也沒有深入墓室。遺體身上裹著二十枚薄絹，放在四重棺內，而且浸泡在含有硃砂的液體內，這些都發揮了防腐的功效。遺體便在這維持著一定溫度與溼度的環境裡保存了超過二千一百年。這具遺體的身

1 文王吳芮（前202）
2 成王臣（前202—前194）
3 哀王回（前194—前187）
4 恭王右（前187—前178）
5 靖王著（前178—前157）

（　）內為在位期間

長沙吳氏王國系譜　劉氏以外的異姓諸侯一一遭到肅清，長沙王是唯一倖存的特例。

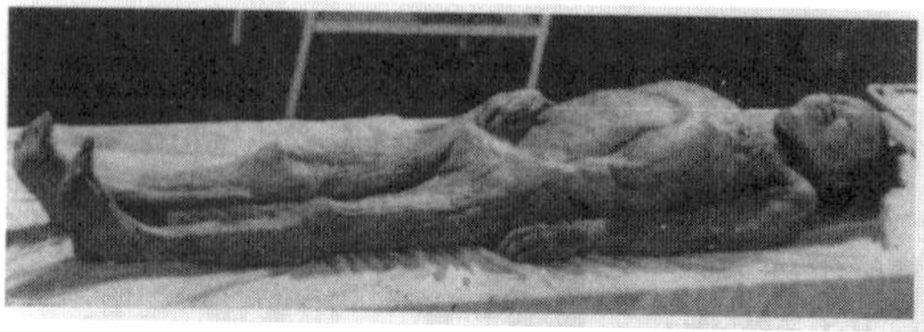

長沙馬王堆1號漢墓出土的長沙國丞相夫人遺體　年約50歲的婦人遺體，埋葬時間超過2100年，但沒有腐敗，皮下組織依然帶有彈性。（《長沙馬王堆一號漢墓古屍研究》）

高為一百五十四・五公分，血型為A型。研究人員解剖遺體，在胃中發現了瓜類的種籽，可見得死亡時間應是夏天。

槨室裡除了四重棺之外，四個角落各分別有一間小房間，裡頭堆滿了陪葬品，總數超過一千四百件。位在遺體頭部方向的小房間，放的是侍女及歌舞者的木俑，還有宛如新品一般泛著光澤的各種漆器，宛如是在弔慰死者的靈魂。案（餐臺）上擺著漆器餐具、耳杯（又名羽觴，喝酒用的杯子）及筷子。其他的小房間則除了木俑之外，還有裝在竹籠、麻袋裡的食物、衣服、藥草等。此外尚有三百一十二枚竹簡，這是所謂的遺策（策即簡），即陪葬品清單。

其中有一幅畫在非衣（外形呈T字形，看起來像衣服但不是衣服的喪禮用旌幡）上的帛畫（描繪於絹帛上的繪畫，參照本書第二三五頁圖），可以說是漢代（甚至可說是中國歷史上）的繪畫最高傑作。T字形的非衣長度為二公尺五公分，繪畫的內容以該名婦人生前所處的地表世界為中心，周圍並描繪著她即將前往的天上世界及地下世界，形成明顯的對比。人一旦去世，魂與魄就會分離，魂會進入天上世界，魄則會隨著遺體留在地下世界。

地下世界是由力士所撐起，擺滿了佳餚美酒，天上世界的入口站著兩名恭候的官吏。天上世界的中央有著人面蛇身的女神，左右為月亮及太陽，此外東方扶桑樹上有一顆巨大的太陽，底下有八顆小太陽。

宛若古代的圖書館兼美術館

整座墳墓宛若封存古代記憶的巨大容器，保存了距今二千一百年前的西漢時代。包含三號墓在內，從馬王堆出土的文物資料多得驚人，即使已過了三十年，依然無法加以研究透徹。其中的學問包含了歷史、考古、文學、哲學、神話學、音樂、醫學、農學及天文學，「馬王堆學」作為一個綜合學科已儼然成形。

根據出土綬印上的刻字，這名婦人的名字是「辛追」。同一座墳丘底下共埋了一家三人，但只有放置婦人遺體的一號墓沒有被盜，遺體得以保全。二號墓有著早在唐代便已遭盜的痕跡。幸好墓裡出土了刻著「利蒼」字樣的玉印，以及刻著「長沙丞相」「軑侯之印」字樣的兩顆銅印，因此雖然遺體已失，我們還是能確認埋葬者的身分。根據《漢書》第十六卷〈高惠高后文功臣表〉的記載，利蒼（《漢書》訛為黎朱蒼）在惠帝二年（西元前一九三年）受封為列侯，封地為軑侯國，居民有七百戶。過世之年為呂后二年（西元前一八六年）。相較於高祖及呂后各有一個獨立的方錐臺墳丘，利蒼及其夫人的墳墓則是兩個直徑約二十～二十五公尺的圓墳橫向並排。西為利蒼之墓（二號墓），東為辛追之墓（一號墓），南邊還有一個埋葬兒子的三號墓。

根據三號墓出土的木牘記載，兒子過世於漢文帝前十二年（西元前一六八年）。依三座墳墓的重疊情況來判斷，一家三人中最晚過世的人應是夫人辛追。事實上三號墓的埋葬者身分，為我們提供了更為重要的考古線索。文獻中記載利蒼的兒子利豨繼承了軑侯爵位，過世於漢文帝前十五年（西元前一六五年）。雖然死亡年分與木牘上的記載有異，但後來墓中又出土了利豨之印，證實埋葬者應該就是利豨沒錯。這座墓中所埋藏的文物資料有著相當重要的意義。其中出土的帛書多達三十種，帛畫也有十二條，儼然是古代的圖書館兼美術館。

繁榮於現在廣西壯族自治區的南越國

秦末的抗秦勢力並非只存在於中原地區而已。秦朝在百越之地共設了三郡，其中的南海郡龍川令趙佗雖然在秦為官，卻是出身於遭秦消滅的趙國。陳勝吳廣、項羽、劉邦等勢力在中原崛起，消滅了秦帝國。當趙佗得知這件事後，旋即在嶺南地區建立起南越國，自立為武王。此處的「武王」並非諡號，而是生前的王號，代表他是個勇武的君王。其領土涵蓋南海、桂林、象三郡，相當於現在的廣東省及廣西壯族自治區。武王是中原人，但南越國顯然是以越人為主體的國家。一直到遭漢武帝消滅為止，南越國傳了五代，共九十三年（西元前二〇三～前一一一年）。

初期高祖派遣陸賈至南越國承認了趙佗的王位，這麼做是為了穩定南越國與長沙國的邊境安定。但後來呂太后下令禁止輸出鐵器至南越國，武王趙佗認為這是在為長沙國即將攻打南越國預做準備，於是斷絕了與漢朝之間的邦交。不久後趙佗更在南越自立為武帝。這個武帝的出現時期，甚至比漢武帝還早。站在中國的立場來看，這是一種完全蔑視漢朝皇帝（少帝）權威的行徑。不僅如此，武帝還派軍攻擊長沙國的邊境村落。呂太后派出將軍周竈征討，但由於南越之地氣候溼熱，加上多傳染病，周竈軍陷入苦戰，最後只好撤退。繼丈夫劉邦遭匈奴包圍之後，呂太后也在遠征南越上嚐到了敗果。

秦漢及越的文化並存

武帝統治南越超過六十年，在漢武帝即位後的第四年過世。換句話說，有四年的時間同時存在著兩個「武帝」。不過該時代的人完全不知道有這麼一回事。一來南越的武帝在漢文帝、景帝的時期對外已不稱帝，二來西漢的武帝是死後的諡號，並非生前的稱號。南越國的首都為番禺，相當於現在的廣東省廣州市。一九八三年，考古學家在此發現了第二代的南越文帝的墳墓，讓現代人得以一窺南越國的威容。廣州市內越州公園西側有一座名為象崗的山丘，橫穴式的石製墓室就位於山丘的中腹位置，結構與西漢的諸侯王墓頗為相似。其文化兼具中原及嶺南特色，可說是秦漢及越文化並存。

文帝的遺體已腐爛，身上穿著絲縷玉衣，周圍有著六柄劍及大量玉器。為遺體穿上玉衣是漢代皇帝及諸侯王的葬衣文化。墓室裡還發現了十九顆璽印，其中一顆金印上刻著「文帝行璽」四字，印背上雕著龍形鈕，或許是模仿了漢代皇帝的璽印。此外還有編鐘、石磬等中原樂器。

一九九五年，考古學家在南越國的番禺城內發現了石水池，九七年

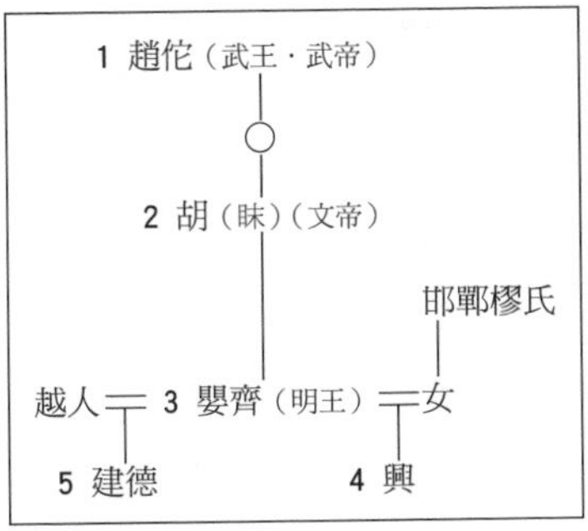

南越王國系譜

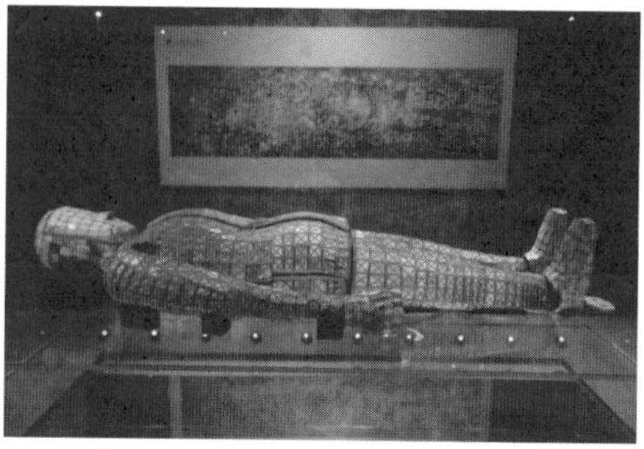

絲縷玉衣　1983年，考古學家發現了南越第二代文帝的墳墓。穿著絲縷玉衣（以紅色絲線織成的玉衣）的遺體已腐爛，陪葬品有玉器、劍、璽印等物。

又發現了長達一百五十公尺的曲水溝。該地鄰近南越的官府遺蹟，亦是秦代的造船工廠遺蹟。秦代的番禺城即南越的番禺城。由此可看出南越這個國家也是建立在秦始皇的遺產之上。這個國家接納了中國文化，卻又以越人的文化為榮，成為南海貿易上的重要據點。

漢文帝時代

從代國國王到漢朝皇帝

呂太后病逝的時候，趙王呂祿及梁王呂產一方面將少帝守在未央宮，一方面各自控制住了北軍與南軍。北軍指的是駐紮於長安城內北部且負責城內警備任務的中尉軍，南軍指的是駐紮於長安城內西南部且負責未央宮殿區周邊各門警備任務的衛尉軍。二王各自掌握著中尉軍、衛尉軍的指揮權，呂祿身上更帶著上將軍的印綬。但此時身為軍事最高統帥的太尉周勃進入北軍營區，向士兵們說道：「**為呂氏右袒，為劉氏左袒**。（想為呂氏效命的露出右邊肩膀，想為劉氏效命的露出左邊肩膀。）」此時所有士兵都露出了左邊肩膀，但呂祿早已拋下印綬獨自離開了。協助太尉周勃平亂的朱虛侯劉章看見呂產逃進未央宮殿內，於是追了上去，斬殺呂產於郎中府的廁所之中。不久後其他呂氏族人也一一遭到誅滅。

西元前一八〇年，在這場混亂之中，大臣們選上了代王劉恒來繼承帝位。代國的位置在北方，與匈奴鄰接，約相當於現在的河北省、山西省及內蒙古自治區相交的區域。劉恒是高祖的兒子，這時二十四歲，大臣們選他當皇帝的最大理由是他已經成年。此外還有另一個理由，那就是代王的母親薄姬及其族人並不像呂后那樣擁有龐大的外戚勢力。此時大臣們做出的判斷，是絕不能重蹈惠帝、呂太后事件的覆轍。這些功臣們與高祖一同開創了漢朝，雖然高祖已去世，但功臣們大多還活著，他們想要代替高祖重新整頓漢朝。

劉恒並沒有依照正常程序由皇太子即位為皇帝。他與母親當時都在代國，原本跟皇位八竿子打不著。丞相陳平、太尉周勃等大臣特地到渭水上的渭橋迎接代王。渭水流於長安城的北方，上頭原本有一座渭橋。大臣們要將天子璽印交給代王，代王說道：「**至邸而議之**。（到長安城內的代王宅邸詳談。）」當時各諸侯王在長安城裡都設有自己的宅邸，以作為入都朝見皇帝時住宿之用，但如今其詳細位置已難以求證。大臣們到了宅邸再度獻上天子璽印。除了丞相、太尉之外，其他大臣也都到了。大將軍陳武、御史大夫（輔佐丞相之職）張蒼、宗正（管理天子親族之職）劉郢、典客（接待外交使節之職）劉揭、朱虛侯劉章、東牟侯劉興居等大臣共同懇請代王即位為天子。太僕（管理天子車馬之職）夏侯嬰與劉興居一同以天子車馬迎接代王，於傍晚進入未央宮。

漢文帝即位的舞臺

跟隨代王一同來到長安的代國中尉宋進獲任命為衛將軍，統率南北軍。代國郎中令張武則就任漢朝的郎中令。代國在形式上是與漢朝齊平的國家，如今代王繼承了漢朝的皇位，成為皇帝。當年劉邦在諸侯的擁戴下從漢王變成皇帝，如今劉恒則是在漢朝大臣的擁戴下從代王變成皇帝。從這點便可明顯看出高祖劉邦的時代與文帝的時代在政局上已有了極大的改變。

隨著近年發掘作業的進展，我們已逐漸能掌握未央宮的全貌（參照本書一五九頁圖）。只要掌握這個舞臺的格局，我們就能對文帝即位的過程有更具體的瞭解。長安城雖大，漢朝的政治中樞全集中在大約兩公里見方（東西二千二百五十公尺、南北二千一百五十公尺）的未央宮殿區內。未央宮的前殿（正殿）就在這個區域的正中央，大約就在正方形的對角線上。主要的官府則分布在其西側。如今中央官廳（三號遺址）及少府（四號遺址）正在進行發掘作業。

這些官府的主要官員便是從這一帶前往渭橋，迎接了代王後又折返回來。到了傍晚，代王坐在未央宮前殿裡，寫下了第一份詔書：「呂氏一族威脅劉氏宗廟的危機已經落幕。朕即位，大赦天下，百姓加民爵一級，女子以百戶為單位賜與牛肉及酒，允許天下舉辦五天宴會。」這份詔書要全天下都祝賀皇帝即位，而非僅止於漢地而已。

受後世推崇的漢文帝仁政

漢朝作為一個國家在諸般制度方面已漸趨完善。在這樣的局面下，進入了長達二十三年的漢文帝統治時期。文帝時期前半段的紀年為元年至十六年，但是在第十六年（文帝三十八歲）有人獻上刻了「人主延壽」四字的玉杯，文帝下令改元（以隔年為元年重新計算紀年），到第七年時文帝駕崩。前半的稱呼法為「前〇年」，後半的稱呼法為「後〇年」，如居延漢簡中可見到「孝文皇帝三年」或「前三年十二月」之類的紀錄，但這些都是後人回顧歷史時所使用的表記法。相較之下，長沙馬王堆三號墓出土的木牘上有「十二年二月乙巳朔戊申」之類的紀錄。這些木牘都是同時代的史料，因此只會使用像「十二年」這樣的稱呼。馬王堆雖屬列侯之墓，但當時列侯亦使用漢朝的紀年。

劉恒的諡號為文帝，後世對他的評價相當高，認為他是一位仁德的皇帝。隨著呂太后時代的評價下滑，文帝時代的評價自然就相對攀升。文帝及繼位的景帝的統治期間是天下太平的時代，被譽為文景之治。兩位皇帝的在位期間加起來將近四十年。但實際上文帝雖然不像劉邦那樣一生勞碌，卻也是在動盪不安的時期積極採取行動的王（代王）及皇帝（文帝）。在他即位的時候，外戚呂氏擅權的時代剛結束，漢朝與匈奴、南越的緊張關係也不見好轉，正因處在這樣的局勢之下，文帝對內政特別重視。他推動維持國家安定的農業政策，縮減軍備，並且改革法律制度。

例如他廢除了懲罰誹謗妖言的法律。誹謗指的是說他人的壞話，妖言指的是以話術蠱惑他人。這有點像是現代的毀謗罪，但現代的毀謗罪保護的是一般民眾，而當時的相關法律所保護的卻是國家及為政者。這不禁讓人想起在秦始皇的時代，有一群方士暗中誹謗皇帝，導致秦始皇勃然大怒，認為他們妖言惑眾，一氣之下活埋了四百六十多人。

此外，文帝為了確保中央及地方的軍隊調度能夠更加迅速且嚴謹，派人製作了銅虎符及竹使符。銅虎符為虎形的青銅塊，縱向切成兩半，右半邊由皇帝持有，左半邊由郡官持有，必須兩邊完全符合才能調動軍隊。竹使符則是製作成竹形的信符，同樣必須兩邊一致才能徵調郡內的人力。

秦代陽陵銅虎符　將鑄成虎形的青銅塊縱向切成兩半，右半邊由皇帝持有，左半邊由郡官持有，必須兩邊完全符合才能調動軍隊。

廢除殘忍的肉刑

另外文帝還廢除了肉刑。肉刑的意思與身體刑相似，但身體刑還包含剃鬍、剃髮、鞭打之類的刑罰，而肉刑則單指對肉體造成的損傷無法復原的刑罰。文帝前十三年（西元前一六七年）發生了一起事件，促使文帝決意廢除肉刑。齊國的太倉長淳于意是當時的名醫，但有很多人因無法獲得醫治而對他心生怨懟，有人甚至為此向皇帝告御狀。審判的結果為處以肉刑，淳于意即將被帶往長安收監（藉由出土的「長安獄丞」封泥，我們可以得知當時長安城裡確實有監獄），臨行之際，淳于意大嘆自己生了五個女兒卻沒有兒子，在緊要關頭完全幫不上忙。最小的女兒緹縈嚎啕大哭，跟著父親前往長安，上書給皇帝，表示自己願意賣身為官婢，抵銷父親的刑罰。正是這段文章感動了文帝：

「妾父為吏，齊中皆稱其廉平，今坐法當刑。妾傷夫死者不可復生，刑者不可復屬，雖復欲改過自新，其道無由也。妾願沒入為官婢，贖父刑罪，使得自新。」

（我的父親在齊國當官，人人都說他清廉又公平，如今卻被判了刑。最讓我感到心痛的是人死不能復生，遭受肉刑的人也不可能復原，就算想改過自新也做不到。我願意賣身為官婢，抵銷父親的刑罰，請給他一個改過的機會。）

文帝最終廢除了三種肉刑，即黥刑（刺青）、劓刑（割去鼻子）及剕刑（斬斷腳），但腐刑

（毀損性器官，又稱宮刑）則保留了下來。根據《具律》的規定，要為黥刑或劓刑贖罪必須繳交一斤的黃金（大小約一寸立方，重量約二百五十公克，相當於一萬錢），若是刖刑或腐刑則更貴，必須繳交一斤四兩（一斤為十六兩）。我們不知道淳于意被判了什麼樣的肉刑，但女兒緹縈似乎認為贖罪的金額大約相當於她賣身為官婢的價格。

現在我們具體地談一談當時施行肉刑的詳細狀況。肉刑往往會與勞動刑一併實施。例如「城旦舂」是男人築城、女人舂米的勞動刑，「鬼薪白粲」是為了宗廟而到山上砍柴或舂米的勞動刑，「隸臣妾」是當奴婢，「司寇」是守衛邊境。

實施肉刑的好處，是所有人都能認出這個人是受刑人。當時的受刑人並沒有關在監牢裡，而是與一般庶民混在一起從事勞役。在這樣的制度下，受刑人的身分必須能讓人一眼就認出來才行。因此不是在臉上刺青，就是割鼻、砍腳。例如根據漢朝《賊律》規定，無端傷人者須受黥刑，並且服城旦舂的勞動刑。此外若是奴婢毆打庶人身分以上的人，則必須在臉頰上施黥刑後歸還給主人。另根據《具律》的規定，罪當受黥刑的人若是已受過黥刑，改為割去鼻子，如果鼻子也已割去，改為斬斷左腳趾，若是左腳趾已斬斷，則改為斬斷右腳趾，若是右腳趾也已斬斷，則改為施以腐刑。

文帝廢除了黥、劓、刖三刑，以剃髮、戴足枷、鞭打等刑取代。就算沒有損傷身體，只要剃去頭髮或戴上足枷，也能一眼就看出是受刑人。不論是剃髮或鞭打，時間久了自然會復原。景帝時期的陽陵刑徒墓地出土了大量戴著手銬足枷的遺骨。

文帝即位時，賜了天下百姓一級爵位。這裡所指的爵位並非軍爵，而是民爵。這樣的做法早在秦始皇時期便已有了前例。統一天下後的隔年，為了慶祝統一，秦始皇也這麼賞賜了百姓。此外，在統一的前一年，秦國消滅了齊國以外的五國，秦始皇曾允許天下百姓舉行宴會。文帝這次的賞賜相當於合併了秦始皇的兩次賞賜。男子賜給爵位，女子則以一百戶為單位賜給牛肉及酒，並允許舉辦五天的宴會。當時爵位與酒的關係相當密切。西漢時代共有五十四次賜爵，其中有二十三次像這樣賞賜酒宴。

賜男女百姓爵位及酒宴

「爵」這個字原本指的是青銅製的酒器，有著貌似鳥嘴及鳥尾的前後流槽，並帶有握柄及三根腳架。君主在賜給臣下新的身分時，都會製作溫熱釀造酒用的酒器。周代的公侯伯子男這五種身分，後來也被稱為爵。到了戰國時代，一般庶民也可獲得爵位。當庶民被派到戰場上打仗時，只要能取得一顆敵兵首級，就可獲得一級爵位作為獎賞。「首級」一詞原本指的是敵兵腦袋的數量，後來「級」也成了計算爵位的單位。有了爵位，就能獲得土地或宅邸，因此庶民爭相追求爵位。

漢代的爵位為二十等爵制，第一級為公士，接下來依序為上造、簪褭、不更、大夫、官大夫、公大夫，第八級為公乘，接下來依序為五大夫、左庶長、右庶長、左更、中更、右更、少上造、大上造、駟車庶長、大庶長、關內侯，最高的第二十級為徹侯。因漢武帝名劉徹，二十級的徹侯在漢武帝之後為了避諱而更名為列侯。光看這些爵位的名稱，便知道原本都是軍隊裡的身分。公士為一般士兵，上造為戰車駕駛兵（造於上之意），簪褭一詞則源自於戰馬的裝飾物。不更坐在戰車的右邊，大夫坐在戰車的左邊，官大夫掌管車馬，公大夫統率跟隨在戰車旁邊的步兵，公乘的本意則為乘坐公家之車。

自秦始皇時代以來，只要遇上國家級慶典，男子一律可獲賜爵。不過這倒也稱不上是毫無節制，因為一代皇帝大概只會宣布這樣的詔令一、兩次而已。次數較多的特例則有景帝（八次）、武帝（五次）、宣帝（十三次）、元帝（八次）、成帝（六次）等。東西漢加起來的四百二十年之間，共有九十次。另一方面，亦採行軍爵之類，依照個人功績授爵的制度。相較於軍爵，百姓只要以編戶之民的身分持續納稅及服徭役，就能夠跟其他人一起獲賜民爵。

民爵是一級一級往上加，因此只要遇上兩次賜爵的機會，就能晉級為第二級的上造，遇上四次就能晉級為不更。民爵高低無關個人的努力，完全取決於活在哪個皇帝的統治期間，以及活了多少年。賜爵的年齡上限大約是五十六歲，但爵位本身不僅可以終生保有，而且還可以傳給子孫。女子無法獲得賜爵，但這並不表示女子無法得到爵位的好處，而是依附於丈夫的爵位之下。

逐漸明朗的爵位制度詳情與效用

舉例來說，假如有一名男子在惠帝即位時出生，並且在文景之治的四十年期間都活著，總共有七次賜爵機會，因此可晉升至第七級的公大夫。賜爵的年齡下限大約在十五～十七歲之間，若以十五歲來計算，四十年後已是五十五歲。此外這名男子若是一家的繼承人，結婚前還有一次賜爵的機會，所以最終可晉級為第八級的公乘。一般庶民的爵位，最高就只到公乘而已。因此又區分為公乘以下為民爵，以上為官爵。只要任官職，就可依官位高低而獲賜相應爵位。

據說漢代二十等爵的前身為秦代的二十等爵，但秦代爵位是否真的是二十等尚未有定論。《二年律令》的《戶律》記載了從公士到徹侯的二十級爵位，可知在西漢初期這二十等爵已經存在。睡虎地秦簡及張家山漢簡的出土，讓我們對漢文帝以前、從秦代到西漢初期的爵位制度有更進一步的瞭解。睡虎地秦簡中有《軍爵律》，《二年律令》中則有《爵律》，例如其中一條規定「**諸詐偽自爵，爵免、免人者，皆黥為城旦舂**（假冒他人之爵讓自己或他人獲得減刑者，將處以黥刑及罰為城旦舂）」。

一旦犯了罪，爵位有減輕刑罰的效力。例如規定基本原則的《具律》中有這麼一條：擁有上造以上爵位者，本人及妻子都能減刑。但若是妻子殺死或傷害丈夫，不能以丈夫的爵位來抵妻子的罪。當然若只是犯罪時可以減刑，以爵位的好處而言似乎有些太過於消極了。

此外根據《傅律》的規定，爵位越高，免除徭役的年紀就越輕，對高齡者授杖的年紀也越輕。換句話說，爵位對老年人還有額外的好處。老年人沒有能力追求軍功，但只要以編戶之民的身分健康地活下去，爵位自然會慢慢累積上去。此外《賊律》還規定爵位較低者倘若毆打爵位較高者，須罰金四兩，這樣的法律有助於建立爵位的尊卑秩序。不過若從軍爵及民爵兩方面來看爵位制度，倒也不能將年齡的長幼與爵位的高低完全畫上等號。賜爵給有功勞的人，在當時也是很稀鬆平常的事。例如只要能夠捉住犯了死罪的惡人，就能獲得賜爵。像這樣因功勞而獲賜爵位，就與年紀無關。

西嶋定生曾根據漢代的二十等爵制度，對中國古代帝國的形成與結構進行了分析研究。他主張秦漢時代的爵位制度與周代的五等爵不同，其建立的爵位秩序涵蓋了一般庶民百姓，這讓身為專制君主的皇帝與庶民之間建立起一種「個別人身支配」現象。他並且整理了東西漢共四百二十年之間，每逢國家大事由皇帝下令賜與民爵的大約九十件案例，再針對居延漢簡中記錄了民爵賜與先例的十四枚斷簡進行了縝密的分析與整理，得到的具體事蹟是曾有魏郡鄴縣出身的十多人在西漢末年的二十年間（西元前八二～前六二年）獲得八次賜爵機會，晉升為民爵最高位階的第八級公乘。

根據他從這些事蹟中獲得的結論，爵位的等級一般情況下是以累加的方式遞增，並依其合計值來決定其爵位。每當村落裡舉辦酒宴時，爵位等級亦會影響在酒宴上所坐的位置。西嶋的研究手法，是兼顧正史的文獻史料紀錄，以及偶然在邊陲地帶出土的史料紀錄，從兩者之間找出一絲關聯性，並藉此掌握中央政策在邊陲地區的實施成效，接著又進一步歸納出「個別人身支配」現象，在共同體之中的整體架構與理念。

從漢文帝到漢景帝

中國古代飲酒文化

二〇〇〇年，西安市文物保護考古所在西安郊區的西漢墓室中發現了釀造酒。這些酒約二十六公斤，儲放在青銅器內，顏色帶點微黃，酒精濃度已揮發到只剩〇・一％。雖說地下墓室裡維持著一定的溫度，但這些酒能夠保存數千年，還是一件相當驚人的事。中國古代酒類的出土，倘若把酒酵母菌也算進去，以河北省藁城縣代西村的殷商遺跡出土的酵母菌最為古老。但若只論液體，則以戰國中山王墓的兩座青銅器中殘留的翡翠色酒漿最為古老。墓室裡的酒大多是放在尊（儲存酒的青銅器）裡保存，但沒有蒸發而殘留到今天的例子相當少。

現代中國人飲用的酒包含白酒（蒸餾酒）及黃酒（釀造酒，又稱老酒）兩種。白酒據說誕生於元代，並非自古以來便有的傳統酒。浙江、江蘇、山東、山西等地都有當地釀造的黃酒，北方使用糯黍、糯粟釀酒，南方則使用糯米釀酒。古代的整個中國便是以這一類穀類作物釀酒的文化圈。但現在的黃酒為長期儲藏用的陳年酒，與中國古代的釀造酒又不相同。以粟或稻米製造的酒，在如今陝西、山西省一帶稱為米酒，在四川省則稱為醪糟（濁酒之意），不能稱之為黃酒。製造法較簡單且不費時，飲用前多先加熱。這一類米酒因後代出現的黃酒及白酒而逐漸式微，卻留下了較多中國古代酒類的特徵。

成書於六世紀的《齊民要術》中詳細介紹了各種酒麴及多達三十一種酒的製造方式。用來釀造酒的麴皆是以小麥製成的餅麴（將穀類作物捏成圓球狀再沾上根黴），至於散麴（在鬆散的穀類作物表面沾上麴黴）則是用來製造醬料及醋的麴。由於餅麴擁有較高的酒精發酵力，製作出來的酒較烈。漢代把麴跟蘖都當成釀酒用的麴使用，並不加以區分。先將麴撒在蒸好的穀類作物上，再加水使其糖化，利用自然酵母的力量讓穀類作物進行酒精發酵。隨著發酵時間長短不同，酒精濃度有高有低。「醴」為一夜製成的甜酒，「酤」是釀製一夜的酒，「酎」為經過三次重複釀製的濃酒，「醪」為未經過濾的濁酒。此外亦稱米酒為上尊、稷酒為中尊，粟酒為下尊。只要能飲一石（即十斗，約十九公升），就算是酒量極佳。

當時的酒由於酵母還在持續發揮作用，所以味道會變得越來越酸。每年在收割了稻、粟等穀類後，到了大約農曆八月，天氣開始轉涼，人們便會釀造新酒。前述漢文帝即位時的酒宴，正是在閏九月舉辦。獻給國家宗廟的酒，絕對不能使用已酸掉的酒，歷史上曾有太常（官名）因此遭追究責任的例子。

酒宴與食肉的規矩

漢朝對百姓聚眾飲酒有著極嚴格的限制，有一條法律是「**三人以上無故群飲者罰金四兩**」。居延漢簡所記錄的是漢武帝之後的年代，同樣可找到寫著「**禁沽酒群飲者**」的木簡。唯有在舉辦國家級慶典的時候，民眾才能夠群聚飲酒。但官府會連酒宴的天數也公布得清清楚楚，例如為了慶祝漢文帝即位的酒宴共舉行了五天。前文也提過，官府以百戶為單位，分給女子牛肉及酒，命其舉辦五天的酒宴。那是什麼樣的場面，不禁令人好奇。百戶即一里，居民們應該會烹煮牛肉，並以官府支給的酒舉辦宴會。由於法律規定妻子的爵位從其丈夫，宴席上男女座位應該都是依照爵位排列。

漢代的人食用的肉類五花八門，除了常見的牛、豬、羊、雞之外，還有鹿、犬、狗（指幼犬）、鴨、雁、兔、雉、鶴等。當時的烹調方式基本上為蒸、烤、煮及晒乾。現代的中華料理大多是在鐵鍋內倒入油熱炒或油炸，但那是宋代以後鐵鍋及火力較強的焦炭逐漸普及之後才開始盛行的烹調方式。

漢墓裡的明器（陪葬品）經常包含竈，畫像石也常有料理食物的圖畫。例如為了保存肉類，會以鉤子吊起，蒸鍋則放在鍋灶上。肉類料理中有一種名為「羹」的湯，有些羹光只有肉，又或者加入蔬菜。甚至還有只燉煮一顆牛頭的羹。「脯」的意思是肉乾，「炙」的意思是烤肉、「炮」的意思是整頭牲畜燒烤，「膾」的意思是生肉。調味料有鹽、醬（以豆類、魚類、肉類為原料，加入鹽、麴及辛香料製成）、醋、薑、山椒、豉（讓豆類發霉製成）等等。長達五天的酒宴，或許牛肉料理包含了牛羹（牛肉湯）、牛逢羹（加入蔬菜的牛肉湯）、牛炙（烤牛肉）、牛膾（醋拌生牛肉）、牛脯（牛肉乾）等，料理的種類相當多樣。

不築墳不損山川

西元前一五七年，文帝駕崩於未央宮內。文帝生前並沒有在自己的陵墓內築墳，而且留下了不得損傷霸陵山川的遺言。霸陵因位於霸上（灞水河畔）而得名。當初劉邦比項羽早一步進入關中，正是紮營於此地。灞水與滻水之間的丘陵地帶統稱為白鹿原，霸陵正在此區域內。長安城正西邊有一座灞橋，是重要的交通樞紐。考古學家在二〇〇〇年於此地挖掘出了漢代灞橋建築遺跡。灞橋的對岸就是驪山，距離秦始皇陵也很近。文帝是高祖劉邦的兒子，排行居中，但他並沒有將自己的陵墓設在咸陽原。或許因為文帝是呂后及呂氏政權垮臺後，大臣們才從外面迎入首都的外來皇帝，所以他的陵墓距離長陵、呂后陵、安陵（惠帝陵）都頗遠。陵墓地點的選擇，也是一種政治判斷。

即使走在白鹿原上，也很難找出霸陵的位置。漢代皇帝陵另有長陵、安陵等，這些陵墓都從地表築起墳丘，因此即使是站在首都長安城裡還是能看得一清二楚。白鹿原上也有兩座巨大的墳丘，但都不是文帝的陵墓，而是薄太后與竇皇后的陵墓。薄太后是文帝的母親，在文帝駕崩兩年後過世。從前呂太后在長陵旁建造了巨大的陵墓，薄太后不肯服輸，也在霸陵旁建造了巨大的墳丘。

竇皇后則是文帝的皇后，墳丘位於霸陵的南邊。竇皇后同時也是景帝的母親，在景帝駕崩的六年後過世，與文帝合葬於霸陵。雖說是合葬，但她在霸陵的東南方兩公里處築起了東西一百三十七公尺、南北一百四十三公尺、高十九・五公尺的巨大墳丘。薄太后與竇皇后的陵墓都是在文帝死後才開始建造，並不是文帝的意思。

文帝認為厚葬太過擾民，而且天下萬物有其生必有其死，死是天地之間的自然真理。因此文帝下令建造自己的陵墓時不得損及山川。如果挖掘太深的豎坑，將阻礙地下水脈，違背山川之理。於是文帝採用了崖墓的方式，也就是利用霸陵的自然丘陵斜面，建造橫穴式的墳墓。咸陽原上雄偉的漢皇帝陵一一遭到盜掘，但從古至今不曾流傳過霸陵遭盜的傳聞。後來各地的諸侯王墓也開始模仿霸陵的建造方式。

吳楚七國之亂

秦始皇駕崩的七十年後，即西元前一四一年，西漢第六代皇帝漢景帝被埋葬於陽陵。陽陵並非只是一座單純作為墓葬地的陵園，而是一個具有都市性質的陵邑，其歷史可追溯至景帝初即位的西元前一五七年。西漢時代的十一座皇帝陵之中，如今我們最清楚其原始風貌的一座正是陽陵。以皇帝陵為中心，周圍包含了陵園與陵邑，可說是一座複合式的古代都市。一九九九年，繼漢武帝的茂陵博物館之後，當地成立了漢陽陵考古陳列館。景帝十六

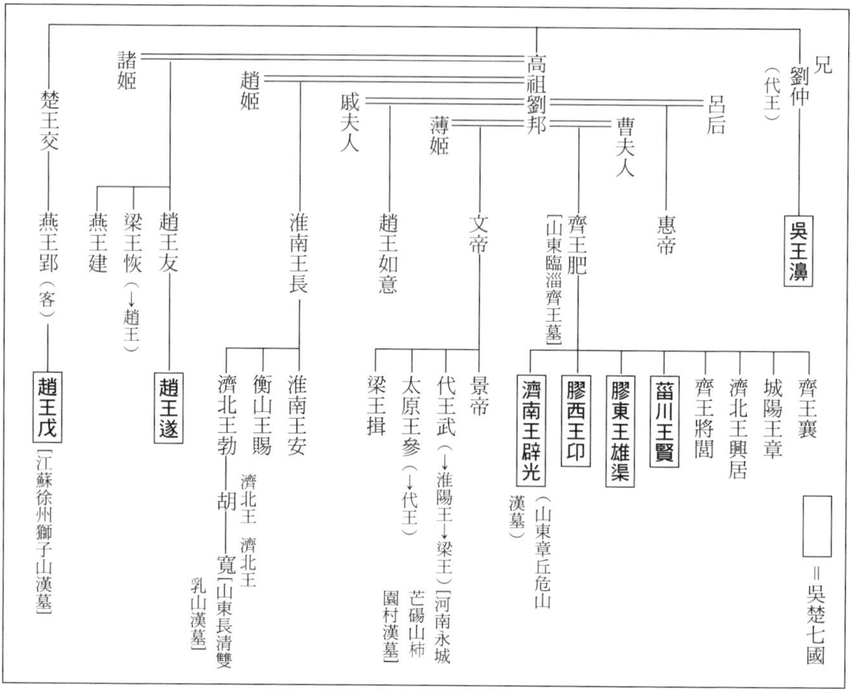

吳楚七國之亂關係系譜圖

年的統治歷史，都反映在這座陵園都市上。

劉啟並不是文帝的長子，但母親竇皇后得寵，因而順利成為太子，在文帝死後即位為帝，是為漢景帝。但不久之後就發生了一起足以動搖漢朝基業的重大事件，且持續了三個月。景帝前三年（西元前一五四年），七個劉氏王國同時發動叛變。這可視為一種內亂，即後人所稱的吳楚七國之亂。這七王分別為吳王劉濞、楚王劉戊、趙王劉遂、膠西王劉卬、濟南王劉辟光、菑川王劉賢、膠東王劉雄渠，除了吳王為高祖的哥哥的兒子之外，其他六王都與景帝同為高祖的孫子，算是堂兄弟關係。膠西、濟南、菑川、膠東這四王都是齊悼惠王劉肥的兒子，因此我們可以將這場叛亂視為東方的吳、楚、趙、齊四國的叛亂。

吳王擁有五十三城（縣），楚王擁有四十多城，齊王原本也有七十多城，光是這三國加起來就超過一六三城，占了全國疆土的一成以上。雖然時代已由秦代進入漢代，但從前秦國與東方六國之間的對峙關係並未消失。叛軍攻打夾在朝廷與東方諸侯王國之間的梁國，屠殺了數萬人。

吳楚之亂的主導者是吳王劉濞，他在叛亂後自稱東帝，或許是想仿效從前戰國時代秦王為西帝、齊王為東帝的前例。兩邊都是劉氏，卻成了漢帝與吳王對峙的局面。對朝廷而言，東南方正好是鬼門。吳王因是藩臣，對皇帝須行朝見之禮，但以現實面來看吳國的經濟力絕對不遜於朝廷。會稽郡、豫章郡等三郡擁有豐富的江南資源。尤其是海鹽及銅礦山資源，更是吳國的經濟支柱。而且許多來自北方的亡命之徒都會聚集在吳國，因此也不缺乏人力資源。銅是製造貨幣的材料，因此吳國製造的違法貨幣流通至全天下。

六博俑　兩人正熱衷於漢代一種名為六博的遊戲。

在吳楚七國之亂爆發之前，曾發生過一件事。吳國的太子與漢朝的皇太子（即後來的漢景帝）一邊喝酒一邊玩六博（一種棋盤遊戲），兩人發生了爭執，皇太子竟拿起棋盤將吳國太子砸死。朝廷將吳國太子的遺體送回吳國，吳王暴跳如雷，又將兒子的遺體送回長安。吳王的理由是「**天下同宗，死長安即葬長安，何必來葬為**（我們也是劉氏一族，既然我兒子死在長安，就該葬在長安，何必送回來）」。這起事件成了吳王與景帝互相對峙的導火線，吳王從此以生病為由不肯再對皇帝行朝見之禮。

吳王當時已六十二歲，在劉氏諸王中相當受到敬重，他不顧自己的老邁，竟然親自率軍出戰。他徵調國內十四歲至六十二歲之間的男子（十四歲是吳王小兒子的年紀，六十二歲是吳王自己的年紀），編成了二十多萬的大軍，接著寫了書簡邀約其他諸侯王。除了前述六王之外，還有淮南王、衡山王、盧江王及吳氏長沙國的王子（已在文帝時期除國），共十王收到書簡。名義上並非要推翻漢朝，而是要「清君側」，即除掉慫恿皇帝剝奪諸侯土地，導致社稷陷入危機的賊臣鼂錯。吳王聲稱吳國有五十萬精兵，而且南越也會派出三十多萬精兵前來助陣。他的計畫是包圍長安，南面自漢中、蜀地進攻，正面自臨晉關進攻，北面則與胡王聯手自蕭關進攻。

梁孝王劉武的奮戰

首先與吳楚叛軍對陣的是梁孝王劉武的軍隊。劉武成功讓吳楚叛軍無法繼續西進，吳王計畫受挫。劉武是漢景帝同父異母的弟弟，相當受到漢景帝信賴，漢景帝的母親竇皇后也對劉武疼愛有加。梁國的位置在泰山以西，擁有四十多座城，是個土地豐饒的大國，弩、弓、矛等兵器多達數十萬，財力更高達「百巨萬錢」（即一億錢）。而且朝廷允許梁孝王使用天子旗幟，狩獵時也能比照天子率領千乘馬車及一萬騎兵。

考古學家在河南省永城縣發現了梁國的王墓、王后墓群及寢殿遺跡。墳墓結構屬於橫穴式的崖墓，自墓道經過甬道下行至墓室，會看見受迴廊包圍的狹小主室。保安山一號墓的埋葬者據推測應該就是梁孝王，柿園漢墓的埋葬者則應該是梁孝王的王妃。其中的騎兵俑及女官俑皆是裸體俑，與梁孝王的哥哥漢景帝所埋葬的陽陵的陪葬坑內出土的裸體俑極為類似。據說梁孝王與哥哥漢景帝相當親近，每當梁孝王入都朝見皇帝，兩人就會同乘一輛車，到上林苑打獵。

朝廷派出大將軍竇嬰及太尉周亞夫率軍禦敵，同樣成功阻擋了吳楚叛軍的攻勢。吳軍以步兵為主，漢軍則以騎兵為主，在機動性上騎兵較為有利。

周亞夫的父親周勃原本是高祖的中涓，是位以一介庶民身分最終官至太尉、

周勃、周亞夫父子的兵馬俑

丞相的人物。高祖去世後，他排除呂氏一族的勢力，設法讓文帝即位，並且以丞相的身分輔佐文帝。周勃的兒子周亞夫則效命於文、景二帝，在七國之亂時解救了漢朝的危機。高祖臨終前曾說過應該讓周勃以太尉的身分輔佐劉氏，文帝臨終前也曾說過周亞夫是最值得信賴的將軍。根據《水經注》的記載，這兩個漢朝功臣的墳墓就在長陵附近，而考古學家也確實找到了疑似兩人墳墓的漢墓。

周亞夫後來與景帝關係惡化。周亞夫的兒子向一家名為「尚方」的皇帝御用國營工廠購買了五百副鎧甲和盾牌，準備在將來埋葬父親時當作陪葬品。或許兒子認為父親的身分是將軍，在墳墓裡放武具並沒有什麼不對，但兒子購買武具的行為卻讓周亞夫遭懷疑企圖謀反。周亞夫趕緊澄清購買那些鎧甲及盾牌是作為陪葬品之用。漢代的陪葬品大多是縮小尺寸的模型，隨便使用武具當陪葬品確實容易招來誤會。廷尉不肯放過周亞夫，又主張「就算不在地上造反，也會在地底下造反」。這不禁讓人聯想起秦始皇陵園內出土的大量石鎧，以及兵馬俑坑內的真實武器。

早在秦始皇陵問世前的一九六五年，楊家灣漢墓四號墓南方就出土了十一座兵馬俑。漢代兵馬

楊家灣漢墓兵馬俑（中國國家博物館藏）　漢朝兵馬俑的出土時間比秦始皇的兵馬俑更早。兩者的最大差異，就在於漢俑皆縮小了尺寸。

俑的發現，比秦始皇的兵馬俑早了九年。名義上雖是高祖的陪葬墓，但實際上是到文景時期才入葬。楊家灣漢墓的兵馬俑坑，是絳侯周勃、條侯周亞夫之類的列侯等級。這裡出土的兵馬俑合計將近三千座，除了騎兵俑五百八十座、步兵俑一千八百座之外，還有戰車及舞樂俑。與秦始皇兵馬俑的最大差別，在於這些俑都是縮小尺寸，以及騎兵俑都是騎在馬上。秦始皇兵馬俑由於都是原物尺寸，騎兵跟馬是分開製作，騎兵沒有坐在馬上，而是將馬牽在身邊。相較之下，楊家灣漢墓的騎兵俑則是事先將騎兵的下半身描繪在馬背上，製作完成後才插入上半身。

陽陵陪葬坑的兵馬俑又與楊家灣的兵馬俑不同。士兵及騎兵俑都是製作成裸體的模樣，沒有手臂，跨坐在馬上的姿勢也是將騎兵的下半身與馬的軀體分開。這些差異的唯一原因，就在於裸體的俑能夠穿上絹絲材質的外衣。秦代的兵馬俑是在黏土面上描繪出鎧甲、戰袍的模樣，再塗上顏料，楊家灣兵馬俑的做法也是一樣，但陽陵陪葬坑的兵馬俑則是為每一座都穿上絹絲材質的衣服。至於長沙馬王堆一號漢墓，則不僅出土了許多絹絲材質的服裝，也出土了不少身穿絹絲外衣的木俑。

第五章　漢武帝的時代 I 司馬遷活著的時代

漢武帝與司馬遷

劉徹是漢景帝的兒子，排行居中，出生於景帝元年（西元前一五六年）。至於司馬遷，則據說是司馬談的兒子，出生於約十年之後的景帝中五年（西元前一四五年），出生地點在龍門。這兩人的共同點，就在於他們都不是一出生就註定要當皇帝及太史令。

漢武帝的母親王夫人與栗氏

父親漢景帝駕崩，埋葬於陽陵，十六歲的太子劉徹即位為帝。景帝被置入陵墓內的儀式上，太子劉徹應該也在場才對。當年的漢王劉邦是在亂世中憑著自己的實力當上皇帝，但第二代之後當皇帝的條件則是被選為太子。要當上太子，條件則是母親受到皇帝寵幸，被立為皇后。而且皇后的地位如果被廢，太子當然也當不成。劉徹並非打從一開始就是太子。

景帝的皇后是薄皇后，她是文帝之母薄太后的族人的女兒。由於薄皇后沒有孩子，景帝於是立栗姬的兒子劉榮為太子。栗姬出身於東方齊國的栗氏一族。長公主劉嫖（景帝的親姊）想要把自己的女兒嫁給皇太子當太子妃。長公主（皇帝的姊姊）的女兒與皇太子是表兄妹關係，算是近親通婚，不過由於長公主已經出嫁了，母系的近親通婚在當時並不受限制。然而栗姬卻拒絕了這門親事，長公主因而對栗姬懷恨在心。後來皇太子劉榮遭廢，王夫人成為皇后，兒子膠東王劉徹被封為皇太子。膠東國是吳楚七國之亂時造反的國家之一，位於現在的山東省青島一帶，緊鄰東海，距離長安相當遙遠。劉徹從膠東國被召入長安，而劉榮則被封為臨江王，遣往位於長江中游流域的江陵。

王皇后陵墓的墳丘位於陽陵的東北方，比陽陵稍微小了一點，但跟其他陪葬墓比起來則大上許多。墳丘的邊長為一百五十四公尺，周圍一如皇帝陵有著正方形的版築夯土壁（邊長約三百四十七・五～三百五十公尺），並有四個門。

王后陵在皇后陵中堪稱最大，甚至超越呂后陵。畢竟她可是堂堂漢武帝的母親，這似乎合情合理。陽陵的東北方還有另一座大約六十公尺見方的小型墳丘，據說就是無緣成為皇后的栗姬之墓。兒子劉榮遭廢去皇太子地位，栗姬最後抑鬱而終，光看那墳丘，似乎就能感受到栗姬的心情。敗給了漢武帝劉徹的臨江王劉榮，最後因一點小小的過錯而被逼得自殺。據說他的遺體孤伶伶地被埋在長安南邊的藍田，當地民眾都對他相當同情，但如今已沒有人知道他的墳墓的正確位置。

自十四名皇子中選出的漢武帝

王夫人能夠進入宮中，絕大部分仰賴其母親臧兒的協助。漢代的女人都相當有野心。臧兒原本嫁給王仲，兩人生有一男二女，後來王仲死了，臧兒改嫁給田氏，又生了二男，即田蚡、田勝兄弟。田蚡在漢武帝時期官至丞相。臧兒原本將她與王仲所生的長女（即王氏）嫁給金王孫，但後來她占卜得知兩個女兒都將大富大貴，於是她要求長女離婚，將長女送進了太子（即漢景帝）的宮中。王氏與太子共生了三女一男，其中的男孩正是漢武帝劉徹。不管是臧兒還是長女王氏，似乎都完全不把離婚、再婚放在心上。王氏成為太子的夫人，後來更當上了皇后。陽陵的南區陪葬坑，就在王皇后陵的正南方。藉由此處出土的女官俑及女性騎馬俑，我們不難想像當時皇后生活周遭的情境。

女性騎馬俑（陽陵陪葬坑出土）

在皇帝制度之下，漢武帝劉徹並非如同曾祖父劉邦那樣憑著自己的努力而當上了皇帝。眾多夫人中的一個會被選為皇后，皇后的兒子中的一個會被選為皇太子，而由皇太子繼承皇位。當然還有另一種可能是在眾多皇子中選出一位皇太子，而皇太子的母親成為皇后。武帝正是在五名夫人共十四名皇子中脫穎而出的皇帝。十四個兄弟中，十三人終其一生只能當個王，唯有一人能從王變成皇帝。《史記》第五十九卷將這五名夫人合稱為「五宗」，十三個王的傳記都被放在〈五宗世家〉之內。

即使都是劉氏子孫，都是皇帝的兒子，唯有母親相同的兄弟之間才會有宗親意識，至於母親不同的兄弟則只是競爭皇位的對手。就這層意義而言，要理解劉氏同姓諸侯王之間的關係，母系比父系更加重要。王氏的武帝戰勝了栗氏的劉榮。若回顧更早以前的歷史，戰國時代的秦莊襄王共有二十多個兒子，秦王政原本要繼承王位的機會微乎其微。若沒有呂不韋暗中策劃，或許世界上根本不會出現秦始皇。

不管是亂世還是治世，一個皇帝的誕生背後總有著某種競爭的機制。若回顧吳楚七國之亂中的劉氏諸王，吳王劉濞及楚王劉戊是高祖兄弟的子孫，此處暫且不談，其他如趙王劉遂為遭呂后殺害的趙王劉友（父親為劉邦，母親不詳）的兒子，膠西王劉卬、濟南王劉辟光、菑川王劉賢、膠東王劉雄渠，這四王的父親皆為齊王劉肥，而劉肥的母親曹氏是劉邦成為皇帝前的妾。呂后的兒子惠帝死後，薄氏的兒子文帝（父親為劉邦）、竇氏的兒子景帝及梁孝王劉武（與景帝同為文帝的兒子）維持著漢朝的劉氏政權，但父系劉氏同族之間的信賴感卻相當薄弱。

中山靖王劉勝的玉衣

中山靖王劉勝（在位期間西元前一五四～前一一三年）的遺體在入葬時，身上也包裹著玉衣。他的母親賈夫人當初如果被立為皇后，或許他就能繼承景帝的皇位，當上皇帝。他是漢武帝的十三個同父異母兄弟中的一個。他的同母哥哥趙王劉彭祖相當認真地治理藩國，而他卻終日沉溺於酒色及音樂之中。據說在他的宮裡，有超過一百二十個孩子。他與妻子竇綰的墳墓於一九六八年被人發現，當時正是文革期間。由於地點在河北省滿城縣，故名滿城漢墓。

一九七一年，文革後關閉了好一陣子的北京故宮博物院，展出了文革期間出土的兩千多件文物，其中就屬滿城漢墓出土的金縷玉衣成為眾人目光的焦點。劉勝的玉衣是以金線穿綴二千四百九十八枚玉片而成（夫人竇綰的玉衣為二千一百六十枚），原本應包裹著遺體，但遺體已因腐朽而不復存在。當初在埋葬時，為了不讓體內的魄流出體外，先以玉封住了九竅，即眼、鼻、口、耳、生殖器及肛門的孔洞。接著才依照體型製作玉衣，穿在遺體上。金絲的純度為九十六%，直徑在〇・五公厘以下，使用了黃金一千一百公克。最後將頭部、上半身、下半身、手套、鞋子等各部位的玉衣組合起來。為了以玉包覆全身，採用了將細小玉片穿在一起的方式。這些玉片都非常小，光是手套就有右手一百一十二枚、左手一百一十三枚。比起絹布，當時的人更相信玉的力量。

據說有一次，中山靖王跟代王、長沙王、濟川王等人一同來到長安朝見皇帝，在宴席之上，劉勝聽著音樂，忽然流下了眼淚。漢武帝問他為何流淚，他的回答是朝廷派來監視的官吏太過嚴苛。當時雖有諸侯王國，但朝廷已開始會派遣高階官吏前往監督。漢武帝的遺體，應該也是包裹在玉衣之中才對，據說其金縷玉衣上頭畫著蛟龍。根據《後漢書・禮儀志》的記載，玉衣也有等級之分，皇帝應著金縷玉衣，諸侯王、列侯及公主應著銀縷玉衣，長公主應著銅縷玉衣。包含殘破不全者在內，後來又出土了許多漢代各地諸侯王、列侯的玉衣。

長安的工房所生產的東園秘器（喪禮用品）中，就包含玉衣。玉衣在漢代稱為玉匣，為喪禮時的饋贈之物。將遺體緊密包覆，不留絲毫空隙，在某種程度上可以防止腐敗。本書在前面的章節也提過，呂后的陵墓在赤眉之亂時遭盜掘，據說包覆在玉匣內的遺體看起來跟在世時沒有兩樣。當時距離下葬的時代已過了兩百年。

三國時代的魏國曹丕在西元二二一年時下令禁止使用玉衣，為玉衣的時代畫下了句點。

武帝在位的年號

年號是從漢武帝的時代之後才開始使用。筆者在前文也曾提過，漢武帝之前的皇帝只在即位之後開始計算年數，並沒有使用年號的習慣。漢武帝不僅開了使用年號的先例，而且使用了非常多的年號。建元、元光、元朔、元狩、元鼎、元封、太初、天漢、太始、征和、後元，前後加起來共十一個年號，實在令人眼花撩亂。從建元到元封為每六年改元一次（共三十六年），從太初到征和為每四年改元一次（共十六年），最後的後元只有兩年，合計五十四年，比漢武帝的在位年數少一年。

據說剛開始時，是因為某地挖出了一口寶鼎，武帝於是將年號變更為元鼎。至於元鼎之前的建元、元光、元朔、元狩這些年號，都是自元鼎之後往前追溯的。不過這只是一派說法而已。由於出土文物中包含刻了建元年號的青銅器，因此有另一派說法主張早在建元年間就已開始使用年號了（陳直《史記新證》，天津人民出版社，一九七九年）。改元的理由各自不同，例如舉行了泰山封禪儀式所以改為元封，更動了曆法所以改為太初，在乾旱時期向天乞雨所以改為天漢，征討了夷狄之後天下變得和平所以改為征和……

一般人或許覺得年號很囉唆，但是對經常接觸史料的學者而言卻有一個好處，那就是能夠靠年號來簡單換算成西元年。若是使用「今〇年」這樣的寫法，只要換了一代統治者，後世的人就搞不清楚這個「今」指的到底是哪個統治者的時代了。例如出土史料上若寫著「元康四年五月丁亥朔丁未」，我們知道元康是西漢宣帝的年號，由此便可推算出這一年是西元前六十二年。但如果出土史料上寫著「十年七月辛卯朔甲寅」，我們要確定這個「十年」指的是「高祖十年」（西元前一九七年），必須先根據曆法找出七月一日（朔）為辛卯的那一年。由漢武帝創始的一代多個年號制度，要等到十四世紀的明代才終於改成一代一個年號制度。

司馬遷的父親司馬談

司馬談在漢武帝統治時期的前半段一直擔任太史令一職，直到元封元年（西元前一一〇年）為止，算起來大約三十年。相較之下，兒子司馬遷擔任太史令只有九年，跟父親相比可說是遠遠不及。《史記》實際上是由司馬談、司馬遷父子合力編纂而成，筆者認為我們應該給予司馬談更高的評價。漢朝主掌宗廟及典禮儀式的官吏為太常，太史是太常底下的史官，令則是主管之意。太史令的官秩為六百石，相當於地方的縣長。

張家山漢簡的出土史料包含了名為《史律》的法律條文，其中記載著擔任史（記錄）、卜（占卜）、祝（祝詞）各職官吏的資格條件。太史、太卜與太祝並列於太常底下，可見得記錄、占卜與祈禱這三件事有著密不可分的關係。史官必須能讀寫五千字（東漢《尉律》的規定為九千字，西漢初期只要五千字即可）及八種字體（東漢的《說文解字》記載秦書八體為大篆、小篆、刻符、蟲書、摹印、署書、殳書、隸書，但此處的八種字體有可能包含先秦文字）；卜官必須能讀寫三千字的隸書及三千字的占卜書體，而且占卜命中率必須達到九分之七以上；祝官必須熟悉七千語以上的文例。太史、太卜與太祝皆是其負責的官銜，若是主管級則為令，例如太史令。

太常是中央最高機構的九卿之一。所謂的宗廟，指的是祭祀劉氏漢朝歷代皇帝靈魂的建築物，裡頭供奉著牌位。此時高祖、惠帝、文帝、景帝這四代皇帝的遺體都已分別埋入長陵、安陵、霸陵、陽陵之下，同時亦在長安城內設置祭祀靈魂的廟。但自景帝之後，廟改建於陵墓附近，景帝之廟稱為德陽宮，位於其墳丘以南稍偏東處，距離只有四百公尺。如今該地點還留有羅經石（羅經即羅盤之意，石上刻有標示方位的十字線）。

陵園內的寢殿每天須供奉四次餐點，廟則每年須祭祀二十五次。宗廟祭祀儀式上有音樂、有祝禱詞、有獻祭的牲口，還會進行占卜。這些分別由太常底下的太樂、太祝、太宰及太卜各官負責。音樂、祝詞、祭品及占卜是宗廟儀式上不可或缺的四大要素。太史的職務原本也是其中的一環，負責為宗廟祭祀留下紀錄。太醫的工作乍看之下與祭祀活動無關，但其實不然。「醫」與「巫」在中國古代是同一件事。在皇帝臨終時，太醫必須負責下達死亡宣告，接著才會送入陵墓埋葬。陵邑也是由太常負責管理。博士也在太常的管轄之下，宗廟儀式有時需要藉助博士的學識。司馬談正是基於這樣的工作性質，才帶著司馬遷移居至茂陵邑。

司馬談憂憤而死

漢武帝在元封元年（西元前一一〇年）舉行了一場泰山封禪祭祀儀式。這是繼秦始皇泰山封禪之後的首例，司馬談卻只能留在洛陽而無法跟著前往泰山。在此之前，太史的職務只是負責長安周邊的宗廟祭祀儀活動，而如今皇帝卻打算遠離首都，前往泰山祭祀天地。自漢朝開國之後，從未有皇帝這麼做，司馬談極想參與這項盛事，但自己只是區區六百石的太史令，根本沒有辦法參與。《史記》〈太史公自序〉中的一句「**發憤且卒**」道盡了司馬談心中的苦悶。司馬談將兒子遷叫到身邊，握著他的手，不禁潸然淚下。

司馬氏的祖先代代都是周朝的史官，這一點讓司馬談備感驕傲。可惜後來司馬一族逐漸偏離了史官工作，在戰國時代反而成了尚武之家。司馬錯是秦惠王時代的將軍，曾征服了蜀地。司馬靳曾與秦將白起一同在長平之戰坑殺四十萬趙軍。此外司馬氏還出了一些官吏。司馬昌在秦始皇時期是管理製鐵的主鐵官，司馬無澤為漢朝的長安市長（指長安城內的市場管理者）。司馬談的父親司馬喜亦擁有五大夫的爵位，但官職不明。未央宮殿區內的中央官廳遺跡出土了有著「司馬喜章」（司馬喜的印章）字樣的封泥，如果與司馬談的父親是同一人，這表示他是在長安任職。司馬談的言下之意，他不希望兒子司馬遷擔任行政官職，而希望兒子能夠繼承太史這個祭祀官職。

行政官的工作是以一年為周期，但祭祀工作的情況完全不同。光是守著漢朝歷代皇帝的宗廟是不夠的，為了建立漢朝的正統地位，還必須維持五帝、夏、商、周、秦等歷朝的祭祀活動。漢武帝舉行泰山封禪，意味著繼承了上千年來的皇統。因此太史所思考的事情，都是以成千上百年為單位。

司馬談感嘆周朝的王道及禮樂制度都已式微。自從孔子在《春秋》的末尾提及魯哀公十四年（西元前四八一年）的「獲麟」事件後，四百年來（嚴格說來為三七一年）諸侯相爭，且史官的紀錄沒有受到妥善整理。捕獲麒麟是一種不祥的預兆。司馬談告訴兒子，如今海內（天下）一統，希望兒子能趁各種紀錄還未佚失之前，像自己一樣當個太史官，完成自己的遺願。司馬遷垂首流淚發誓要繼承父業。

司馬遷的生卒年

司馬遷出生於龍門。陝西省韓城市的南邊，東側可俯視黃河的梁山北角，有著祭祀司馬遷的建築物。這座司馬遷祠建於西晉永嘉四年（西元三一〇年）。剛開始是郡守在這裡建了石室與石碑，並且種植了柏樹。西晉的懷帝司馬熾想要祭祀司馬遷，只是因為這個人與自己同姓。北宋宣和七年（西元一一二五年）整修過墳墓的圍籬，並且增建了寢宮、獻殿及山門。其後元、明、清代都曾進行整修及改建，才成了如今我們所見的模樣。司馬遷祠的寢宮後方有司馬遷的墳墓，但司馬遷的遺體並非真的埋在這裡。這墳墓是由後人所建造，並且在西晉時期經過修繕。現存的圓形墳丘為高二・一五公尺、周長十三・一九公尺，牆面上覆蓋著八卦及花紋磚飾。

墳丘上矗立著一棵有著五叉分枝的大柏樹。若沿著黃河往下游走，會發現河面寬達十二公里，但龍門一帶的黃河河寬卻只有五十公尺。由於河道窄，導致水流湍急，就連大魚也難以逆流而上，因此產生了只要魚兒能夠越過這裡就能化身為龍的傳說。冬天河面結冰，能夠徒步渡過黃河，因此也成了交通要地。位置剛好在東邊的山東省及西邊的陝西省的交界線上。由於傳說中夏禹曾在這裡整治黃河，所以又名禹門。司馬遷一直在這裡生活到十歲，才出發前往長安。

我們不知道司馬遷的正確生卒年。他在《史記》中記錄了那麼多人物傳記，卻沒有在最後的第一三〇卷自傳〈太史公自序〉中寫下自己的生卒年。當然記錄自己的死亡有些強人所難，但他連自己生於何時也沒有提及。要知道司馬遷生於何時，有兩條線索。第一條線索是他提到「（父親）**卒三歲而遷為太史令**」，即司馬遷是在父親司馬談過世的三年後當上太史令。第二條線索是他提到

「**遷為太史令（中略）五年而當太初元年**」，即司馬遷當上太史令的第五年為太初元年。我們知道司馬談過世於西元前一一〇年，三年後為元封三年（西元前一〇八年），司馬遷在這一年當上太史令，由此算起來第五年確實是太初元年（西元前一〇四年）。

光靠這兩條線索，還是無法得知司馬遷的年齡，但唐代的《史記》注釋者為我們提供了相當耐人尋味的相關史料。其一是司馬貞在《史記索隱》中引用了《博物志》（晉代張華撰）的內文：「**太史令茂陵顯武里大夫司馬遷，年二十八，三年六月乙卯，除六百石**」。這是司馬遷在獲任為太史令時的就職令。現存版本的《博物志》已沒有這段內容，可說是彌足珍貴。若照太初三年往前推二十八年，可知司馬遷生於西元前一三五年。

另一項史料則是時代比司馬貞稍微晚了一些的唐代張守節的《史記正義》。他在「太初元年」處加了注解：「**遷年四十二歲**」。若根據這一點來推算，則司馬遷生於西元前一四五年，與前者相差了十年。依照後者的說法，司馬遷當上太史令時已經三十八歲了。若出生於西元前一四五年，比漢武帝小十一歲；若出生於前一三五年，比漢武帝小二十一歲。

二十歲時的增廣見聞之旅

司馬遷與漢武帝的第一次邂逅（或者該說是司馬遷第一次看到漢武帝），是在父親司馬談就任太史令並移居長安之後。漢武帝即位於漢景帝後三年（西元前一四一年），當時十六歲。司馬遷若依照前述西元前一四五年出生的說法，則此時年僅五歲。兩人的相遇，當然是在這之後。建元二年（西元前一三九年），漢武帝於茂

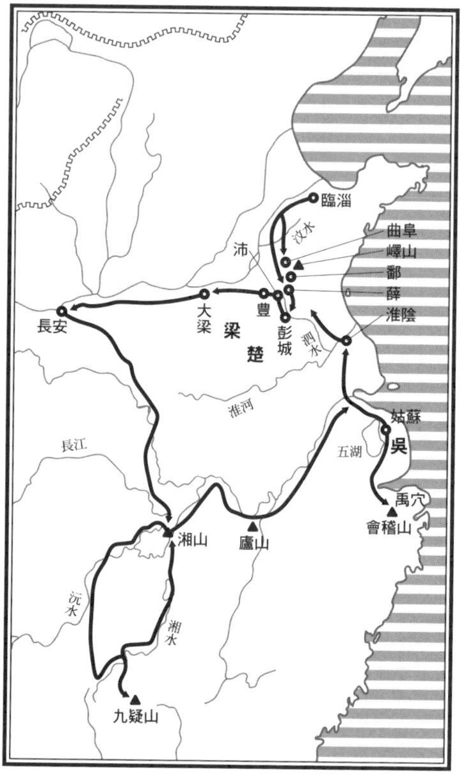

司馬遷的旅行路線

陵設置陵邑，太史令司馬談父子也移居邑內。司馬遷從十歲就開始學習古文。漢代將隸書稱為今文，而將先秦文字稱為古文，這些古文即當年因秦始皇的焚書令而失傳的東方六國傳統文字。如今我們只能從戰國時代的楚墓或中山王陵出土的古籍來一窺這些先秦文字的風貌。

漢武帝的時代也有不少古籍相繼問世，但並非來自於墳墓，而是來自於當初秦始皇下焚書令時偷偷將書藏起來的民間百姓。例如魯恭王（漢武帝的同父異母兄弟）曾經從孔子的舊宅牆壁內找到《尚書》《禮記》《論語》《孝經》等典籍。河間獻王劉德（同樣是漢武帝的同父異母兄弟）也曾經從民間蒐集到《周官》《尚書》《禮記》《孟子》《老子》等。魯、河間都是從前遭秦消滅的東方故國舊地。在焚書令時期，以東方的齊、燕、趙等六國文字寫成的《尚書》《禮記》等典籍都遭沒收了。

一九七三年出土於長沙馬王堆三號漢墓的帛書《老子》有甲、乙兩種版本。甲版的時代較早，據推估應抄寫於漢高祖至呂后時期，而乙版則抄寫於漢文帝時期。兩者的使用文字皆是漢代的隸書，在漢武帝時期算是今文。另一方面，一九九三年於郭店楚墓出土的竹簡《老子》則有甲、乙、丙三種版本，使用的文字皆為戰國時代的楚國文字，即所謂的古文。即使是漢代的人，要讀懂古文也必須經過一段時間的學習。

司馬遷並非一上任就是太史，必須先從史（史官）做起。前文亦曾提過，《史律》規定要當上史必須讀懂包含隸書在內的八種書體。這所謂的八書雖然指的是秦所使用的八種文字，但其中也包含了先秦的大篆，可見得閱讀古文文獻也在史官的考試項目之內。司馬遷為了繼承父業當一名史官，從十歲就開始學習古文。根據《史律》的規定，史官及卜官的兒子從十七歲開始學習文字，須學習三年，這段期間被稱為「學童」。三年之後的八月，學童們將在太史、太卜、太祝的面前接受考試。如果是地方的郡史考試，則是由太守監考。

司馬遷在成為漢武帝的近臣之前曾經周遊天下，當時他二十歲。由於沒有任何文獻紀錄證明他此時已任官職，因此有人說這是當上太史令前的享受自由之旅，也有人說這是一趟感傷的旅行。但若依照《史律》的規定，此時他至少應該已經是一名史了。或許是因為還沒有當上太史，才想趁還是史的階段增廣見聞吧。此時司馬遷的父親已是太史令，對司馬遷的影響也不小。另外，司馬遷曾學過《尚書》《春秋》等典籍，或許是想親眼見識一下夏、商、周、春秋等時代的歷史舞臺。

司馬遷從長安出發之後，首先朝長江前進，沿著湘水逆流而上，前往九疑山參觀了舜廟。接著他沿長江東下，在會稽山尋找禹王的陵墓。後來他又前往了齊的舊都臨淄及魯的曲阜，感受孔子的遺風。最後繞經梁、楚等地，才打道回長安。司馬遷的旅行路線與秦始皇第二次及第五次巡狩天下的路線重疊，相信他在旅行途中一定想到了秦始皇時代。

司馬遷回到首都長安後，由史轉任為郎中，成為漢武帝的近臣。原本郎中一詞指的是在天子的宮中負責護衛走廊的職位，後來演變成皇帝的近臣。西漢時代要晉升高階官員，都得先從郎中做起。司馬遷當上郎中，獲得了近距離觀察漢武帝的機會。

司馬遷遭遇李陵之禍

漢代的人認為河水（黃河）為全天下最長的河，全長有九千四百里，相較之下江水（長江）則只有二千六百六十里。不過這是因為當時的人並不清楚長江的源頭在哪裡。如今我們知道黃河全長五千四百六十四公里，而長江全長六千三百公里，因此長江才是中國最長的河川。

元光三年 黃河潰決

秦漢時代的人只稱黃河為「河」或「河水」。黃河一詞出現在大約唐代之後，而且必須等到宋代之後才成為慣用的稱呼。不過本書在提到「河水」時，還是權且使用「黃河」這個稱呼。黃河在漢文帝時代曾一度在酸棗潰決，亦曾沖毀金堤，不過馬上獲得修復，因此沒有釀成重大災情。當時的黃河河道與現在並不相同。漢代黃河經常潰決的地點，如今已看不到黃河的蹤影。至於如今的黃河河道，在漢代則是濟水的河道。古人將河江淮濟（黃河、江水、淮水、濟水）這四條大河合稱為「四瀆」，並認為其中最長的是黃河（淮水三千二百四十里、濟水一千八百四十里）。

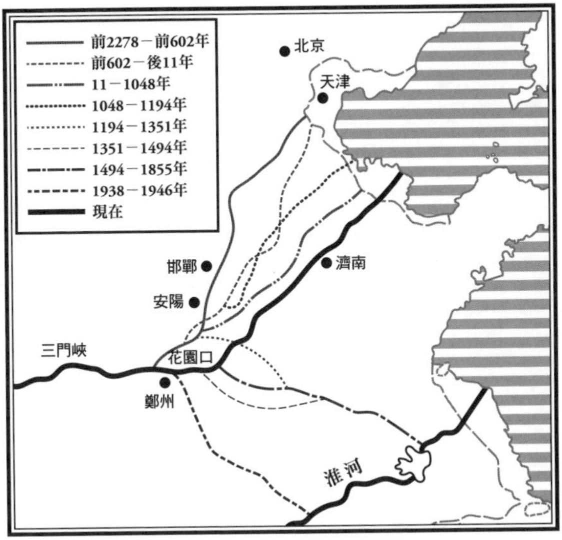

黃河下游變動圖

漢代的黃河（嚴格來說是西元前六〇二年至後十一年的黃河）河道比現在更偏北方，出海口約在天津附近。黃河由於帶有大量黃土高原的泥沙，因此流動狀況極不穩定，一旦上游持續降雨導致河水量增加，下游平原區域的懸河（水平面高於地表的狀態）堤防就會潰決。東方大平原的海拔在一百公尺以下，一旦黃河潰決，河道就會飄忽不定。

在漢武帝的時期，黃河曾經嚴重氾濫。元光三年（西元前一三二年）五月，濮陽的瓠子（地名）堤防一度潰堤。「瓠」就是「瓢」，由於河道在此處彎曲，所以有了這樣的地名。一旦水量增加，這裡的堤防水壓就會暴增，導致潰堤。潰堤的河水流進了一座名為鉅野澤的湖中，造成湖水滿溢，接著又流入淮水及泗水。「四瀆」中的三條大河河水是相通的。受災地區多達十六個郡，漢武帝趕緊派汲黯、鄭當時率領十萬人前往修復潰決的堤防，但已經太遲了。

與漢武帝為同母異父關係的丞相田蚡說出的一番話，更是讓漢武帝不知如何是好。田蚡的封爵為武安侯，封邑在距離黃河潰決地點更下游的北岸。由於河水潰決之後會往南流，不會對田蚡的封邑造成危害。

田蚡竟然對漢武帝說：「**江河之決皆天事，未易以人力為彊塞，塞之未必應天**（江河潰決是上天的造化，不應該以人力加以圍堵，否則就是逆天的行為）」。漢武帝聽信了田蚡的謬論，竟然長達二十多年（正確來說是二十三年）對毀損的堤防置之不理。這段期間黃河下游南岸的梁楚地區百姓叫苦連天。雖然並非每年都發生洪水，但這些地區是旱災與水災交替發生，農作物根本無法生長。

不過從另一角度來看，這二十三年來漢武帝確實沒有多餘的人力投入治水工作。張騫遠赴西域並沒有達成其肩負的軍事目的，漢武帝每年都必須派衛青、霍去病等將軍率兵攻擊匈奴。治水跟戰爭都是需要人力的事情，漢武帝一切以征討匈奴為優先，受災區的百姓當然就成了犧牲者。

司馬遷二十歲周遊天下時，便曾經到訪梁楚的受災區。第二次前往該地，則是以郎中的身分跟隨在漢武帝身旁。征討匈奴的戰事告一段落後，漢武帝曾在元鼎四年（西元前一一三年）巡狩天下，這顯然是想要仿效秦始皇。元封元年（西元前一一〇年），漢武帝在泰山舉行了封禪儀式。隔年發生了旱災，漢武帝趁這個機會派汲仁及郭昌帶領數萬人修復瓠子的潰堤區域。漢武帝自己則是前往了山東半島的萬里沙進行祭祀，回程的路上親眼目睹了施工的現場。漢武帝在這裡逗留了兩天，將白馬與玉璧沉入黃河內，並向隨行官員下令「**將軍以下皆負薪**」，親自參與修復工程。在這段期間，漢武帝寫了兩首詩。

漢武帝向黃河河神懇求庇佑的兩首詩

司馬遷的父親司馬談在前一年過世。深深體會父親心中遺憾的司馬遷，一邊記錄下漢武帝所作的《瓠子詩》，一邊完成了《史記》八書之一的〈河渠書〉。在進行修復工程時，司馬遷也曾負薪參與。薪就是薪柴，原本是燒火用的樹枝，此時的用途有可能是與泥土混在一起，用來當作填補堤防缺口的材料，也有可能是編織成土囊，裡頭裝泥土及石頭。司馬遷在〈河渠書〉中寫了「**余從負薪塞宣房，悲瓠子之詩而作河渠書**」這兩句話，其中的「悲」這個字隱隱批判了漢武帝長達二十三年對黃河氾濫的漠不關心。身為史官的職責不僅要記錄歷史，還得對歷史作出評價。寓褒貶於一字之中，這是學自《春秋》筆法。

漢武帝的《瓠子詩》特地寫了兩首。從前項羽曾在垓下詠詩歌，劉邦也曾在故鄉詠詩歌。皇帝像這樣公然披露自己的心情，歷史上並不常見。當時的聽眾只有隨行的臣子們。第一首詩先形容二十三年前黃河氾濫的景象有多麼可怕，接著辯稱自己是因前往泰山封禪才得知這件事，並向河伯（黃河河神）懇求庇佑。

瓠子決兮將奈何？浩浩洋洋慮殫為河。

（瓠子潰決了，該如何是好？放眼望去盡是滿溢的河水，泛著白色的光輝，村落都沉到河裡了。）

這是開頭前兩句。黃河氾濫時的慘況，一般人恐怕難以想像。筆者曾看過一九三〇年代河南省長垣縣（今濮陽縣西南方七十公里）黃河潰決的照片，古代黃河氾濫的景象也跟著歷歷在目。堤防遭到摧毀，黃河河水朝著東岸排山倒海而來。

殫為河兮地不得寧，功無已時兮吾山平。吾山平兮鉅野溢，魚弗鬱兮柏冬日。

（下令修復潰堤口是逼不得已的決定，不斷搬運泥土把山也削平了。洪水讓鉅野澤滿溢，魚兒全都跳了起來。黃河從五月就開始氾濫，洪水直到接近冬天還是遲遲不退。）

正道弛兮離常流，蛟龍騁兮放遠遊。歸舊川兮神哉沛，不封禪兮安知外。

（溢出的河水離開了原本的河道，宛如蛟龍〈引發洪水的龍〉一般蜿蜒遨遊至遠方。請河水快回到原本的河道裡吧，如果不是為了舉行封禪儀式，我怎麼會知道有這件事？）

皇謂河公兮何不仁，泛濫不止兮愁吾人？齧桑浮兮淮泗滿，久不反兮水維緩。

（河神啊，祢為何如此殘酷，讓河水氾濫不止，令我心中悲傷。齧桑的街道都沒入了水中，連淮水、泗水也滿溢了，這些河水長久沒有回歸原道，形成了平緩的水流。）

第二首詩則比較短一點。漢武帝在這首詩裡強調薪木不足是因為當地的衛人把樹都燒光了，不是自己的責任，而且自己派人到竹林裡砍竹子編成土囊是正確的決定。

第二首詩以「**宣房塞兮萬福來**」作為結尾，意思是自己派人在堤防上蓋了宣房宮，以後應該能永保安寧。司馬遷將這兩首詩一字不漏地記錄下來，完美傳達了漢武帝的心情。雖然我們不知道這個古代帝王的長相，卻能想像他當時臉上的表情。

二〇〇四年三月，筆者站上了宣房宮舊址的高臺。河南省濮陽縣的西方，還有著自西漢時代存在至今的黃河古河道。在這片由一望無際的黃河所留下的黃色大地上，只殘留著一座小小的土丘。那曾是宮殿的地基，當地的人聲稱這就是宣房宮的遺址。考古學家在附近的發掘現場挖出了木材，而且這片區域地底下的泥土為黃土高原上隨處可見的黃色粉狀泥土，這些都證明了此地曾是黃河的河底。

父親過世的三年後，司馬遷順利當上了太史令。當時史官為世襲制，但太史令一職並非世襲。或許是他在擔任郎中時的表現相當不錯吧。然而當上太史令後原本以為官途順遂的司馬遷，卻在天漢三年（西元前九八年）遭李陵之禍波及而鋃鐺入獄。

遭李陵之禍

太史公遭李陵之禍，幽於縲紲。

司馬遷以太史公這個第三人稱的角度敘述自己的悲慘遭遇，這可說是史官特有的行文方式。縲紲是綑綁罪犯的黑色繩索。遭李陵之禍波及而受宮刑，對司馬遷造成的打擊或許就相當於其父親無法參加泰山封禪而飲恨斷氣吧。

李陵出身於隴西郡成紀縣（六盤山以西，天水以北），為秦代負責逮捕燕太子丹的李信將軍的子孫。雖然時代已由秦代進入漢代，李氏一族依然是武將輩出的家族。李陵的祖父李廣是在文、景、武帝三代期間戍守北方邊疆的名將。匈奴害怕其戰術，士兵們則對他徹底效忠。在景帝時期，曾有一次李廣身邊只帶著一百騎隨從，卻遇上了數千騎的匈奴軍隊。匈奴方懷疑李廣所帶的騎兵小隊是誘餌，沒有貿然攻擊。李廣的手下們急著想要逃命，李廣做出了英明的判斷。如果掉頭逃走，還沒回到本隊就會遭到殲滅，不如硬著頭皮與敵人周旋，令敵人誤以為有伏兵。於是李廣朝著匈奴的陣營下馬解鞍，表現出一副要與敵人決一死戰的態度，匈奴方擔心遭遇伏兵，竟然真的撤退了。

在李廣的列傳裡，司馬遷以李廣的「李」為雙關語，寫了一句諺語：「**桃李不言，下自成蹊**」，意思是桃樹、李樹雖然不會說話，但人們為了一睹其花朵的美麗風貌而聚集在樹下，自然形成了小路。司馬遷認為在孫子李陵身上亦可看到李廣的遺風。

李廣騎射畫像磚　魏晉時期李廣畫像磚，四川省博物館。

一九九〇年出土於甘肅省敦煌市西晉墓的墓室壁畫磚上，有著李陵的祖父李廣的彩繪。西漢名將李廣騎在馬上，對著後方拉弓。李廣直到花甲之年，與匈奴交戰次數多達七十餘次，功績顯赫。據說他身材高大、雙臂如猿，擅長於騎射。

李陵投降匈奴

李陵也擅長騎射，極受漢武帝重用，年輕時便擔任監督騎兵的職務。他曾經帶著八百騎兵深入匈奴領地兩千餘里，偵查沙漠地勢後平安自居延要塞撤退。居延是漢朝對抗匈奴的最前線基地，自祁連山沿著沙漠往北流的額濟納河就注入名為居延澤的湖泊。額濟納河是現代的蒙古語地名，當時的漢人稱之為弱水。長達三百公里的河川滋潤了廣大的沙漠地帶。漢代的弱水原本又名羌谷水，因為源頭來自於祁連山，而祁連山是羌人的領地。當時的漢朝認為這裡是最適合與匈奴交戰的地點，因此漢武帝派伏波將軍路博德前往居延城建了名為遮虜障的要塞，並在張掖郡北方的居延縣及酒泉郡北方的休屠縣屯駐了十八萬兵力。

李陵晉升為騎都尉後，負責統率來自長江流域的丹陽郡及淮水以北的五千楚兵。這些士兵並不擅長騎射，李陵帶著他們屯駐在酒泉及張掖郡實施訓練。天漢二年（西元前九九年），貳師將軍李廣利率領三萬騎兵前往祁連山攻打匈奴的右賢王。當時匈奴的單于坐鎮於蒙古高原的中央，將其勢力分成左（東方）、中、右（西方）三部。單于尤其重視西方的領土，因此命其太子為右賢王。

當時李陵的職責是守護李廣利的主力部隊不受匈奴八萬騎兵攻擊。為了攔腰截斷匈奴軍，李陵大膽地率領他的五千步兵自居延北上，深入草原千餘里。雖然殺死一萬以上匈奴兵，但李陵的軍隊也用盡了武器，兵員死傷過半。李陵帶著殘兵整整八日且戰且退，最後距離居延只剩百餘里。但遭匈奴兵擋住了去路，加上糧食耗盡、援軍來不及趕到，李陵逼不得已只好投降匈奴。據說李陵此時曾大喊一聲「**無面目報陛下**」。其餘士兵各自逃散，最後只有四百餘人順利逃回漢朝陣營。匈奴的單于重用李陵，還讓李陵娶了匈奴的女人為妻。漢武帝得知此事，氣得將李陵的母親、妻子及小孩全部處死，名門李氏也因李陵的投降而名聲掃地。

宮刑之辱

太史令司馬遷卻在此時為李陵辯護。司馬遷的心情，在寫給好友益州刺史任安的一封信中表露無遺。雖然身為史官，在私人書信裡還是不由得流露出了最坦率的感情。這封頗長的書信並沒有被收錄在《史記》中，而是被收錄在《漢書・司馬遷傳》中。後來又被納入《文選》，以〈報任少卿書〉為題。書信內容是在司馬遷死後才開始流傳，對後人而言是相當珍貴的漢代書簡實例。文章中稱任安為「少卿足下」（少卿為字），自稱為「僕」，並稱漢武帝為「上」。

夫僕與李陵俱居門下，素非相善也。趣舍異路，未嘗銜盃酒接殷勤之歡。

（我跟李陵同樣在朝中為官，但交情不深，生活方式也大相逕庭，並不是能夠舉杯歡談的關係。）

司馬遷在文中提到他與李陵交情不深。但他卻願意不顧自身安危，挺身為李陵辯護。

明主不深曉，以為僕沮貳師，而為李陵遊說，遂下於理。

（聖明的君主沒有深入瞭解，以為我是故意貶低貳師將軍（李廣利），藉此為李陵脫罪，於是將我下獄。）

司馬遷最後以欺君之罪遭處腐刑（宮刑）。不過這個刑並非實刑而是贖刑，意即只要付出規定的贖金就可免去刑罰。根據漢代《具律》的規定，腐刑的贖罪金額為黃金一斤四兩（相當於一萬二千五百錢）。後文會提到這只相當於司馬遷的兩個月收入，但他卻連這筆錢也湊不出來。

因為誣上，卒從吏議。家貧，財賂不足以自贖，交遊莫救；左右親近不為壹言。（中略）李陵既生降，隤其家聲；而僕又茸以蠶室，重為天下觀笑。悲夫！悲夫！

（我因為欺君之罪而遭入獄判刑。家裡貧窮付不出贖金，沒有好友願意救我，身邊的近親也不敢為我說話。李陵為了活命而投降，敗壞了他的家族名聲，而我則是被關進蠶室裡，時時受天下人恥笑。真是可悲啊！可悲！）

蠶室就是養蠶的房間，由於必須遮蔽光線，所以相當陰暗，在此比喻遭受宮刑的房間。司馬遷就在那昏暗又密不透風的房間裡，嚐到了生殖器遭割除的屈辱。

這起事件中斷了從黃帝到漢武帝的歷史編纂工作。司馬遷當時四十八歲，遭宮刑後轉調為中書令，負責處裡宮中的文書及詔敕。與太史令比起來，中書令這個職位反而更貼近了漢武帝的私人生活。太史令的著作，最後是以中書令的身分完成。

追求神仙世界的古代帝王

就跟從前的秦始皇一樣，漢武帝對神仙相當著迷。漢武帝原本是膠東王，因此與東方頗有淵源。

刻意與秦始皇比較的漢武帝

漢武帝在祭天及求神上相當認真。天帝位於天的中心，又稱泰一。若抬頭仰望天空，會發現天以北極星為中心不斷旋轉。古人相信天的中心有天極星，而泰一就在天極星內。泰一是一切秩序的泉源，要祭祀泰一必須盡量登上離天較近的位置。泰山正是適合的地點之一。泰一受天之五帝支撐，這五帝以五色區分，即白帝、青帝、赤帝、黃帝、黑帝。自秦代以來，祭祀五帝的地點都選在秦的舊都雍城。漢武帝計畫五年一次前往泰山祭天，三年一次前往雍城祭五帝，並且在首都長安的近郊祭泰一。

天道不斷運行，永遠沒有結束的一天。人的生命得自於天地，因此每個人都想要盡可能延長壽命，與天地同存，這也是理所當然的事情。世人一方面相信死後會在天上獲得永遠的生命，另一方面卻又希望盡可能拉長現實中的生命。方士們相信有一些人能夠做到這一點，而這些人就住在地上的極遠處。方士們將這些人稱為「僊人」，意思是能夠升上天的人，亦寫作「仙人」。方士們相信東海有三座神山，分別名為蓬萊、方丈及瀛洲，山上住著安期生、羨門等仙人。

就跟當年的秦始皇一樣，漢武帝的身邊也聚集了不少方士。如李少君注重飲食療法，常勸漢武帝祭祀竈神，還曾吹噓自己利用丹沙製作出黃金餐具，具有長生不老的效果。茂陵附近出土的文物中，包含了貼上金箔的漆器耳杯。又如少翁喚回漢武帝寵妃王夫人的靈魂，欒大為了尋找仙人而入東海，申公強調只要登泰山封禪就可以升天成仙，丁公則聲稱從前的秦始皇想要登泰山封禪但受風雨阻撓而無法成功。

漢武帝不僅刻意與秦始皇比較，而且相信黃帝傳說，將黃帝的言行奉為圭臬。傳說中黃帝曾登泰山封禪，取首山之銅鑄鼎，於明廷會神靈，百餘歲後乘龍升天。除此之外，黃帝還曾帶領諸侯討伐叛亂的蚩尤。漢武帝希望讓自己盡量接近黃帝，因為他相信黃帝擁有萬能的力量。

漢代有許多書籍都借用了黃帝的威名，如《黃帝內經》（醫學）、《黃帝五家曆》（曆法）、《黃帝雜子氣》（天文）、《黃帝雜子步》（神仙）等。又如《黃帝四經》一直被視為道家經典，但如今已經失傳。馬王堆三號墓出土的帛書中除了《老子》之外，還有所謂的「四書」，分別為《經法》《十六經》《稱》及《道原》，有學者認為這就是傳說中的《黃帝四經》。另傳說十二音律是由黃帝所制定。馬王堆一號漢墓的出土物中有所謂的「律管」，是用來調整樂器音高的工具。這是一種九寸長的竹管，其發出的聲音為五音階（宮、商、角、徵、羽）中的基礎音階「宮」，以及十二絕對音階中的基礎音階「黃鐘」的基準。

顯現神仙島的離宮

漢武帝曾到橋山祭祀黃帝陵。橋山位於現在的西安北方的陝西省黃陵縣內，海拔九百四十四公尺，直到今天依然保有鬱鬱蒼蒼的森林，柏樹的數量超過八萬兩千棵。黃帝如今依然被中華民族視為共同祖先加以信奉。一九五八年豎立的「黃帝陵」石碑是由歷史學家郭沫若題字，在其前方有一座名為漢武仙臺的高臺。後世的黃帝信仰，有很大一部分是受了漢武帝影響。

另一方面，甘泉宮也是一座建造於與黃帝頗有淵源的明廷的漢武帝離宮。現在的陝西省淳化縣北鐵王鄉有一個名為涼武帝村的村莊，顧名思義是從前漢武帝的避暑之地。這裡有一座海拔一千八百公尺的甘泉山，秦始皇時代的軍用道路「直道」正是以此地為起點。就跟其他地方一樣，漢武帝特別重視這個與秦始皇有淵源的地點。漢武帝選擇此地作為避暑地，在此建了離宮，而且繪製泰一像，在此祭祀上天。此外漢武帝還在甘泉宮內建益延壽觀，希望能像黃帝一樣長壽。此地的出土物中，包含有著「益延壽宮」四字的瓦當。以月亮上的玉兔及蟾蜍為造型的瓦當，也是此地離宮的特色之一。漢武帝有一陣子選擇在這座離宮裡處理政務，並沒有回到長安。當時報告郡國收支狀況的使節及諸侯王全都被召集到此地。

黃帝陵的漢武仙臺　黃帝被中華民族視為共同祖先加以信奉。

除此之外，漢武帝還下令在長安城的西牆外建造建章宮，並在太液池內築起蓬萊、方丈、瀛洲等神仙島。他想把遠在東海上的神祕世界原封不動地搬到長安來。另外他還在神明臺上設置了承露盤。朝露中往往含有植物的養分，古代中國人將蓮花葉上的朝露視為長壽之藥。

南越王墓出土了讓露水在玉杯中凝結的承露盤。若配上羽人（仙人）盛接蓮花之露造型的燭臺，不難想像其當初的模樣。如今若走在太液池苗圃之內，會看到一座小蓄水池，以及一座高約八公尺、名為漸臺的高臺。前殿的遺跡相當大，約東西二百公尺、南北三百二十公尺。我們雖無法得知其宮殿內的整座庭園模樣，但藉由發現於一九九五年、九七年的南越國御苑遺跡，我們能大致想像出當時的庭園風貌。遺跡內還保有蓄水池及模仿河川形狀、長約一百五十公尺的曲水溝。寬約一・四公尺，邊緣堆疊紅砂岩，水底也鋪著石塊。為了讓水流過這條曲水的設備都經過精心設計。利用暗渠將水巧妙地從蓄水池引入溝內，而且為了不讓曲水溝滿溢或乾涸，溝的出水口建得比入水口大。一部分溝底故意凹凸不平，增添水勢的變化。

溝道有些位置像黃河一樣繞了個大彎，設置湖沼或沙洲。考古學家在這樣的地點挖出了數百隻鱉的骸骨。有些位置則架了橋，設置了散步道，能夠沿著曲水周圍散步。據說在秦始皇的地下宮殿裡，也有著利用機關讓水銀流動的百川江河及大海。古人想必是置身在這永不停止的循環河川旁，一邊散步一邊祈求長壽吧。但建造了這座庭園的南越，後來也被漢武帝的軍隊消滅掉了。

秦皇漢武：極為相似的兩位古代帝王

漢武帝也在實際的海岸邊建造了離宮。一九八二年之後，考古學家在遼寧、河北兩省緊鄰渤海的地區陸續發現了秦漢離宮群。在五十公里之內，挖出了十七座遺跡。出土之物既有直徑五十二公分的秦代夔紋大瓦當，亦有直徑只有二十公分的漢代「千秋萬歲」瓦當。明代長城的山海關、如今亦是避暑勝地的北戴河、以秦始皇命名的秦皇島市都在附近。從北京往正東方走兩百公里，即可抵達渤海沿岸。渤海雖然是海，卻是受遼東半島、山東半島及其間的廟島列島環繞的內海。黃河的河水不斷注入這片大海之中。《莊子・天地篇》中有一則關於諄芒與苑風在東海的海邊邂逅的寓言故事。苑風問諄芒來海邊做什麼，諄芒的回答是：「**夫大壑之為物也，注焉而不滿，酌焉而不竭，吾將遊焉**。（大海這個地方不管怎麼注水都不會滿溢，不管怎麼取水都不會乾涸，我想來此一遊。）」漢武帝正是相信在這無窮無盡的大海之中，居住著超越了時間的仙人。

附近有個地點在歷史上被稱為碣石。所謂的碣石，原意為突出的岩礁。此地距離黃河入海的地點也很近。跟現代的黃河相比，漢代的黃河較偏北方。若追溯到春秋時代以前，黃河的入海口更須北移至現在的天津附近。碣石的海岸朝南，其前方剛好面對渤海的中心。傳說中孟姜女的墳墓也在這裡。在秦始皇、漢武帝的時代，那是一對宛如門柱般的岩礁，但如今西側的岩礁已經崩塌。岩礁對岸的石碑地遺跡出土了高層離宮建築的殘留結構。有階梯、排水設施、浴室及廁所。因海風過於潮溼，房間地板上皆鋪了木炭。

西元前二一五年，秦始皇在第四次巡狩天下時造訪了這裡。約一百年後的西元前一一〇年，漢武帝也追隨著秦始皇的腳步來到此地。秦代的離宮在當時已毀損，漢武帝曾下令修建。後世經常以「秦皇漢武」一詞來強調他們的共通性。這兩個古代帝王有著非常類似的行動模式。漢武帝也曾像秦始皇一樣自這座離宮眺望大海，嚮往著神仙世界。這跟待在首都看著庭園造景的縮小版三神山，畢竟在格局上不可同日而語。

漢武帝時代的曆法與審判

漢武帝時代的前半段，可以說是活在秦始皇時代的時間之中。因為當時使用的曆法還是顓頊曆。這個曆法以每年剛入冬的十月為一年的開始。粟、稻等農作物皆是在春天播種，等到秋天收割後一年的循環便算告一段落。「年」這個字的意思原本同「稔」，即收成之意，因此把秋天當作一年的結束並沒有什麼不對。不過大麥、小麥都是在秋天播種，熬過冬天後在春天收成。冬天的寒意可幫助儲存養分，是相當重要的時期。春麥的滋味不及冬麥。

依循太陽運行法則的生活節奏

秦朝滅亡後，漢朝持續使用秦曆約一百年，才遇上了改變的契機。元封七年十一月一日，以天干地支來看為甲子，恰好這一天為該年的冬至。冬至與夏至都是相當容易觀測的節氣。若以現在的陽曆來看，大約在十二月二十二日這天，正午時分太陽的高度會落在一年之中最低的位置。若在地上插一根垂直的棒子，會發現影子的長度最長。自這一天起，陽氣漸長而陰氣漸消。

中國國家博物館藏有內蒙呼和浩特（歸綏）出土的漢代石晷（石製日鐘）。晷的原意為日影。呼和浩特的位置為北緯四十一度、東經一一二度，在漢代為鄰近北方長城的地區。相較之下，長安（今天的西安）的位置則為北緯三十四度、東經一〇九度。由於經緯度不同，照理來說日晷上的刻度必須跟著改變，但當時並沒有標準時間的觀念，各地都是自行依照太陽的運行位置來測量時間，所以使用相同的刻度也無妨。日晷的中央有孔可插入長棒，周圍有均等的六十九格刻度。

石晷　漢代的石製日鐘。周圍的刻度共分69格，在中央的孔內插一根棒子，看影子落在哪一格，便可知道時間。

漢代的制度為一日百刻制。一刻大約是將近現在的十五分鐘（正確為十四分二十四秒）。因此現代漢語中的「一刻」，指的就是十五分鐘。石晷上的六十九格刻度，就是白天的六十九刻。除此之外，一日十二時制也是從秦代就開始使用。從夜半（半夜零時）開始，每隔兩小時為一時，名稱依序為雞鳴（二時）、平旦（四時）、日出（六時）、食時（八時）、隅中（亦稱東中，十時）、日中（十二時）、日昳（十四時）、餔時（亦稱下餔，十六時）、日入（十八時）、黃昏（亦稱昏時，二十時）、人定（二十二時）。十二時會與百刻搭配使用，白天的第一刻開始於平旦（拂曉），第六十九刻結束於黃昏。沒有辦法使用日晷的夜間，會以夜漏一刻接續白天的黃昏六十九刻，一直數到雞鳴的夜漏三十一刻。

晚上的時間稱為夜漏，是因為夜晚無法使用日晷，所以會改為使用水鐘（漏刻）。茂陵附近出土了高約三十公分、直徑約十公分的小型漢代漏壺。隨著水自細嘴流出，浮標會下沉，並將時刻顯示於其上端。不過庶民的生活根本用不到百刻時制，因為生活節奏完全是依循著太陽的運行狀況。只有官吏在收受文書或物資時，才須要記錄時刻。各機關單位之間的往來運送不能有所延誤，因此會記下出入時刻。此外，像太史令這樣的官吏在觀測天文時對時刻的掌握必須更加精確。

日月兩種週期

周朝以十一月一日為一年的開始，是因為將十一月的冬至當成了一年的起點。陰曆將冬至放在十

銅漏壺　以滴水的方式測量時間的水鐘，使用在日晷派不上用場的夜間。

一月裡，但剛好落在一日的情況很罕見。而且以天干地支來看，一日為最開頭的甲子，正好適合當作開始陽盛陰衰的日子。

中國古代的曆法是依照太陽與月亮運行的規則來制定。但是太陽與月亮的週期並不完全相同。倘若依照一年三六五天的太陽運行週期制定曆法，季節的變化上是不會產生誤差，但月亮的盈虧週期只有二十九・五三天，因此要符合月亮的週期就必須輪流設定二十九天的小月及三十天的大月。麻煩的是以小月六個月、大月六個月來計算，一年十二個月也只有三五四天，還差了十一天。只要過個三年，誤差就會超過一個月。因此若要精確計算的話，十九年之間必須設置七次閏月。

現代人的生活完全依循太陽的運行週期，月亮的盈虧幾乎不會對生活造成影響，但古代的中國人則是將太陽與月亮的兩種週期巧妙地融合在一起。

請各位讀者回想一下前文提過的長沙馬王堆帛畫。在天上世界的部分，西（左）方有銀白色的彎月，東（右）方有紅色的太陽。月亮與太陽為對等的關係。若要將太陽與月亮畫在東西兩邊的相對位置上，只會有兩種畫法。一種是畫出西沉的太陽，以及反射太陽光的東方滿月；另一種則是畫出東方的朝陽，以及西方反射了夕陽光的彎月。若是後者的情況，由於朝陽及反射夕陽的彎月有著時間上的誤差，因此只是象徵性的圖案配置。朝陽的下方還有八顆太陽在等著，西邊的彎月應該也是因為與夕陽重疊才會發亮，因此算起來共有十顆太陽。循環一次即為一旬（十天）。

馬王堆帛畫　（湖南省博物館藏）
長沙馬王堆一號漢墓中，覆蓋在棺木上的絹布。整塊布上畫滿了太陽、月亮、動物等各種圖騰。

彎月被太陽光照亮的部分以外的位置，畫著玉兔與蟾蜍。月亮表面的黑色陰影其實是黑色玄武岩形成的低窪地區，現代人稱之為海，但由於其形狀自古以來不曾改變，古代中國人將圓點當成了兔子的耳朵。蟾蜍則有著巨大的軀體，表面有帶狀斑紋及圓形的突起物，那其實都是月球上的隕石坑陰影。有趣的是若比較實際的月球表面濃淡配置與帛畫上的月亮圖騰，會發現兩者大同小異。

現實中是地球繞著太陽轉，但古人認為是太陽繞著靜止不動的地球轉。太陽繞行一年的軌道稱為黃道，而將地球的赤道投影到天球上的軌道稱為天之赤道。建造於西漢末期的西安交通大學壁畫墓內，墓室的天花板上畫著北方的滿月、南方的太陽、雙重同心圓的赤道及二十八星宿（星座）。赤道上的星宿是固定的，因此可作為觀測天文時的基準。東南西北各七個，合計二十八星宿，在壁畫上皆以圖像表示。

日本自古便受中國傳統文化影響，因此如北浦古墳內的天文圖便描繪著黃道及天之赤道形成的交叉圓環。這些古代壁畫兼具了科學的世界及神話的世界。黃道、赤道及赤道上的星宿，是古人用來觀測五星動向的座標軸。五星指的是歲星（木星）、熒惑星（火星）、太白星（金星）、辰星（水星）、鎮星（火星）。古人便是根據這五星的複雜動向來預測地面世界的戰爭、洪水、乾旱、饑荒等災害。《史記・天官書》對太史令司馬遷而言，應該是最能忠實反映其職務內容的篇章吧。

以一月為新年的新曆法

以歲星（木星）為例，其亮度在五星中僅次於太白星（金星）。每天黎明時自東方升起，黃昏時沉入西方，觀察起來相當容易。更重要的是木星會以大約十二年為週期繞行天空一圈（正確來說是十一・八六年），因而為古人帶來了「十二年循環一次」的觀念。例如《史記・貨殖列傳》中記載了越王勾踐的臣子計然的一番話：「**故歲在金，穰；水，毀；木，饑；火，旱。旱則資舟，水則資車，物之理也。六歲穰，六歲旱，十二歲一大饑**。（歲星落在西方代表豐收，落在北方代表歉收，落在東方代表饑荒，落在南方代表旱災。應該趁乾旱時收購船，趁洪水時收購車，才符合道理。六年會遇上一次豐收，六年會遇上一次旱災，十二年會遇上一次大饑荒。）」

有才能的商人，能夠從天文中看出商機。即使憑現代的科學，也無法找出天文現象與糧食資源之間的明確關係。但年平均氣溫只要下降個一、兩度，稻、麥等農作物的收穫量就會減少。而太陽的活動會左右地球的氣溫高低，因此古人的理論倒也有些道理。

身兼中國科學院副院長的天文氣候學家竺可楨（一八九〇～一九七四年）曾發表過一篇名為〈中國五千年來氣候變遷的初步研究〉（《考古學報》一九七二年第一期）的論文，強調將自然環境的變化納入歷史學研究的重要性。例如《史記・貨殖列傳》中提到各地特產品為：「**蜀漢江陵千**

樹橘，（中略）陳夏千畝漆，齊魯千畝桑麻，渭川千畝竹」。橘、漆、桑、竹都是亞熱帶植物，如今生長在更偏北的地區，由此可知西漢時代較現代溫暖。文中的渭川指的是流經首都長安北方的渭水，陳夏指的是黃河下游約北緯三十四～三十五度的東西界線。如今這些地區並不產竹、漆。

過去朝代雖由秦轉為漢，但曆法制度並沒有因而改變。西漢初期仍然沿用以十月一日為元旦的秦曆，即以冬天的十月為一年的開始。到了漢武帝時代的後期，漢朝才終於打破了秦制的窠臼，制定出新的曆法。這套新的曆法即「太初曆」。傳說中夏朝的一年是從一月元旦開始，為了仿效夏朝，因此漢武帝的新曆法也是以一月為新年（即太初元年，西元前一〇四年）。太史令司馬遷也參與了這場曆法改訂工作。太初曆從西元前一〇四年開始使用，直到西元後八六年才廢除，共使用了一九〇年。特色就在於不把閏月放在年底，而是放在一年之間。

此外在顏色及數字的使用上，開始崇尚黃色及數字五。秦代崇尚的是黑色及數字六，如今已由黑色的時代轉為黃色的時代。黃色是黃土的黃，亦是黃帝的黃。司馬遷的《史記》開始於〈五帝本紀〉，結束於〈今上本紀〉，而五帝中的第一位就是黃帝。黃帝的黃，就是黃土的黃。

酷吏張湯與新發現漢簡文書

漢武帝時代有個爬到了廷尉、御史大夫地位的高階官員，去世時沒能得以埋入茂陵的陪葬墓，只能在故鄉靜靜地入土。那個人就是張湯。其一生是以被迫自殺收場，斷氣時財產只有五百金。西漢初期物價極高，一匹馬要價一百金，五百金只能買五匹馬。即使如此，張湯的兄弟及孩子們還是想將他厚葬，沒想到卻遭到母親嚴厲制止。母親認為一個服侍天子的大臣卻遭誣陷而死，不應該受到厚葬。最後張湯的棺木只被放在一輛牛車上，墳墓裡甚至沒有堆放陪葬品的槨室。一個從刀筆之吏躋身高官之列的人物，最終竟是落得這樣的下場。

二〇〇二年五月，西安市文物保護考古所發掘一座位於西安市長安區郭杜鎮的小型土洞墓，確認了埋葬者的身分。墓內出土了兩顆雙面印，上頭分別刻著「張湯、張君信印」及「張湯、臣湯」字樣。墓室曾遭盜掘，但留有銅鏡及漢武帝時期的五銖錢。墓室的模樣相當樸實，符合《史記・酷吏列傳》中的記載。

筆者在「序言」中即曾提過，二〇〇三年秋天，湖南省長沙市的一口古井出土了超過一萬枚的漢武帝時代前期簡牘。這些簡牘正是廷尉張湯時期的地方公文，其中包含了一些爰書（案件的偵訊筆錄）。雖然西安與長沙相隔遙遠，但張湯與這些爰書有著不可分割的關係。

漢武帝時代的審判程序

張湯的父親住在長安，職位是長安的縣丞（副長）。張湯小時候，有一次父親有事外出，要求張湯看家。父親回到家之後，發現肉被老鼠偷走了，氣得鞭打張湯。張湯後來在鼠洞裡發現了老鼠及殘餘的肉塊，不僅將老鼠捉起來鞭打，而且還告發其罪，製作了爰書。他扣住老鼠及肉塊，依照訊（訊問）、鞫（求刑）、論（判決）、報（呈報）的程序審理此案，最後在堂下將老鼠處以磔刑。由於父親是縣丞，張湯從小對審判過程耳濡目染，因此模仿了起來。父親看了他所製作的爰書，簡直像是出自老練獄吏之手，不禁大感吃驚。後來張湯的才能獲得賞識，當上了長安的縣吏。這件事雖然只是在敘述一場孩子的遊戲，卻讓我們得以一窺漢武帝時期的審判過程。

爰書的「爰」有「易」（更換、取代）之意，因此爰書為取代受害人、嫌疑人及證人口供的文書，即現代所稱的訊問筆錄。官員必須再三確認爰書內容與當事人證詞相符，才能下達判決。睡虎地秦簡中包含爰書的案例集，以下為其格式的一例：

某里士五甲告曰：甲親子同里士五丙不孝，謁殺，敢告。

（某里的士五甲提出告訴：甲的兒子即同里士五的丙不孝，請求處以死刑。）

我們無法得知張湯所寫的那份爰書的內容，但依這個格式將被害人張湯控告老鼠的案情填進去，大概會變成這樣：

杜縣某里張湯告曰：同居鼠盜湯家肉，謁殺，敢告。

此外龍崗秦簡中亦有鞫（求刑）的例子。這例子的宗旨在於宣告已死亡者免受其刑。

鞫之：辟死，論不當為城旦。吏論：失者，已坐以論。

在張湯的判決中，雖然罪犯是老鼠，但只不過是偷了肉就處以磔刑，似乎有些判得太重了。不過張家山漢簡出土的《盜律》記載，聚眾五人以上的群盜行為將處以磔刑，因此張湯的判決倒也不是全無根據。張湯在實際任官之後，辦了許多重大的案子，逐漸嶄露頭角。在陳皇后詛咒衛子夫（漢武帝的第二任皇后）的案子，以及淮南王、衡山王、江都王謀反的案子中，張湯對皇后及諸王執法極為嚴苛，因而獲得了漢武帝的重用。但他也因對諸王及高官太過嚴厲，最後也害死了自己。

第六章 漢武帝的時代II 開疆闢土

進軍西域與征討匈奴

絲綢之路

漢武帝時期的張騫開闢了通往西域的道路。《史記・大宛列傳》以「**張騫鑿空**」來形容這項壯舉。鑿空的意思是在岩石上鑿出一個孔，比喻開闢出嶄新的道路。《漢書・西域傳》中也說「**漢興至于孝武，事征四夷，廣威德，而張騫始開西域之跡**」。所謂的西域之跡，即通往西域的道路。張騫出使過西域兩次，每次皆是以一百至三百人的龐大隊伍浩浩蕩蕩地出發，身上帶著象徵漢武帝授權的節，行李中並攜帶了黃金及帛（即絹、絲綢）。十九世紀德國地理學家李希霍芬（Ferdinand von Richthofen）將東西方交流的道路稱為「Seidenstraße」，中文譯為「絲綢之路」，簡稱「絲路」。然而在漢武帝的時代，張騫遠赴西域的理由並非為了進行東西交流。當時漢朝與匈奴正處於劍拔弩張的緊張局勢，張騫出使西域完全是為了政治目的。

西域雖然與中國並無大海阻隔，在中國人心中卻是個奇幻世界。一匹匹遠道而來的駱駝，背上皆載著中國所沒有的各種物產。玉、葡萄、苜蓿、葮葦、檉柳、胡桐、白草（可製造毒箭上的毒藥）、烏孫、大宛馬……以及徹底改變了中國人精神世界的佛教。漢代的首都長安及洛陽的市集雖不及唐代的長安，卻已有著濃濃的西域文化芬芳。

北至天山山脈（北山）、南至崑崙山脈（南山）、西至帕米爾高原（蔥嶺），東西六千餘里（約二千四百公里）、南北千餘里（約四百公里）的廣大區域，就是漢代的人所稱的西域。這片一望無際的塔里木盆地如今雖形成了塔克拉瑪干沙漠，但在冰河時期的末期卻是因冰河融化而形成的內陸湖，造成大範圍的土砂堆積。進入乾燥期之後，又因沙塵暴而形成了縱列沙丘並立的沙漠地形。山岳地帶每年約有兩、三百公釐的降雨量，加上冰河融化之水，在乾燥的沙漠中形成了河川。

漢武帝的茂陵東邊就是漢昭帝的平陵。二〇〇二年，平陵附近的陪葬坑出土了駱駝的屍骨。這是考古學家第一次挖到漢代駱駝的骨頭。過去活躍於唐代長安城的西域商人總是為人津津樂道，唐三彩也有不少是以拉著駱駝的西域胡人商人或滿載貨物的駱駝為主題。但是在唐朝建國的七百年前，中國與西域交流的道路便已經開通，騎著駱駝的商人們沿著塔克拉瑪干沙漠上的綠洲往來於東西之間。後來西域諸國更是經常進貢駱駝給漢朝。西安東郊外河坡出土的漢代彩繪駱駝陶俑，可說是相當罕見的出土文物。這駱駝的駝峰又小又尖，而且間隔很寬，應該是較接近野生駱駝的品種。

漢代胡人牽駱駝陶俑　早在漢代就有騎著駱駝的人們往來於中國與西域之間，比唐代的長安城早了七百年。

《張騫出使西域圖》（敦煌莫高窟第323窟）　圖中畫著出發前往西域的張騫與送行的漢武帝，為唐朝初期的想像畫。自右上角開始，依順時針的方向描繪出每個過程。

拉攏月氏討伐匈奴

張騫以馬及駱駝代步，出發前往西域。敦煌莫高窟第三二三窟有著以張騫出使西域為主題的壁畫。這是唐代初期的想像圖，共由五個場面組成，利用遠近法將時間與空間的變化呈現在同一張圖上。漢武帝首先在甘泉宮膜拜兩尊金人，接著漢武帝親自騎馬為張騫送行。這兩尊金人原本是匈奴祭天之物，後來落入漢武帝手中。張騫一行三人持節乘馬，越過了山頭，前往大夏國的都城。接著是一行人的身影逐漸縮小，最後抵達了大夏。

張騫第一次出使西域的漫長旅程在建元二年（西元前一三九年）出發，目的是為了與月氏結盟，共同討伐匈奴。隨從共一百人，並以胡人甘父為嚮導。但此時的月氏勢力已遷徙至更遙遠的西方。事實上月氏的勢力比漢朝所想像的還要大，匈奴的頭曼單于甚至曾將太子冒頓送至月氏當人質。月氏在戰國時代被稱為禺氏，藉由玉的貿易而繁榮一時，因此「禺氏玉」相當有名。但後來祁連山脈周邊的交通要地遭匈奴占據，匈奴的老上單于擊敗了月氏，為了表示羞辱之意，竟以月氏國王的頭蓋骨為酒杯。另有一種說法是將其頭蓋骨當成尿壺，但似乎當成酒杯較為合理。不論是當酒杯還是尿壺，總之是結下了深仇大恨。月氏勢力被迫往西遷徙，自帕米爾高原往西進入西土耳其斯坦，穿越伊犁地區，將王庭（首都）設置在嬀水（阿姆

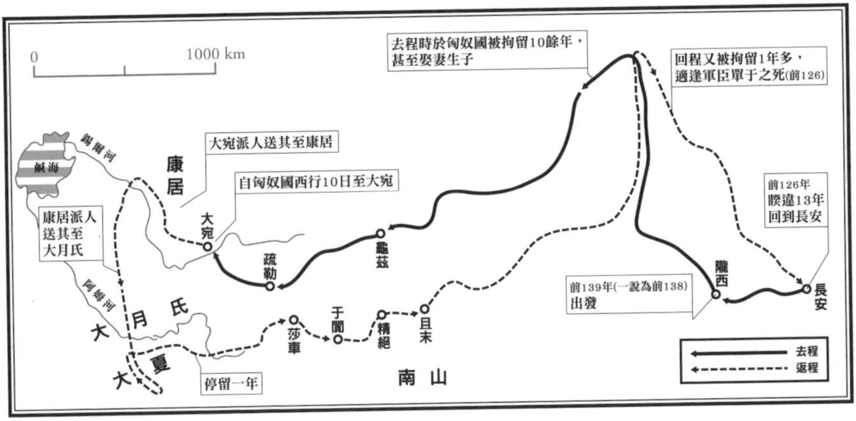

張騫的西域行程圖

河）北岸。遷徙後的月氏被稱為大月氏，其疆域受其他勢力包圍，北有康居國、南有大夏、西有安息、東有大宛。但此時的大月氏仍然保有強大的實力，足以令大夏成為從屬國。張騫的目的地就是大月氏國。

另有一部分留在原地的月氏勢力，為了與大月氏區別而被稱為小月氏。河西走廊落入了匈奴的掌控之中，東部為休屠王的領地，西部則為渾邪王的領地。如今我們所稱的祁連山，也是源自於匈奴語，「祁連」的意思是「天」。張騫出發後不久就遭匈奴擒住，不僅滯留了十餘年，而且還娶妻生子。這可說是張騫出使西域的空白期，但漢朝與匈奴的關係在這段期間裡日益惡化。

從和親到征戰的漢匈外交

在張騫遭匈奴扣留的期間，元光二年（西元前一三三年）發生了一起令漢朝與匈奴關係惡化的事件。在那之前，漢文帝曾與匈奴的老上稽粥單于締結和親，維持了暫時性的和平，一直到漢景帝時代雙方關係都算穩定。值得一提的是漢文帝在前四年（西元前一七六年）曾送了一份長一尺一寸的簡牘給單于，開頭的問候語是「**皇帝敬問匈奴大單于無恙**」。當時有個投靠匈奴的燕人，名叫中行說，他成為單于身邊的謀士，建議單于以一尺二寸的簡牘回覆漢文帝。漢朝皇帝的詔書依慣例為一尺一寸，單于的一尺二寸雖然只多了一寸（約二・三公分），卻帶有超越漢朝皇帝的意思。

不僅如此，而且中行說還教單于把開頭的問候語寫作「**天地所生日月所置匈奴大單于敬問漢皇帝無恙**」。意即單于是由天地日月（宇宙）所生，權威與地位大過了漢朝的皇帝。此外還有一點值得注意，那就是匈奴人在過去從不曾以「漢皇帝」一詞稱呼漢朝的皇帝。如今我們所稱的漢帝國是歷史學上的稱呼，當時的人並不存在這樣的觀念。劉邦雖然曾是漢王，但即位為皇帝之後統治的區域就不是漢（國）而是「天下」。王所統治的區域才稱為國，而皇帝的統治區域早已超越了國的概念。皇帝被中國以外的勢力稱為「漢皇帝」，這還是頭一遭。

這個時期的漢朝與匈奴是以兄弟相稱，即互相承認為對等關係。雖然雙方沒有明確定義誰是兄、誰是弟，但匈奴的地位明顯高於漢朝。雙方除了約定互不侵塞（長城）之外，漢朝不僅將公主嫁至匈奴，而且每年都必須透過關市餽贈匈奴一定數量的粟、麴、黃金、帛、蠶絲、綿布等物資。關市指的是設置在國境關口處的市場，漢朝的《津關令》規定百姓不得擅自將黃金製品帶出塞外，亦不得與匈奴交易。

進入軍臣單于與漢武帝的時代，短暫的蜜月期結束，雙方關係迅速惡化。元光二年（西元前一三三年），漢武帝偷偷將三十萬大軍派至國界上的馬邑城（現在的山西省大同市西南方一百公里處，朔縣）附近，接著派人以能將物資偷運出塞外為由，引誘單于率領十萬匈奴兵進入馬邑城。但是單于來到馬邑附近時，發現草原上明明有家畜卻無人放牧，因而察覺是陷阱。武帝的計謀失敗，導致匈奴不願再與漢朝和親。

在這段期間，張騫逃離了匈奴的掌控，花了數十天抵達大宛，在大宛得到了嚮導及口譯員，路經康居，最終抵達了目的地大月氏。此時的大月氏雖然在新的領土上建立起了足以讓大夏臣服的國力，但生活過於安逸，已失去了對匈奴的報復心。《史記・大宛列傳》中記載張騫「**竟不能得月氏要領**」。現代漢語中的「不得要領」指的是沒有掌握到訣竅，但「要領」一詞原指人體的腰際、頸項等重要部位，引申為重要的關鍵事物。如果將「**竟不能得月氏要領**」一句解釋為沒有掌握到月氏的訣竅，似乎有些不知所云。張騫是漢朝的持節大使，肩上背負著沉重的使命。所謂「不得要領」，指的應是他雖然與大月氏建立友好關係，卻沒有達到「聯合攻打匈奴」這個關鍵目的吧。

漢朝彷彿已預知與大月氏的結盟將會以失敗收場一般，在這個時期正式派出了征討匈奴的遠征軍。其主導者為兩名年輕的將軍。

征討匈奴名將衛青、霍去病

漢武帝的茂陵東邊有一些陪葬墓，而其中離茂陵最近的就屬大將軍衛青與驃騎將軍霍去病的墳墓。站在茂陵的上頭，便可看到這兩座墳墓的墳丘。如今的茂陵博物館，正是蓋在這個區域。這兩人分別為衛皇后的親弟弟及外甥（姊姊衛少兒的兒子），與漢武帝為姻親關係。放眼望去看不到與兩人皆有重要關係的衛皇后，這對甥舅卻因征伐匈奴戰功顯赫，而能夠以臣子的身分埋葬在距離漢武帝最近的位置。

衛青的墳丘形似北方蒙古高原上的盧山（寘顏山），霍去病的墳丘則形似西方的祁連山。兩人的墳墓皆刻意製作得不同於一般常見的方墳或圓墳，而是兩人在征討匈奴的過程中最為活躍的地點。霍去病的墳前有不少巨大的石像，這些石像的雕刻手法相當樸實，卻反而散發出一股霸氣。霍去病在十八歲就加入舅舅的軍隊，二十歲就當上了將軍，但他建立功勳的時間只有短短四年，在二十四歲時就夭折了。為了紀念霍去病而雕的這每一尊石像應該都有著特別的意義，但如今我們若想知道詳情，只能豎起耳朵仔細聆聽石像發出的無聲之語。

其中有一尊石像是一匹馬踩踏著匈奴兵。雕刻家巧妙地詮釋出了一臉鬍鬚的匈奴兵與馬匹互相對望的瞬間。這匹馬想必象徵著與匈奴持續交戰的年輕將軍吧。其他如奔跑的馬匹、伏倒的馬匹、豬牛等家畜的雕刻，則或許是搶奪自匈奴百姓的戰利品。虎、熊等猛獸或許是在征戰過程中捕捉到的獵物。至於遭猛獸襲擊的羊隻、與熊打鬥的人、外貌古怪的石人等等，則或許是霍去病在草原上遇見的奇人異事。

元光六年（西元前一二九年）至元狩四年（西元前一一九年）的十年之間，衛青進行過七次塞外遠征，霍去病則進行過六次。其中三次是兩人同時出征，所以兩人合起來共進行了十次重大遠征。匈奴與漢朝的邊界就是秦始皇時期的長城，但長達萬里的長城要從頭守到尾並不容易，當時在長城中段位置的河南（鄂爾多斯）地區已遭匈奴占據，長城也因而被切成了前後兩截。匈奴若有心要從河南地區發兵攻打長安，恐怕並非難事。因此漢武帝派兵征討匈奴，有兩個目的。第一，收復河南地區，讓秦始皇時代的長城恢復其完整性。第二，為了對匈奴進行包圍與牽制，必須將長城線繼續往西延伸，奪取祁連山脈旁的河西走廊，維持與西域諸國的外交關係。以結果來看，衛青成功收復河南地區，設置了朔方郡；霍去病則成功占領了河西走廊。

冷靜觀察漢朝與匈奴之間的戰爭，會發現那其實是隔著長城的雙方所各自發動的一場場殺戮與掠奪的行為。匈奴總是以一、兩萬規模的騎兵攻擊漢朝邊境附近的郡，每次都會有數百至數千名長城附近居民遭到屠殺。漢朝則是每次派出一萬至五萬的騎兵配上約十萬的步兵出塞外征討匈奴，為了領賞而帶回一萬至七萬匈奴兵首級都是稀鬆平常的事情，有時還會奪取數十萬至數百萬頭的匈奴百姓家畜。當然漢朝軍隊的陣亡人數也往往多達數千人。

張騫帶回的烏孫天馬

張騫在回程的路上又被匈奴擒住。元朔二年（西元前一二七年），軍臣單于過世，弟弟伊稚斜單于即位，張騫趁著權力交接的混亂時期逃走，終於回到了長安。出發時人數多達上百人，十三年後回來時卻只剩下張騫及堂邑父兩人。當時是衛青第三次遠征的隔年（元朔三年，西元前一二六年），衛青在這次遠征中奪回了當初秦始皇曾占領的河南（鄂爾多斯）地區。漢朝在此設置朔方郡，恢復了萬里長城的完整性。在漢朝掌握了優勢的局面下，雙方進入休戰狀態。

但是新的單于即位後，匈奴的政局重新恢復安定，雙方之間的火藥味也再度升高。元朔五年（西元前一二四年），張騫因擁有長年滯留於匈奴的經驗，被命令加入大將軍衛青的第四次遠征軍。張騫的知識讓大軍得以在難覓水源的草原上順利行軍。張騫被封為博望侯，是因為這次隨軍出征所立下的功勞，而非長達十三年的出使西域之旅。兩年後的第五次遠征軍，張騫也奉命參加，但他這次卻因延誤軍期而遭判處斬刑。雖然張騫靠著贖罪而免於一死，卻失去了博望侯的爵位，令人不禁感慨他的一生受盡了命運的捉弄。漢朝的十次遠征令匈奴的勢力分裂成東西兩部，原本在匈奴單于底下負責統治西部的渾邪王投降漢朝，休屠王則是在那之前遭渾邪王殺害。

霍去病去世的隔年，即元鼎元年（西元前一一六年），張騫再度以使節身分前往西域。這次的目標是拉攏烏孫。站在漢武帝的角度來看，盟友不管是大月氏還是烏孫都沒有什麼分別。漢武帝相信了張騫的話，交給張騫三百名士兵，這次的人數是上一次的三倍。由於匈奴的西部勢力已遭消滅，這次張騫沒有被捉到，順利抵達了烏孫。但這次張騫同樣「不得要領」。這一次出使西域，張騫只花了兩年就回到長安，並且帶回來數十名烏孫使者及數十匹烏孫馬。在大宛馬傳入漢朝之前，漢朝將烏孫馬稱為「天馬」。漢朝與匈奴有多次交戰經驗，因此非常渴望得到比匈奴馬更快、更有耐力的良馬。漢武帝對馬的興趣，甚至更勝於與烏孫結盟。

漢武帝的對外戰略

漢帝國周邊國家的存活方式

太史令司馬遷曾嘗試將天文與戰爭相結合。例如《史記・天官書》中有以下這段記載：

元光、元狩，蚩尤之旗再見，長則半天。其後京師師四出，誅夷狄者數十

年，而伐胡尤甚。越之亡，熒惑守鬥；朝鮮之拔，星茀於河戍；兵征大宛，星茀招搖。

〔在漢武帝元光至元狩年間（西元前一三四～前一一七年），形狀如蚩尤旗的彗星（蚩尤是古代在戰爭中敗給了黃帝的軍神）曾出現兩次，有時占據了半個天空。後來京師派出軍隊至四方征討夷狄，長達數十年，尤其是討伐北方匈奴最為慘烈。消滅了南越之後，熒惑星逗留在斗宿的星座間。攻擊朝鮮的時候，有星星掛在天河的入口處。遠征大宛的時候，有星星擋住了招搖星。〕

秦始皇曾經同時發動南北戰爭，即北攻匈奴、南攻百越。而漢武帝卻是派軍征討四方，即同時向東南西北四個方向發動戰爭，與秦始皇相比可說是有過之而無不及。為什麼漢武帝要做這麼魯莽的事情？

建立南越的趙佗，於建元四年（西元前一三七年）過世。比漢朝的武帝更早誕生的南越武帝，結束了其六十七年的統治生涯。第二代南越王是趙佗的孫子趙胡，第三代是趙嬰齊，第四代是趙興。第五代趙建德時南越遭漢武帝的大軍消滅。南越共五代九十三年的歷史，讓我們得以一窺漢帝國周邊國家的存活方式。

蚩尤畫像石

根據《南越志》的記載，早在西元三世紀時，吳國的孫權就曾派人發掘趙嬰齊的墳墓。當時挖出了一些珠襦、三件玉匣、三十六顆金印、三把銅劍（上頭分別刻著純鉤、干將、莫邪）。金印上頭刻著「皇帝信璽」及「皇帝行璽」，有些還有「天子」兩字。「發掘」一詞在古代是盜墓之意，因此這些出土物並沒有流傳下來。文獻記載或許只是單純的傳說，但是考古學家在一九八三年發現了南越王趙胡的陵墓，證實了這並非傳說。趙胡的遺體雖已腐朽，但墓內出土物就跟趙嬰齊的墳墓一樣，有玉衣（玉匣）、六把劍、金印及玉印。其中一顆三‧一公分見方的龍鈕金印，上頭刻著「文帝行璽」，另有一顆二‧三公分見方的蟠龍鈕玉印，上頭刻著「帝印」。由此可印證《史記‧南越列傳》中「南越王在國內使用帝號，對漢朝使用王號」的記載。

當初趙佗未經漢朝的同意擅自稱帝，漢文帝派陸賈加以譴責，趙佗親自致書向漢文帝道歉，文中自稱是「**蠻夷大長老夫臣佗**」。他不僅自認是蠻夷，而且比照漢朝官吏不使用姓而以「臣〇」自稱。接著他又解釋當初是因為聽說故鄉的趙佗宗族遭呂后誅滅，而且連墳墓也被挖開，才會一時自暴自棄而侵犯長沙國境。雖然是外交文書，字裡行間卻不難看出趙佗的心情。文章最後又寫道：

老臣妄竊帝號，聊以自娛，豈敢以聞天王哉！

（老臣擅自使用帝號，只是為了自娛而已，怎麼敢驚動天王！）

趙佗心中的矛盾，在他向國內下達的命令裡更是表露無遺。

吾聞兩雄不俱立，兩賢不并世。皇帝，賢天子也。自今以後，去帝制黃屋左纛。

（我聽說兩雄不俱立、兩賢不並世。皇帝是賢天子，從今以後我將廢除帝制、黃屋及左纛。）

趙佗認為自己是足以與漢朝皇帝相比的英雄、賢人，逼不得已才廢除帝號及（模仿自漢朝皇帝的）車馬制度。然而這套說詞只是用來應付陸賈而已。在這件事的背後，我們可以看出趙佗是個懂得巧妙區分內政與外交來保護自己的老獪政治家。他經歷過秦始皇的時代，曾經與高祖、呂后、文帝打過交道，對於秦漢兩朝的政治可說是瞭如指掌。

南越王國的滅亡

閩越王郢侵犯南越國界時，年輕的南越王趙胡很老實地請求漢武帝出面解決紛爭。漢武帝身為冊封者，在此時表現出了其威望。每當藩臣之間發生糾紛時，身為天子的漢朝皇帝就必須出面調停。皇帝對外是以「天子」自稱，天子擁有跨越國界的權威，必須守護國際世界的秩序。漢武帝認為南越謹守其身為漢臣的本分，並無任何過失，因此決定派軍討伐閩越。閩越王的弟弟得知後先下手為強，將國王殺了之後投降。這件事結束之後，南越的趙胡將太子趙嬰齊送至漢朝當人質，藉此報答漢朝的恩情。

趙嬰齊在長安應該見識到了漢朝這個帝國有多麼巨大。後來趙胡病死，趙嬰齊回國繼位，成為第三代的南越王（明王）。趙嬰齊深深感受到漢武帝的權威有多麼可怕，因此回國後將先代的武帝（趙佗）及文帝（趙胡）的璽印藏起來，以免被漢朝發現。後世出土的文帝行璽想必就是其中一顆吧。在那個時代，漢武帝生前只是自稱皇帝，尚未使用「武帝」這個稱呼，但至少單就「文帝」而言，當時漢朝及南越就各有一個。另外值得一提的是，趙嬰齊在滯留長安期間娶了邯鄲樛氏的女兒為妻，生了兒子趙興。

《史記・南越列傳》將這名妻子稱為「中國人」。現代人心中的中國人指的是中華人民共和國的國民，但在那個時代，中國人指的是中原地區的居民。趙佗原本也是中國人，後來進入越人的世界，建立了南越國。另一方面，趙嬰齊與越人的妻子之間還有一個名叫趙建德的長男。趙嬰齊如何在趙興及趙建德這兩個兒子之間作出取捨，攸關南越國的未來命運。太子趙興即位為第四代南越王，身為中國人的母親自然也成了太后。國王與太后為親中派，主張應該每三年向漢朝朝貢一次。另一方面，丞相呂嘉擁有長老身分，在越人之間頗有威望。於是呂嘉擁立具有越人血統的趙建德，發動了叛亂，讓趙建德成為第五代南越王。

元鼎五年（西元前一一二年），漢武帝派出大軍征討。他徵調罪犯及江淮以南的樓船（於船艙架設高樓的戰船），共派出了十萬兵力。這不禁讓人想起大約一百年前，秦始皇曾派出五十萬大軍征討百越。趙佗當初也在這五十萬大軍之中，而如今立場互換，其子孫必須迎戰漢朝的軍隊。當初秦始皇的軍隊分五路進攻，如今漢武帝的軍隊也分五路進攻南越首都番禺。伏波將軍路博德自桂陽進攻，樓船將軍楊僕自豫章進攻，戈船將軍歸義侯與下厲將軍越侯自零陵分別從灕水及蒼梧進攻，馳義侯則率領巴蜀罪犯及夜郎軍自牂牁江順流而下。

然而到了約定的日子，五路軍隊卻沒有辦法聚齊。楊僕軍最早抵達，路博德軍則由於士兵都是罪犯而缺乏戰意，抵達只剩下大約一千人。路博德與楊僕急著想要立功，因此率軍攻打堅守城內的趙建德及呂嘉，並放火燒城，趙建德及呂嘉趁亂逃走。路博德以漢朝列侯印綬為誘餌招降南越人，並從投降者口中問出趙建德及呂嘉的下落，成功抓住了兩人。元鼎六年（西元前一一一年），傳了五代共九十三年的南越滅亡，漢朝在其領地設了九個郡，分別為儋耳、珠崖、南海、蒼梧、九真、鬱林、日南、合浦、交趾。

西南夷的世界

雲南地區冬暖夏涼，戰國時代的楚國及後來的秦、漢都曾揮軍南下奪取這塊土地。古代西南諸民族的世界，是以零星分布於高原上的壩子（小盆地）為舞臺。這種地形四面環山，平坦區域有著連綿不絕的水田及綠色的內海（湖泊），景色可說是美不勝收。從如今四川省南部的西昌到雲南省的昆明、大理，都可看見這種共通的地形。

滇池　位於昆明的湖泊，海拔1886公尺。面積約是日本的琵琶湖的一半再多一點。

在南越遭消滅的元鼎六年（西元前一一一年），司馬遷曾以郎中身分進入西南夷。所謂的西南夷，指的是現在的貴州省及雲南省一帶。在古代中原人士的心中，這裡是蠻夷之地。橫跨兩省的雲貴高原是一大片海拔達二千公尺的高地，其中零星分布著小盆地。沿著河川而鋪的道路，將這些孤立的盆地串連在一起。

漢武帝的軍隊在這一年自巴蜀（四川省）南下，逐一攻占從邛（如今的四川省樂山市西北）、筰（如今的四川省樂山市西南）到昆明（如今的雲南省大理附近）一帶的土地。司馬遷也跟隨在軍隊之中，但隔年就回首都了。早在漢代之前，秦國就曾攻打楚國的巴郡及黔中郡，並且繼續往西南方前進，在常頞鋪設五尺道。這條只有五尺（約一公尺二十公分）的狹窄道路，一直連接到雲南。後來漢朝的軍隊攻入此地，則是因為張騫帶回來了關於大夏的訊息。漢武帝得知蜀布（以苧麻織成之布）及邛的竹杖皆是經由身毒（北印度）傳入大夏，他認為如果能掌握從蜀通往北印度的道路，在對抗匈奴上將更為有利。於是漢武帝派出王然于、柏始昌、呂越人等人前往滇池進行調查。

一直到今天，滇仍然是雲南省的別稱。省會昆明還有名為滇池的湖泊。這座湖泊海拔一千八百八十六公尺，面積約三百平方公里，大約是日本琵琶湖的一半再多一點。但最大水深只有十公尺，大約是琵琶湖的十分之一。取名滇池是因為傳說這座湖是因湖水自既寬且深的源頭處逆流而上所形成。滇池又名昆明池，漢武帝為了發動戰爭，事先派人在長安城的西南方挖了一模一樣的湖，用來訓練水軍。雲南省的面積為三十八萬平方公里，剛好可以把整個日本列島塞進去。

雲南省的東邊，貴州省、廣西壯族自治區及廣東省這三塊地區在中國的最南端橫向排成一排。這些地區在漢代分別稱為西南夷及越。從西南夷要橫向移動進入越，只須沿著牂牁江順流而下就行了。這條河川在漢代只有一個名字，如今卻依不同的河段而有不同的名稱。自滇池以南依序為南盤江、紅水河、潯江，到下游為西江，注入廣州灣。古代蜀地商人都是乘船沿著牂牁江而下，至南越的番禺作生意。蜀地有種名為「枸醬」的調味料，在南越頗受歡迎。那是一種以胡椒科的風藤果實「枸」（亦作「蒟」）製作成的醬料。現代的粵菜味道都偏甜，或許與古代越人喜愛這種調味料有關。

蜀地商人不僅在中國南方自由往來經商，就連印度也在其移動範圍之內。此外西南夷亦連接北方的中國及南方的東南亞世界，地理位置可說是相當重要。紅河、湄公河、薩爾溫江、伊洛瓦底江等中南半島上由北往南流的大河大江，其源流皆是來自於雲南或西藏的高原地帶。中國的瀾滄江及怒江，進入東南亞後分別更名為湄公河及薩爾溫江。

令夜郎稱臣，冊封滇王

漢武帝的軍隊沿著牂牁江由東向西逆流而上。南越滅亡後，大軍便轉為攻打牂牁江旁的夜郎國。成語「夜郎自大」中的夜郎，指的就是這個國家。據說夜郎王不知道漢朝的疆域有多大，曾經問漢朝派來的使節漢朝跟夜郎哪一邊比較大。於是後人便將「夜郎」一詞用來揶揄不知天高地厚的人物。不過若細看《史記・西南夷列傳》，會發現文獻上記載的是：

滇王與漢使者言曰：「漢孰與我大？」及夜郎侯亦然。

可見就連滇王也這麼問過，並非單是夜郎王而已。因此我們也可以說「滇王自大」，但或許是「夜郎自大」唸起來較順口的關係，滇王的部分反而被人遺忘了。

夜郎位於牂牁江流域上，號稱是西南夷最大的國家。透過牂牁江的連結，夜郎對南越頗有仰賴之處。南越滅亡後，夜郎王便投降漢朝了。漢朝冊封夜郎王，並賜與印綬。夜郎的位置在現在的貴州省，考古學上的研究亦頗有斬獲。二〇〇〇年，貴州省西北部高原（海拔一千八百公尺）上的赫章縣可樂鎮出土了一一二座戰國至西漢的墳墓。其中有些墳墓採用了「套頭葬」，即以銅釜或銅鼓套住了遺體的頭部。此外亦有遺體的頭上戴著青銅髮簪，手上戴著手環，身上掛著玉飾，身旁還放著青銅或鐵製的戈或劍。雖然還未找到夜郎王的璽印，但一顆一・二公分見方的銅印上刻著漢文「敬事」兩字，由此便可看出漢朝與夜郎的關係。

元封二年（西元前一〇九年），漢武帝自巴蜀徵調集結成的大軍自夜郎抵達了滇。滇王見大軍壓境，馬上便投降了。漢朝除了賜滇王一顆王印之外，還在該地設了益州郡。西南夷諸國之中，只有夜郎國跟滇國獲得漢朝授印。滇王的這顆小小的金印，已在一九五六年於滇池畔的石寨山墓葬區出土。邊長只有二・三公分，為漢代的一寸四方蛇鈕金印。蛇身盤屈，上頭有網狀的蛇鱗。一百五十年後東漢光武帝賜給倭奴國王的金印也是蛇鈕金印。漢朝在冊封藩臣時，印上的鈕會依其地區而選擇不同的動物造型。北方、西方的游牧民族多以駱駝或羊為象徵，而南方諸國的統治者則以蛇為象徵。

滇王之印與印面　邊長2.3公分的蛇鈕金印。

一九八四年，海南省樂東黎族自治縣也出土了一顆西漢時期的蛇鈕銀印，上頭刻著「朱盧執封」四字。朱盧為地名，這是一顆賜給朱盧統治者的上級爵位璽印。但漢朝並無「執封」這個爵位，有學者推測這顆璽印的時代應該是戰國或楚漢（參照吉開將人〈從璽印看南越世界——嶺南古璽印考——〉上中下《東洋文化研究所紀要》一三六、一三七、一三九，一九九八年～二〇〇〇年）。蛇鈕上的孔洞可用來穿過名為綬的繩子。滇王將印綬掛在脖子上的時候，不知有著什麼樣的心情。

西南夷諸部族的生活與風俗

據說滇王原本是楚人，後來才移居到了滇。楚威王（在位期間西元前三三九～前三二九年）的時期，王族出身的將軍莊蹻率軍沿長江逆行而上，征服了巴、黔中以西的土地，繼續前進至滇池。由於湖畔土地豐饒，莊蹻忍不住在該地滯留了一段日子，沒想到巴與黔中卻遭秦占領，導致莊蹻沒有辦法返回故鄉。當時正是秦朝襄王（在位期間西元前三〇六～前二五一年）在位的時期。莊蹻逼不得已，只好自立為滇王，並接受了當地的風俗。到了漢代，滇王投降。

司馬遷進入了這片土地之後，才首次以文字記錄下了此地的歷史，收錄於《史記・西南夷列傳》中。其內容敘述的是西南夷的諸部族一一臣服於漢朝的過程。然而歷史不見得只能以文字來記錄。我們從青銅製儲貝器蓋上的立體圖案，同樣能一窺滇國的豐饒生活與歷史事件。近年來我們經常可以在博物館之類的設施裡看見3D（三次元）立體的靜止影像或動畫。所謂的3D立體影像，是利用人類左右兩眼的視覺差所刻意製造出的科學式虛擬影像。相較之下，滇人所創作出的都是真正的立體實像。

儲貝器　儲貝器為存放寶貝的容器。滇人在其蓋子上以立體的方式記錄了歷史。

儲貝器為存放寶貝的容器。寶貝是一種來自南海的貝類，在古代被當成了貨幣使用。除了滇池畔的石寨山之外，昆明以南一百公里處，靠近星雲湖的江川縣李家山也出土了滇國的墳墓。考古學家在這裡發現了許多儲貝器。蓋上的主題五花八門，有祭祀、戰爭、農耕、紡織、納貢、樂舞、畜牧（羊、水牛、豬）、狩獵等等。雖然是靜止像，卻巧妙詮釋出了動物或人類的瞬間動作，彷彿是在圓形的蓋頂上演一齣齣活靈活現的舞臺劇。只要旋轉蓋子，就好像是浮現於桌上的立體虛擬影像。

追趕野鹿的兩個騎兵、拉著水牛及馬的牧童、纏繞在柱上的蛇及凝視著蛇的人、割下敵兵首級的騎兵、同時使用雙手及雙腳來織布的婦人、一群頂著穀類作物走向倉庫的人、開心地跳舞及演奏的人……這些都是文獻史料無法傳達的景象。

《史記》中記載西南夷諸部族的髮型有魋（椎）結型及編髮型兩種。魋結型是在頭頂上綁出宛如木槌形狀的髮結，編髮型則是將頭髮綁成下垂的細辮。夜郎、滇一帶的髮型屬前者，西側的昆明一帶的髮型屬後者。前述夜郎墳墓中出土的青銅製髮簪，應該也是用來綁魋結的工具吧。仔細查看儲貝器上的人像，會發現不論身分高低，大部分都綁著魋結型的頭髮。少部分綁著編髮型的人像，應該是滇人以外的其他部族之人。這些髮型很可能並非單純的裝飾，而是帶有某種意義。滇人擁有如此豐富的自我表現文化，最後卻還是投降於漢帝國。

朝鮮侵略軍的混亂

漢武帝的軍隊越過了秦始皇時代的長城，朝著東側的遼東地區進軍。漢朝發兵遼東的藉口，是朝鮮王於元封二年（西元前一〇九年）派人殺害了遼東都尉。就在這一年，西南方的滇國向漢朝投降。而在遙遠的東北方，同樣的戲碼正在上演。

遼東半島就在碣石的旁邊，其更遠處便是朝鮮半島。在漢高祖的時代，燕王盧綰逃亡匈奴，燕人衛滿帶著一千多名族人遷徙至朝鮮半島自立為王。他們渡過了浿水（可能是現在的鴨綠江或清川江），於朝鮮之地建了王險城。該城的位址就在現代的平壤附近。這股勢力成功讓周圍的真番、臨屯等地勢力臣服於己，而且以藩臣的身分與漢朝建立起了外交關係。其後過了一百年，第三代的右渠即位。右渠不肯再臣服於漢朝，漢朝的使節涉何企圖說服他回心轉意，但沒有成功。涉何一氣之下，把前來送行的朝鮮副王殺了。若站在朝鮮的立場來看，副王遭漢朝使者殺害才是紛爭的開端。前述朝鮮王派人殺害的遼東都尉，正是這個涉何。

為了攻打朝鮮，漢朝再度徵調了罪犯。曾經參與過南越戰爭的樓船將軍楊僕，這次再度出戰。他率領五萬士兵，自山東半島渡過了渤海。另一支由左將軍荀彘率領的軍隊，則由遼東半島發動攻擊。這場戰爭是由防守方的朝鮮占了優勢。《史記・朝鮮列傳》詳細描寫了當時漢朝侵略軍的混亂局面。司馬遷對這場戰爭是抱持反對及批判的立場。當時楊僕的海軍與荀彘的陸軍完全沒有攜手合作。楊僕率軍攻打王險城，軍隊卻遭截斷，導致自己狼狽逃往山上。至於荀彘軍則被阻擋在浿水，連王險城也靠近不了。後來兩軍終於重振旗鼓，同時攻打王險城，但打了幾個月也沒打下來。楊僕跟荀彘都急著想要單獨立功，因而互相牽制，最後荀彘甚至將楊僕擒住，接管了所有軍隊。

元封三年（西元前一〇八年），朝鮮大臣們殺死朝鮮王右渠，向漢軍投降。漢朝在此設置了樂浪、臨屯、玄菟、真番四郡。但原本應該有功的荀彘，卻因貪圖軍功，於征戰中擅自將友將楊僕擒住，而遭朝廷以「**爭功相嫉乖計**」的罪名判處棄市（斬首後棄屍於市）。楊僕也因未等荀彘軍到就擅自發動攻擊，導致兵員死傷慘重，遭朝廷判處死刑。但朝廷允許楊僕贖罪，最後貶為庶人。漢朝發動這場戰爭，實在稱不上得到了什麼好處。站在漢朝的立場，目的只是要夷狄諸國成為藩臣，實現中華帝國君臨天下的理想。但要達成這個目的，只要逼迫朝鮮王投降就行了。漢朝派兵征討的結果，導致兩將在戰場上爭功誤事。而且士兵們上戰場只是為了抵罪，打從一開始就缺乏攻打朝鮮的戰意。

樂浪郡成為支配朝鮮半島的據點

朝鮮王右渠對抗漢軍時堅守的王險城，遭攻陷後改設為樂浪郡。其後一直到西元三一三年，共四百二十年之間成為中國朝代支配朝鮮半島的據點。自一九一〇年代起，樂浪郡的遺跡受到世人關注。大同江的南岸有座東西長七百公尺、南北長六百公尺的土城遺跡，其南方的丘陵地帶更有多達一千四百座的墳墓。考古學家自朝鮮總督府時代的一九二五年開始發掘這些墳墓，其中包含王盱墓、彩篋塚、王光墓等等，其報告書亦曾在日本出版。根據木印上的文字，王盱為郡的五官掾（輔佐太守的屬官），王光則是樂浪太守的掾（地方官的屬官）。

他們都是一些輔佐太守的當地官員，其陪葬品都是一些日常生活用品。出土之物包含漆器製的化妝工具、名為「式占天地盤」的占卜工具、身為文官所不可或缺的全套文具（筆、硯、硯水盒、木簡、小刀）等等。「彩篋」指的是一種竹箱，上頭塗著漆並描繪著色彩鮮豔的人物畫。雖然埋葬者的身分不明，但其墓室的結構為「黃腸題湊」，即將黃色的木芯（黃腸木）以露出於邊緣（題）的方式堆疊（湊）建造，可見得埋葬者的身分不低。土城則在一九三五～一九三七年之間由東京帝國大學的原田淑人帶隊進行發掘。依據出土的「樂浪富貴」瓦當及封泥，可以證實那的確是樂浪郡遺跡。這些出土文物都讓我們對漢武帝時代之後的樂浪郡有更進一步的瞭解。

漢武帝的軍隊並沒有絲毫停歇，繼續朝著西域進軍。

大宛的汗血馬

漢武帝的茂陵陪葬墓中，有一座方形墳丘，因外形貌似羊頭，故後人稱之為羊頭冢。這座羊頭冢的周圍共有多達三十八個陪葬坑，雖然是無名之墓，但埋葬者的來頭肯定不小。一九八一年，考古學家發掘其中一個陪葬坑，發現了刻著「陽信家」字樣的青銅器。陽信指的是漢武帝的姊姊陽信長公主。這個長公主是漢景帝與王皇后所生的長女，原本稱為平陽公主，嫁給了曹壽。曹壽死後，她改嫁給衛青，名稱也變更為陽信長公主。當時皇帝的女兒才稱為公主，皇帝的姊姊稱為長公主。陽信長公主的改嫁對象衛青是衛媼的兒子，而衛媼原本是陽信長公主的婢女。衛青的姊姊衛子夫，原本也是陽信長公主家裡的歌姬。漢武帝對衛子夫一見傾心，將她召入宮中，後來更在廢了陳皇后之後改立衛子夫為皇后。無名墓的埋葬者，原來正是陽信長公主。其陪葬坑還出土了鎏金銅馬。

這尊鍍金的銅馬直到今天依然熠熠發亮。高六十二公分，長七十六公分，重二十四・三公斤。雖然跟實物大的秦始皇馬俑比起來小了一號，但金色光輝令人印象深刻。

漢武帝派往大宛的使者，也是帶著金馬及千金作為贈禮。出土的金馬為中空的鍍金銅馬，漢朝使者當作伴手禮的金馬或許也是類似的東西。當時張騫已將關於大宛的資訊帶回了漢朝。大宛位在如今的烏茲別克首都塔什干附近，在注入鹹海的錫爾河上游，與漢朝的長安相隔萬里。大宛土地豐饒，不僅可栽種稻、麥，而且還盛產葡萄酒。然而最讓漢武帝感興趣的一點，是這裡的馬相當有名。當初漢武帝喜愛烏孫馬，將之命名為天馬，但聽說大宛馬有過之而無不及。傳說中大宛馬汗中帶血，所以又名汗血馬。

馬的皮膜含有大量汗腺，因此跟其他動物比起來較易出汗。一匹馬的好壞，取決於能跑多快，以及能跑多遠。懂得看馬的人會依照前腿肌肉多寡、肩膀傾斜度、胸肌寬厚度、膝蓋大小、腹部緊實度、背部及腰際肌肉多寡等體型及行走動作來判斷一匹馬的好壞。如果我們拿出土的鎏金銅馬與秦代騎馬俑的馬相比，會發現馬的素質有了明顯的改良。不僅傾斜的肩線較長，腹部緊實，馬蹄形狀呈銳角，而且尾巴也在較高的位置。只要擁有好戰馬，就能在戰鬥中取得優勢。只要想到這一點，再遠的距離也不是問題。

搶奪天馬的戰爭

當時有謠言指出大宛不肯交出良馬，把良馬都藏進了貳師城。果不其然，大宛拒絕了漢朝使者的請求。漢朝使者勃然大怒，將當成伴手禮的金馬敲毀扔棄後轉身離去。既然將金馬扔棄而不是帶走，顯然不是真正黃金打造的馬。大宛貴族認為受到侮辱，因此將漢朝使者殺了，奪取其財物。就跟其他地方一樣，雙方一言不合就發動戰爭了。從前漢武帝曾封衛皇后的弟弟衛青為大將軍，這次依樣畫葫蘆，封李夫人的哥哥李廣利為貳師將軍。這場戰爭的目的相當明確，那就是奪取藏在貳師城內的天馬。

太初元年（西元前一〇四年），漢武帝派出了由從屬國所訓練的六千騎兵，以及由全國各地無賴少年所組成的數萬步兵。但由於士兵缺乏戰意、糧食不足以及兵力不足等問題，第一次遠征失敗了。大軍退回敦煌，漢武帝震怒，不許軍隊入關。一年多之後，李廣利重新整頓了軍隊，再次出發征討大宛。這次李廣利帶了六萬士兵、十萬頭牛、超過三萬頭馬，此外運送糧食的驢、騾及駱駝也是數以萬計。大軍浩浩蕩蕩地朝著小國大宛邁進。

這場戰爭的輸贏，攸關大國漢朝的面子。大軍包圍了大宛城，並截斷綠洲都市的水源。大宛貴族只好殺死國王，並且答應交出良馬。李廣利也同意退兵，戰爭到此結束。漢軍得到了上級的良馬數十匹，以及中級的雌、雄馬三千餘匹，並且立了對漢朝友好的大宛王。長達四年的戰爭終於在此時完全畫下句點。

杏壇　相傳為孔子聚徒授業講學處，位於山東省曲阜的孔廟內。

儒教的時代

難得一見的思想家　孔子引起的共鳴

司馬遷在《史記》中將孔子編入了〈孔子世家〉。所謂的世家，內容為吳、齊、燕等諸國歷史，因此司馬遷將孔子編入世家可說是具有特別的意義。對漢代的司馬遷而言，孔子的時代（西元前五五一～前四七九年）已是五百年前的事了。司馬遷的父親司馬談曾對他這麼說過：「**自周公卒五百歲而有孔子。孔子卒後至於今五百歲，有能紹明世**。（周公死後五百年，出現了孔子。孔子死後至今也五百年了，如今正是繼承過去光輝歲月的好時機。）」所謂的五百年，只是個概略的數字而已。實際上從孔子去世到司馬談去世，只過了三百七十年。周公即周公旦，他是周文王的兒子、周武王的弟弟，曾幫助周武王討伐商紂，並在周武王去世後協助年幼的周成王處理政事。周公旦的時代大約是西元前一千年，因此司馬談的時代實際上只隔了大約九百年。不論是「五百年前」的孔子，還是「一千年前」的周公旦，都是漢代世人心目中的理想人物，甚至稱之為聖人也不為過。漢代世人將孔子理想化，正是後來的儒教歷史的出發點。尤其是漢武帝的時代，可以視為儒教開始成為漢朝政治基礎思想的時代。司馬談曾談論六家學問，六家指的是陰陽家、儒家、墨家、法家、名家及道家。在西漢初期，儒家的地位也只不過是六家之一而已。而且當時最令司馬談崇拜的學問，其實是道家。然而到了司馬遷的時代，儒家的地位超越道家等諸學問，並且開始與政治產生關聯。

司馬遷在二十歲周遊天下的時候，曾經造訪魯地。那裡有祭祀孔子的廟堂，祭祀的禮器一應俱全。司馬遷目睹諸生定期聚集在孔子的舊宅學禮，內心非常感動，久久不肯離去。孔子雖為布衣（原指庶民所穿的麻衣）之身，其學問卻傳承了十多代，可說是相當難得一見的思想家。司馬遷將孔子納入世家的意義便在於此。遭秦始皇消滅的東方齊魯學問，尤其是因秦始皇的焚書坑儒而式微的儒家學問，正與漢朝的政權相結合而重新受到重視。

《論語》是孔子的弟子們所記錄的孔子行語錄。另一方面，《史記．孔子世家》則是孔子的傳記，內容涵蓋孔子從出生到死亡的七十二年人生。司馬遷依據的史料，是《春秋左氏傳》等古籍的內容。

宏大的思想與對政治的熱誠

孔子出生於魯國的昌平鄉。父親叔梁紇與顏氏的女兒野合而生孔子。文獻上記載這一年為魯襄公二十二年，換算起來是西元前五五一年。孔子的本名為孔丘，據說那是因為他出生時頭頂中央凹陷，因此得到了「丘」這個名字。字仲尼，這個字則是源自於孔子出生的曲阜南邊有座名叫「尼丘」的山。家裡雖然貧窮，但孔子從小就好讀經書，擁有淵博的學識，這讓他得以成為魯國季氏底下的官員。讓他管理財務收支，他可以管理得非常公正；讓他管理家畜，他可以讓家畜的數量增加。但他先後歷經遠離魯國，遭齊國驅逐，自宋國、衛國逃走，在陳國、蔡國受苦，曾向七十餘位君主謀求仕官，卻始終不受重用。他雖感嘆魯國政局紊亂，但最後還是回到了魯國，廣集門生教授學問。孔子感慨周朝禮樂的式微，一直希望加以復興。據說他曾修正詩（指《詩經》）書（指《尚書》或《書經》）的錯簡，復興禮樂，為記錄魯國歷史而作《春秋》，並因愛好《易經》而作《繫辭傳》。孔子教授的經書合稱「五經」（易、詩、書、禮、春秋），再加上樂，合稱「六藝」。

到漢景帝時期為止，儒家並沒有受到高度重視。直到漢武帝的時代，中國才逐步轉型為儒教國家。根據《漢書・百官公卿表》記載，建元元年（西元前一四〇年）朝廷設置五經博士。但《史記》中並無相關記載，故詳情不明。儒家的學問是由博士以口述的方式傳給弟子。當時的儒家經典

四川講學畫像石　儒學作為維持漢帝國體制的學問，傳承方式是由博士向諸弟子口頭講述。學生們的手裡拿著竹簡書籍。（《巴蜀漢代畫像集》）

已累積成了龐大的學術體系，一名博士不可能同時精通五經、六藝。

漢帝國選擇儒家作為維繫帝國體制的基礎學問，是因為儒家相當重視君臣父子之禮、夫婦長幼之別。畢竟諸如祭祀、喪葬，乃至封禪、外交，都少不了禮儀。但儒家思想中重視禮節秩序的部分只是六藝中的「禮」而已。實際上儒家思想的特徵在於其多樣性，如「詩」諷刺政治、「書」讚頌先王事蹟、「易」的革命思想說明了自然與社會的變化、「春秋」以歷史為借鏡、「樂」則為宗廟祭祀上不可或缺的環節。

正因為儒家學問博大精深，到了漢代儼然形成了「儒教」。這些學問逐漸趨向專業化，如精通《尚書》的伏生（漢文帝時代的人物，以下表記同）、精通《詩經》的申培公（高祖）、轅固生（文帝）、韓嬰（文帝—武帝）、王臧、趙綰、精通《春秋》的董仲舒（景帝—武帝）、胡母生（景帝）、公孫弘（武帝）、精通《禮記》的高堂生、精通《易經》的田生等等。朝廷召集全天下的優秀人才，作為博士的弟子。來自全天下的賢良方正、文學之士多達數百人。

到了漢武帝時期，這些學者的地位不再侷限於博士，有些甚至像孔子一樣擔任丞相之類高官，積極參與政治。如董仲舒是漢景帝時代的博士，原本的工作是對弟子們口述教授《春秋》，後來成為江都國王及膠西國王（兩人皆為漢武帝的哥哥）的丞相。他所提出的政策，都是以《春秋公羊傳》及災異之學為依據。例如建元六年（西元前一三五年），遼東郡的高祖廟遭大火焚毀，首都圈內的高祖長陵陵園內的便殿也遭大火焚毀。漢武帝問董仲舒為何會發生這種事，董仲舒表示這是天意，並聲稱孔子在世的魯國定公、哀公時期，宮殿也常常遭遇大火。那是因為魯國建立了違反禮儀的宗廟或宮殿，因此上天將其焚毀以正禮儀，並且暗示國家內部有著季氏等亂臣。由此可知董仲舒是以過去的歷史來影射當時的漢武帝時代。

拯救農民以圖富國的政策提案

儒生心目中的理想時代是五帝至夏商周三代。政治上的基本理念是讓人民填飽肚子，先有充足的資源才能發展經濟。董仲舒以井田制為理想，即以井字將耕地平均劃分為九塊，其中八塊分別為八個家族的私田，剩下的一塊為公田。這樣的土地制度同時兼顧了平等與合作。但是自秦代之後，朝廷允許百姓買賣土地，因而出現了貧富差距。戰國時代以來的富國強兵政策被視為剝奪民力而遭到批判。漢朝原本也繼承了秦朝的政治制度，但儒家試圖使其脫胎換骨。當時窮人必須擔任一年的邊防士兵、一年的首都警衛及服一個月的郡縣勞役。此外田租、口賦（人頭稅）之類的稅務負擔也很沉重，在豪族的土地上耕種的佃農必須繳納收成的十分之五。

典型的農民家族是一家五口擁有一百畝的耕地。一百畝原本為一百平方步，後擴大為二百四十平方步。步的原意為一腳跨出的步幅，約相當於一・三公尺。因此二百四十平方步可想像為縱走二十四步，橫走十步的面積大小。農民在這片耕地上種植穀類作物，收成後儲存生活上所需數量，剩下的賣給國家以換取貨幣。人頭稅必須以貨幣繳納，衣物等生活用品也必須到市場上以貨幣購買。董仲舒為了拯救農民的困境，提出了限制土地所有權的名田政策。

戰國時代魏國的李悝曾向魏文侯提出讓土地豐饒、國家富裕的政策，在他的建言中曾具體舉出農民家計收支的例子。以下我們將這個例子套用在漢代的農民身上。一家五口，百畝耕地。北方種植的穀類作物為粟或小麥，南方則為稻米，雖然無法完全視為相等，但姑且假設一畝田的收穫量為一石半，一百畝即為一百五十石。實際上耕地不足百畝的農家相當多。田租為收穫的三十分之一，即五石，扣除後剩下一百四十五石。作為糧食的部分，每人每月約消耗一石半，五人一整年下來約需要九十石。一百四十五石扣除九十石，剩下五十五石。一石可換三十錢，故五十五石可換得一千六百五十錢。口賦（人頭稅）的部分，成年人一年一百二十錢，三至十四歲的孩童每年二十三錢，若以一家五口（三個成年人、兩個孩童）計算，一年需繳四百零六錢。扣掉這筆錢後，剩下一千二百四十四錢。鄉里祭祀活動須繳納三百錢，衣著假設每人每年花費三百錢，五人就要花一千五百錢。光是算到這裡，便已不足五百五十六錢。不僅每一年都是捉襟見肘，而且倘若遇上天候不佳或天災，生計馬上就成問題。

淮南王與衡山王的叛亂事件

元朔六年（西元前一二三年），發生了一件令漢武帝大為震驚的事情。淮南王劉安與衡山王劉賜意圖謀反，數千人因而遭到處刑。這場內亂發生在漢朝與匈奴正打得如火如荼的時候。就連董仲舒曾經效忠過的江都王也試圖聯合膠東王響應叛亂。如果任憑事態發展下去，很可能會爆發第二次的吳楚七國之亂，無論如何必須盡早弭平才行。

劉安是漢高祖的孫子，位於淮水河畔的淮南國國王。父親劉長原本統治的領土相當廣大，約相當於四個郡，但因遭懷疑企圖謀反，國家被切割成三塊，兒子劉安只能繼承其中的淮南國。劉安底下聚集了大量食客，這些食客合力編纂了雜家著作《淮南子》，書中以道家思想為中心，涵蓋了各式各樣的思想。但後來劉安也因太子引發的一些小事而遭削減領地，且不斷遭中央朝廷懷疑有謀反意圖。

中央朝廷為了打壓諸侯王國的實力，在防止叛亂上制定了相當嚴苛的法律。依據張家山漢簡的《賊律》中記載，除了謀反者須處腰斬之外，其父母、妻兒、同產（同一母親生下的孩子，即兄弟）也不分年齡大小一律處以棄市之刑。劉安事實上並沒有真的發動叛亂。但王后與太子皆遭逮捕，數千人受到牽連。曾在劉安底下任官的伍被告發劉安謀反，把詳情說得一清二楚，例如劉安為了攻打長安而暗中準備兵器，以及偽造了皇帝璽印及高官之印等等。當時由博士升任丞相的公孫弘也從《春秋》中記取教訓，在這起事件中秉持著嚴懲的態度。最後朝廷廢去淮南國，改設九江郡。

借儒家學問諷刺漢武帝

董仲舒受後人尊稱為儒學之祖。包含孔子在內，儒家對政治及現實相當關心，並非只重視書桌上的學問。但當儒生對現實感到絕望時，就會回歸學問，董仲舒也不例外。

儒生參與政治的方式各有不同，例如司馬相如是站在詩人的立場參與政治。他作了《大人賦》《子虛賦》等作品，靠詩句來諷刺現實中發生的事，這也是儒家思想的表現手法之一。司馬相如亦曾試圖批判漢武帝繼南夷之後又想侵略西狄的野心。司馬相如出身於蜀郡成都，因此對於故鄉飽受摧殘感到痛心疾首。巴蜀即現在的四川省，自從戰國時代遭秦征服後開發速度大幅提升。與貧窮的司馬相如私奔的卓文君，其父親正是在秦擊敗趙後移居至蜀地且獲得成功的製鐵業者，據說家中奴婢多達上千人。司馬相如曾寫過一篇文章，利用自己與蜀地耆老們對話的形式諷刺漢武帝推動的西南夷戰爭。雖說是假借了儒家的學問，但至少他敢為文諷刺當今皇帝，可見得當時的漢朝政局還算清明。司馬相如在文章中把自己寫成了漢朝的使者，其文章大意如下：

蜀地耆老們問：「天子對於夷狄的態度，只是加以牽制不使斷絕關係而已。天子奴役巴蜀及廣漢的百姓，想要建立通往夜郎的道路，已三年卻還沒有成功，百姓皆疲累已極。如今天子卻又想要開拓西南夷，請問這是什麼道理？」

使者（我）回答：「《詩經》中說『普天之下皆是王土，四海之內皆是王臣』，只要有一人不受天子之德，就是天子的恥辱。如今四方都已德化，西夷及南夷也想獲得天子的爵號，就算百姓再苦，王業還是必須推動下去。」

蜀地耆老們感嘆道：「漢的恩德實在太大，百姓雖已倦怠，我們還是要努力下去。」

這篇文章不僅諷刺漢朝天子毫無意義的征戰行為，且直率地表露出了蜀地百姓的心情。

漢武帝時代的經濟與開發

我們並不清楚漢武帝時期的人口數量，但可以查到一百年後的西漢末期為一千二百二十三萬戶、五千九百五十九萬人。要維持如此龐大的帝國，除了必須有健全的官吏制度之外，嚴謹的財政制度也是不可或缺的環節。派出去攻打匈奴的軍隊動輒以數十萬計，朝廷必須隨時能拿出足以因應其軍糧、兵器及封賞所需的資金。換句話說，漢武帝時期的財政除了必須維持平時的收支之外，還必須負擔軍事上的財政支出，可說是相當吃緊。

維繫漢代財政的貨幣

漢代顯然已邁入貨幣經濟的時代。秦始皇時代的半兩錢到了漢代並沒有被廢除，漢代的財政同樣是由貨幣所維繫。漢代的朝廷持續發行秦代的方孔圓形青銅貨幣，但呂后時期的八銖半兩錢與漢文帝時期的四銖半兩錢只有面額及形狀維持秦朝的制度，重量卻是完全不同。一兩為二十四銖，半兩應為十二銖（七・八公克），因此八銖錢與四銖錢的實際重量與其面額（半兩，即十二銖）差異極大。漢文帝時期曾一度開放民間自行鑄造貨幣，但到了漢景帝時期又再度禁止。現代人或許會認為任由百姓鑄造貨幣是很不可思議的事，但實際上錢幣的鑄造可說是一點也不難。只要拿一枚舊有的錢幣以黏土壓出形狀，燒製成模具，再將銅、錫等金屬燒熔後倒入其中即可。不論是形狀或上頭的圖文都相當簡單。有些時期朝廷只求讓貨幣流通，並不在乎貨幣是由誰鑄造。吳國鑄造的貨幣、鄧通個人鑄造的貨幣，都曾流通過一段時期。

五銖錢　元狩4年（西元前119年）由漢武帝發行的五銖錢，面額及重量（青銅）一致，這個形狀的錢幣一直沿用至700年後的唐高祖時代。

為了維持貨幣經濟的運作，國家必須鑄造大量的貨幣，事實上這並不是一件容易的事。漢武帝在元狩三年（西元前一二〇年）發行了三銖錢，到了元狩四年（前一一九年）又發行了五銖錢，這些錢幣的面額皆與其重量一致。後人持續沿用漢武帝的五銖錢，直到唐高祖時代為止，共使用了長達七百年的時間。從元狩五年到漢平帝的元始年間，鑄造的錢幣多達二百八十億萬（即億）錢，算起來每年鑄造二億二千萬錢。

稅收基本仰賴人頭稅，在漢代稱之為算賦。十五歲至五十六歲的成年人不分男女，每年須繳納一百二十錢。假設全國該年齡層有一千萬人，稅收即十二億錢。兩千萬人即二十四億錢，三千萬人即三十六億錢。但光是衛青、霍去病賞給士兵的便多達二十億~一百億錢，可見得這樣的稅收根本不夠。

漢代官吏的俸祿

西漢末期官吏俸祿最高的是丞相，俸祿一萬石；最低的是佐史，俸祿不到一百石。官吏人數多達十二萬人。漢代的俸祿是以計算穀類作物的單位「石」來進行換算。根據西漢初期的《秩律》（張家山漢簡）記載，俸祿自二千石以下，依序為二千、一千、八百、六百、五百、四百、三百、二百、一百。二千石為中央政府各部門首長的俸祿，包含御史大夫、廷尉、內史、典客、中尉、太僕、少府、奉常、郎中令，合稱九卿。此外，各地郡守的俸祿也是二千石。一千石在中央為僅次於部門首長的官吏，在地方則為大縣的縣令。縣令的俸祿自一千至六百不等，會因該縣的大小而不同。長安、雒陽、成都縣為一千石，咸陽、長陵、江陵縣為八百石，安陵、滎陽縣為六百石。中央任命的長吏為一百石以上，地方任命的少吏為一百石以下，以示區別。

官吏的階級都是以「石」來表示。石可當作容積單位（即「斛」）亦可當作重量單位，因此經常容易混淆。金屬之類形狀固定的物體是以「權」（秤砣）來測量重量，液體或粉末等形狀不固定的物體是以「升」來測量容積。穀類作物不論採用前者或後者都可量測。據說秦始皇一天審閱的裁決公文以一石為限，一石為一百二十斤，即三十公斤。當時的公文皆是寫在竹簡上，所以只能採用測重的方式。

司馬遷的年俸為六百石，若換算成月俸，相當於七十斛的穀類作物價格。一斛為十斗，即一百升。若換算成日本的升，一斗約等於一升，一斛為十升，即一百合。若換算成貨幣，一斛約七十～八十錢，七十斛就是四千九百～五千六百錢。七十斛乘上十二個月，為八百四十斛，這個重量便相當於六百石。換算成貨幣年所得，即為六萬錢。《秩律》中記載的太史俸祿也是六百石，到了漢武帝時代依然沒有改變。像司馬遷這樣六百石階級的官吏只要有五萬人，一年就必須支出三億五千萬錢，光是這個數字就超過了一年的貨幣發行量。

穩定國家財政的政策

物價並非一成不變。穀類作物的價格會因豐收或歉收而劇烈起伏，這對農民及都市居民的生活都會造成嚴重影響。原本一石的價格為數十錢，發生饑荒時會飆升至數百、數千，甚至是上萬錢，豐收時則會下跌至一石數錢。例如秦始皇三十一年，價格上升至一石一千六百錢，到了楚漢戰爭的時期，由於田地荒廢之故，更是一度攀升至一石一萬錢。相較之下，漢文帝時代的價格則維持在一石數十錢上下。

為了穩定國家財政，朝廷必須想辦法抑制穀物價格的波動。治粟都尉桑弘羊是漢武帝時期掌管國家財政的重要人物。他出身於雒陽商賈之家，將其經商、計算能力運用在國家財政上。元封元年（西元前一一〇年），朝廷在他的提議下於地方各縣設置均輸官，並於中央設置平準官。顧名思義，均輸官的職責在於促進物資流通的平均化，平準官的職責在於維持物價的安定化。物資匱乏時物價就會高漲，物資過剩時物價就會下跌。中國疆土廣大，就算發生局部性的饑荒或災害，也會出現某些地方物資不足、某些地方物資過剩的情況。商人正是利用這個現象從中低買高賣牟取利潤。

例如在漢元帝的時期，由於穀類作物連年歉收，京師地區的價格為一石二百餘錢，偏遠的郡為四百錢，關東地區甚至漲到五百錢，各地價格不同。商人們利用物價會隨時間而高低起伏的現象，在低價的時候買入，到了高價時又故意壟斷哄抬。這樣的做法，可視之為中國古代的自由經濟行為。朝廷的因應對策則是反其道而行，將物資運送至匱乏的地區，或是在物價高漲時放出物資來壓低價格，如此便能達到安定國家財政的效果。

鹽專賣權為國家帶來龐大利益

在這個時期之前的元狩四年（西元前一一九年），御史大夫張湯提出了鹽、鐵專賣的基本構想。鹽、鐵都是生活必需品，由國家壟斷專賣，不僅可以穩定價格，而且能增加國家收入。在實際的執行上，朝廷借助了兩名富商的知

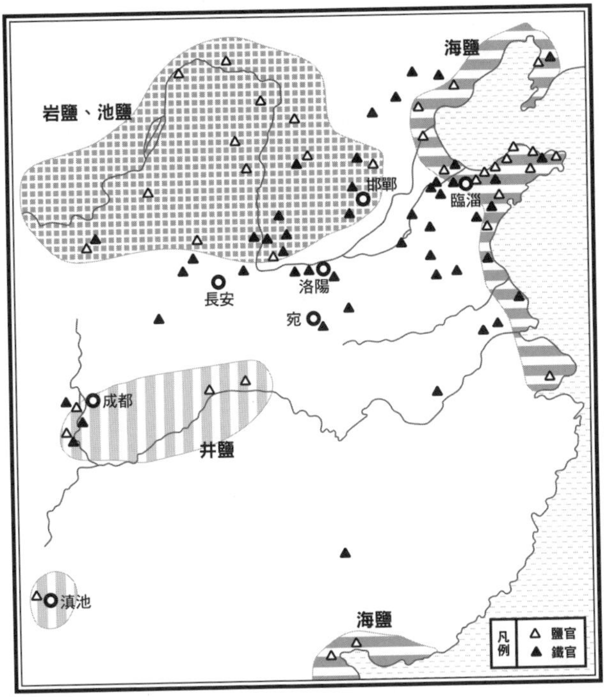

全國鹽官、鐵官配置圖

識，其一是南陽冶鐵商孔僅，其二是齊地製鹽商東郭咸陽，這兩人被任命為大農丞。兩人根據其從商經驗指導朝廷在全國各地設置鹽、鐵官及酒榷官，各郡國有三十五縣設置鹽官，四十八縣設置鐵官。後來桑弘羊升任治粟都尉，取代孔僅等人管轄鹽鐵。

人體為了調節體液，必須攝取鹽分。在古代，鹽不僅能當調味料，還能用來保存食物，用途非常廣泛。海鮮類食物很容易腐敗，但只要灑上鹽，就能在不除去水分的情況下保存較長的時間。當然若使其乾燥或發酵，保存時間更長。蔬菜也能以鹽醃漬，如此一來冬天也可食用。動物的肉或內臟的保存方式也是灑上鹽後以鉤子吊起，使其保持乾燥。漢代畫像石讓我們得以一窺當時的廚房景象，兔肉、豬肉及魚肉都被吊了起來。

利用鹽配合大豆、穀類作物、魚類、肉類進行發酵，可製成各種「醬」，增添食物滋味的豐富性。中國很多地區都產鹽，沿海地區生產海鹽，內陸地區則生產池鹽、岩鹽或井鹽。根據《史記・貨殖列傳》記載，若將天下分成山東（指華山以東，並非現在的山東省）和山西（指華山以西，並非現在的山西省），黃河下游的山東產海鹽，山西則產岩鹽及池鹽，此外嶺南（廣東）及沙北（北方沙漠地帶）亦產鹽。

相較於只生產海鹽的日本列島，中國大陸從古代就有各種不同的食鹽可供享用。岩鹽在地底下歷經漫長時間的結晶化，因此氯化鈉的純度極高，而海鹽則純度較低，但含有豐富的礦物質。氯化鉀含量高的鹽偏甜，氯化鎂含量高的鹽偏苦，食鹽的味道可說是千變萬化。

三十六處設置鹽官的地點，有十六處位於渤海及黃海沿岸的海鹽區域。要讓海鹽凝結成結晶，製作法是將海水倒進大鍋裡直接熬煮，或是靠風吹日晒讓水分蒸發，齊地皆生產這類海鹽。內陸的巴蜀則有四處鹽官負責生產井鹽，井鹽的製作法是將溶解了岩鹽的高濃度地下水自井中抽出，存放一段時間後移入大鍋中熬煮，使其化為結晶。四川畫像磚上可一窺其製造過程。

除此之外，內陸地區亦分布著一些鹽池及岩鹽。位於現代山西省運城縣的解池便是自古有名的鹽池，漢朝的鹽商靠著賣鹽致富萬金（一億）。朝廷將煮鹽的器具借給這些商人，命其製鹽，並獨占賣鹽的權利，獲取龐大利益。

鐵製農具大幅提升生產力

另一方面，大約在春秋末期至戰國時代，開始出現生鐵鑄造技術。製作法是將鐵礦石以一千一百～一千三百度的高溫燒熔，倒入模具中使其成形。當時的人以這個方法製造鑄鐵農具，生產力因而大幅提升。自戰國時代中期之後，富裕人家普遍使用鑄鐵農具，到了漢代更普及至一般農民。考古學家在戰國時代的遺跡中挖出了鍬、鐮、斧等農具，此外亦發現了漢代的製鐵廠遺跡。戰國時代的民間製鐵商以趙國的卓氏及齊國的程氏最為有名，卓氏、程鄭、孔氏皆是靠製鐵致富。春秋戰國時代亦出現讓一或兩頭牛拉動鐵犁的牛耕技術，生產力有了顯著的成長。漢代畫像石、畫像磚上經常可看見牛耕的畫面。掘土用的三角形犁頭及推開土的犁鏟皆是以鑄鐵製成，但犁的本體（固定在牛身上的長棒、以手扶住的犁柄、垂直豎立的犁柱、在地面上滑動的犁床等等）為木製，在漫長的歲月裡早已腐化，因此出土物只有犁頭及犁鏟。

要生產鐵，必須以木炭作為燃料，加熱鐵礦石（氧化鐵）使其排出一氧化碳，才能還原成鐵。要讓木炭徹底燃燒，必須有冶鐵爐及送入大量空氣的風箱。設置鐵官的四十八個地點有個共通的條件，那就是能夠同時供應鐵礦石及木炭。分布情況為山東丘陵一帶十六處，太行山脈沿線的南北兩側七處，太原至洛陽、穎川、南陽一帶十一處，關中至隴西、漢中一帶五處，蜀地三處，長江下游四處，桂陽一處。

實施專賣制度後，有一次徐偃巡視地方風俗時，偽造敕命讓膠東國及魯國製鹽及使用風箱製鐵。此舉遭張湯彈劾，張湯認為徐偃之罪該當處死。當時有個名叫終軍的人，年紀輕輕就因口才好、知識淵博而擔任漢武帝身邊的謁者給事中（在皇帝身邊管理公文及人員出入的官員）。終軍問了徐偃以下幾個問題，證明徐偃的做法不切實際。其一，膠東國與魯國接受來自周邊諸郡的供應，鹽鐵並無匱乏，你主張這兩國必須自行生產鹽鐵，是確實調查了人口與耕地面積後作出的結論嗎？其二，要製造春天耕種時必須使用到的農具，得從秋天就開爐點火，他們已準備好了嗎？徐偃被問得啞口無言，只能伏首認罪。從這幾句話中，也能一窺當時的製鐵作法。

酒也是家族或鄉里祭祀上不可或缺之物。朝廷下令禁止百姓擅自釀酒，但私酒的買賣極為猖獗。例如霍光的兒子霍禹遭告發宅邸內有私酒，酒甕都遭打碎。此外趙廣漢的食客也曾在長安的市場上販賣私酒。

解決嚴重鹽害問題的白渠

太始二年（西元前九五年），趙中大夫白公上奏建議引涇水建立渠道以利灌溉，這項建議獲得了同意。西元前二四六年，秦始皇才剛即位為秦王時，曾令鄭國開挖渠道，也是在相同的地點。鄭國渠的建設與白渠的建設相距一百五十年，秦始皇留下的遺產在漢武帝時代重獲生機。

回想當年秦王時期，負責灌溉渠道建設工程的是來自鄰近的韓國的水利工程專家鄭國。事實上鄭國是韓國派出的間諜，目的是為了讓秦國把國力投注在土木工程上，如此一來便無法增強軍備，

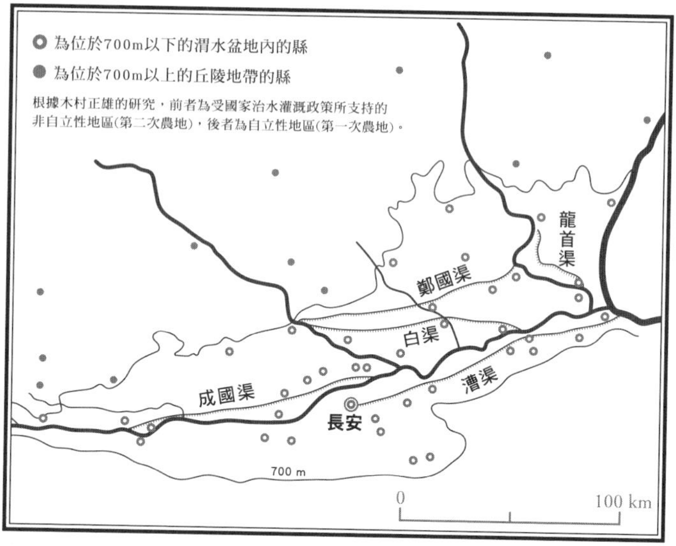

鄭國渠、白渠　仿效秦始皇留下的鄭國渠，趙人白公提議挖掘白渠並付諸實行。

對韓國的威脅也會減低。涇水自中山流經平原，鄭國的做法是從瓠口（指形狀有如葫蘆的彎曲河道）引出涇水，沿著北山往東築起一條三百里（一百二十公里）長的渠道，直抵洛水。渠道還沒蓋完，鄭國的間諜身分已遭揭穿，但秦王命令鄭國將渠道完成。此地的河水帶有大量黃土高原的泥沙，能夠為農作物提供大量錳、鉀等礦物質，洗去地面的鹽分，而且泥沙的堆積也能防止土壤水分蒸發，效果相當驚人。灌溉土地達四萬餘頃（約七百二十八平方公里），以鄭國渠的長度一百二十公里來計算，可灌溉到六公里外的土地。農作物的收穫每畝田高達一鍾（等於六斛四斗，約四十九・七公升）。

然而過了一百五十年，漢武帝沒辦法直接繼承秦始皇的遺產。主要的問題在於泥沙與鹽分。黃河下游因河床傾斜度太小，導致泥沙容易堆積在河床上，但涇水的情況剛好相反，由於傾斜度太大，導致河床不斷遭沖刷侵蝕。涇水的引水口在一百五十年後已因河床太低而失去機能。為了配合耕地的高度，必須將引水口移往上游才行。而且地面的鹽分雖然短期間會被灌溉水沖走，但長期下來灌溉水反而會誘發地下水位上升，導致鹽害更加嚴重。所謂的鹽害，指的是乾燥土地因水分蒸發過於快速的關係，土壤中的鈣、鈉類鹽分會被水分帶往地表，在地表附近形成結晶的現象。如果置之不理，農作物將會枯死。

白渠完成後，百姓歌頌土地的豐饒：

田於何所？池陽谷口。

鄭國在前，白渠起後。
舉鍤為雲，決渠如雨。
涇水一石，其泥六斗。
且溉且糞，長我禾黍。
衣食京師，億萬之口。

但白渠的渠水從谷口縣到櫟陽縣，長度只有二百里，灌溉面積也只有四千五百餘頃，與鄭國渠相比可說是遜色不少。

漢武帝時期的關中開發

鄭國渠與白渠如今是涇惠渠的一部分。考古學家曾在一九八五年、九八年及九九年前往當地進行調查。

三原縣龍橋分為架設在鄭國渠古道上的清代橋樑及現代的橋樑，涇惠渠水壩附近亦可找到歷代渠首（引水口）遺跡。鄭國渠渠首的斷面如今依然清晰可辨。三限閘（三岔的水門）為白渠往北中南三個方向分流的起點。鄭國渠的灌溉地區沿著渭北平原的北方往東西兩個方向延伸。渠道挖鑿在海拔四百九十二公尺至三百八十公尺的斜面上。白渠的時代較鄭國渠晚，地勢也較低。除了東西方向的幹線渠之外，還有南北方向的支渠，建立起更加綿密的灌溉網。由此可知秦始皇時代的智慧確實獲得了傳承。

在白渠及鄭國渠的前方還有龍首渠，這亦是一項挑戰更嚴重鹽害問題的灌溉工程。提案者為莊嚴熊，他指出臨晉縣的百姓渴望自洛水引一條渠道，灌溉重泉縣以東一萬餘頃的貧瘠土地。只要有水，每畝田能收穫十石的農作物。漢武帝於是派出了一萬人力。但要將洛水引入臨晉縣，渠道必須貫穿坡度平緩但土石易塌陷的商顏山。施工方式於是採用井渠工法，即先挖掘深達十公尺的井，再於地底下進行橫向貫通。原理同於中亞地區常見的「坎兒井」。由於施工途中挖到龍骨（可能是恐龍化石），故名龍首渠。這條渠道如今是洛惠渠的一部分。一九五〇年代居民曾以此渠道進行大規模灌溉，但反而誘使地下水位上升，造成更嚴重的鹽害問題。七〇年代添加了排水系統，將灌溉水引入排水溝，地下水位才沒有繼續上升，這可說是另一個新的智慧。

由上述諸般工程可知包含首都圈在內的整個關中地區，在漢武帝時代獲得了高度的開發。秦王下令建設鄭國渠是為了對抗東方六國，同樣的道理，漢武帝建設關中是為了對抗匈奴。

漢武帝時代的終結

後元二年（西元前八七年），漢武帝在長安以西的一座名為「五柞宮」的離宮內駕崩。這座離宮附近有五棵柞樹（一種櫟樹），故名五柞。遺體暫放於未央宮前殿，於三月下葬茂陵。漢武帝十六歲便即位，駕崩時為七十一歲，歷經五十四年皇帝生涯。秦始皇的三十七年在位紀錄，直到漢武帝才被打破。但秦始皇的壽命只有五十歲，漢武帝可說長壽得多。在這五十四年之間，有許多臣子早一步躺進了茂陵的陪葬墓裡，其中包含衛青及霍去病。另外還有更多臣子生前為漢武帝盡忠，死時卻進不了陪葬墓。如張湯、張騫的遺體都是被送回

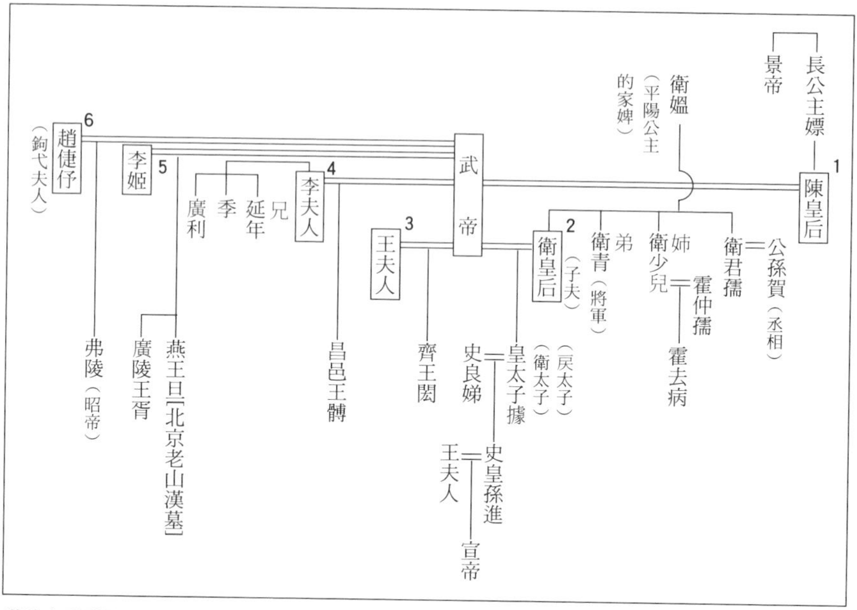

漢武帝系譜圖

故鄉埋葬。張騫的墓在漢中。

漢武帝的孩子除了齊王劉閎、燕王劉旦、廣陵王劉胥這三王之外，還有太子劉據（或稱衛太子、戾太子）及李夫人所生的昌邑王劉髆等人。征和二年（西元前九一年）發生了巫蠱之禍，衛皇后及兒子劉據被迫自殺。所謂的巫蠱，指的是讓各種蠱子在盤內互相啃食，以最後存活的蠱子咒殺仇人的一種巫術。使者江充等人聲稱在太子的宮殿裡挖出了蠱。多達數萬人因遭牽連而送命。衛皇后死後葬於長安城南邊，並沒有埋葬在茂陵內。貳師將軍李廣利的妹妹李夫人也曾受寵，但一直到死都沒能當上皇后。茂陵周圍並無皇后陵，只有李夫人墓孤零零地座落著。李夫人的兒子也很早就去世了。漢武帝在過了六十歲才失去太子，最後繼承皇位的是與鉤弋夫人趙倢伃所生的孩子。這孩子在漢武帝六十二歲時才出生，八歲就即位為帝，是為漢昭帝。

司馬遷的《史記》共一百三十篇、五十二萬六千五百字

司馬遷也是沒有被埋在茂陵的臣子之一。我們不知道司馬遷生於何年，也不知道司馬遷死於何年，只知道他的過世時期應該跟漢武帝很接近。有學者主張司馬遷死於漢武帝晚年，也有學者主張死於漢昭帝初年，但都沒有確切證據。《史記》並沒有記錄漢武帝的過世，當然也沒有記錄作者司馬遷自己的過世。《史記》共一百三十篇、五十二萬六千五百字，原名《太史公書》。魏晉時代之後，才被稱作《史記》。

當時的書籍都是寫在竹簡、木簡或帛布上。《史記》的章節單位為「篇」而非「卷」，可見得應該是竹簡或木簡。

這部著作的分量有多大，取決於每一枚竹簡的長度與文字數。漢代竹簡多為一尺（二十三公分），一般性的公文皆使用這個長度。二尺二寸（五十六公分）為書籍，三尺（六十八公分）為律令文書。只要看竹簡串的長度，就可以知道裡頭寫的是哪一類的內容。考古學家在一九七二年於山東省臨沂縣銀雀山挖掘兩座西漢古墓，發現了大量竹簡。一號墓出土約七千五百枚，二號墓亦出土三十二枚。由於二號墓出土了漢武帝元光元年（西元前一三四年）的曆譜，且兩墓出土的錢幣都是三銖錢（元狩三年，西元前一二〇年）而非五銖錢（元狩四年），可知兩墓都是漢武帝時代初期的墳墓。一號墓出土的竹簡中較長者為長二十七．五公分，寬〇．五～〇．七公分，厚一～二公釐。這個長度約為漢代的一尺二寸。各竹簡間以三條線串聯使用。

這些竹簡中包含了《孫子兵法》及《孫臏兵法》這兩部著作。《史記．孫子列傳》中亦提到了這兩個「孫子」，前者是春秋時代齊國人孫武，後者是戰國時代的孫臏，孫臏是孫武的後代子孫。一般當我們提到孫子時，指的大多是孫武。孫武是效忠於吳王闔閭的將軍，著有兵法十三篇。孫臏則效忠於齊威王，在攻打魏國時立下大功。過去曾有學者主張孫武、孫臏這兩人其中之一為虛構人物，但如今我們已證實現存的《孫子》十三篇的源頭可追溯至漢代的兩部兵法書竹簡。漢武帝時代的主父偃在主張反戰時曾引用兵法書指出「**興師十萬，日費千金**」，此處的兵法書指的是《孫子》第十三篇〈用間〉中提到的「**凡興師十萬，出征千里，百姓之費，公家之奉，日費千金**」。

這個例子在分析同時代的《史記》時，是很有用的參考依據。倘若以《孫子》竹簡的尺寸規格為依據，即長約二十七公分、每行約三十五字，則一百三十篇《史記》共需使用一萬五千枚竹簡。據說漢武帝時期的東方朔曾上奏多達三千枚簡牘的長篇大論，需要兩個人才搬得動，漢武帝花了兩個月才看完。《史記》的分量約是其五倍，司馬遷共寫了兩份，正本埋藏於名山，副本收藏於都城。

竹簡版本的初版《史記》除非將來出土，否則我們無法親眼目睹其內容。本書到目前為止的內容多仰賴《史記》，但要介紹漢武帝之後的漢代歷史，我們必須仰賴班固的《漢書》。

漢武帝的統治期間長達半個世紀。正如同「武」這個謚號，漢武帝在位期間不斷向四方邊境發動戰爭。他甚至曾親自率領十八萬騎兵巡視北方長城，可說是相當具有行動力。即使是秦始皇，也只與北方的匈奴及南方的百越同時交戰，而漢武帝卻是同時往東南西北四個方向擴張領土。

第七章 從後宮之窗看帝國發展

漢帝國的中樞與後宮

如今我們所讀的《史記》，包含一些漢武帝及司馬遷過世後的歷史，照理來說這些內容不該出現在《史記》裡。事實上司馬遷的《史記》只記錄到漢武帝的太初年間而已，後來的內容都是後人補上的。由於《史記》只記錄到西漢的前半段，有很多人嘗試把漢武帝之後的西漢歷史補齊。光是為《史記》添加內容，有些人還覺得不夠，因此寫了續篇。如劉向、劉歆父子及揚雄都寫過《史記》的續篇，一直寫到西漢末年的哀帝、平帝時代。但其內容良莠不齊，且給予篡奪西漢的王莽政權過高的評價也是為人詬病的一點。

從《史記》到《漢書》

進入東漢後，這樣的情況獲得了改善。因為史家能以更宏觀的角度來記錄西漢的興衰。如東漢光武帝時期的班彪作了《後傳》六十五篇。到了東漢明帝時期，班彪的兒子班固任蘭臺令史，又編纂了西漢史書《漢書》一百篇，以十二本紀十志八表七十列傳記錄了西漢高祖至王莽的十二世二百三十年歷史。正如同《史記》是由司馬談、司馬遷父子合力完成，《漢書》也是由班彪、班固父子合力完成。班固同樣是在父親過世後繼承其遺志，而且也曾經鋃鐺入獄，罪名是私改國史。當時以個人的名義編纂《春秋》式的史書是違法的行為。對於西漢該作出什麼樣的評價，東漢的朝廷必須秉持一致的立場。何況蘭臺令史不過是一百石的小官，階級比太史令低得多。

基於上述理由，我們要知道漢武帝之後的西漢歷史，必須仰賴《漢書》。但《漢書》有個《史記》所沒有的嚴重缺點，那就是太過於偏重五經及儒家思想。《史記》及《漢書》分別為中國各朝歷史上第一部及第二部正史，且都是以紀傳體寫成，因此常被後人拿來比較。《史記》行文以《春秋》筆法為目標，但刻意與儒教的五經體系保持一定的距離。相較之下，《漢書》的內容完全是以五經體系為依歸。班固自己也曾說過五經為緯（橫線）、帝紀為經（縱線）。何況《漢書》的「書」就是五經中《尚書》的「書」。

在司馬遷活著的時代，有兩個人同樣遭匈奴俘虜，其後卻有著截然不同的人生。一個是司馬遷曾為其辯護的李陵，另一個是司馬遷不曾提及的蘇武。《漢書》對這兩人的評價形成了強烈的對比。

忍受屈辱的李陵與貫徹忠義的蘇武

天漢元年（西元前一〇〇年），漢武帝派蘇武出使匈奴。隔年，李陵投降匈奴，不僅娶了單于的女兒為妻，而且身穿胡服，留了匈奴式的髮型，成了不折不扣的匈奴人。接納匈奴習俗的李陵受到單于重用，獲封為右校王。另一方面，蘇武則是受匈奴領地內的漢人叛亂事件牽連，但從頭到尾不曾投降，堅守著漢朝使節的身分。《漢書》第五十四卷將李陵與蘇武放在同一個列傳裡。李陵遭俘後投降，在列傳中被視為可恥的行為。相較之下，蘇武因不肯屈服於單于，曾遭囚禁於穴窖，得不到食物。後來被流放至荒蕪的北海地區時，蘇武仍持漢朝皇帝所賜的節杖放牧羊隻。《漢書》對蘇武的忠義讚賞有加。

匈奴刻意封鎖了一切關於蘇武的消息。直到漢昭帝的時代，漢朝才在偶然的契機下得知蘇武還活著。有一次漢昭帝到上林苑打獵，抓到了一頭雁，雁腳上竟然綁著一塊布帛，上頭寫著蘇武尚在人間的消息。因為這一典故，「雁書」成了書信的代名詞。當時還沒有紙，文字皆寫在竹簡、木簡或布帛上。竹簡及木簡又大又重，相較之下絲綢材質的布帛較輕且可折疊，所以常被用來當作往來聯絡的書信。

敦煌的出土文物中，包含寫在布帛上的私人信件。除了奧萊爾・斯坦因（註：Aurel Stein，一八六二～一九四三。英國考古學家）發現的兩件，一九七九年在敦煌馬圈灣漢代烽火臺又出土一件，到了一九九〇年在懸泉置也出土了一件。最後這件帛書長三十四・五公分、寬十一公分，發現時呈折疊的狀態。一般人提到書信都會想到紙，提到書簡都會想到竹簡，其實除了這兩種材料之外還有所謂的帛書。懸泉置出土帛書的內容是委託故鄉親友代為購買沓（鞋子）及筆。

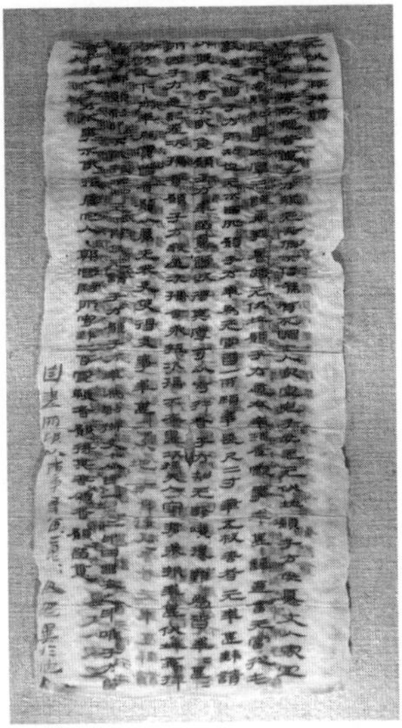

敦煌懸泉置出土帛書私信　寄信人為「元」，收信人為「子方」。開頭第一句話為「元伏地再拜請」，信中懇求對方幫忙購買沓（鞋子）及筆。

當時匈奴收容了許多投降的漢人。除了漢朝的絲綢及穀類作物之外，匈奴還從活生生的漢人身上吸收了各種漢朝的訊息及漢人文化。兩個國家跨越了游牧民族與農耕民族的對峙關係，匈奴的社會及國家都開始出現巨大變化。希望投降漢朝的匈奴人也不少。匈奴與漢朝的關係已不是一道長城可以清楚切割。

少年皇帝與霍光政權

從漢武帝去世（西元前八七年）到王莽建立新朝（西元八年）共九十五年，這段期間又是什麼樣的時代？漢武帝刻意想與秦始皇一較高下，因此建立了比秦帝國還大得多的漢帝國。在漢武帝之後繼承了漢帝國的皇帝依序為漢昭帝十四年（八歲即位、在位十四年、二十一歲去世〈以下表記相同〉）、漢宣帝二十五年（十八歲、二十五年、四十三歲）、漢元帝十六年（二十七歲、十六年、四十三歲）、漢成帝二十六年（二十歲、二十六年、四十五歲）。接下來的兩個皇帝都很短命，分別為漢哀帝六年（二十歲、六年、二十五歲）及漢平帝五年（九歲、五年、十四歲）。其後外戚王氏篡位，為劉氏皇朝的前半段畫下句點。

首先繼承漢武帝皇位的是年僅八歲就即位的漢昭帝。從旁輔佐的重臣是大司馬大將軍霍光、車騎將軍金日磾（一年後就過世了）及左將軍上官桀。這幾人的墳墓並排在茂陵的陪葬墓區域內。

霍光是將軍霍去病的同父異母弟弟。漢武帝曾賜給霍光一幅畫，這是漢武帝特地下令畫工繪製，上頭畫的是周公旦揹著年幼的周成王會見諸侯。山東的東漢畫像石也可看到這個題材。但霍光剛開始並沒有會意漢武帝要自己像周公旦一樣扛起輔佐幼主的重大責任。因為周公旦是周成王的叔父，而霍光並不像周公旦一樣擁有皇親國戚的尊貴身分。漢武帝死後，年僅八歲的太子登基為帝，這時霍光開始掌握大權。八歲皇帝的皇后，是上官桀的兒子上官安的六歲女兒。由於霍光的長女是上官安的妻子，意即霍光的外孫女成了皇后。如此一來，霍光雖然與漢昭帝並不親近，但總算是靠著皇后而建立起了類似祖孫的關係。

霍光膚色白皙且身高不高，只有七尺三寸（約一百六十七・九公分）。相較之下，漢昭帝成年後有八尺二寸（約一百八十八・六公分），因此霍光在看漢昭帝時必須仰頭。不過霍光的臉上蓄著氣派的鬍鬚。漢代的男人極少像秦代的男人那樣滿面虯髯，大多只是嘴上留一點鬍子而已。跟秦代的士兵俑比起來，漢代士兵、官吏的陶俑看起來斯文得多。但霍光臉上的鬍子卻讓他看起來威風凜凜。漢昭帝在二十一歲就去世了，其後霍光廢去昌邑王劉賀，改立漢宣帝。

劉賀是漢武帝的孫子，原本已接下了皇帝璽綬，三天後卻因行為淫亂而遭廢。霍光改立漢宣帝，並將么女送入後宮，便是霍皇后。直到這一刻，霍光才真正建立起其外戚的地位。

漢宣帝是漢武帝的曾孫、戾太子劉據的孫子，童年時曾因受巫蠱之禍牽連而入獄。他本名劉病已，這個名字一聽就知道小時候曾遭逢不幸，因此後來改名劉詢。他能順利當上皇帝，全仰賴御史大夫丙吉的幫助。

劉病已原本住在長安的尚冠里，在十八歲時被叫進了未央宮。由於他並非太子，而且當時身分只是庶民，不能直接當上皇帝，因此霍光在形式上先封他為陽武侯。得到了列侯的爵位後，再由群臣獻上璽綬，即位為帝。在危機之中拯救了劉氏皇朝的官員們皆受到了封賞。漢宣帝似乎是為了強調自己是漢武帝的直系子孫，不僅尊孝武廟為世宗廟，而且在漢武帝巡視過的郡國都蓋了廟。霍光歷經武帝、昭帝、宣帝三代，儼然成了劉氏皇朝的救世主。漢宣帝在立皇太子時，賜天下百姓家族繼承人爵位一級，賜諸侯王黃金一百～一千斤，八十七名列侯也賜黃金二十斤。

霍光的墳墓在漢武帝的茂陵陪葬區的東側，鄰近他當初輔佐的漢昭帝的平陵，這樣的位置彷彿反映了他的政治立場。

與霍光一同輔佐漢昭帝的是異族之人金日磾。「金」在漢代是相當罕見的姓氏。金日磾是匈奴休屠王的兒子，同為匈奴一族的渾邪王殺害休屠王後降漢，當時金日磾也遭俘，成為漢人的馬奴。雖然年僅十四歲，但匈奴人從小就擅長騎馬。金日磾小時候喜歡騎著羊拉弓射鳥鼠為戲，長大後狩獵狐兔更是拿手本領。雖是個典型的游牧民族小孩，卻相當受到漢武帝疼愛。由於過世的父親休屠王曾下令製造祭天用的金人，漢武帝取其「金」字，作為金日磾的姓氏。金日磾雖是匈奴人，死後卻得以入葬漢武帝的茂陵，與衛青、霍去病共處。

《鹽鐵論》與專賣制度的廢除

始元六年（西元前八一年），漢昭帝向地方的「賢良」「文學」詢問百姓有何疾苦。丞相田千秋與御史大夫桑弘羊等政府高官針對專賣制度的功過，與地方的賢良、文學（知識分子）展開了一場激辯。賢良文學的人數約六十多人，來自全國各地。到了漢宣帝的時期，桓寬將這場辯論的過程寫成一篇文章，稱之為《鹽鐵論》。文章呈現方式相當獨特，採用的是雙方針對各種議題進行對話的形式。

知識分子抨擊國家不該與民爭利，主張應廢除鹽鐵由國家專賣的政策及均輸政策（將物資送往匱乏地區，藉此減少物價差距的政策）。御史大夫等官員則持相反意見，主張專賣與均輸所帶來的資源利益能填補對抗匈奴的軍事費用。經過辯論之後，朝廷決定只廢除酒的專賣，開放民間百姓自行賣酒。一升（約相當於日本單位的一合）酒的價格約四錢，酒商必須確實申報賣酒的營業額。賢良、文學的背後其實是霍光在撐腰。提出鹽鐵論建議的是杜延年，他雖依附大將軍霍光的權勢，卻是個懂得控制政治均衡的人物。上官桀圖謀造反時，杜延年向霍光密告，藉此獲得了霍光的信賴。由於內朝的霍光獨攬大權，外朝的御史大夫桑弘羊及丞相田千秋皆試圖與之抗衡。皇帝高高在上的時代已經結束，由於皇帝實在太年輕，身旁高官們的影響力與日俱增。

漢武帝時代的丞相雖是位極人臣，卻一個個死於任內。田蚡（薨）、公孫弘（薨）、李蔡（畏罪自殺）、嚴青翟（畏罪自殺）、趙周（死於獄中）、石慶（薨）、公孫賀（死於獄中）、劉屈氂（下獄腰斬），異常狀況可說是層出不窮。特別值得一提的是公孫賀因兒子詛咒漢武帝而遭連坐，最後死於獄中；劉屈氂則因妻子詛咒漢武帝而遭連坐，腰斬於長安東市。

名為後宮的階級社會

皇后之「后」為后土（大地）之意。正如同皇帝這個稱號來自上天的權威，皇后這個稱號則來自大地。最先開始使用皇帝稱號的是秦始皇，但秦始皇的時代不僅沒有皇后這個稱號，而且史書上甚至不曾記載關於秦始皇妻子的事蹟，成了千古之謎。皇后這個稱號是到了漢代才開始使用，出現時間比皇帝晚一些。

後宮人數相當多，因而有「掖庭三千」這種說法。在西漢的武帝至元帝年代，後宮除了唯一的皇后之外，其他嬪妃皆統稱為夫人。這些後宮的女人建立起了一個宛如金字塔般的階級社會。其最大的特點，在於這座金字塔只能維持一代皇帝的在位期間，皇帝一死，金字塔就會瓦解。唯有容姿端麗的十三歲至二十歲少女才有資格進入後宮。一旦後宮解散，這些女人就會被送進過世皇帝的園陵內負責各種勤務，死後就埋葬在皇帝的園陵內。

位階較高的女官都埋葬在陵園的司馬門內，有些女官亦獲准回到民間重覓婚配對象。皇帝死後，宮裡只會留下皇帝的母親及祖母。皇帝的母親是皇太后，祖母若還在世則稱太皇太后。正如同皇帝簡稱「帝」，皇太后也經常簡稱為「太后」。這些女人死後會與過世皇帝合葬，但並非放入皇帝的墓室內，而是在皇帝陵的旁邊另外再築起墳丘，蓋一座新的陵墓。

後宮與內朝的宮殿配置

後宮亦稱後庭，位於皇帝正殿（未央宮前殿）的後方（即北方，參照一五九頁圖）。共分八個區域，皇后住在椒房殿，其住處亦稱中宮。椒房的椒意指山椒，由於山椒葉及果實有香氣，故以山椒塗抹在宮殿牆壁上，或是作為焚燒取暖之用。此外更由於山椒是一種果實累累的植物，象徵多子多孫，亦相當適合用來象徵皇后的居處。

前殿的高臺（南北長四百公尺，東西寬二百公尺）地勢為北高南低，北端的高度約十五公尺，往南形成平緩的斜面。這一帶的宣室、溫室及清涼各殿便是皇帝的生活空間。由於皇帝在前殿處理政務時是南向而坐，因此若轉過身則剛好可以看到後宮的各建築物。椒房宮的遺跡在考古學上稱為未央宮二號址，位於未央宮前殿以北三百六十公尺處，如今仍舊是板磚散落一地的狀態。

椒房殿的正殿尺寸為東西五十公尺、南北三十公尺，建於夯土地基之上。若還原當時的建築物格局，皇帝要進入後宮應通過其南方一道寬二十三・五公尺的門闕。這裡的進出管制相當嚴格。建築物的周圍受柱子及牆壁圍繞，並有鋪設了板磚的迴廊穿梭其間，屋瓦上的瓦當則印有「長生無極」「長樂未央」等字樣。屋頂下方有著以鵝卵石鋪成的散水（排水裝置）。東側有井，井深約八公尺，此外供水、排水設備亦規劃得相當完善。排水溝的水皆導入北側的水路。除了正殿之外，北側還有一些附屬建築。

皇后以外的其他夫人皆住在掖庭殿。宮殿裡有名為舍的建築物，倢伃（女官階級名稱）住在增成舍，昭儀則住在昭陽舍。眾夫人的階級會因受不受皇帝寵愛而不斷改變，即便當上了皇后，還是隨時有可能地位不保。如漢景帝時薄皇后的地位被王皇后取代，漢武帝時陳皇后的地位被衛皇后取代，漢宣帝時許皇后的地位被霍皇后取代，霍皇后的地位又被王皇后取代。畢竟皇后只有一個，競爭可說是相當激烈。當皇后遭廢，就必須搬出後宮，住在未央宮殿區北方的桂宮或北宮。唐代歷史學家顏師古主張北宮位於未央宮北方，後人繪製長安城宮殿配置圖皆是以此為依據，但根據近年來的調查，北宮的位置並非正北方而是東北方，宮殿配置圖也獲得了修正。

皇帝死後，皇后會搬出後宮，遷往長樂宮殿區內的長信宮，並改稱皇太后（太后）。長樂宮殿區的中央有一條寬約四十五至六十公尺的幹線道路橫貫東西，兩側的入口分別為直城門及霸城門。東側的霸城門的城牆是整座長安城如今保留最完整的版築夯土建築。目前可知宮殿區內共有三座大型建築，太后的住處為正殿，距離霸城門相當近。東西長一百一十六公尺、南北長一百九十七公尺的三座建築物呈南北方向排列。由於長樂宮的位置在未央宮的東方，因此未央宮亦稱西宮，太后的住處（或太后本人）亦稱東宮。後宮、東宮這些名稱皆源自於其與未央宮前殿的相對關係。太后之中的上官太后及元太后都是住在東宮裡。在太后掌權的時代，這裡也是收藏漢朝傳國玉璽的地點。

漢朝政權中樞之中央官廳的格局

中央官廳皆位於未央宮前殿的西側。這裡是整個漢朝的政權中樞。距離未央宮前殿及後宮最近的官廳為掌管皇室財政的少府。西漢時期國家財政與皇室區分得相當清楚，比例也幾乎不相上下。皇室財政的資金來源為山海、湖泊等自然資源的稅收及市場稅、口賦（對年幼者的人頭稅）等。鹽、鐵也是自然資源，原本是少府的稅收來源之一，但在漢武帝實施專賣制度之後，管理權限轉移至掌管國家財政的大司農手上。皇帝、皇室、後宮眾夫人的生活費皆仰賴少府的收入。

考古學家在椒房殿以西三百五十公尺處挖到了少府的官廳遺跡（未央宮四號遺址）。遺跡範圍為東西長一百一十公尺、南北長五十八公尺。到處散落著大型磚塊、地基石塊及五角形的輸水管。出土封泥共一百一十二枚，上頭大多印著「湯官飲監章」。湯官是負責為皇室供應糕餅、水果及其他飲料食物的官員，隸屬於少府，考古學家便是依此判斷這裡是少府的遺跡。當時不僅是公文，就連存放在器皿內的食物，如果有必要加以封印時，也會在繩結處糊上黏土並蓋上封印章。黏土凝固後就成了封泥，上了封泥的繩結無法再拆開，要開封只能將繩子剪斷。少府底下的官員除了湯官之外，還有尚書（負責公文）、中書謁者（負責上奏公文）、符節（負責符契）等文書行政官員，太醫（醫生）、太官（負責餐膳）、導官（負責選米）、胞人（廚師）、御府（負責皇帝衣著）等負責生活起居的官員，樂府（負責音樂）、左弋（負責狩獵）等負責祭祀狩獵的官員，若盧（負責兵器）、考工室（負責器械）、左右司空（負責土木）、東西織（負責紡織）、東園匠（負責埋葬及陪葬物品）、尚方（負責製造御用物品）等負責器物製造與建築的官員，都水（負責水利）、上林苑的池監（負責管理池水）、鉤盾（負責管理御苑）、均官（負責調整物價）等管理自然資源與物價的官員。除此之外，還有負責管理掖庭（後宮）的永巷及聯繫後宮與前殿的黃門（宦官）、宦者、中黃門。黃門原指塗成了黃色的宮門，後引申為能夠進出宮門的宦官。少府鄰近皇帝的正殿及後宮，職務內容不僅繁雜而且相當重要。漢武帝過世後，大司馬霍光等人除了握有軍事權之外，亦掌控尚書職，如此才能威壓內朝並凌駕於外朝諸官廳之上。

外朝的中央官廳則位於少府西側的未央宮殿區內，即現在的三號遺址，鄰近西側城牆。一九八六年，這裡出土了約五萬七千件骨簽，年代在漢武帝到西漢末期之間。有學者認為這是牛骨製的貨品規格表，也有學者認為這是弓弭（弓的兩端用來勾住弦的部位）。長約五・八～七・二公分，寬約二・一～三・二公分，厚約〇・二～〇・四公分，體積相當小。以牛骨製成，上頭刻著兵器的種類、規格、官營工廠名稱等訊

骨簽　牛骨上刻有兵器的種類、規格、製造工廠名稱等訊息，可能是牛骨製的貨品規格表。

息。這些都是兵器從各地輸送至中央時的紀錄。其中包含了弩的弦其強度超過二十石（約六百公斤）、射程距離超過三百五十四步（約四百八十公尺）的強力武器。要守護政權中樞，全仰賴這大量極具殺傷力的兵器。外朝的中央官廳則是以丞相（負責行政）、御史大夫（副丞相）、大司農（原為治粟內史，負責財政）、廷尉（負責審判）、大鴻臚（原為典客，負責外交）等官員為中心。在漢武帝去世後的漢昭帝時期，由於昭帝不像武帝那麼強勢，外朝的丞相車千秋、御史大夫桑弘羊等人與掌控內朝的霍光形成對峙關係。

中國古代的女性

從後宮觀察西漢五十年政治的女人

漢昭帝登基時才八歲，皇后是年僅六歲的上官皇后。昭帝在二十一歲時駕崩，昌邑王劉賀繼位，皇后在十九歲就成了皇太后。劉賀不久後遭廢，宣帝即位，皇太后又成了太皇太后。上官皇后安然度過了從皇后到皇太后、再到太皇太后的四十七年光陰，並沒有遭廢。她的父親是上官安，母親是霍光的女兒。她長年在後宮見證西漢的政治，際遇可說是相當罕見。漢元帝建昭二年（西元前三七年），她在五十二歲那年過世，合葬於昭帝的平陵。

在漢武帝的時代，地位僅次於皇后的夫人為倢伃，其下依次為娙娥、傛華、充依。到了漢元帝的時代，倢伃上頭增加了昭儀。底下的女官則有美人、良人、八子、七子、長使、少使、五官、順常、無涓（涓為清之意）、共和、娛靈、保林、良使、夜者等。高祖有戚夫人（戚姬）、薄姬，文帝有慎夫人，武帝則除了陳皇后、衛皇后之外還有李夫人、王夫人、趙倢伃等等，後來是趙倢伃的兒子當上了皇太子，是為漢昭帝。成帝時期的班倢伃從少使一路晉升為倢伃，元帝時期的馮昭儀也是在短短數個月之間從長使晉升為美人，後來又當上倢伃、昭儀。

執勤於中央官廳或宮殿內的女性則稱為宮人，與皇帝的掖庭內的女性有所區別。趙飛燕原為長安的宮人，進後宮後當上皇后，便找來官婢曹曉、道房、張棄等人服侍。

凌駕法律的夫妻之義

漢成帝的時期，有個官員的妻子逃過了死罪。時任廷尉的孔光（孔子的子孫），拯救了淳于長的小妻（妾）。在審判過程中，孔光與位居中央官員頂點的數名高官發生了激烈的爭辯。

淳于長在大逆罪遭揭發前，就將廼始等六名小妻（妾）休了，任其改嫁。丞相及大司空認為法律應該從犯案的當時開始生效，既然這幾名小妻在當時與淳于長還是夫妻關係，理應遭連坐處分。一旦犯了大逆罪，父母妻子同產（兄弟姊妹）不分年齡都須受棄市之刑。但孔光則在法律的解釋中加入了儒教的觀念。他認為夫妻之間的關係是「有義則合、無義則離」，淳于長原本並沒有意識到自己犯了大逆罪，既然休了廼始等人並任其改嫁，表示夫妻之間已

灰陶加彩女子立俑（陝西歷史博物館藏）由其端莊外表可一窺漢代女性的風貌。

絕義，迺始等人不應連坐處死。皇帝最後接納了孔光的主張。

淳于長的身分是侍中衛尉。衛尉為統管長安城內各宮殿警衛兵的長官，侍中則意指他可隨皇帝往來於後宮之間。由於他策畫讓遭廢的許皇后復立為左皇后，被視為大逆不道，最後死於獄中。原本淳于長能當上中央高官，靠的是協助出身低賤的趙飛燕當上皇后，以及勸阻耗費龐大經費的昌陵邑徙民政策。但當他掌握權力之後，卻開始廣納妻妾，名聲一落千丈，甚至還染指許皇后的姊姊，將其當成了小妻。遭廢的許皇后便是透過姊姊以大筆金錢賄賂淳于長，懇求他協助復立。

漢成帝猝死之謎

綏和二年（西元前七年）三月丙戌，漢成帝以四十五歲的年紀駕崩於未央宮內。《漢書》第八十一卷〈孔光傳〉中記錄為「**上暴崩**」，可見得漢成帝是突然死亡。此外《漢書・外戚傳》亦寫道「**帝素彊，無疾病**」，表達出了對皇帝猝死的質疑。當時到底發生了什麼事？

漢成帝的死，左將軍孔光、趙皇后（飛燕）、靠兩人之力才當上太子的定陶王，以及另一派的元太后及王莽恐怕脫不了關係。《漢書》中記載成帝在**昏夜**（夜晚）時還很有精神，打算封孔光為丞相及博山侯，還寫了讚辭交給本人。但是到了**鄉晨**（黎明前）時卻「**因失衣，不能言**」（沒辦法穿上衣服及說話），於**晝漏上十刻**（約清晨四點半）駕崩。民間普遍懷疑是趙飛燕的妹妹趙昭儀殺死了皇帝。皇太后（元后）派大司馬王莽等人調查成帝猝死的內情，趙昭儀自殺。

趙飛燕原本是長安宮廳的宮人，後來被轉派到陽阿主的家裡。自從進了陽阿主家後，趙飛燕便開始學習歌舞。「飛燕」是號而非本名，意指她跳起舞來身輕如燕。有一次成帝偷偷經過陽阿主的家門前，偶然看見了趙飛燕，便將她與她的妹妹一同召入宮中，封為倢伃。成帝還想封趙飛燕為皇后，但因出身太低而遭皇太后反對，最後是淳于長暗中協助，趙飛燕才順利當上了皇后。趙飛燕沒有生下皇子，但受寵幸長達十餘年。

世代相傳的王昭君故事

《昭君出塞》是京劇的傳統戲目，現代作家曹禺亦曾寫過劇本《王昭君》。西漢元帝時期，王昭君嫁給了匈奴呼韓邪單于，這段故事自古以來不知感動了多少人。早在唐代，李白及白居易都曾寫過以王昭君為題材的詩詞。日本平安時代文學家大江朝綱曾寫過關於王昭君的七言律詩，《今昔物語》裡有關於王昭君的故事，就連雅樂及能劇裡也有著以王昭君為主題的戲目。此外在繪畫方面，金代宮索然的《明妃出塞圖》（由日本人阿部收藏）、明代仇英《漢宮春曉圖卷》都描繪了王昭君的倩影。日本作品方面，則有菱田春草的《絹本著色王昭君圖》（日本山形縣善寶寺財團法人致道博物館藏）及安田靫彥的作品（足立美術館藏）。

如此深受世人喜愛的故事，筆者在此不再贅述。以下主要分析王昭君這個人對漢朝的意義，以及她如何在後世成為傳奇人物。關於王昭君的故事，最基本的史料為《漢書》第九卷〈元帝紀〉中的這段紀錄：

竟寧元年春正月，匈奴虖（呼）韓邪單于來朝。詔曰：「匈奴郅支單于背叛禮義，既伏其辜，

虖韓邪單于不忘恩德，鄉慕禮義，復修朝賀之禮，願保塞傳之無窮，邊垂長無兵革之事。其改元為竟寧，賜單于待詔掖庭王檣為閼氏。」

〔竟寧元年春天正月，匈奴呼韓邪單于來朝，皇帝下詔：「匈奴郅支單于背叛禮義，已伏罪受誅，呼韓邪單于不忘恩德，仰慕大漢的禮義，恢復元旦朝賀之禮。但願保持國境的和平，使邊陲長年無兵革之禍。自此刻起更改年號為竟寧（竟通境，為希望國境安寧之意），並將掖庭宮中待詔的王檣賜與單于為閼氏。」〕

王檣，字昭君，南郡秭歸縣人，就是受後人傳頌的王昭君。她原本待在後宮，從不曾受過皇帝寵幸，卻奉命嫁給單于，成為閼氏（單于的皇后）。但如果只是這樣，沒有理由受到世人如此關注。

《漢書》第九十四卷下〈匈奴傳〉又記載，呼韓邪單于積極想要娶漢人為妻，成為漢朝的女婿。漢元帝於是從後宮挑出了良家之女王牆（牆通檣）賜給單于，單于喜出望外。後來王牆（昭君）便以寧胡閼氏為號，還生了一名男孩，取名為伊屠智牙師，即後來的日逐王。呼韓邪單于在位期間共二十八年，於建始二年（西元前三一年）去世。兒子復株纍若鞮單于即位，又娶了王昭君為妻，生下兩名女兒，長女名為須卜居次，次女名為當于居次。須卜、當于都是其丈夫的氏族名。

光從《漢書》中的這些記載，無法看出王昭君是抱著什麼樣的心情遠離後宮，進入匈奴領地。但可以肯定的一點，是漢朝與匈奴藉由一名漢朝後宮女人建立起了姻親關係。雖然王昭君並非漢朝劉氏後代，但由於她是劉氏皇帝後宮之人，這場婚姻可視為匈奴與漢氏（漢室）的正式聯姻。王昭君進入匈奴領地後，成為父子兩代單于的妻子。基於匈奴的傳統婚姻制度，兒子會在父親死後娶繼母（非親生母親）為妻，王昭君遵循了這項傳統。

王昭君的特殊際遇在後世逐漸化為傳奇。《西京雜記》中記載的事蹟，提到了一些在漢元帝時期為後宮的宮女們畫肖像畫的畫匠。例如安陵縣的陳敞、新豐縣的劉白、龔寬等畫匠比起畫人物，其實更擅長畫牛馬及飛鳥；下杜縣的陽望及樊育對色彩的運用相當高明；杜陵縣的毛延壽則不分美醜老幼，任何人物都能畫得維妙維肖，其技巧無人能及。這些畫匠皆住在長安附近，個個都是名不見經傳的小人物。

早在漢高祖遭匈奴包圍之際，據說陳平就曾令畫匠繪製美女圖，偷偷送給單于的閼氏（皇后），並告知閼氏：「漢人多美女，高祖打算送幾個給單于，化解眼前的困境。」閼氏聽了之後擔心自己失寵，便告訴單于「漢朝天子有神靈庇佑，不可奪其土地」，令單于打消了侵略漢朝的念頭。

漢人嫁入北方的游牧民族，王昭君並不是第一個。早在王昭君之前，就有公主（皇帝或劉氏諸侯王的女兒）嫁入游牧民族的先例。例如漢武帝的侄子江都王劉建的女兒劉細君（宗室之女，時稱江都翁主），成為烏孫王昆莫的王妃，故又被稱為烏孫公主。烏孫跟匈奴一樣是游牧民族，原本跟大月氏一樣定居在敦煌附近。漢朝為了牽制匈奴，必須與烏孫建立情誼。烏孫送了一千匹馬當聘禮，漢朝將劉細君嫁給烏孫王為妻。昆莫封劉細君為右夫人，另封匈奴出身的妻子為左夫人。

歷代婦女的化妝術

若針對中國歷代婦女化妝方式深入調查，會發現化妝也會隨地區、時代的不同而出現各種不同的偏好與流行。例如漢代的宮中婦女在化妝上就與唐代婦女大相逕庭。

進入唐代之後，宮中婦女在化妝上非常講究，步驟依序為：①在整張臉上以鉛粉打底，②以胭脂（腮紅）在雙頰畫圓，③畫眉毛，④在額頭上貼花鈿（花形髮飾），⑤在酒窩上點紅點，⑥在兩側太陽穴附近畫斜紅（彎月形狀），⑦塗口紅。從西安及敦煌莫高窟、吐魯番等地出土的壁畫、唐三彩及絹畫中，都可找到唐代婦女化妝時的模樣。這種極盡華美之能事的唐代化妝術到底是怎麼演變來的？只要將時代往回推，就可看出一些漢代婦女的化妝特徵。

在歷代的繪畫中，都可找到伏羲、女媧這對人面蛇身的男女雙神。較古老者有馬王堆西漢墓室出土帛畫中的女媧像（沒有伏羲），以及洛陽卜千秋西漢墓壁畫、四川省崇慶縣出土的東漢畫像石、南陽東漢畫像石、徐州東漢墓畫像石等等的伏羲、女媧像。進入唐代之後，亦有吐魯番出土的伏羲、女媧圖。若仔細觀察這些女神像的化妝及服裝，會發現明明是相同的神話角色，卻反映了時代與地區的特徵。

漢代的畫像石由於色彩已消褪，臉部化妝的特徵並不明顯，但馬王堆帛畫及洛陽漢墓壁畫都可清楚看出化妝的方式。馬王堆帛畫的中央頂端，太陽與月亮之間有一女性像，其服裝為上下相連的寬袖深衣，頭髮垂在後方，髮長達到下半身，臉上完全沒有化妝。洛陽漢墓的女性像也穿著漢代常見的深衣，頭上綁著髮結，但雙頰擦了淡淡的腮紅，且嘴唇的中央塗了一點口紅。

相較之下，唐代吐魯番的女媧像則反映了吐魯番地區的風情，化妝帶有西域特色，相當明亮且濃豔。身上穿的是低胸的上衣及裙子，臉上可看到花鈿、濃厚的圓形腮紅、塗滿了整片嘴唇的口紅，就連眼睛周圍也塗成了紅色。

漢代初期的婦女化妝方式仍然維持著戰國時代流傳下來的傳統化妝法，先塗上米製的白粉，再抹上脂及丹沙口紅，畫眉前並不剃掉眉毛。但自從漢朝與西域產生交流之後，游牧民族婦女的風俗傳入漢朝，化妝方式開始有了變化。此時傳入漢朝的游牧民族婦女化妝術，包含腮紅及胡粉。

《史記・匈奴列傳》的索隱引用《西河故事（或稱舊事）》的內容，記錄了一首匈奴人所寫的悲歌，歌中感嘆祁連山與焉支山遭漢軍占據。

亡我祁連山，使我六畜不蕃息。

失我焉（燕）支山，使我婦女（嫁婦）無顏色。

一旦失去了祁連山，就無法繁殖六畜（牛馬羊豬犬雞）。由於焉支山的山麓盛產紅花，一旦失去了這座山，匈奴的婦女就無法化妝。據說北方游牧民族婦女塗抹在臉上的胭脂，是先擠出紅花的汁液，晒乾後製成紅粉，再混入羊脂之類動物脂肪所製成。胭脂亦寫作焉支或燕支，與閼氏（單于的妻子）的發音相同，這樣的巧合實在相當耐人尋味。至於胡粉，東漢時期的《釋名》一書中的解釋為「**胡餬**（濃稠的粥）**也，脂合以塗面也**」。由此可知其製作法與漢族傳統的米製白粉不同，由於混入了油脂，因此較具黏稠性。胡粉就跟胭脂一樣，在寒冷而乾燥的地方具有保護皮膚的功效。

自漢武帝時期之後，黃河下游流域經常氾濫成災，地點在漢武帝時期曾潰堤的瓠子的更下游。漢武帝雖然下令建了宣房宮堤防，但畢竟無法根本解決問題。黃河較有名的氾濫地點為現在的河南省開封附近一帶，但是在漢代，更下游的河南省濮陽縣一帶才是最常氾濫成災的地區。由於黃河流經廣大的平原時速度相當緩慢，造成泥沙淤積，往往會形成水流的阻礙。如今黃河已不流經這片地區，但地表仍有著黃河留下的泥沙。

制伏暴虐之龍

前文亦曾提及，筆者在二〇〇四年三月曾前往該地進行調查。古代黃河留下的痕跡宛如一片褐色沙漠，令筆者再次體認到黃河的巨大。沙漠在一般人心中的形象都是白色，但古代黃河所淤積的泥土為黃土，因此沙粒呈現黃褐色。一九八七年，考古學家在濮陽西水坡仰韶文化遺址中的墓葬區內發現了排列成龍、虎形狀的蚌殼，圍繞在埋葬者遺體的周圍。由於這是目前可知中國最早的龍形圖騰，故被稱為「中華第一龍」。新石器時代的黃河河道就流經其西側，那條龍宛如象徵著暴虐之龍黃河。

黃河氾濫的最大原因，是「一石（斛）水六斗泥」，即河水有五分之三是泥沙。一旦水流速度減慢，這些泥沙就會沉在河底，使河道變淺，形成懸河（水平面高於地表的狀態）。西漢末期賈讓的上奏文中，提到了遮害亭附近金堤的狀況。金堤指的是以石塊及泥土築成的堤防，由於堅硬如金石，故名金堤。原本只高一丈（十尺，即二公尺三十公分）的金堤，在東側地勢較低處竟然高達

四、五丈（約九・二～十一・五公尺），黃河的河面比民宅還高。在這種懸河地帶，就算想將堤防築高也有其限度。

如何解決黃河氾濫的問題，各方意見相左，一直沒有定論。有人主張應該以堤防阻擋黃河的激流，使其盡快流入渤海；有人則主張應找出古代禹治九河的舊道，故意讓堤防潰堤，分散其河水的力道，任憑其自然流動。若要修築堤防，一年就需耗費一億錢，相較之下故意讓堤防潰堤或是對潰堤處置之不理則容易得多。堤防一旦潰決，整個廣大的平原都成了洩洪區，只要容忍少數地區的犧牲，就可以換來廣大地區的安全。朝廷最後採納了這樣的政策。

建始五年（西元前二八年），館陶與東郡的金堤潰決，災情廣及四郡三十二縣。這附近為平原地帶，一旦發生洪水，整個地區都會成為汪洋大海。河堤使者王延世派人在蛇籠裡塞入石頭，並以兩船夾載的方式將蛇籠投入水中，在短短三十六天之內就築成了堤防。皇帝於是下令改元，變更年號為河平元年（西元前二八年）。如今在河南省內黃縣依然能找到漢代金堤的部分遺跡。

鴻嘉四年（西元前一七年），黃河再度於渤海、清河、信都郡氾濫。這次朝廷內部任其自然發展的意見較占優勢，因此沒有派人修復潰堤部位。當時丞相史孫禁主張故意讓堤防潰決，將河水自館陶導向北方，但河堤都尉許商反對這麼做。有人甚至主張應該聽天由命，任憑水勢自由流動。最後朝廷決定什麼事也不做。

漢哀帝時期，待詔賈讓曾提出上中下三條治理黃河的建議。為了守護少部分地區而反覆修補潰決的堤防，這是最糟糕的下策。開挖多條渠道，分散黃河的水勢，並造水門引水灌溉農田，這是百年之計的中策。刻意讓黃河自黎陽縣遮害亭潰決，使河水一口氣往北釋出，從此之後就再也不必擔心洪水氾濫，這是千年之計的上策。

從沉睡中甦醒的古代木簡

敦煌漢簡的紀錄

敦煌郡設置於漢武帝的後元元年（西元前八八年，另一說為元鼎六年〈西元前一一一年〉）。這是漢武帝時代的最末期，漢武帝在隔年駕崩。漢朝成功將匈奴勢力逐出河西走廊，並在河西走廊的西端建立了大型的綠洲據點，那便是敦煌郡。敦煌這個地名的原意為「巨大而繁榮」，漢朝建立此都市的目的在於向西域展現漢朝的實力。敦煌郡共設六縣，人口在西漢末年為三萬八千三百三十五人，是一座被沙漠包圍的巨大綠洲都市。

敦煌有兩個關口，分別為玉門關及陽關。在山岳地帶往北流的小河進入平原區後，形成了敦煌的綠洲地帶。鳴沙山及莫高窟千佛洞都是位在靠近山區的地點，其西側就是陽關，如今依然殘留著漢代烽火臺遺跡。另一方面，若從敦煌往北走十公里，穿越沙漠後，便可看見東西方向的疏勒河。這裡還留有漢代萬里長城及玉門關的遺跡。玉門關是敦煌的北方出入口。張騫兩次出使西域時，敦煌地區還沒有這兩座關口，他是從隴西郡的蕭關出發前往西域。敦煌莫高窟第三二三窟的唐代《張騫出使西域圖》（本書第二四二頁圖）描繪張騫自敦煌出關，其實不符史實。

第一個在敦煌的沙地底下找到木簡的考古學家是奧萊爾・斯坦因（註：Aurel Stein，一八六二～一九四三。英國考古學家）。他在一九〇六～一九〇八年第二次探訪敦煌時，發現了七百零八枚（另一說為七百零四枚）木簡，一九一三～一九一五年第三次探訪時又發現了一百六十六枚。如今這些木簡都存放在大英博物館內，沙畹（Édouard Emmannuel Chavannes）、馬伯樂（Henri Maspéro）、羅振玉、王國維、勞榦、麥克爾・魯惟一（Michael Loewe）、大庭脩等學者都曾進行過研究與釋讀。到了一九七九年，馬圈灣烽火臺遺跡又出土了一千二百多枚木簡。

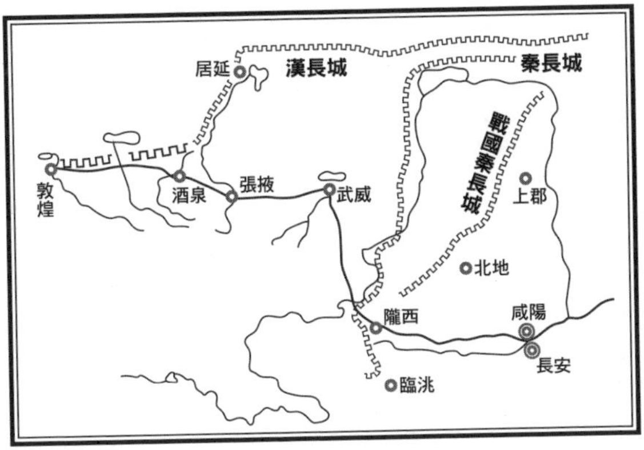

秦漢長城圖

一九九〇～一九九二年，在一處名為懸泉置的郵驛遺跡灰坑裡又出土了多達二萬三千枚木簡。原本敦煌出土的木簡不過一千多枚，在數量上與居延漢簡差距甚遠，如今一口氣拉近了距離。敦煌懸泉置漢簡除了數量龐大之外，還有一個特徵。過去的敦煌漢簡都是出土於長城沿線上的城塞內，但懸泉置卻是郵驛機關，出土的漢簡在性質上當然也大相逕庭。這些出土於驛傳線上的木簡中可看到許多漢朝與西域的外交紀錄。

敦煌作為聯絡西域的交通要衝開始發揮作用，是在漢武帝之後。從敦煌前往西域的路徑有兩條，分別是沿著南山（崑崙山脈）北面前進的南道，以及沿著北山（天山山脈）南面前進的北道。這就是所謂的西域南道及西域北道。但若以天山山脈為基準，相較於天山北路的草原道路，上述兩條路徑都屬於天山南路。南道上的都市由東邊開始依序是鄯善（原名樓蘭）、且末、精絕、于闐、莎車；北道上的都市則由東邊開始依序是車師前國（交河）、渠犁、烏壘、龜茲、溫宿、姑墨、疏勒。此外還有一些離路徑較遠的綠洲，有些甚至在帕米爾高原以西。原本為三十六國，後來增加至五十多國。這些著名的綠洲都市皆位於沙漠中的河川、湖泊的水源地，相互之間的距離約二、三百公里，但較近者只相距不到五十公里。

綠洲國家的生存之道

綠洲與綠洲之間為沙漠，只能仰賴駱駝才能移動。這些都市各成一國，人口規模由小至大依序為且末、戎盧、渠犁（以上人口約一千人）、蒲類、渠勒、尉頭（以上人口約二千人）、精絕（人口約三千人）。綠洲國家只要人口超過一萬人便算大國。鄯善一萬四千人，莎車一萬六千人，疏勒一萬八千人，于闐一萬九千人，姑墨二萬四千人，焉耆三萬二千人，龜茲八萬一千人。即便同為西域國家，一旦跨越了帕米爾高原，國家規模可就完全不同了。例如大宛有三十萬人，大月氏四十萬人，康居六十萬人，烏孫六十三萬人。臣服於大宛的都市多達七十餘座。康居的領土以春秋王城為中心，往北走九千一百餘里可至夏王城，往南騎馬七日可至冬王城。這些都是涵蓋多個綠洲都市的大國。

這些大大小小的綠洲國家都在各自摸索著生存之道。且末的士兵只有三百二十人，精絕的士兵只有五百人。即便是龜茲，士兵也只有二萬一千人。絕大部分的國家無法單獨對抗漢朝的軍隊，倘若地理位置剛好位於交通要道上，便很難維持獨立自主。想要存活下去，只能依附匈奴或漢朝這些大國，或是與其他小國進行橫向結盟。若是想與漢朝建立外交關係，就必須派王族或貴族作為使者帶著禮物前往朝貢，或是將王子送往漢朝當人質。不過漢朝也會回禮，使者能帶回漢朝所賜的印綬及黃金、絹絲等賞賜物。

只要在王族或貴族使者的隊伍中混入商人，就能與漢朝進行貿易，這也是好處之一。由於使者往來有可能遭遇危險，回程時漢朝會派出使者隨行護衛。漢朝想要與西域諸國維持外交關係，就必須確保南北道的安全暢通。漢朝會要求從屬國供應食糧給漢朝使節，亦曾要求出兵。此外，漢朝也曾在輪臺、渠犁等地實施屯田政策，以增加兵源與軍糧。有時漢朝還會要求從屬國提供嚮導及口譯員。整個西域並沒有共通的語言，因此需要同時懂漢語及西域諸國語言的人才。為了順利溝通，漢朝在西域各國皆設置譯長。經營西域雖然對漢朝是個不小的負擔，但讓西域臣服於漢朝具有相當大的政治意義。

漢宣帝神爵二年（西元前六〇年），朝廷於烏壘城設置西域都護府，此城距離陽關二千七百三十八里。這是西漢控制西域的重要轉捩期，首長稱為西域都護，漢朝自此能以比敦煌更遠的據點控制西域。都為統治之意，護為守護之意。第一個就任西域都護的人物是鄭吉。敦煌懸泉置出土的史料中，可看到廷尉寫給西域都護的西書（寄往西方的公文書）在驛站收發的紀錄，此外還有要求甘延壽前往敦煌郡迎接西域天馬的詔書。

對往來東西的外交使節供應餐點的紀錄，則包含鄯善（舊稱樓蘭）王的使者、派往大宛的漢朝使節、大月氏及烏孫的使者。有一份公文紀錄著漢朝使者帶回了疏勒國王子送的駱駝，但其中有三頭因疲勞而動彈不得，因此正在進行調查。此外還有大宛貴人烏莫塞獻上的一頭駱駝死於懸泉置的紀錄，以及允許烏孫、莎車王的使者四人、貴人十七人獻上的六頭駱駝；康居王、姑墨王獻上的駱駝入關的紀錄。駱駝在西域與漢朝的交流上發揮了相當大的功效，不僅可作為往來東西的交通工具，同時亦是獻給漢朝的重要朝貢物。史料中記載的上獻駱駝數量都不多，或許是考量移動途中餵食不易，因此採用只獻少數頭，到了長安再加以飼育繁殖的做法。其中較有趣的是送于闐王以下一千零七十四人離開的使者的通過紀錄，以及送精絕王諸國的客人四百七十人離開的紀錄。此外也有西域都護寫給衛尉屬官的緊急書簡的收發紀錄。

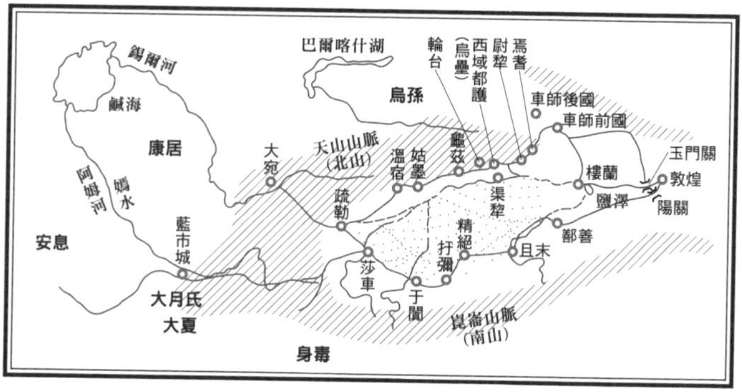

西域綠洲都市圖

紙張發明前的書籍

如今我們生活中常見的書籍，在分類上都屬於洋書，其裝訂方式是將許多張紙自書本的內側對折，重疊後在書背處塗上糨糊。但如果踏進圖書館的書庫，會發現除此之外還有許多其他種類的書籍。漢籍或日本古籍又稱線裝本，裝訂方式剛好與洋書相反，是將內頁自書本的外側對折，重疊後以細繩串起。這才是中國自古以來的書籍形式。但不論是洋書還是漢籍，都是使用紙張的書籍。回顧書籍的歷史，其實還有更古老的形式。在紙張普及之前，所謂的書籍是以細繩串起木片或竹片。

一九八五年九月，筆者曾拜訪甘肅省的敦煌。這也是個座落於沙漠中的綠洲都市。在飛機降落機場時，筆者自飛機上往下看，沙漠的白色與都市的綠色形成了強烈對比。此地非常乾燥，一年的降雨量只有十多公釐，生活用水全仰賴自南方祁連山脈融化的雪水。只有在湧泉或河川的旁邊，才會產生聚落。一旦水源枯竭，就必須搬家尋找新的水源。

離開了敦煌市中心，搭乘越野車穿過沙漠，便可抵達漢代玉門關的遺跡。這座關口是以版築夯土工法建成，建造方式相當單純，只是將泥土堆疊夯實而已，但其土牆一直殘存到了今天。一旦越過了這座關口，便進入西域的世界。在中國的漢人眼裡，這就像是漢族的最後堡壘。由於深受漢人喜愛的和闐玉都是由此入關，所以這座關口被命名為玉門關。在其北方不遠處，便可看見漢代的長城在沙地上比直延伸。這裡的長城較為古老而樸實，不同於北京常見的明代磚造長城，是以泥土及蘆葦桿交疊夯實建成。長城是抵禦北方游牧民族匈奴入侵的防衛設施，若將沙子挖開，裡頭一定能找到許多古代的圖書及木簡。

消失於沙塵中的百姓重見天日

一九四一年十二月二十五日，日軍占領香港。在其前一年，中國安排將一萬多枚漢簡（於一九三〇年出土於敦煌東北方額濟納河流域）送往美國，以避免遭戰火波及。這些漢簡由於出土地點曾是漢朝對抗匈奴的最前線基地居延城，因此被命名為居延漢簡。居延漢簡也是重要的漢代木簡史料，足以比擬敦煌漢簡。後來臺灣的

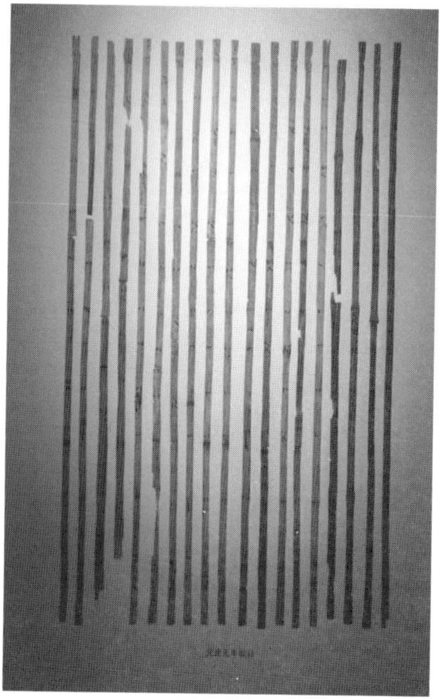

竹簡 在偶然的機緣下出土的竹簡、木簡由於已沉睡了兩千年，文字大多已褪色，編繩也已腐爛，導致簡片散亂不堪。

學者在美國的國會圖書館裡發現了一張外交公文，上頭的紀錄證明美國確實代為保管了十四箱貴重的木簡。一直到一九六五年的二十五年之間，這些箱子從不曾被打開。換句話說，這些古代木簡在沉睡了將近兩千年之後，又在外國圖書館的某房間內沉睡了二十五年。

這些居延木簡被送往臺灣的中央研究院，由臺灣的研究人員進行科學性的研究。寫在木簡上的文字多已褪色難以辨讀，但近年來研究人員利用紅外線攝影技術，成功解讀了許多肉眼及放大鏡難以辨讀的文字。這些木簡上的文字及畫像都被輸入電腦中，方便進行搜尋調閱。

即便只是熟讀典籍，也能夠進行中國古代史的研究。例如想研究秦漢史，只要將《史記》或《漢書》這類史書鉅細靡遺地多讀幾遍，就可寫出大量的論文。但問題是這些都是由朝廷正式編纂的史書，其成書帶有特定目的，因此很多環節都會遭到切割與捨棄。朝廷內的權力鬥爭都是由正統性獲得承認的一方進行記錄，百姓的叛亂也是在打倒了逆臣之後才會獲得評價。

但是在木簡上，我們能看到很多不曾出現在正式編纂的文獻上的百姓名字。雖然這些木簡本身也是朝廷機構所留下，但由於沒有受到史書式的過濾，往往保留了更加生動的時代氛圍。透過這些木簡，我們能夠知道當時被徵調至邊境負責防守的內地百姓過著什麼樣的生活。只要以紅外線攝影機照射一枚木簡，往往就能解讀出原本無法判讀的士兵名字。藉由現代的先進技術，消失在沙塵中的百姓得以重見天日。

推動地方政治的循吏與酷吏

另一方面，百姓對內地各地方郡守的評價則有兩極化的傾向。這些郡守皆是由中央所指派，在為期三年的任期內若能做出政績，就能獲得好評。有些郡守因寬厚、清廉而受百姓愛戴，也有些郡守因治郡嚴苛而聲名大噪。循吏與酷吏正如同兩種極端，推動著漢朝的地方政治。

穎川太守黃霸在任內讓戶口（人口）增加，郡內出了孝子貞婦且沒有重大犯罪，因而獲得天下第一的美譽。他的在任期間前後長達八年。南陽太守召信臣則親自巡視阡陌（耕地中東西向的小路），指導百姓農業技術，並自郡內水源處引水，興建水門及堤防數十處，灌溉面積達到三萬頃。而且他為了防止農民爭水，還將獨特的均水之約刻於石上，立於各農地之間的小路。從官吏到農民都愛戴他，尊稱他為召父。他在漢元帝末年當上少府的高官後，亦曾建議取消黃門的戲劇表演及太官的溫室蔬菜栽培，為朝廷省下了數千萬錢的宮廷費，即使在中央也是名活躍的優秀官員。

另一方面，有名的酷吏則有東海郡下邳縣的嚴延年。在霍光擁立漢宣帝的時候，他曾毫不畏懼地提出反對意見。後來他當上涿郡太守，成為地方官。這個地區的大姓（豪族）西高氏、東高氏擁有龐大勢力，就連當地採用的郡吏們也不敢得罪，甚至有「**寧負二千石，無負豪大家**」（寧願反抗領兩千石俸祿的郡守，也別反抗豪族大家）的說法。高氏放任賓客們肆無忌憚地到處搶劫，官吏如果追捕，他們就會逃進高氏的家裡。嚴延年一上任，局面有了一百八十度的變化。他命令掾史趙繡調查高氏的罪刑，掌握了死罪的證據。趙繡寫了兩份彈劾文，偷偷藏在懷裡，打算先拿出較輕的彈劾文，若看嚴延年面帶怒意，才拿出較重的。嚴延年早知道趙繡心裡打的主意，二話不說便要求趙繡取出較重的彈劾文，並且當天就加以審判，隔天清晨就將罪人們送至市場處死。兩派高氏皆有數十人遭到誅殺，一時之間全郡百姓無不驚懼。

循吏黃霸治理的穎川，與酷吏嚴延年治理的河南剛好相鄰。嚴延年得知黃霸受到褒獎後相當不滿。有一次嚴延年的母親從東海郡前來探望兒子，偶然見了刑場景象，責罵嚴延年對百姓太過嚴酷。嚴延年的母親是個頗有聲譽的賢母，因她有五個兒子都當上俸祿兩千石的太守，因而有「萬石嚴嫗」的美譽。在其生活的東海郡，出土了相當珍貴的史料。

出土文書的內容

東海郡的地方行政

一九九三年，江蘇省連雲港市東海縣溫泉鎮尹灣村的漢墓出土了二十四枚木牘與一百三十三枚竹簡，其內容為西漢末年東海郡相關公文的抄本。

這些文書除了一枚木牘之外，皆出土於六號墓。埋葬者是個名叫師饒的人物，其身分是漢成帝時期的東海郡功曹史。出土文書包含《集簿》（郡內全年統計資料）、《東海郡吏員簿》、《東海郡下轄長吏名籍》、《東海郡下轄長吏不在署未到官者名籍》、《永始四年（西元前一三年）武庫兵車器集簿》、《贈錢名籍》、《禮錢簿》、《神龜占》、《博局占》、《元延元年（西元前一二年）曆譜》、《元延三年（西元前一〇年）五月曆譜》、《衣物疏》（陪葬品清單）、名片、《元延二年（西元前一一年）日記》、《刑德行時》、《行道吉凶》、《神烏賦》等等，可說是種類繁多。師饒所擔任的功曹史是東海郡行政上的重要職位，為當地錄用的官員，比起中央指派的太守等長吏更加深入地方社會，對地方社會的變化可說是瞭如指掌。

東海郡的太守到了年底必須進行全年的行政報告。根據出土史料的記載，東海郡共有三十八縣十八侯國十八邑。面積為東西五百五十一里，南北四百八十八里，大約為五百里見方，則東海郡的面積換算後大約是兩百公里見方。人口為一百三十九萬七千三百四十三人，二十六萬六千二百九十戶，在一年之中增加了四萬二千七百五十二人，一萬一千六百六十二戶。男女比例為五十一比四十九，男性較多。年齡層的人口統計則是六歲以下十八・七九%，八十歲以上二・四%，九十歲以上〇・八%。這些珍貴的統計數字讓我們得以明白兩千年前古代中國的人口年齡金字塔的大致狀況。

男女比率從古到今都沒有變化，但六歲以下（虛歲）的比率由於幼兒死亡率高而偏低，八十歲以上的長壽年齡比率則高得令人驚訝。相較於現代的情況，中國（一九九九年）五歲以下（實歲）的比率為三〇%，日本（二〇〇〇年）也超過了二〇%。但日本（一九九九年）九十歲以上的比率只有〇・〇〇五%，由此可知當時的〇・八%實在是相當高的數字。這些年齡超過九十歲的人，都是出生於大約一百年前的漢武帝全盛時期。

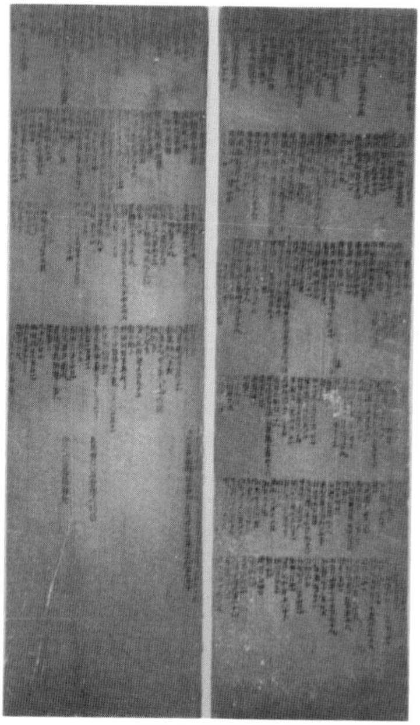

尹灣簡牘：武庫永始四年兵車器集簿
尹灣簡牘的內容包含東海郡各縣的官吏人員清單及統計資料、武器庫登記簿、曆譜等等，種類五花八門。

東海郡共有三十八個縣及十八個侯國，負責地方行政工作的官員共有二千二百零三人。每個縣皆有縣令（一千石）或縣長（四百石。縣內人口一萬戶以上設縣令，以下設縣長）。其底下有丞（二百石）、尉（二百石）等長吏，以及令史、獄史、官嗇夫、鄉嗇夫、游徼、牢監、尉史、官佐、鄉佐、亭長等掾史。縣內的長吏不得為東海郡出身者。這是因為一旦當上本籍地的長吏，容易與族人互相勾結，違反中央集權的基本理念。長吏避本籍的原則攸關官吏制度的基礎架構。出土文書中包含了這些官員的名簿。鹽官、鐵官的長、丞也不包含東海郡出身者，這或許是為了追求公平吧。全郡一年歲收為二億六千六百六十四萬二千五百零六錢，支出為一億四千五百八十三萬四千三百九十一錢。穀類作物的歲收為五十萬六千六百三十七石（斛），支出為四十一萬二千五百八十一石四斗數升。郡內的財政收支包含貨幣及穀物兩大類。

另外還出土了一枚木牘，正面寫著「**進長安令　兒君**」，背面寫著「**東海太守功曹史饒謹請吏奉謁再拜　請　威卿足下　師君兄**」。這是古代的名片。身為地方官的師饒（字君兄）不知為了何事而想要與長安令兒君（字威卿）見面。長安雖是首都，也設了長安縣。地方官每年必須前往長安一次，進行地方政府的施政報告。東海太守亦要求功曹史師饒前往中央拜見侍謁者徐中孫、中郎王中賓、丞相史后中子等人。遞交名片必須附上禮物，這是當時的習慣。師饒與東海郡周邊諸郡太守及諸國丞相都有交情，例如元延二年（西元前一一年）前期曾前往楚國出差，後期又前往琅邪郡出差。與郡外進行交流也是郡功曹史的工作之一。

僮約：奴隸買賣契約

蜀郡的王子淵到煎山出差時借住在寡婦楊惠的家裡，楊惠有個僕人叫便了，王子淵差他出門買酒，便了不願意，竟說：「我家主人當初買我的時候，只要我做守墳的工作，沒要我替外人買酒。」王子淵勃然大怒，罵道：「你想被賣掉嗎？」楊惠也順從王子淵的意思，要王子淵立即寫下僮約（奴隸買賣契約書）。便了此時也豁了出去，不肯對王子淵低頭。王子淵所寫的契約書開頭如下：

神爵三年正月十五日，資中男子王子淵，從成都安志里女子楊惠買亡夫時戶下髯奴便了，決賈萬五千。奴當從百役使，不得有二言。

〔漢宣帝神爵三年（西元前五九年）正月十五日，住在資中縣的男子王子淵，向住在成都安志里的女子楊惠買下其亡夫在世時所買的蓄鬍奴僕便了，賣價一萬五千錢，奴僕當做百樣工作，不得有怨言。〕

這篇韻文的作者是生活在西元前一世紀的王褒，雖是漢代的文章，卻沒有被收錄在《漢書・王褒傳》中，我們只能從成書於七世紀的《藝文類聚》中讀到。日本學者宇都宮清吉曾寫過一篇〈僮約研究〉（《漢代社會經濟史研究》），仔細對原文進行校對與勘誤，並且將這篇幽默風趣的文學作品翻譯成了日文。

〈僮約〉一文中的王子淵其實就是王褒。子淵是王褒的字。當時的皇帝漢宣帝從小在掖庭宮裡長大，學過不少詩書，如《詩》《論語》《孝經》等都有涉獵。當上皇帝後，他邀集天下學者進入宮中。神爵、五鳳年間（西元前六一～前五四年）正好是連年豐收且外交安定的時期，漢宣帝企圖藉由祥瑞之兆來宣揚時代的繁榮，並讓文人在宮中作詩紀念。如使用在年號上的「神爵」便是一種象徵祥瑞的神雀。其他出現過的祥瑞之兆還有五色鳥、黑黍、白虎、河魚、甘露、黃龍、鳳凰等。當時王褒也為益州刺史寫了詩，讓人和著雅樂頌唱。王褒的才華傳入了漢宣帝的耳裡，漢宣帝將王褒召入京城，王褒又為漢宣帝作了〈僮聖主得賢臣頌〉，從此王褒便經常在宮中作詩。

〈僮約〉這篇文章還有後半段。既然連契約也簽下了，王子淵當然有權力使喚便了做各種雜役。

晨起早掃，食了洗滌。居當穿臼縛箒，截竿鑿斗，浚渠縛落，鉏園斫陌，杜埤地，刻大枷，屈竹作杷，削治鹿盧……

像這樣的雜役後面還接了一長串。王子淵真的列出了要求便了做的「百役」。但在這篇文章裡比起奴僕為主人做牛做馬的悲哀，更值得注意的是蜀地的物產豐饒。文章中提到的農作物包含麥、粟、豆、芋、瓜、茄子、蔥、紫蘇、韭菜、薑等，家畜有豬、馬、牛、驢、羊，池塘裡有魚、鵝、野鴨、家鴨，此外還栽培了蒲、藺草等水草，果樹園裡有桃、李、梨、柿、柘桑等。在市場上可買賣手工業製品，若家裡來了客人就提著酒壺上街買酒。

餐點裡有肉也有蔬菜。在園裡拔韭菜，將紫蘇與肉乾切碎，以芋頭為主食，配上魚膾及燉鱉，此外還會煮苦茶佐餐。相較之下，便了的三餐卻只能吃豆子跟喝水，不能飲酒，想喝酒時只能以酒將嘴唇沾溼。若砍伐後院的樹木製作船，可從資中縣順流而下前往江州（現在的重慶），再上行至煎縣。收購婦女用的脂澤（胭脂粉），可拿到小市場上販賣。由此可知當時船運便利，活動範圍相當廣。

在〈僮約〉這篇文章中，王褒藉由主角王子淵（子淵為王褒的字）之口道出了益州（四川省）的豐饒。或許王褒在寫這篇文章時還未上京，這是為了益州刺史所寫的作品。契約中提及當時為神爵三年，可見得王褒是想透過在蜀地莊園內勞動的奴僕，來描繪出漢宣帝統治時期的繁榮景象。

《漢書．地理志》中的宏觀世界

《漢書．地理志》中記載的全天下郡國別人口統計，是漢平帝元始二年（西元二年）各地郡國向中央報告的統計資料。東海郡共有三十五萬八千四百一十四戶，一百五十五萬九千三百五十七人，若與尹灣漢墓出土史料的記載相比較，可知十年間增加了九萬二千一百二十四戶，十六萬二千零一十四人，人口增加率為一〇％。這數字包含自然出生人口及來自周邊郡國的流入人口。全天下的統計則為一千二百二十三萬三千零六十二戶，五千九百五十九萬四千九百七十八人。這剛好是兩千年前的正確人口統計數字。由於秦代沒有任何文獻留下人口統計資料，這份資料是目前可知中國成為統一帝國之後的第一份人口統計資料。

西漢末年全天下共有一百零三個郡國及一千五百八十七個縣（包含邑（皇后、公主等皇族的食封）、道（位於邊境的縣）及侯國）。凡縣必有縣城，縣城是縣的核心地區。平均每十五縣為一郡國，但實際上郡國有大有小，大者如三十八縣的東海郡、三十七縣的沛郡、三十六縣的南陽郡及西河郡等，小者如三縣的玄菟郡、泗水國，四縣的趙國、真定國，五縣的合浦郡、日南郡，六縣的敦煌郡、南陽郡。邊境由於人口稀疏，縣也較少。漢武帝所開拓的漢帝國，是以全天下一千五百八十七個縣為據點，建立起將中央的命令傳達至各地方的機制。

一九五四年，毛澤東下令製作中國歷史地圖，作為國家計畫的一環。由中國復旦大學歷史地理研究所的譚其驤主導，在文革時期的一九七四年首次對內發行《中國歷史地圖集》，到了一九八二年才正式出版，全系列共八冊（參照吉開將人〈《中國歷史地圖》的理論—歷史地理與疆域觀—〉，《史朋》第三十六號，二〇〇三年）。研究過程相當嚴謹，依各朝代詳加考證各郡縣的位置，製作成地圖，可視之為清代楊守敬《歷代輿地沿革圖》的現代版。其中的第二冊為「秦、西漢、東漢」時期。筆者自己也曾鑽研考古資料，於一九七六年出版過私家版的《漢代郡縣地圖》。其實早在秦漢時代，就有所謂的《秦地圖》及《漢輿地圖》。班固的《漢書．地理志》就是引用了《秦地圖》的資料。

劉邦進入秦都咸陽時，在秦朝丞相府內取得大量圖書，其中包含地圖。劉邦便是藉由這些地圖掌握了秦朝疆域的勢力圖。到了漢武帝的時期，漢武帝為了能在封諸侯王時確認其領地，亦曾要求御史製作《輿地圖》。可惜這些地圖如今都已失傳了。地圖是一種政治工具，歷史地圖也反映了古人的歷史評價。

逐漸清晰的漢帝國全貌

《中國歷史地圖集》第二冊是水準最高、最值得信賴的秦漢時代地圖，但編著者在前言處提到了有幾點必須注意。第一，西漢的地圖是以西漢末年為基準，並未將西漢兩百年間的行政區域變化納入考量。第二，漢朝與外國的邊界要如何認定尚有爭議。如朝鮮半島的樂浪郡、越南的日南郡、西南夷的益州郡等外圍是否有明確的邊境線？西域都護府轄下的西域諸國是否能塗上與內地相同的顏色？這些都是攸關漢帝國政治結構的重要問題。

漢武帝元封五年（西元前一〇六年），朝廷將除了中央的司隸之外的全天下疆域劃分為十三州，委由刺史管轄。剛開始的時候，刺史的秩祿只有六百石，甚至不及兩千石的郡守。到了漢成帝的時期才升為兩千石，與郡守相等。秦代的郡不到五十個，但漢代的郡國卻有一百多個。因為數量太多，才劃分各州。刺史的職責是巡視各郡國，彈劾太守的不法情事。

漢代的州是以夏朝的禹貢九州（冀、兗、青、徐、揚、荊、豫、梁、雍）及周朝的九州（冀、兗、青、揚、荊、豫、雍、幽、并）為理想範本，除了冀、兗、青、并、徐、揚、荊、豫、涼這九州之外，再加上益、幽、朔方、交阯這四州，合計十三州。這是除了傳統的九州之外，又加上了漢武帝拓展的邊境地帶。現代河南省簡稱豫，河北省簡稱冀，這便是源自於古代的豫州及冀州。此外青州（山東省）、徐州（江蘇省）、揚州（江蘇省）、荊州（湖北省）等是源自隋代之後由郡縣制改為州縣制的地名，但其位置亦與漢代的州互相重疊。

除此之外還有所謂的五服（甸、侯、綏、要、荒服），這是一種以華夷思想為根源的儒教地理觀。距離中華的核心越遠，便越接近夷狄世界。甸指的是天子居處周邊可生產穀類作物且能參與祭祀的田園地帶，侯指的是諸侯之國，綏指的是在君王統治之下維持安定的地區，要指的是如同綁住了腰部一般服從恭順且每年朝貢的蠻夷之地，荒服指的則是蠻荒偏遠的戎翟之地。《漢書・地理志》中提到的郡國指五服中的甸、侯，其排列順序為自中央逐漸推向遠方。畿內分為京兆尹、左馮翊、右扶風，合稱三輔。以三輔為中心，依順時針方向像畫漩渦一樣往外延伸排列。秦始皇時代的秦帝國並沒有採用像這樣的郡國配置方式。

出土史料提供了來自地方郡國的微觀視點，而正史中的紀錄皆節錄於從地方送往中央的行政公文，因此能看見的是宏觀視點的帝國全景。必須綜合這兩者，才能看清楚漢帝國的全貌。

西漢十一代皇帝陵

根據《漢書》〈地理志〉的記載，西漢末期元始二年（西元二年）的長安人口數為二十四萬六千二百人。此時長安建城已歷經兩百年，作為漢帝國的首都，已成為人口將近二十五萬人的大都市。唐代的長安有一百萬人口，漢代的長安乍看之下似乎不及，但若將周邊衛星都市的人口也算進去，漢代的長安其實比唐代的長安還大。

西漢十一代皇帝陵都建在長安的周邊一帶。渭水北方有一片名為咸陽原的丘陵地帶，十三代皇帝陵中有九代都建在這裡。這九座皇帝陵依東西向排列，總長足有三十五公里。此外在渭水的南方，西安（長安）東南角的白鹿原有漢文帝的霸陵，杜陵原則有漢宣帝的杜陵，這兩座陵墓也都在地表留下了巨大的墳丘。西漢時代的陵墓特徵是陵墓旁都會有座都市（陵邑）。從漢高祖劉邦到漢宣帝，就蓋了七座陵邑。陵邑的歷史可追溯至西元前二三一年設置於秦皇陵旁的麗邑。連居住空間也必須表現出皇帝排場的特殊都市傳統維持了兩百年之久。前述的七座陵邑，分別為高祖的長陵邑、惠帝的安陵邑、文帝的霸陵邑、景帝的陽陵邑、武帝的茂陵邑、昭帝的平陵邑及宣帝的杜陵邑。

新皇帝一即位，隔年朝廷就會開始建設陵墓。陵墓本身必須等到皇帝死後才會竣工，但陵邑則是在皇帝生前就會完成，百姓住在陵邑裡，彷佛是一種宣誓對皇帝效忠的行為。朝廷會下令讓各地的資產家及豪傑之士移居到陵邑內。即使到了今天，只要站在長安城未央宮前殿的高臺上，就能看見遠方的陵墓。若是從長陵或安陵的角度，則可看見一部份坍塌的陵邑夯土城牆。

陵邑的居民皆被迫離開了遙遠的東方故鄉。沒有任何史料上記載著他們在陵邑裡過著什麼樣的生活。根據〈地理志〉的記載，長陵邑的人口為十七萬九千四百六十九人，茂陵邑為二十七萬七千二百七十七人。由此可知即使到了西漢末年，漢武帝的茂陵邑人口依然超越首都長安，或許這意味著漢武帝的地位在當時世人心中有多麼崇高。光是將長安及長陵、茂陵兩座陵邑的人口加起來，就多達七十萬二千九百四十六人。剩下的五座陵邑沒有留下任何人口統計資料，假設都以長陵的十七萬來計算，五座陵邑加起來就有八十五萬。長安與七陵邑的人口合計一百五十五萬，儼然是座人口超過百萬的巨大都市。長安與渭水北岸的陵邑可經由渭水橋往來聯繫，與霸陵邑則可經由霸陵橋往

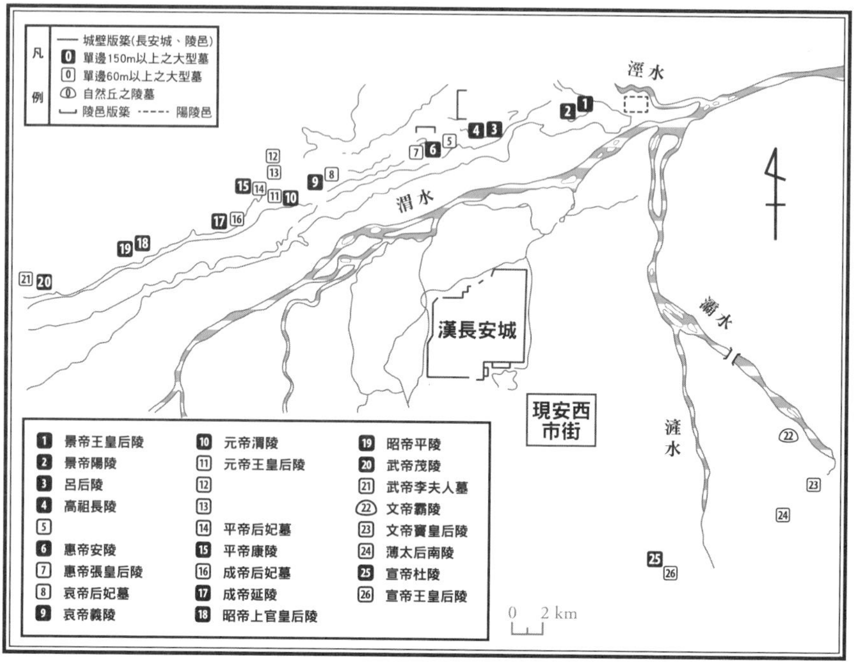

西漢皇帝陵、陵邑圖　西漢9代皇帝陵並排築於長安近郊的咸陽原上。

來聯繫。皇帝為了舉行祭祀儀式，應該經常前往陵墓及宗廟，邑陵之間的居民或許也常會在陵邑之間來來去去。

陵邑的居民來自四面八方，顯得相當熱鬧。所謂的五陵（渭水北側的五陵邑）少年，便用來形容各陵邑內遊手好閒的年輕人。由於這些都市人口眾多，自然會出現一些經營金融業獲得成功的大富豪。大都市裡買賣的日常必需品可說是五花八門，例如酒、醬、肉、穀類作物、薪柴、漆器、銅器、木器、鐵器、胭脂、丹沙、帛（白絹）、麻布、綾絹、皮革、麴、棗、栗、鹽、豉（豆類發酵食品）、蔬菜等。長安城裡賣丹的王君房及賣豉的樊少翁、王孫大卿等人皆是經商有道的富豪。

《漢書・游俠傳》中的豪傑

另一方面，大都市裡亦有不少俠客暗中活躍著。例如漢武帝時期的郭解，以及西漢末年的原涉，皆是列名在《漢書・游俠傳》中的豪傑之士。要移居到漢武帝的茂陵邑，條件是資產額必須達到三百萬錢，郭解相當貧窮，根本沒有那麼多財產，但由於他擁有極高的聲望，朝廷還是令他遷居。據說當他臨行之際，前來為他送行的人所給的錢別金便多達一千多萬錢。郭解為人行俠仗義，經常為他人報仇、仲裁恩怨或是藏匿亡命之徒，但他也幹過不少諸如私鑄錢幣、盜墓等惡行。最後他因殺人而以大逆不道之罪遭處死刑。

原涉則是在祖父那一代便以豪傑之士的身分移居茂陵。父親是南陽太守，去世時縣民們所給的奠儀多達一千萬錢以上，原涉並沒有收下這些錢，卻在茂陵裡為父親蓋了壯觀的墳墓，並購買土地規劃了墓道。後來原涉為遭殺害的叔父報仇雪恨，因而過了一年逃亡生活，遇到恩赦才又回歸故鄉。為親友報仇在當時的社會風氣下，是受到默許的行為。此外原涉在施捨窮人時也很慷慨，有一次他通過一戶人家的門口，那戶人家有人過世卻沒錢辦喪事，原涉雖然與那戶人家非親非故，還是願意出手相助。他拿了一塊木牘，把死者所穿的壽衣、棺材、飯唅（讓死者含在口裡的玉）等辦喪禮需要用到的物品鉅細靡遺地寫下來，要門客到市場上購買。住在大都市裡，就連辦喪事也是一件很花錢的行為。值得一提的是漢代墳墓中出土的「遺策」，是放入棺材中的陪葬品清單。

到了漢元帝時期，上述陵邑制度遭到了廢除。永光元年（西元前四三年），原本由太常統一管理的陵邑分別轉入三輔（京兆尹、左馮翊、右扶風）的轄下。

秦代咸陽城由於是依著咸陽原的丘陵地形所建，因此排水相當便利，但灌溉及生活用水的取得卻相當不便，只能仰賴井水。到了西漢武帝時代才終於挖了成國渠，灌溉咸陽原下方的耕地。相較之下渭水南側則有著豐水、泬水、滻水、灞水等自終南山往北流的河川，因此擁有豐富的水資源。

長安城的東南方為唐代長安城的興建區域，此地在漢代有樂游苑及宜春苑，在其南方還有一大片往東西方向延伸的上林苑。上林苑是皇帝的狩獵場，裡頭養了許多動物，並且種植了三千多種天下各地獻上的果樹及花草，而且據說裡頭的離宮多達三十六座。當時長安城的南方還是一大片蒼鬱森林，那副景象恐怕是現代人難以想像的。上林苑內有河流，還有一座名為昆明池的巨大水池。從昆明池引出的渠道不僅環繞長安城周圍（漕渠、王渠），同時也流進了城內（明渠）。作為城內的供水溝及排水溝使用，效果應該相當良好。

長安周邊豐饒的自然環境

漢武帝時代的東方朔，是個有名的滑稽家。所謂的滑稽並非「可笑」之意，而是指口齒伶俐、能言善道，說起話來就像酒滴從稽（一種酒器）上滑落一般流暢。他曾向漢武帝上奏自己的想法，一寫就寫了三千枚簡牘，要兩個男人才扛得動，漢武帝花了兩個月才看完。在漢武帝打算擴張上林苑並設置圍籬時，東方朔曾上諫勸阻，主張上林苑已經夠大了，沒必要繼續擴張。他是這麼說的：

夫南山，天下之阻也，南有江淮，北有河渭，其地從汧隴以東，商雒以西，厥壤肥饒。漢興，去三河之地，止霸產以西，都涇渭之南，此所謂天下陸海之地，秦之所以虜西戎兼山東者也。其山出玉石，金、銀、銅、鐵、豫章、檀、柘，異類之物，不可勝原，此百工所取給，萬民所印足也。

又有秔稻梨栗桑麻竹箭之饒，土宜薑芋，水多鼃魚，貧者得以人給家足，無飢寒之憂。

「終南山是天下的分水嶺，南有長江及淮水，北有黃河及渭水，整個關中地區的土壤都很肥沃。當初漢朝興起時，捨去了東方的三河之地，將首都設置在涇水、渭水以南，由此可知這裡是天下海陸豐饒之地。秦朝能夠打敗西戎、吞併山東諸國，也是仰賴了這塊土地。這裡出產玉石、金、銀、銅、鐵、豫章、檀、柘桑，還有其他珍奇產物，足以供百工及萬民所需。此外這裡的土地可生產秔稻（粳米）、梨、桑、麻、竹箭（大小竹類）、薑、芋等作物，水中漁產豐富，貧窮人家也得以自足，不必挨餓受凍。」

根據東方朔的描述，西漢時代的終南山一帶似乎盛產竹子，但如今已見不到那樣的景色，那是因為當時的氣候比現在溫暖得多。

昆明池位於長安縣斗門鎮內，筆者曾前往參觀。池內有兩座漢代流傳下來的石像，分別名為「牽牛」（牛郎）及「織女」，據說如今依然是附近農民虔誠信仰的對象，這一點讓筆者感到有些驚訝。除此之外，漢朝的人為什麼要建漕渠將這巨大水池裡的水引向長安城，也很耐人尋味。兩座石像分別位於池中的東西兩側，據說象徵天河。兩座石像都頗大，超過了兩公尺，而且模樣有些古怪，與漢代畫像石中所畫的牛郎織女形象可說是截然不同。這讓筆者想到了都江堰裡東漢時期所造的李冰石像。昆明池內的兩座石像會不會跟李冰石像一樣，是古代的水位計，能用來測量昆明池的儲水量？筆者會產生這樣的想法，是因為昆明池的水是首都長安城內的生活用水，具有相當重要的意義。關於長安城周邊的水利運用及自然環境的狀況，相信在未來除了文獻記載之外，考古學上的研究也能帶給我們一些答案。

上林瓦當　有著「上林」字樣的瓦當。據說上林苑裡種植、栽培了許多動植物。

王莽篡漢

捍衛漢室的王政君

我們從居延漢簡之類的漢簡中能發現不少庶民婦女的名字。當時的婦女名字以單名居多，但偶而也可看到二字名。常見的一字名有弟（妹妹之意）、足、君、待、南、女、憲，常見的二字名則有女足、君來、君至、王女、自予等，較特別的名字則有惡女。

除了細君及王昭君之外，西漢末年還有一個名字裡有「君」字的女人對政治造成了重大影響，那就是王政君。王政君為四姊妹中的一個，長女君俠、次女政君、三女君力、四女君弟。就跟男孩子一樣，同輩的姊妹共用「君」字為名。值得一提的是王莽的字為巨君，可見得「君」字不管男女都可使用。細君與王昭君都嫁入了匈奴，而王政君則是在十八歲時進入後宮成為皇后。她歷經元帝、成帝、哀帝、平帝這四代皇帝，活到了八十四歲，其中有六十多年都置身於西漢末年的政治中樞。若沒有王政君，侄子王莽絕對沒有機會崛起，但這兩人並非攜手合作的關係。王政君始終站在捍衛漢室的立場，而王莽則企圖篡奪漢朝的政權。姑母與侄子的年紀相差二十六歲，兩人之間的鬥爭決定了西漢劉氏皇朝的命運。

王政君的故鄉為魏郡元城縣委粟里，位於黃河下游河畔，附近有一座名為沙麓的山丘。顧名思義，應該是黃河的泥沙堆積而成。這座山在春秋時代曾崩塌過，當時有人占卜此地會出一名聖女。漢元帝即位後，王政君年僅二十四歲就當上了皇后，史稱元皇后。漢元帝死後，王政君的兒子漢成帝繼位，王政君成了皇太后，當時她四十歲。後來到了漢哀帝、漢平帝的時代，王政君又以太皇太后的身分輔佐著皇帝。從漢平帝九歲即位，一直到後來的孺子時代，王政君雖已年過七旬，還是親自下達詔敕。值得一提的是女性為政者在下詔時同樣自稱「朕」。

王政君的兄弟皆位居高官，例如長兄王鳳增封五千戶，官至大司馬大將軍領尚書事。大司馬大將軍為軍事最高職位，而且王鳳還身兼尚書職務，對國政也能插手干預。這種外戚獨攬大權的情況是漢昭帝時期的霍光開了先例。王鳳身為皇帝的舅父，在朝政上呼風喚雨。

王政君在當上太皇太后的時期，曾向全天下發布《四時月令》詔條。那一年為元始五年（西元五年），漢平帝剛過世，安漢公王莽擁立年僅兩歲的孺子（劉嬰）且獲得攝皇帝的頭銜。《四時月令》詔條近年來在敦煌懸泉置出土，條文並非寫在木簡上，而是寫在泥牆上告知百姓。像這樣的文字史料可說是相當罕見。全文共五十條，條文數目依季節而有所不同，例如六月及十二月都只有一條，而一月卻有十一條，由此可知其月令經過篩選，並非全部的月令。元始五年（西元五年）由於天候不順，王政君特地公布了這五十條《四時月令》，王莽還以安漢公、太傅、大司馬的身分在後頭附記了下詔的緣由。事實上此時王政君對王莽已改採放任的態度。

元壽二年（西元前一年），漢哀帝在位僅六年，便以二十五歲的年紀驟逝，王莽藉此機會回到了政治舞臺。王莽獲任命為大司馬領尚書事，進入政治中樞。漢哀帝死後繼位的是其堂弟中山孝王劉興的兒子劉衎，是為漢平帝。但

王莽的「假皇帝」策略

漢平帝當時才九歲，實際上的政權掌握在王政君及王莽手中。此時王莽的封號為安漢公，意思是希望他能安定漢室，但王莽卻一邊擁立年幼的劉氏皇帝，一邊鞏固自己的地位。值得一提的是漢平帝的元始元年為西元一年，剛好符合其年號的意義，當然這只是巧合而已。

王莽將自己比喻成了伊尹及周公。伊尹輔佐商湯王，周公輔佐周成王，兩人的官職分別為阿衡及太宰。伊尹為了獲得商湯王的重用，以鼎、俎（砧板）為道具，拿料理當例子大談王道。湯王去世後，嫡孫太甲繼承王位，伊尹將其流放三年並代為執政。周公旦則是周武王的弟弟，以叔父的身分代替年幼的周成王執政了七年。王莽將阿衡、太宰各取一字，讓皇帝封自己為「宰衡」。接著王莽一步步實現趕走皇帝、代替年幼的皇帝「攝行皇帝之事」的計畫。

「攝行」為代理之意，伊尹跟周公都曾因君主愚昧或年幼而攝行政務，但畢竟有時間限制，三年或七年之後就該歸還大權。漢平帝年僅十四歲就去世了，王莽挑了劉氏宗室中年僅兩歲的孺子劉嬰當皇太子，兩人的關係儼然成了周公旦與周成王的翻版。但照理來說，一旦孺子成年，行了元服禮，王莽就該歸還政權。

此時王莽巧妙地利用了名為「讖緯」的預言，企圖營造自己當皇帝並非民意而是天意的假象。例如當時謠傳武功縣的縣長孟通從一口井中挖到了一塊上圓下方的白色石頭，上頭寫著紅字「**告安**

漢公（王）**莽為皇帝**」。王莽想辦法讓這個謠言傳入王政君的耳裡，王政君大為憤怒，認為王莽靠這種手法欺騙天下。王政君雖然承受了極大壓力，還是下詔解釋「**為皇帝者，乃攝行皇帝之事也**」，這是她唯一能做的抵抗。「為」字可解釋為「成為」，也可解釋為「為了」。如果取後者的意思，便成了「為皇帝（做某事）」，如此一來就不是當皇帝的意思。因為王政君的這番解釋，王莽只好暫時自稱為「假皇帝」，代替皇帝執行政務。「假皇帝」即「暫時的皇帝」，與「皇帝」已相去不遠。群臣則稱王莽為「攝皇帝」，名義上還是站在輔佐漢室的立場。當時並沒有皇帝，而是由攝皇帝王莽代替年幼的皇太子（孺子劉嬰）執行政務。這一年（西元六年）變更年號為居攝元年。由於沒有真正的皇帝，依然是由太皇太后王政君代下詔書。

從西漢到新的禪讓鬧劇

緊接著又謠傳齊郡臨淄有個叫辛當的人做了一個夢，夢中有一名老翁自稱天公使，他告訴辛當：「漢朝的火德已衰，天命已盡，安漢公當為真天子，這是上帝的旨意。」此外又有個叫哀章的人，他製作了兩個銅箱，其中一個寫中「**天帝行璽金匱圖**」，另一個寫上「**赤帝行璽某傳予黃帝金策書**」，箱內的書中又寫道赤帝之子漢高皇帝言王莽為真天子。哀章在黃昏的時候穿上天子服色，打扮成高廟神靈的模樣。王莽向哀章膜拜，接下了銅箱。透過這樣的儀式，王莽成功地假借《周禮》及「讖緯」的名義，即位為皇帝。定國號為新都侯（南陽郡新野縣都鄉）的「新」，變更年號為始建國元年（西元九年）。王莽拉著年幼孺子的手，淚流滿面地說道：「**今予獨迫皇天威命，不得如意。**」接著孺子被帶下殿，面朝北方對著王莽稱臣。這一齣禪讓的鬧劇到此終於告一段落。

從西漢到新的朝代交替過程，被描述成了一場「禪讓」（禪與讓同義）。在中國的傳統觀念中，朝代輪替方式分為兩種，一種是憑藉武力的「放伐」，另一種則是非武力的「禪讓」。夏、商、周、秦、漢（西漢）的朝代交替都是採用武力革命（革命的本意為改革天命），王莽是頭一個以禪讓的方式成功完成了朝代輪替。他一方面以外戚的身分持續與西漢的劉氏維持緊密關係，一方面又從安漢公升格為假皇帝，最後成為真皇帝，逐步實現朝代交替的計畫。皇帝就是皇帝，原本不該有真假之分。在劉邦還是漢王的時代，丞相為蕭何，而曹參則曾擔任過假左丞相。秦朝以左為尊，但漢朝以右為尊。蕭何的右丞相為真丞相，而曹參的左丞相只是假丞相。在那戰亂的時代，曹參只是掛名丞相頭銜而已。同樣的道理，王莽成為假皇帝的時候，孺子劉嬰才是真皇帝。假皇帝要成為真皇帝，只能透過禪讓的方式。

王莽在暗中徹底打壓反對勢力。居攝元年（西元六年），安眾侯劉崇等人以劉氏族人的身分反抗王莽，率領百餘人攻打南陽的宛，但以失敗收場。到了隔年，東郡太守翟義擁立劉信為天子，率領約十萬人舉兵對抗假皇帝王莽，但同樣遭到了鎮壓。翟義對王莽恨之入骨，主張「（王莽）**毒殺平帝，攝天子位，欲絕漢室，今共行天罰誅莽**」。漢平帝是否遭到鴆殺（鴆是一種毒鳥，其羽毛可製作毒酒），事實上難以求證。《漢書・平帝紀》只記載「**帝崩于未央宮**」，我們無法得知翟義的指控是否有憑有據。

傳國玉璽為正統繼位者的證明

史書中記載王莽有「**豺狼之聲**」，與秦始皇如出一轍。這樣的說法，應該是源自於秦始皇曾被形容為「**豺声，少恩而虎狼心**」。王莽身高七尺七寸（約一百七十七公分），稱不上身材高大，卻有一張老虎般的血盆大口，說起話來像在大聲嘶吼，而且喜歡「**反膺高視，瞰臨左右**」（將胸口往後仰，以高姿態看人）。

漢高祖劉邦曾從秦王子嬰手中接下秦始皇的璽印，這枚璽印在漢朝成為皇帝代代相傳的「傳國玉璽」，但漢平帝去世後，孺子劉嬰並沒有即位，所以這枚璽印一直收藏在長安城的長樂宮內。事實上漢朝的皇帝共有七枚玉璽（官吏之印稱為「印」或「章」，皇帝或皇后之印才稱為「璽」），這七枚玉璽之中有三枚包含「皇帝」二字（皇帝行璽、皇帝之璽、皇帝信璽），另三枚包含「天子」二字（天子行璽、天子之璽、天子信璽），最後一枚便是傳國玉璽。每一代皇帝即位時，都會在先帝的靈柩前或高祖廟前接下璽印，證明自己是正統的繼位者。

「皇帝」璽印使用在內部的各種政務（行璽）、對諸侯王（之璽）及軍隊的命令（信璽）上，「天子」璽印則使用於外交（行璽）、祭祀天地（之璽）及軍事（信璽）上。但比起這些璽印，王莽更在乎的是秦、漢代代傳承下來的傳國玉璽。想必他認為只要能光明正大地取得傳國玉璽，其他的皇帝璽及天子璽最後當然也會落入自己手中。

但是姑母王政君卻緊守著玉璽不肯交出，而且還對侄兒王莽破口大罵：「我們一族是靠著漢朝的力量才得以世代富貴，如今你們沒有知恩圖報，反而還想趁機奪權，這種人連豬狗也不屑靠近。我不過是個漢朝的老寡婦，本來希望死後能與玉璽一同埋葬，看來這個願望是無法實現了！」王政君在當時身為一介婦人，罵出這樣的話已算是相當難聽了。但最後王政君還是放棄了反抗，將傳國玉璽扔在地上，任憑玉璽落入王莽的手中。

王莽可說是想盡了一切辦法要切割姑母王政君與漢室的關係。他不僅拆掉了漢元帝的廟，而且改封王政君為「新室文母太皇太后」。王政君在八十四歲過世，合葬於漢元帝的渭陵。雖說是合葬，但陵墓有各自的墳丘，只是並排在一起而已。在一百七十五公尺見方的渭陵西北方，如今依然可看見規格略小（九十公尺見方）的元后陵。王莽非常執著於斬斷姑母與漢朝皇帝的關係，因此在兩座墳丘之間挖了一道溝。

秦始皇、漢武帝與王莽的共通點

二〇〇一年，位於長安城桂宮殿區西北角雍門附近的第四號遺跡出土了一枚玉牒（玉製的牌子）斷片。長十三・八公分，寬九・四公分，厚二・七公分，尺寸相當小。由於是斷片，上頭只有二十九個字，其中包含「萬歲壹紀」（五百年為一大變，三大變為一紀，故一紀為一千五百年）「作民父母」「退佞（佞為誤字）人姦軌」「延壽、長壯不老」「封亶泰山、新室昌」等字樣。最後的「封亶泰山」及「新室昌」讓我們得知這是王莽的新朝為了舉行封禪泰山儀式而製作的玉牒。繼秦始皇及漢武帝之後，王莽也想要舉行泰山封禪。藉由這枚玉牒，我們看見了一個由外戚身分成為皇帝的男人所活過的歷史。

後來的東漢光武帝劉秀在祭拜天地時曾如此祝禱：「**皇天上帝，后土神祇，眷顧降命，屬秀黎元，為人父母，秀不敢當。**」（天帝的神明將黎元〈百姓〉託付給我劉秀，要我成為百姓的父母，我不敢當。」在這段話中有「**為人父母**」之語，王莽的玉牒內容應該也大同小異，多半是敘述天地神明承認王莽有資格成為百姓父母。光武帝劉秀的祝禱文在這段謙虛之語後，接的是：「**群下百辟，不謀同辭，咸曰『王莽篡位，秀發憤興兵，破王尋、王邑於昆陽，誅王郎、銅馬於河北，平定天下，海內蒙恩。上當天地之心，下為元元所歸。』**」（有些人說「王莽篡奪皇位，我劉秀發憤興義兵，於昆陽打敗王尋、王邑，於河北誅殺王郎、銅馬，平定了天下，海內百姓蒙受恩惠，上可承當天地之心，下受元元（百姓）愛戴」。）

王莽雖是劉秀想要打倒的對象，玉牒斷片上的文章卻稱讚他「**退佞人姦軌**」（驅逐亂政的奸人），開創了新的朝代。此外，玉牒中的「延壽、長壯不老」則是祈求個人延長壽命之語。換句話說，王莽一方面祈求長壽，一方面又希望透過泰山封禪的祭祀儀式讓新室（新朝）興旺，亦即他的願望包含個人的長存與國家的長存。

王莽的新朝夾在西、東漢的劉氏朝代之間，只有短短十五年（西元九～二三年，嚴格計算為十四年又九個月）。王莽在西漢末年以外戚的勢力崛起，藉由禪讓成功實現改朝換代，當上了皇帝。這樣的人想要模仿秦始皇及漢武帝封禪泰山，並不是什麼奇怪的事。但至少到目前為止，沒有任何文獻能證明他實際舉行了泰山封禪。在朝代更迭的混亂局勢逐漸恢復安定的時期，王莽變更年號為天鳳元年（西元十四年），且有巡狩東方的打算，但最後沒有實現。並非每個皇帝都曾經舉行過泰山封禪，在唐代之前，實際舉行過泰山封禪的皇帝只有秦始皇、漢武帝及東漢的光武帝。唐代之後，則有唐高宗、唐玄宗及宋真宗。

新朝的政治、經濟與外交

王莽當上皇帝後否定了秦、漢的價值，徹底追求回歸周朝的制度。實際上周朝早在二百六十五年前就遭秦國消滅了。周朝的歷史很長，還可區分為西周及東周，王莽憧憬的是周文王、周武王及周公所生活的西周時代。但時光不可能倒退回到一千年前，王莽能做的事情只是將《周官》及《禮記・王制篇》那些理想中的周朝政治制度一一付諸實行。這種推翻漢制、建立周制的作法，無疑是一種改革。像王莽這樣在改朝換代後立即推動如此極端的改革，在中國歷史上可說是前無古人、後無來者。為什麼王莽會如此執著於周朝的制度？

以恢復周朝政治制度為目標

在周武王的時代，向周臣服、朝貢的諸侯有八百個。在周文王的時代，這樣的諸侯更多達一千八百個。秦消滅了這些諸侯，改採郡縣制，王莽認為這正是秦朝只傳了兩代就滅亡的主因。漢高祖劉邦剛開始論功行賞時，曾建立了數百個諸侯王國及列侯國，但數量卻越來越少，最後還留著的諸侯國可說是寥寥可數。王莽認為應該恢復周朝的封建制度，因此提倡採行周朝的五等爵（公侯伯子男）及封地四等制度，官職名稱也全都改了，如義和（大司農）、作士（大理）、秩宗（太常）、典樂（大鴻臚）、共工（少府）、予虞（水衡都尉）、大尹（郡守）、宰（縣令）等等，採用的稱呼可說是相當獨特。

此外，王莽還仿效《禹貢》（詳細記錄九州地理狀況、物產及貢物的書籍，傳說為夏禹所著）

將天下區分為九州，諸侯的數量也配合周文王時期設定為一千八百個，並模仿周朝的雙都制度，以長安為西都，洛陽為東都，又將長安更名為常安，將洛陽更名為宜陽。天下共分一百二十五郡、二千二百零三縣，依照距離首都遠近而區分為近郡、內郡及邊郡，連郡名及縣名也改了大半。一般來說地名不會因改朝換代而改變，王莽打破了這個慣例，想必是為了徹底擺脫秦、漢的窠臼。制度的革新雖然能刺激進步，但變化如此巨大，不管是百姓還是官吏都記不住，造成的混亂可想而知。新取的郡名有敦德（漢代原名敦煌，以下表記同義）、西海（金城）、就新（益州）、新中（漢中）、淮平（臨淮）、河平（平原）、迎河（渤海）等。王莽的故鄉魏郡元城縣則改成了魏城元城，變化不大。

王莽認為漢朝為火德，而新朝則是承接火德的土德。土德的象徵色是黃色，這也是祖先黃帝的黃。數字方面，王莽則是特別重視代表土德的五。王莽在許多制度上都刻意遷就顏色及數字，例如將低階官吏的服色規定為紅色（漢朝的象徵色），並且將官吏印章上的字刻意設定為五個字。例如「含洭宰之印」（龜鈕銅印，京都大谷大學藏）的意思是含洭縣首長（宰）的印章，但為了湊足五個字，刻意加入「之」字。

仁慈與殘酷

上述這些都是真正落實的改革行動，而非紙上談兵。改革的命令確實傳達到了天下各郡縣。例如敦煌出土的兩枚木簡斷片，足以證明王莽推動政治改革的詔書確實地傳遞到了遙遠的敦煌。木簡上寫著：

（上部殘缺）以時過，可不冒哉。牧、監之部，其勉於考績（下部殘缺）獲斷金之利焉。始建國四年五月己丑下。

木簡的內容是朝廷在始建國四年（西元十二年）下令牧（指州牧，即刺史）、監等官員必須同心協力處理政務。斷金之利一詞源自於《易經》，原文為「二人同心，其利斷金」，意思是兩人只要同心協力，就連金屬也能斬斷。但事實上這是一則字謎，在現代的中國大陸也有像這樣以字謎射字的遊戲，例如「什麼字半甜半辣」，答案是「辞」字（甜、辣各取左半邊）。斷金之利也是一樣，字謎為「獲斷金之利是什麼意思」，答案是「同心協力」。因為斷字通卯字（皆為斷意），利字通刀字（利為刀字邊），將卯、刀、金三字合在一起，就是「劉」字。由此引申為「只要同心協力，就能斬斷劉氏」，可說是政治意味相當濃厚的字謎。

王莽由於早年喪父，跟那些依附王政君而權勢薰天的伯父、叔父相比，生活不僅孤獨且自律、簡樸得多。王莽將女兒嫁給漢平帝當皇后的時候，曾獲賜多達黃金兩萬斤、銅錢兩億錢的聘金，但王莽將這些錢分給了女兒的侍女及貧困的族人。此外王莽還扶養了哥哥的遺孤，可說是對周圍的人頗有仁慈之心。

但是王莽也有殘酷無情的一面，即使是對自己的兒子也不例外。有一次，王莽為了不讓漢平帝（中山王）與其母親衛姬一族過於接近，故意不讓衛姬進入京師。王莽這麼做，當然是因為害怕漢平帝之母的外戚勢力崛起。王莽的兒子王宇反對父親這麼做，王莽竟將兒子關進監牢，逼他服毒自殺。王宇的妻子當時已懷有身孕，生下孩子後竟也遭到殺害。由這起事件可知王莽即使是對付自己的愚蠢兒子，下手也是毫不留情。王莽絲毫不認為自己這麼做有何不對，還辯稱周公也誅殺了造反的哥哥管叔鮮與弟弟蔡叔度。這些都是在王莽當上皇帝前發生的事。

王莽這個皇帝的性格與秦始皇、漢高祖劉邦及漢武帝都不相同，但正因為這樣的個性，王莽建立的新朝在他自己這一代就垮臺了。

理想主義式的經濟政策

王莽的經濟政策可說是極端的平均主義。當時由於土地跟奴婢都可以買賣，佃農往往受到大地主欺壓。朝廷在漢哀帝的時期就曾頒布限田令，限制持有土地的最高上限為三十頃（三千畝），而且奴婢人數也依爵位高低而設不同的上限，最多只能擁有兩百人。王莽掌權之後，更進一步推動王田制，並將奴婢改稱為私屬，禁止私下買賣。王田概念源自於《詩經・小雅》中的王土思想，即「**溥（普）天之下，莫非王土，率土之濱，莫非王臣**」。王田就是王土，說得更明白點，就是皇帝的土地。

接著王莽又依據《孟子》等典籍中提到的上古時代的理想化井田制度，限制了土地的所有權。孟子的「井田說」是將九百畝的田切割成井字的九等分，井字的中央為公田，剩下的八百畝為私田，由八戶人家各分一百畝。王莽實施的王田制，則是規定倘若這八家僅為一夫一妻（意即其實只有一家），而其底下勞動人口（成年男子）未達八人，擁有的土地卻超過一井，必須將超過的土地分給族人或鄰近鄉里。而原本沒有土地的人，則應該按上述制度獲得土地。王莽的目的是透過井田制度讓土地的持有狀況變得平均。這種依循儒教經典的制度雖然是極端的理想主義，一方面卻也承襲了西漢時代由國家主導經濟的政策理念。

王莽時代的經濟控制政策稱為「六筦」或「六斡」，意指由國家主導六種買賣的經濟政策。筦、斡皆為管理之意。這六種受國家控制的買賣分別為鹽、酒、鐵、山川資源、貨幣鑄造及五均賒貸（市場買賣）。這樣的政策一方面承襲漢武帝時代的鹽鐵酒專賣制度，一方面又以《周禮》等經典為理念基礎。

以證明及象徵權威為目的的貨幣改革

王莽的貨幣政策在短短的七年之間就改革了四次，總共發行了三十七種貨幣，制度可說是相當複雜。由於太過重視《周禮》的理念，王莽曾重新發行戰國時代各國的舊式刀錢及布錢，也曾發行由圓形及刀形組合而成的獨特形狀貨幣，亦曾發行完全不符合實際價值的高額貨幣。貨幣的鑄造就跟年號的制定及度量衡的統一一樣，往往是主張政權正統性的一種手段，並非真正基於經濟上的需求。以王莽為例，他在從攝皇帝當上新朝皇帝的過程中，每進入一個新的階段，就下令鑄造一些新的貨幣，藉此證明其自身的權威。當時最令王莽感到不知如何處置的貨幣，是漢朝的五銖錢。王莽有時接納五銖錢，有時卻又企圖廢除五銖錢。這種搖擺不定的立場，正象徵了他奪取政權的過程。

第一次貨幣改革是在居攝二年（西元七年），當時王莽的身分還是攝皇帝。他發行了三種貨幣，分別為面額高達五千錢的錯刀、面額五百錢的契刀及面額五十錢的大泉五十。再加上傳統的五銖錢，當時市面上流通的貨幣共有四種。大泉五十模仿的是周景王的大錢，直徑一寸二分，重十二銖。重量只有五銖錢的二・四倍，面額卻相當於五十枚五銖錢。第二次貨幣改革是在始建國元年（西元九年），當時王莽剛即位為皇帝並建立了新朝。這次王莽基於單純的政治理由而廢除了五銖錢、錯刀及契刀，只使用小錢（幣文為小泉直一）及前述的大泉五十。

簡單來說，五銖錢因是前朝傳下的貨幣故廢除不用。再者，由於漢室劉氏的「劉」字為卯、金、刀三字組成，所以王莽下令禁止配戴剛卯（漢代官吏為了辟邪而帶在身上的一種護身符）及使用金刀（指五錯刀及契刀）。到了隔年的始建國二年（西元十年），王莽又進行了第三次改革，規定了寶貨五品（金、銀、龜甲、貝、布）合計二十二種，以及六種錢幣，可說是極盡複雜之能事。

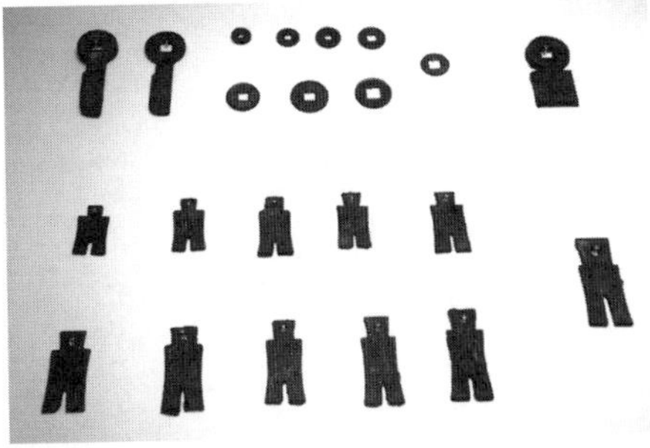

王莽的貨幣改革　一下子重新發行戰國時期的舊式刀錢及布錢，一下子設計出包含圓形與刀形的特殊形狀貨幣，短時間內進行了四次貨幣改革。

這些貨幣實際上並沒有在民間普及，真正流通的只有大、小兩種錢幣。而且當時有太多偽造貨幣，根本禁不勝禁。第四次貨幣改革是在天鳳元年（西元十四年），到頭來還是廢除了各種複雜的大、小錢，只留下貨布及貨泉這兩種貨幣。

洛陽的燒溝漢墓等地實際出土了不少小泉、大泉五十、貨布、貨泉等王莽錢，甚至還發現了鑄造貨幣的模具。就連中國的周邊地區也常可發現王莽錢，如大泉貨幣曾出土於遙遠西方的樓蘭遺址，貨泉更遠渡東方的大海，出土於日本北九州、岡山、近畿地方等。但這些貨幣的廣泛流通恐怕不具貨幣意義，只是被當作中國朝代權威的政治象徵。

儒教主義式華夷秩序的濫觴

製作於王莽時代的王氏作鏡銘方格規矩鏡上有著這樣的銘文：

王氏作鏡四夷服，多賀新家人民息，胡虜殄滅天下復，風雨時節五穀熟。長保二親子孫力，傳告後世樂毋極。（王氏製作了這面鏡子。只要四方夷狄降服，新的國家便能強盛且人民也能獲得休息。只要消滅周邊民族，就能復興天下，不論任何時候都能五穀豐收。只要永遠以親人為重，子孫就能興旺，幸福永無止盡。）

這段文章是讚美王莽的新政權及其自身的威德遠播天下四方的吉祥話。所謂的四夷，實際上指的是北方的匈奴、西方的西羌、東方的東夷諸國及南方的蠻夷。由此文章便可看出王莽的世界觀帶有非常濃厚的中華思想色彩。在王莽還是漢平帝的太傅、安漢公的時期，越裳氏獻上白雉，黃支國獻上生犀，東夷王渡海獻上特產，匈奴單于的囊知牙斯改為單字姓「知」並遣子入侍漢朝，西域的良願等異族首領也獻上土地表示歸順之意。王莽還特地在此地設置西海郡，與東海、南海、北海郡並列。儒教主義式的華夷秩序便是形成於王莽掌權的這個時期。

但是王莽在登基為帝後，外交上開始貫徹嚴格的中華思想。王莽心中的中華思想簡單來說就是「天無二日，地無二王」。但當時全天下有許多王，於是王莽將所有諸侯王降格為公，將四夷之王降格為侯，以符合經典中所稱的「地無二王」。那些邊境民族都是由西漢的皇帝冊封為王，王莽在始建國元年（西元九年）特地派人前往回收漢朝所給的印綬，並交付降格後的新朝侯爵印綬，這樣的做法引起了邊境諸民族的不滿，進而引發了一場大混亂。

具體而言，王莽以「沒有答應出兵匈奴的要求」為由派兵攻擊東北方的高句麗，並在始建國四年（西元十二年）昭告天下，將高句麗王降格為下句麗侯。這樣的降格冊封對高句麗而言是極大的羞辱，高句麗大為不滿，東北諸民族也紛紛跟著背離王莽。對於北方的匈奴單于，王莽則派人取回西漢所賜的舊印，將「璽」字改為「章」字，將刻著「新匈奴單于章」的新印交給單于。單于向王莽索求舊印，王莽故意將舊印砸毀。這樣的做法也激怒了匈奴人。單于接著又要求像西漢時期一樣的璽印，王莽竟然將匈奴單于的稱號改成了降奴服于。

王莽又派出使者至西域諸國，同樣回收西漢時期所賜的王印，改賜降格後的侯印，西域諸國也紛紛背離了王莽。此外西南地方的鉤町王也被降格為侯，鉤町王邯懷恨在心，王莽於是命牂柯大尹（太守）周欽殺死鉤町王邯。邯的弟弟為了報仇而殺死周欽，西南諸族也跟著反叛王莽政權。王莽派出廣漢、巴、蜀、犍為諸郡的士兵及天水、隴西郡的騎兵共十萬前往鎮壓，但由於地處邊境，軍糧輸送不易，導致士兵餓死者多達數萬。周邊民族的叛離會導致邊境地區治安惡化，進而壯大內亂的聲勢。

對王莽新朝的評價

王莽的新朝夾在西漢與東漢之間，只有短短的十五年，後人對這個朝代的評價可說是大相逕庭。當王莽政權剛誕生時，天下人對他歌功頌德，等到王莽政權垮臺後，天下人卻又批評他篡奪漢室，可說是翻臉跟翻書一樣快。揚雄曾寫過一篇對王莽的讚辭，名為《劇秦美新》，文中批判秦朝而讚美新朝。秦朝與新朝同樣都只維持了十五年，兩個朝代最大的不同就在於與周朝的關係。秦消滅了周，而新卻是以周為理想。

《漢書》與《史記》一樣，是以作者的自傳作為全書的結尾。在作者的自傳之前，則是上中下三篇的〈王莽傳〉。明明只是列傳，行文方式卻採用年代紀，而且分量非常多，簡直就像是一篇記錄了新朝興亡史的本紀。上篇開始於王莽在西漢末年以外戚的身分崛起，結束於王莽成為皇帝的初始元年（西元八年），其間描述王莽藉由禪讓成功實現朝代輪替的過程。中篇開始於王莽在始建國元年（西元九年）建立新朝，結束於天鳳三年（西元十六年），其間描述這八年中王莽如何推動新朝政策。下篇開始於天鳳四年（西元十七年），描述王莽的政權如何在七年之間徹底瓦解。

班固的見解是秦與新雖然做法不同，最後的下場卻是如出一轍。當然這是站在漢朝的立場來審視秦、新兩朝。在他的眼裡，篡奪漢室的王莽是足以與夏桀、商紂比擬的亡國賊臣。秦始皇固執於自己的想法而焚毀儒家經典，王莽則是利用儒家經典巧妙粉飾自己的惡行。雖然秦朝已滅亡兩百年以上，其遺留的影響卻依然根深蒂固地存在於王莽自己及王莽批判者的心中。班固曾以紫色來形容王莽的時代。紫色是一種中間色，既接近象徵漢朝的紅色，又接近青色。

《後漢書》也是一本宣揚東漢政權正當性的史書，其內容將新朝垮臺視為理所當然的前提，所以對王莽的評價當然也相當差。王莽試圖讓中國迅速成為儒教國家的做法確實是以失敗收場，但若撇開這方面的負面評價，事實上王莽的政治理念對後世的朝代影響極為深遠。承接新朝的東漢雖否定王莽政權，但在「建立儒教國家」這一觀點上卻可說是受其影響甚大。而且在國際關係上，王莽試圖以中華帝國的立場與周邊諸民族建立嚴格的階級秩序，這點也形成了後世的外交規範之一。綜觀中國歷史，王莽的新朝作為中國古代帝國之一可說是一點也不突兀。西漢自中期後便開始出現儒教官學化的風潮，王莽政權的諸般改革可說是在這樣的風潮下首次嘗試建立儒教國家。

黃河潰堤時為保護祖墳而犧牲百姓

王莽成為皇帝後的第三年，也就是始建國三年（西元十一年），黃河於下游的魏郡潰決。自春秋時代以來維持了六百年的河道徹底改變，自濮陽轉向東流。恰好與現代黃河的河道平行，只是位置較偏北方。對居住在黃河下游的廣大百姓而言，這可說是天大的災厄。但就跟漢武帝時期一樣，朝廷基於政治考量而置之不理。因為黃河只要以當下的狀況持續往東流，王莽的祖墳就沒有遭洪水淹沒的危險。在接下來的一千年歲月裡，黃河一直維持著這個河道。黃河下一次改變河道，已是北宋慶曆八年（西元一〇四八年）的事，屆時黃河將重新恢復自濮陽往北流。一個朝代短則十數年，長則二、三百年，與黃河的大自然變化實在難以相提並論。

王莽執政的時期，群臣曾就整治黃河的問題進行了一場辯論，形成意見紛歧的狀況。令人驚訝的是其中的各種主張幾乎沒有什麼不同。長水校尉關並認為常發生洪水的低窪地區應該遷走百姓，將整個地區當作洩洪區。大司馬史張戎則主張黃河氾濫的主因在於「一石水六斗泥」。若有一石的水，其中的十分之六都是泥沙。以十支酒瓶裝水，泥沙沉澱後占了六瓶的分量，即六成都是泥沙。以現代為例，三門峽附近河水的最大含泥量高達一立方公尺有七百四十六公斤。春、夏季水量較少，流動的力道會減弱，泥沙淤積在河底，導致河道越來越淺。等到水量增加時，堤防往往就會潰決。

張戎主張應該任憑黃河自然流動，不該建堤防加以阻擋。大司空掾王橫則主張應該將黃河導回夏禹時代的河道，即沿著西側山地往東北方流。在他的發言中曾提及《周譜》中記載了「定王五年河徙」。這本書應該是周王的年譜（編年體紀錄），可惜已佚失了，並沒有流傳下來。由這個記載可知黃河在夏禹治水後，曾在周定王五年（西元前六〇二年）發生河道變動，如今相隔了六百年，河道再次發生了變化。周定王就是著名的「楚莊王問鼎輕重」事件中的周王。到底該如何整治黃河，眾人意見不一，最後朝廷決定什麼也不做。

黃河的舊河道畢竟已流了六百年，在河道改變後並沒有馬上消失。以現代為例，黃河運往下游的泥土有四分之三（十二億噸）會流進海裡，剩下的四分之一（四噸）則會淤積在河底。雖然古代黃河的含泥量比現代少一些，但六百年分的黃土泥沙當然都會留在地表，堤防也不會消失。另一方面，黃河改道之後，許多地區都沉入河底，該地的居民當然會失去耕地與家園。這些地區的人口密度非常高，光是計算東郡與平原郡，西漢末年的人口就達到二百三十二萬人。黃河改變河道，可說是一次象徵性的事件。王莽為了保護自己的祖墳，不惜犧牲廣大百姓的生命及財產。由此便可看出改革與現實已出現了嚴重的矛盾。

史書中可見「**天下同苦新室，思劉氏久矣**」「**王莽篡弒，殘虐天下，百姓思漢，故豪傑並起**」等句子。事實上這是改朝換代時期的常套句，例如把新改成秦，把王莽改成二世皇帝，也沒有任何問題。此外還有「**秦失其守，豪傑並起**」，這是拿秦末的狀況來比喻新末的局勢。有人認為王莽政權垮臺的原因，在於過度激進的經濟政策引發民怨，以及羞辱式的外交政策引起周邊諸國的不滿。

周邊諸民族的背離、叛亂與政權瓦解

但最終導致王莽新政權瓦解的主因，還是在於內亂。隨著周邊諸民族的背離，邊境地區居民的不滿情緒也跟著高漲。為了應付北方邊境的對外戰爭，朝廷徵調內地百姓在黃河北側的五原郡北假地區進行屯田，以供應軍糧所需。并州、平州百姓因不願受徵調而大量逃亡。天鳳元年（西元十四年），邊境發生大饑荒，更是讓狀況雪上加霜。隔年穀類作物價格高漲，令邊境二十萬士兵的生活陷入危機。五原、代郡出現了多達數千人的強盜集團。這些邊境內外的混亂局勢蔓延至內地，到了天鳳四年（西元十七年），臨淮的瓜田儀、琅邪的呂母，及新市的王匡、王鳳等人發動叛亂。王莽為了穩住局面，對全天下發布了強化治安的命令。如敦煌漢簡便有天鳳四年的冊書，上頭寫著若命令（並未明記內容，但可依年代推測）傳達至各地的縣、道官（邊境少數民族居住的縣）、國、邑，十天後，還有人違背命令，當加以懲處。下一章將詳述王莽政權的最後下場。

第八章　民眾的世紀

記錄朝代興亡的史書

區別兩個漢朝的稱呼法

西元二五年，漢光武帝即位，中興劉氏政權，奪回了遭王氏篡奪的天下。中興一詞的意思與再興或復興不同，後者的意思是讓滅亡的朝代重新復活，但前者的意思則是讓原本就存續中的朝代恢復活力。例如漢朝在漢宣帝的時期也曾中興過一次。在漢光武帝劉秀等人的心中，劉氏政權並沒有因王莽而斷絕。

直到西元二二〇年，東漢的漢獻帝將帝位禪讓給曹丕，劉氏的朝代才宣告結束。這大約兩百年的歷史可分為兩個階段，且剛好是以一百年為單位，即西元一世紀的歷史及二世紀的歷史。一世紀的焦點在於百姓。正如同秦朝因陳勝、吳廣發動的農民叛亂而瓦解，王莽的新朝也因一場名為赤眉之亂的農民叛亂而垮臺。若站在百姓、農民的角度，可看見巨大的專制帝國有其脆弱面也有其強大面。二世紀的焦點則在於自然環境。這是個天災頻傳的世紀，而且這些天災彷彿是與東漢政權及社會內部的亂象互相呼應。世人要如何對抗殘酷的大自然？

秦始皇所建立的秦帝國所留下的遺產，確實由接下來兩百年的西漢及後來的新朝所繼承。至於東漢的兩百年，也絕非只有民亂及天災的黑暗時代。西元二世紀出現多次幼帝即位的狀況，圍繞在皇帝身旁的宦官、官吏及外戚勢力也屢屢變得劍拔弩張，可說是個缺少強勢皇帝的時代。但在這樣的國家、社會之中，世人依然堅強地活著。這是個科學與宗教開始受到重視的時代。

西漢又稱前漢，東漢又稱後漢。這是為了區別兩個漢朝的稱呼法。前、後漢看的是時間的先後順序，西、東漢看的則是首都的相對位置（西都長安、東都洛陽）。但在那個時代的世人心中，漢朝並無前後之分。正因兩個漢朝之間為互相連接的關係，所以才能稱之為中興。東漢讓漢朝的壽命延長了兩百年。兩百年是一段相當漫長的歲月，因此我們不能說這是個不安定的時代。

西漢在兩百年之間，形成了一個獨尊皇帝的專制統一帝國。這個帝國建立起了皇帝底下的官吏對龐大農民進行個別人頭式統治的古代制度。東漢則繼承了這套政治體制，使其更加發展及更加安定。同時在皇帝與農民之間，多了地方豪族階層的勢力。

地方社會特徵開始顯現的時代

建立東漢政權的勢力，是以東漢劉氏皇帝的故鄉南陽郡為中心地盤的豪族集團，因此有人認為東漢政權為豪族聯合政權。但東漢的政治架構基本上延續了西漢後期的時代趨勢，而且更加強化了專制統治的官吏體制，因此在制度上可說是更加追求中央集權的國家型態。舉例來說，官員向皇帝上奏的文書由於具有高度機密性，因此負責管理上奏文書的尚書一職在東漢時代成為直屬於皇帝的官吏，有時甚至能掌握內朝的權力中樞。相較之下，外朝的三公（太尉、司徒、司空）則淪為單純的政務執行機關。

東漢的地方行政方面，漢順帝永和五年（西元一四〇年）時期全天下共有一百零五郡國，其底下共有一千一百八十個縣、邑、道及侯國。雖然郡、國合計有一百零五個，但其中「國」只有二十個，「屬國」（統治邊境少數民族的行政機關）只有六個，剩下的全是「郡」，因此政治結構實質上為郡縣制。這些郡、國把天下分得相當細，因此在統治上還需要擁有更大範圍的「州」的概念。中央稱為司隸校尉，除此之外的所有土地區分為豫州、冀州、兗州、徐州、青州、荊州、揚州、益州、涼州、并州、幽州、交州，合計十二州。朝廷派出十二名刺史，監督各州內的郡國。

到了漢靈帝的時期，刺史改稱州牧。雖然刺史這個官職早在西漢的漢武帝時期就曾設置過，但西漢的刺史是中央派往各地方巡視的監察官，而東漢的刺史、州牧則在地方有固定的治所，而且向中央報告的任務也改由上計官負責。刺史、州牧的職責在於監督地方官員是否有不法行徑或與地方豪族互相勾結，此機能在東漢受到了重視。藉由這個現象，我們也能看出東漢是「地方的時代」。所謂地方的時代，指的是東漢的中央集權政治是以充實化的地方行政組織為基礎，比起全中國的統一性及均一性，地方社會的特徵相較之下更為顯著。

《後漢書》的編纂

中國古代世人基於兩種不同的歷史觀，造就了兩種不同的東漢歷史。若站在東漢時代世人的立場，東漢為中興後的漢朝，這點無庸置疑。這個時代的世人不僅認定王莽政權暴虐不仁，且認定這時代的政權是漢朝的延伸。但另一方面，若站在東漢滅亡後的世人立場，受東漢禪讓的魏（三國）更加受到重視。東漢兩百年的氣運已盡，政權落在曹氏手上反而成了必然的趨勢。幼帝即位、外戚及宦官掌權、黃巾之亂及周邊民族的侵略，都成了東漢滅亡前的過渡歷史。

後漢（東漢）這類稱呼是在東漢滅亡之後才出現。或許這聽來有些古怪，但當時的世人並不認為自己生活的朝代為後漢。在他們的觀念裡，那是中興後的漢朝。他們藉由編纂《漢書》來記錄從前的漢朝歷史，宣揚自身朝代的正統性，另一方面也致力於編纂現在的漢朝當代史。史書不見得是在該時代結束之後才回首記錄，有些史書是從當下時代的源頭開始記錄起。正如同青壯年寫自傳是為了給未來的自己看，老年人寫自傳是為了給子孫看，子孫寫祖先歷史則是為了記錄不同於當下的過去時代。

《史記》就像青壯年寫的漢朝當下歷史，《漢書》就像是子孫寫的漢朝祖先歷史。《後漢書》與前兩者又不相同，成了許多人爭相撰寫的史書。這一方面是因為後漢（東漢）是個極具魅力的時代，另一方面則是因為在漢朝權威蕩然無存的魏晉南北朝時代，許多人想要藉由編纂《後漢書》來恢復漢朝的權威。

班固等人早已寫過光武帝的世祖本紀及其功臣列傳。雖然光武帝的時代結束了，但朝代並沒有結束。成書於二世紀的史書《漢紀》便是以這些前人留下的資料為基礎。為了與東漢之後才出現的東漢史書有所區別，這部史書後來被稱為《東觀漢記》。「東觀」是洛陽宮殿的名稱，這裡取代了蘭臺（漢代的官方圖書館），成為編纂史書的機關。這部史書的內容相當受到信賴，因此與《史記》及《漢書》合稱「三史」。東觀所編纂的《漢紀》，其內容主要是光武中興之後的劉氏漢朝當代史。

興亡全史陸續問世

新的漢朝滅亡後，陸續開始有人著手編纂後漢興亡全史，以之與前漢相對應。從三國時代開始，歷經西晉，一直到南朝宋，也就是從西元三世紀到五世紀，都有人在做這件事。魏晉南北朝是個朝代迅速更迭、胡漢形成南北對峙的時代，因此朝代的正統性及華夷秩序的問題更加受到重視。門閥貴族紛紛將其系譜追溯至漢代，形成了一股回顧漢朝四百年歷史的風潮。吳國（三國）的謝承所著的《後漢書》是第一部私撰的東漢史書。後人對這部著作的評價頗高，可惜已經佚失，如今我們只能讀到一些斷篇殘句。其內容反映了吳國的時代，列傳的主角多為江南人物，而不把重點放在北方的洛陽一帶。此外還有一個特徵，那就是將與吳國隔海相望而關係密切的東夷地區納入列傳中。另一方面，在這個三國時期，北方的魏國也出現了官撰的《魏書》（王沈）及私撰的《魏略》（魚豢）等當代史，其內容包含東漢與魏之間的禪讓過程，因此也連帶記錄下了東漢滅亡前的歷史。

進入西晉時代後，一百卷的《後漢記》（薛瑩）、八十三卷的《續漢書》（司馬彪）、九十七卷的《後漢書》（華嶠）、一百二十二卷《後漢書》（謝沈）、五十五卷的《後漢南記》（張瑩）、一百卷的《後漢書》（袁山松）、三十卷的《後漢紀》（張璠）相繼成書。上述的後漢書皆模仿《史記》及《漢書》，採用的是紀傳體，而東晉袁宏所編纂的三十卷《後漢紀》則是記錄了光武帝到獻帝之間歷史的編年體史書。當時東漢已滅亡，三國分裂時代也已結束，因此這部著作企圖為東漢這個時代重新做一次概括性的記錄。但上述七、八種後漢書也都已佚失，除了《後漢紀》之外，只能從《七家後漢書》（蒐集七種《後漢書》殘缺文章的輯本，清代汪文臺編纂）一窺其大致內容。

在那動盪不安的時代裡，這些人對東漢歷史如此執著，原因就在於東漢是個成功地讓儒教思想深植人心且延續了兩百年的朝代。這些人想要學的是東漢這個國家的興亡，以及東漢人的處世之道。在那些史書裡，多的是清廉正直、生活簡樸、為民著想、公正無私且事親至孝的清官，以及散盡家財救濟貧困鄉民的豪傑。就連朝廷也發揮了牽制地方豪族、拯救貧困弱勢族群的機能。

南朝宋范曄的《後漢書》

最後一本《後漢書》，出現在中國再度分裂的西元五世紀，作者為南朝宋的范曄。現代一般人所稱的《後漢書》，指的就是范曄的著作。范曄並非史官，他主要依據《東觀漢記》，並擷取各家後漢書的菁華，完成了這部由十本紀、八十列傳組成的著作。列傳中將夷狄等周邊諸民族臣服於中華帝國的歷史彙整得相當完善。在那南朝宋的時代，胡族建立的北朝激起范曄心中強烈的民族意識，這成了范曄記錄過去歷史的原動力。可惜其中的志並沒有完成，而且原書除了紀傳之外都已佚失。到了北宋時期，范曄《後漢書》紀傳與司馬彪《續漢書》八志合為一書共一百三十卷，這就是現傳版本的《後漢書》。

紀傳部分的注為唐朝章懷太子李賢（唐高宗與武則天的第二子）所作，志部分的注則為南朝梁的劉昭所作。李賢之墓在一九七二年於陝西省乾縣乾陵陪葬區出土，墓內發現了許多壁畫。唐高宗曾立李賢為太子，但武則天忌憚其才能，以密謀暗殺的罪名將李賢流放，李賢去世時年僅三十歲。死後罪名獲得平反，追謚為章懷太子。李賢愛好學問，因作了《後漢書》的注而在歷史上留名。

注釋往往包含注釋者自己的想法。例如《後漢書・光武帝紀》第一卷下，建武二十六年（西元五〇年）光武帝「**初作壽陵**」的這段紀錄，李賢所下的注為：

初作陵未有名，故號壽陵，蓋取久長之義也。漢自文帝以後皆預作陵，今循舊制也。

（陵墓剛建，還沒有命名，所以稱為壽陵，此處的壽為長久之意。漢朝自漢文帝起，每一代都在生前預作陵墓，光武帝也依循舊制。）

光武帝去世後，其陵墓被命名為原陵。皇帝生前因忌諱談死，所以皇帝陵統稱為壽陵。西漢的漢文帝採用了最簡樸的埋葬方式，將遺體埋於自然的山坡內，並沒有蓋墳丘，所以發生赤眉之亂時，漢文帝的霸陵並沒有遭掘墳。光武帝建陵時，也想仿效霸陵的做法。壽字原本為長壽之意，李賢想表達的是「壽陵」的壽字意思並非長壽（因為這與蓋陵墓的行為互相矛盾），而是長久，意即去世後生命依然能永遠長存。

兄長去世之後，李賢原本很有機會當上唐朝的皇帝。他是在什麼樣的心情下寫了這樣的注？注的原本功能是幫助理解經典原文，但像這樣拿來推敲作注者的心情也別有一番樂趣。

後人對范曄《後漢書》的評價是不及《史記》及《漢書》。唐代劉知幾在《史通》一書中批評《後漢書》不具備《史記》及《漢書》那種委婉的敘述之妙及作為史書的厚重。劉知幾舉了光武帝劉秀的族兄劉玄的記載為例，早在劉秀之前，劉玄便已復興東漢，即位為更始帝。但《後漢書》漠視這個事實，以光武帝劉秀作為第一篇本紀，卻將劉玄放入列傳內。《東觀漢記》也是尊崇劉秀，以光武帝的世祖本紀作為開篇，《後漢書》顯然是受了其影響。而且劉知幾認為劉玄應該是個具有游俠風範的人物，《後漢書》卻形容劉玄「**其初即位，南面立，朝群臣，羞愧流汗，刮席不敢視**」，把他塑造成了一個儒弱膽小的人物。

王莽政權的滅亡

反抗王莽的百姓叛亂首先爆發於現在的山東半島一帶。當時青州及徐州北部發生了嚴重的饑荒，盜賊四處流竄，治安變得極差。早在赤眉之亂發生前，呂母便已在此地率眾造反。這是一場由女性首領所發動的叛亂。呂母是琅邪郡海曲縣（現在的山東省日照縣西）人，赤眉之亂的領導者樊崇也是琅邪郡（現在的山東省青島以南）人，獲赤眉軍擁立為皇帝的劉盆子則是太山式縣（現在的山東省曲阜東北）人。崛起於山東的民變勢力皆是以西方的長安為進軍目標，一方面與南陽劉氏豪族率領的反王莽勢力互相牽制，一方面加速了王莽政權的瓦解。

女性首領發動的叛亂：呂母之亂

山東地區的居民有著極強烈的反王莽情結，原因就在於城陽景王祠信仰。城陽景王本名劉章，是漢高祖劉邦的孫子，齊王劉肥的兒子。劉章有著不畏強權的個性，曾作《耕田歌》獻給呂太后，諷刺呂氏一族的擅權，歌中說道「**深耕穊種，立苗欲疏；非其種者，鋤而去之**」，表面上的意思是當稻苗長大後，就必須將雜草除去，但雜草暗指非劉氏的呂氏一族。呂太后死後，劉章與周勃聯手剷除了呂氏勢力，因功而獲漢文帝封為城陽王，可惜兩年後就去世了。

城陽國位於現在的山東省莒縣一帶，由於劉章的子孫也被封至山東各地，因此山東到處都有城陽景王祠。後來劉氏政權遭非劉氏的王莽奪走，百姓心中便將外戚呂氏與外戚王氏當成了同一類人。對王莽的反感越強烈，對城陽景王的緬懷情緒就越高漲，於是百姓之間出現了擁立山東半島的劉氏為新天子的聲音。赤眉軍擁立劉盆子為皇帝，也是因為他是城陽景王的後代。

天鳳元年（西元十四年），呂母的兒子犯了輕罪卻遭處死，呂母於是計畫殺死縣宰（王莽時代的縣令）為兒子報仇。當時的社會有著默許為親友報仇的風氣。但呂母身為一介婦人，實在沒有能力親自下手，於是她決定召集一些具有俠義心腸，願為主人出生入死的門客。呂母以家中數百萬積蓄釀造美酒及購買刀劍、衣服，每當都市裡的無賴少年來買酒，呂母總是允許他們賒帳。若遇上窮苦的人，就送衣服給對方穿。短短數年之間，呂母花光了所有積蓄，但她的決心打動了那些少年，約有接近一百人願意幫她，而這些人又吸引了數千名亡命之徒加入。所謂的「亡命」，指的是逃離戶籍地。呂母於是展開軍事行動，自稱將軍，於西元十七年攻打海曲縣。縣宰被抓住後苦苦求饒，呂母還是割下縣宰的頭顱，置於兒子的墳前。復仇行動成功後不久，呂母就病逝了，但其武裝集團並沒有解散，而是轉為加入了赤眉軍等其他民變集團。

爆發赤眉之亂

天鳳五年（西元十八年），與呂母同為琅邪郡出身的樊崇率領山東百姓發動叛變。這股勢力有一段時間依附盤踞於洛陽的更始帝集團，但後來分道揚鑣，於西元二五年攻入長安。其勢力地盤一口氣從山東轉移到了長安。赤眉軍原本只有一百多人，

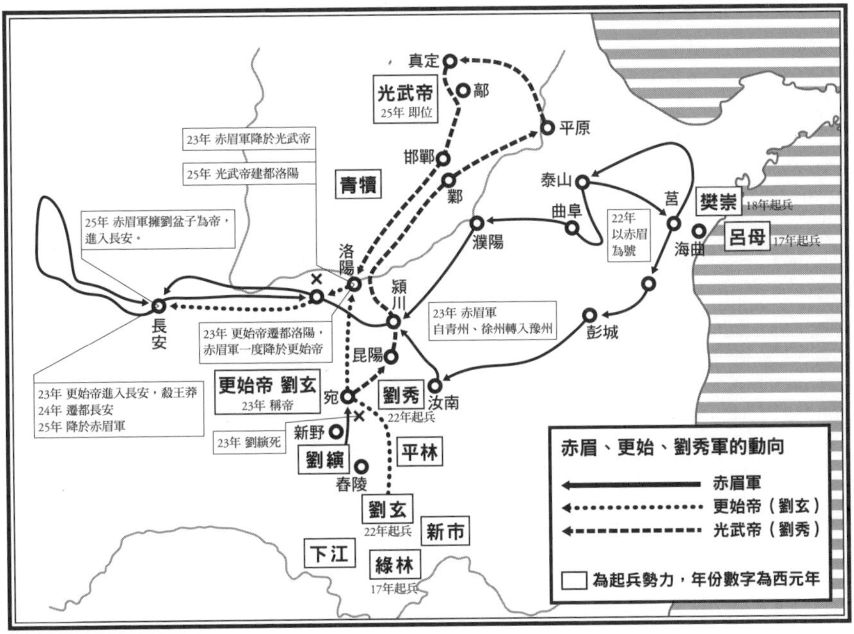

赤眉與劉氏叛亂圖

但由於不斷吸收山東一帶的饑民，短短一年之間已膨脹至一萬人。為了與王莽軍有所區別，加入者皆須將眉毛塗成紅色，所以稱為赤眉軍。赤（紅色）是象徵漢朝的顏色。士兵們則以鎧甲或戰袍區分敵我。軍中會讓巫女打鼓及舞蹈，祭拜城陽景王劉章。巫女聲稱景王下令赤眉軍立天子。

事實上樊崇只是赤眉軍的「帥」（軍事領袖）而已。他們打算自行尋找劉氏後代擁立為皇帝，但一查景王的子孫，竟查到七十多人。諸侯王劉氏的子孫長久以來封縣、封列侯者比比皆是，從漢高祖算起已歷經兩百年，當然到處都可找到不少劉氏的子孫。最後赤眉軍找到三個血統最接近景王的劉氏子孫，讓他們抽籤決定誰當皇帝，中籤的是年紀最小的劉盆子。劉盆子當時只有十五歲，頭髮凌亂不堪，腳下沒穿鞋子，身上衣服破破爛爛，而且早已嚇得六神無主，只差沒有放聲大哭。如此毫無領導才能的人，卻抽中了天命之籤，當上了皇帝，其結果當然是讓軍隊陷入混亂。

更始元年（西元二三年），王莽的新朝滅亡。西元二五年，赤眉軍擁立劉盆子為帝，定年號為建世。赤眉政權雖以叛亂集團的姿態崛起，卻是以建立王朝為目標，可惜最後失敗了。赤眉軍進入長安城後，於西元二六年燒毀長安城，並且盜掘西漢的皇帝陵墓。士兵們羞辱呂太后的遺體，想必是為了替城陽景王劉章出一口氣。西元二七年，赤眉軍逃回故鄉山東，並向劉秀軍投降。居延漢簡中有木簡記載著「建世二年」（西元二六年），建世即為赤眉政權的年號。

上將軍隗囂的反王莽叛亂

就在中元諸勢力起兵反抗王莽政權之際，西邊的隴蜀之地也有一股豪族勢力起兵造反。隴蜀的隴指的是甘肅的天水地區，此地的豪族以隗囂為首發動了叛變。另一方面，蜀指的是四川省西部，王莽政權下的蜀郡首長公孫述也起兵反抗中央。趁著西漢劉氏政權的子孫們在中原地區打著反王氏口號大興干戈之際，西邊的非劉氏地方豪族勢力也建立起了西、東漢過渡時期的地方政權。隴地、蜀地與首都長安所在的關中之間各以河西走廊及棧道相連，可說是占了地理上的優勢。因為一旦首都的政局陷入不安定的狀態，這兩個地方只要封鎖交通動線，便可輕易形成獨立的勢力。而且在獨立之後，隴地仍然能與西域往來，而蜀地號稱「沃野千里」「天府之國」，在經濟上也不虞匱乏。

隗囂出身於天水郡成紀縣（今甘肅省秦安縣），這一帶的高原正是從前秦國的誕生之地。王莽時代末期的地皇四年（即更始元年，西元二三年），隗囂以上將軍的身分起兵反抗王莽，勢力遠及河西走廊。雖然曾有短暫時期向更始帝及光武帝稱臣，但光武帝催促他入朝，他始終不肯答應，甚至與同為地方勢力的公孫述攜手合作。隗囂集團共有十六姓三十一將，除了隗氏之外還聚集了不少天水、隴西一帶的西方邊境豪族。

居延漢簡中有木簡記載的年號是「復漢元年十一月」，這應該就是《後漢書》中記載的隗囂政權獨創年號「漢復元年」（西元二三年）。像這種在政權領地內出土的同時代史料可說是彌足珍貴。居延漢簡證明了《後漢書》中記載的「漢復」為訛誤，應訂正為「復漢」。

蜀王公孫述自立

另一方面，公孫述的祖先在漢武帝時期為吏兩千石的高官，奉命遷移至右扶風茂陵縣。王莽天鳳年間（西元十四～十九年），公孫述任導江卒正（蜀郡太守），於臨邛是頗有聲望的優秀官吏。各地反王莽聲浪頻傳之際，公孫述也在漢中舉兵，將宗成迎入成都。但宗成的軍隊一入成都卻開始掠奪、欺壓百姓，公孫述見狀，決定堅守蜀郡。當時他向成都縣的豪傑們說道：

天下同苦新室，思劉氏久矣，故聞漢將軍到，馳迎道路。今百姓無辜而婦子係獲，室屋燒燔，此寇賊，非義兵也。吾欲保郡自守，以待真主。諸卿欲并力者即留，不欲者便去。

（全天下人同苦於新室，長年期盼劉氏到來，所以一聽到漢朝將軍抵達，立即到路旁迎接。但如今百姓無罪，妻兒卻遭逮捕，房宅也遭焚毀，可見得這些人是盜賊而非義軍。我打算堅守本郡以求自保，等待真主到來，願意與我一同打拼的人留下，不願意的人可以離開。）

當時百姓皆期盼迎接劉氏政權，而公孫述不具劉氏身分，因此他的說法是希望保護蜀郡不受盜賊侵擾，並等待真正君主的到來。但公孫述在更始二年（西元二四年）自立為蜀王，定都成都，到了隔年（建武元年，西元二五年）進一步稱帝，以天子姿態統治益州。定國號為成家，改年號為龍興元年。成家的意思，就是以成都為家。到了西元四世紀，進入五胡十六國時代後，這裡又出現了一個名為成漢的國家。兩個國家的不同之處，在於「成漢」為緬懷漢朝之意，但「成家」卻是以建立一個不同於漢潮的國家為目標。成家廢除了漢朝的五銖錢，鑄造了中國歷史上第一批鐵錢。

蜀地有著豐富的鹽、銅、鐵、銀等資源，且平原的水運亦相當發達。即使東方陷入一片混亂，只要將北邊的褒斜谷棧道及東邊的巴地扞關入口封鎖，就可以在數千里見方的平原上形成獨立勢力。這種自立於蜀地，與中原隔絕的做法，公孫述比三國時期的劉備早得多。漢王劉邦也曾是蜀漢之王，但他以漢中為據點，對蜀地可說是不屑一顧。西元前三一六年，戰國時代的秦國消滅蜀王勢力，設置了蜀郡，若從那時算起，到公孫述自立為蜀王，已相隔了三百數十年。

博識文人揚雄的《蜀王本紀》

在這之前的時代，成都出身的揚雄曾在西漢末年的成帝、哀帝、平帝三代皇帝底下任官，亦曾效力於王莽建立的新朝。揚雄是著名的《方言》一書的作者，如今我們所說的「方言」一詞便是源自於這本書。他是漢代首屈一指的文人，不僅博覽群籍，而且還喜歡模仿同鄉前人司馬相如寫賦。他在《蜀都賦》中形容蜀地的豐饒為「沃野千里」，並在《蜀王本紀》中記錄了蜀地的歷史。如今《蜀王本紀》原書已佚失，如今僅存二十六條逸文。

揚雄記錄了超過三百年前的蜀王歷史，為的是對抗《史記》〈秦本紀〉〈高祖本紀〉及後來的漢代本紀。他所回顧的蜀國歷史不屬於秦也不屬於漢。揚雄的祖先是在漢武帝的時代偶然遷進了蜀地。祖先在不斷遷徙的過程中，見聞了許多與蜀地有關的史蹟及傳說。據說當時的蜀人以湔山之廟祭祀古代蜀國君主魚鳧，而且只要聽到杜鵑鳥的叫聲就會緬懷起望帝杜宇。成都的城郭內有著蜀王之妻的墳墓，而且曾經整治岷江的秦代李冰為了祈求治水順利而製作的石犀也在成都城內。古代的蜀國原本有三代君主，分別為蠶叢、柏灌及魚鳧。後來望帝杜宇崛起於郫，其後又有一股來自長江中游楚地，自稱鱉靈的勢力進入郫，因鱉靈治水有功，獲得杜宇禪讓。鱉靈之後的王朝稱為開明王朝，君主自稱蜀王。

假託於動物的王朝傳說皆復原成了真正的歷史。其後蜀王遷移至成都，遭秦惠文王的軍隊消滅。考古學家在一九八六年於蜀地發現了三星堆遺跡，於二〇〇〇年發現了大型船棺遺跡，於二〇〇一年又發現了金沙遺跡。藉由考古學上的成果，我們對蜀地的古代歷史有了進一步的瞭解。在西漢末年的蜀人心中，遭秦消滅前的傳說及史蹟恐怕是心靈上的唯一寄託。公孫述在宣布獨立時，或許內心也想起了這些蜀地的古代傳說。

相較於其他地區，蜀國的局勢安定得多。東漢政權於西元二五年成立，公孫述政權在這之後又維持了十二年，而隗囂政權（西元二三～三四年）則維持了十一年，這兩股勢力都形成與東漢帝國相鄰的區域性政權。光武帝的東漢政權努力想要打倒這兩股勢力，但公孫述將隗囂封為朔寧王，兩股勢力攜手合作，令光武帝的軍隊陷入苦戰。建武九年（西元三三年），隗囂去世，兒子隗純繼位後投降東漢，結束了隗囂政權。公孫述這邊雖然諸將英勇奮戰，但最後還是在建武十二年（西元三六年）遭吳漢等東漢將領攻破成都，公孫述戰死，蜀地也終於落入了東漢政權的掌控。

南陽劉氏舉兵

光武帝劉秀的出身地為南陽郡蔡陽縣，即今天的湖北省襄陽縣以東，河南省省境交界處一帶。此地位於以河南省南陽市為核心地帶的南陽盆地的南端，與北方的洛陽、鄭州等大都市隔著伏牛山脈，西側有武當山，東側有桐柏山，南側有湖北丘陵，形成一片南北長一百四十公里、東西長二百公里的群山環繞之地。漢水沿著盆地的東側往南流，白河、唐河等眾多支流皆匯入漢水。此地不僅是南北、東西兩個方向的交通要衝之地，而且擁有水利之便。東漢政權誕生的時期，正是這個地區在中國歷史上最受到注意的時期。

呼應劉秀舉兵的東漢開朝功臣絕大部分都是南陽人士。因為這個緣故，我們可以說東漢政權是以南陽豪族集團為基礎。當時有雲臺二十八將、功臣三十二人這類名單，而其中竟有十三人都是南陽出身，甚至有「河南（洛陽）帝城多近臣，南鄉（南陽）帝鄉多近親」這種說法。既有帝城，又有帝鄉，實在容易讓人搞得一頭霧水。總之若說西漢的漢高祖奠基於關中，則光武帝劉秀是憑藉南陽勢力取得了天下。

山東地區的情況是百姓擁立西漢劉氏後裔劉盆子，而南陽地區的情況則是西漢劉氏的子孫長年經營地方勢力而形成在地豪族，這些劉氏豪族勢力自行組成了反抗王莽的軍隊。南陽劉氏豪族包含劉秀、其兄長劉縯（字伯升），以及族兄劉玄（字聖公，即更始帝）。

劉秀的祖先往上數九代，即為漢高祖劉邦。漢景帝將兒子劉發封為長沙王。長沙為南方之國，原本封給了非劉氏的功臣，在漢景帝時期轉封給劉發。劉發的兒子劉買被封為舂陵侯（零陵郡泠道縣）。到了漢元帝的時期，劉買的孫子劉仁被轉封至南陽郡蔡陽縣白水鄉。由於初封的地名，又被稱作舂陵鄉。劉氏皇族以諸侯王的身分分散至天下各地，其子孫又以列侯的身分深入各縣，經過兩百年的時間，出現了許多像劉秀這樣在地方建立起勢力的劉氏旁系後代。據說劉秀的相貌為「**美鬚眉，大口，隆準（鼻樑高挺），日角（額頭向前突出）**」。鼻樑高挺這個特徵有點像劉邦，但勤於農事的個性較像劉邦的哥哥。劉秀的哥哥劉縯（伯升）好俠養士，反而較接近劉邦的性格。

秦朝末年，許多罪犯被流放至南陽，此外還有大量百姓也被強迫遷徙至此地。到了西漢時代，南陽地區迅速發展。居住於宛（南陽中心都市）的孔氏是在秦國消滅魏國時遷居至南陽，其後經營製鐵業成功，累積了黃金數千斤的財富。宛位於東南西北四方交通要衝之地，因此聚集了不少工商業者。南陽一帶的漢墓內部石面上有不少筆觸大膽豪邁的畫像，後人稱之為南陽畫像石。透過這些南陽畫像石上的圖畫，可清楚感受到南陽地區的豐饒及躍動感。圖畫主題五花八門，有達官貴人率領車騎出行的場面、以舞樂或六博為樂的場面、狩獵場面、鬥獸場面、神話情節等等。

劉秀並非直接自王莽的手中奪下政權。繼赤眉軍及劉玄之後，劉秀才開始掌握政權。隨著赤眉之亂的爆發，各地百姓紛紛響應，劉秀也與哥哥劉縯一同自舂陵起兵。劉氏本家的劉玄率先當上了天子，劉玄模仿秦始皇，自稱為更始帝。正如同劉邦當上皇帝時一樣，劉玄於淯水河畔設壇，在群臣面前坐上帝位，並改年號為更始元年。但這個新皇帝的性格與劉邦完全不同，當時他既膽怯又害羞，緊張得滿頭大汗，舉起了手卻一句話也說不出口。相較之下，民眾的氣勢反而旺盛得多。百姓需要的不是有才能的領導者，而是西漢劉氏的血脈。只要有了劉氏的威望，自然能凝聚向心力。劉玄的軍隊便是憑藉這股氣勢攻入長安，殺死王莽，消滅了新朝。

光武帝即位與告天儀式

統率更始帝集團的將軍們都是山東人。剛開始是以南陽的宛為首都，後來遷至洛陽。王莽的首級被送到了更始帝坐鎮的宛，更始帝派人將首級拿到宛城的市場上示眾。但是更始帝劉玄自己卻也慘遭赤眉軍殺害。在一陣兵荒馬亂之中，劉秀成功壓制了河北地區的諸勢力，於建武元年（西元二五年）登基為帝。接下來劉秀更進一步取代更始帝的地位，擊敗各地勢力，最終成功統一天下。

秦始皇時代的傳國玉璽，由漢朝傳承了下來。璽印上刻著「受天之命、皇帝壽昌」八字。這顆玉璽當然沒有流傳到現代。不過它輾轉落入劉秀手中的經過卻頗耐人尋味。王莽派人向元后強索玉璽時，元后曾將玉璽扔在地上，導致璽鈕上的螭（龍的一種，又稱蛟龍）像缺了一角。後來玉璽先落入更始帝手中，接著落入劉盆子手中，最後才落入光武帝劉秀手中。這意味著政權並非直接從王莽轉移至劉秀。承接王莽政權的人物是更始帝，我們可以說早在這個時期，南陽劉氏便已建立了政權。赤眉軍的劉盆子取代更始帝的地位時，則意味著山東劉氏取代了南陽劉氏。其後光武帝成功平定民變，政權再度回到南陽劉氏手上。

光武帝即位時，曾舉行告天儀式。他向上天如此禱告：**王莽篡弒竊位，秀發憤興義兵，破王邑百萬眾於昆陽，誅王郎、銅馬、赤眉、青犢賊，平定天下。**

站在光武帝集團的角度來看，首要敵人為王莽，但王莽垮臺後，叛亂的百姓諸勢力也成了敵人。據說劉秀原本騎的是牛，後來才改成馬，這樣的傳說相當符合劉秀集團的特徵。

光武帝劉秀的統治

中興漢室

光武帝劉秀共在位三十三年（建武元年，西元二五年～中元二年，西元五七年），絕大部分的時間都耗費在讓東西漢過渡時期的混亂局面恢復安定。直到建武十二年（西元三六年），劉秀政權才鎮壓了西北方的隗囂勢力與蜀地的公孫述勢力，讓天下恢復統一。在外交上，原本叛離新朝的周邊諸國再度向劉秀政權尋求和親，戰亂時代正式宣告結束，則更是三十年後的事（建武三十年，西元五四年）。秦始皇先當了二十五年的秦王，才進入十二年的皇帝時代；劉邦也是先當了四年漢王，接著才當八年皇帝。劉秀雖然一開始就當上了皇帝，卻是亂世中的皇帝。

確保內外安定之後，光武帝在建武三十二年（西元五六年）首次巡狩東方，繼秦始皇、漢武帝之後舉行泰山封禪祭祀儀式，向上天報告天下統一，並且變更年號為中元。東漢時代雖開始於西元二五年，但實際完成統一的時間應視為三十年後的中元元年（西元五六年）。說得更明白點，光武帝在完成統一大業的不久後就斷氣了。

這一年正月，東海、沛、楚、濟南、淮陽、趙等漢朝諸王入朝祝賀統一天下。到了六月時，光武帝行幸長安，於長陵（西漢高祖劉邦的陵墓）舉行祭祀，告知漢室已中興。光武帝接著於洛陽南方建造靈臺、明堂、辟雍等禮制機構，並於北郊築方壇祭地。此外他還向天下公布了圖讖之書。讖緯（預言書）賦予了漢室中興的正統性，光武帝在完成統一後不忘對其進行官方認證。

天下統一之後，光武帝循序漸進地執行了多項政策。建武六年（西元三〇年）減輕田租，恢復了三十分之一的稅。隔年廢止郡兵，改革兵制。建武十年（西元三四年）修補了自西漢時代便遭到漠視的黃河堤防毀損處。建武十五年（西元三九年）調查天下耕地面積及人口，並製作了天下的輿地圖，隔年恢復了西漢時代的五銖錢。

解放奴婢與行政、財政重大改革

光武帝曾多次下令解放奴婢。這是為了拯救那些在王莽時代末期的亂世中，因遭受掠奪而被迫成為奴隸的百姓。王莽時代有奴婢市場專門供人買賣奴婢。建武六年（西元三〇年），光武帝以舊朝法律不應再適用為由，下令解放王莽時代的奴婢。隔年建武七年（西元三一年），光武帝又解放了青州（山東省）、徐州（江蘇省）的奴婢。建武十一年（西元三五年），光武帝進一步下令廢除「殺死奴婢的罪刑比殺害良民為輕」的法律，同時也廢除了「奴婢傷害一般良民須處棄市（死刑）」的法律。這些改革的目的，在於改善奴婢的法律地位比良民低得多的現況。建武十二年（西元三六年），光武帝解放了隴（甘肅省）、蜀（四川省）的奴婢。建武十三、十四年，又解放了益州（四川省）及涼州（甘肅省）因受掠奪而淪為奴婢的無辜百姓。

在財政制度上，光武帝也推動了重大改革。西漢時期皇室財政（宮廷費）與國家財政為分開管理，而少府擁有管理皇室財政及宮廷事務的權限。光武帝削減了少府的權限，使其職責只剩下管理宮廷雜務。建武六年（西元三〇年），光武帝對過於繁冗的官吏制度也進行了改革。東漢時期內外朝文武官員共有七千五百六十七人，隸屬於其下的內外朝屬吏則有十四萬五千四百一十九人，合計十五萬二千九百八十六人，但光武帝下令中央的司隸校尉與各州牧（刺史）轄下官吏人數都必須縮減。西漢末年原有一百零三郡國、一千五百八十七縣（含邑、道及侯國），光武帝廢除了十郡國及四百餘（四百七十八）縣。郡國廢除率〇・八七％，縣廢除率更高達三十％。

廢縣的舉動表面上看來為行政改革，但若細看區域分布，會發現那些遭廢除的縣很可能是在東西漢過渡期的混亂局勢下，因失去中央權力的支持而無法再維持運作的都市（木村正雄《中國古代帝國的形成》，二〇〇三年）。例如北方各縣的廢除率高達三十六％，南方只有七％，而且北方各縣中的新縣（戰國時代之後設立的縣）廢除率高達四十七％，起源於春秋時代各邑的舊縣廢除率卻只有十三%。

郡都尉、關都尉等軍事要職也在這個時期遭到廢除。原本郡都尉的設置目的是為了不讓郡守擁有軍事權，但這個職務於建武六年（西元三〇年）遭廢，權力回到太守身上。但光武帝同時又廢除了都試（郡內士兵的戰鬥訓練），隔年甚至解散了郡兵。換句話說，光武帝這麼做其實並非將軍事權賦予太守。統一天下後，光武帝嘗試縮減內地各郡軍備，並將其軍事力量轉移至邊境各郡。設置於內地關隘的關都尉也遭到了裁撤。

遷都至東漢首都洛陽

建武元年（西元二五年），光武帝定都洛陽。此後一直到初平元年（西元一九〇年）董卓為了避難而自關東將首都遷回長安為止，洛陽作為東漢首都共歷經了十世一百六十五年。剛開始的時候，很多人都主張應該將首都遷回西漢舊都長安。如杜篤特地作了《論都》，文中強調長安所在的關中地區四面受山河圍繞，形勢上較易於防守，因此反對移都洛陽。不過班固的《兩都賦》則是比較西都長安與東都洛陽的優缺點，最後的結論是後者較佳。長安封閉於函谷關內，受到秦嶺、九嶷山、涇水、渭水等山川環繞，為一西方偏僻之地，確實有利於防禦，但洛陽位於天下的四瀆五嶽的中央位置，可向天下人昭示內外無阻隔，因此更適合作為天下之主的首都。文章假託西都賓客與東都主人之間的問答對話，設計得相當巧妙。這種讓虛構人物代替自己發言的手法，模仿自司馬相如。西都賓客詢問關於已化為廢墟的長安所在位置，並且以華美的辭句描述故老相傳的長安繁榮景象。

漢之西都，在於雍州，寔曰長安。左據函谷二崤之阻，表以太華終南之山。右界褒斜隴首之險，帶以洪河涇渭之川。眾流之隈，汧涌其西。華實之毛，則九州之上腴焉；防禦之阻，則天地之隩區焉。

班固以這樣的筆調形容長安的優點為「華實之毛」（指土壤肥沃、作物繁茂）及「防禦之阻」（指受到包圍的關中地勢）。

與乎州郡之豪傑，五都之貨殖。三選七遷，充奉陵邑。蓋以強幹弱枝，隆上都而觀萬國也。

繼周、秦之後定都於關中的漢朝，從各地豪傑及五都（洛陽、邯鄲、臨淄、宛、成都）商人中挑選出三種人（指分別在社會、政治、經濟上居於優勢地位的豪傑、高官及富豪），令其遷居至七座陵邑。長安是藉由這種強幹弱枝政策所建立的都市，足以傲視各國。

其中乃有九真之麟，大宛之馬。黃支之犀，條支之鳥。踰崑崙，越巨海。殊方異類，至于三萬里。

除了人的資源之外，各種物產也都匯聚於長安。來自九真（越南）、大宛、黃支（印度）、條支（敘利亞）等地的物產經由海陸之道運入長安。名義上假託西都賓客之言，實質上就是班固的內心想法。由於西都長安實在太華美而豪奢，即使是讚美其資源豐富的文章，讀起來也像是諷刺一般，頗有司馬相如的風格。

爾乃盛娛游之壯觀，奮泰武乎上囿。因茲以威戎夸狄，耀威靈而講武事。

長安的上林苑經常舉辦盛大的狩獵或軍事演習活動，目的是為了向夷狄展現漢朝的聲勢。不過東都的主人並沒有基於對抗心態而誇耀洛陽的華美，因為洛陽是個與長安截然不同的都市。其作為天下的中心，有如車輪的輻條，而且能讓君主沒有內外之分。相較之下，長安則位於天下的西北角，而且在內外阻隔的關中地區。雖然都是漢朝的首都，長安與洛陽的差異可說是相當大。

洛陽城發掘調查紀錄

東漢的洛陽城遺跡位於河南省洛陽市以東約十五公里處，地形上南臨洛水、北望北邙山。西周時代的成周城正是建於此地。自古以來稱為洛邑或洛陽，但漢朝人不喜歡三點水的「洛」字，因此改成了「雒陽」。這樣的好惡也是基於五行思想，因漢朝為火德，故排斥與水德有關的字（但本書基於慣例，還是使用「洛」字）。東漢之後的魏、西晉及北魏都沿用洛陽城作為首都，城牆、城門等建築結構都是以東漢洛陽城的規格傳至後世。由於這是四個朝代的首都，所以又名漢魏洛陽城。

以中國社會科學研究院考古研究所主導的考古團隊，自一九五四年起開始對洛陽城進行發掘調查。南側的版築夯土城牆已因洛水的沖刷而不復存在，僅剩下北、東、西三面。《續漢書・郡國志》（現存版本的《後漢書》包含了西晉司馬彪《續漢書》的志）引用《帝王世記》一書的記載，稱「**城東西六里十一步，南北九里一百步**」，可知城的形狀為縱長方形，故又名「九六城」。城牆的周長據推算為十三公里。

根據部分發掘的成果來推測，洛陽城共有十二座城門，方位配置為東三、西三、南四、北二。各城門進入城內的道路為東南西北交錯。宮殿有南北互相對稱的南宮及北宮，在面積上占了相當大的比例。建武元年（西元二五年）十月，光武帝最先踏進的洛陽城宮殿為南宮，過世前所待的宮殿也是南宮。北宮是直到漢明帝時期才開始建造，完成於永平八年（西元六五年）。北宮中的德陽殿是足以容納一萬人的巨大建築，每年元旦朝賀時，百官都會聚集在這裡。除此之外，北宮東側有永安宮，北宮西北側有名為濯龍園的御苑，東北角有太倉（朝廷的穀類作物儲藏庫）及武器庫，南宮的東南側有官廳街，南宮的西北側則有名為金市的市場。據說在這市場上，還可買到京師的游俠們從順帝的陵墓中盜掘出來的皇室御用物品。城南則設有辟雍、太學、明堂、靈臺（天文臺）等機構。宮殿部分在城內占了相當大的比例，這是沿襲了西漢長安城的特徵，不同於唐朝長安城那種皇城、宮城整齊劃一的里坊制風格。

服役刑徒之墓

黃河流經洛陽北方郊區，在此形成了巨大的河岸梯丘地形。這一帶的丘陵被稱為邙山，除了漢獻帝以外的東漢十一代皇帝的陵墓都建在這裡（漢獻帝的陵墓則在河南焦作）。光武帝的原陵設在能夠望見黃河的地點。由於至今沒有發現出土物，很難研判東漢皇帝陵的確切位置，就連原陵的地點也有各種說法。漢章帝時期曾出現過為原陵及漢明帝的顯節陵像西漢一樣設置陵邑（守陵都市）的建議，但最後還是礙於光武帝、明帝以來的節儉方針而作罷。因此東漢的皇帝陵與西漢的皇帝陵相比，整體而言簡單樸素許多。沒有環繞陵墓的圍牆，只有寢殿、廟及陵園管理官舍。但是皇帝率領諸侯王、外戚一族的婦女、郡國上計吏、匈奴單于、西域三十六國侍子（人質）到陵墓前行上陵之禮，是東漢時期的重要政治活動。

一九六四年，考古學家於洛陽城南方二・五公里處發現了五百二十二座服役於首都洛陽的刑徒之墓。墓的形狀為長方形縱穴，長約一・八～二・三公尺，寬約〇・四～〇・五公尺。遺體原本放在木棺裡，但木棺已腐朽。有些棺內放了五銖錢，但大多數只放兩塊墓磚，磚上書明死者姓名、出身郡縣、刑罰名等，如「**南陽宛髡鉗陳便永初元年五月廿五日物故死在此下**」。意思是死者為南陽宛出身的刑徒，戴著鐵製頸束，剃了頭髮，名叫陳便，於西元一〇七年埋葬於此地。

金印與後光武帝時代

賜給倭奴國王的蛇鈕金印

建武中元二年（西元五七年）正月，倭奴國王遣使朝貢，使者自稱大夫，並提到其國家位於倭國的「極南界」。光武帝賜予印綬。奴國只是倭國中的一個小國，卻特地派遣使者至東漢首都洛陽朝貢，帶回東漢的印綬。光武帝接見了倭奴國的使節之後，於隔年二月戊戌日在南宮前殿結束了其六十二年的人生。當時的倭國是由一百多個小國所組成，奴國國王作為其中一個小國之王，與巨大帝國皇帝的交流不僅對整個倭國來說是件大事，對帝國皇帝而言，在統治生涯的最後階段遇上這件事亦具有重大意義。

倭奴國使者獲賜的印綬長什麼樣子，《後漢書》上並沒有提及。但是在日本江戶時代的天明四年（西元一七八四年），一座以沙洲與陸地相連的小島（現在的日本福岡縣志賀島）上的農田裡出土了一顆二・三五公分見方、重約一百零九公克的小型金印。印的上方有穿繩子（綬）的小孔，這個部位稱為「鈕」，而這顆金印的鈕設計成蛇形，故稱為蛇鈕金印。印面以陰刻的方式刻著「漢委奴國王」五字。這顆金印如今成為日本相當著名的國寶，展示於福岡市博物館內。《後漢書・東夷列傳》倭人條記載的「**光武賜以印綬**」這句話，藉由這顆金印獲得了證實。但由於金印與史書紀錄的一致性實在太高，多年來反而一直有人懷疑這是偽造之物。

採用陰刻方式的二・三公分見方金印確實符合漢代的規格。漢代的一寸即為二・三公分。陰刻指的是文字部分為凹面，這不同於一般現代人所用的陽刻印鑑（文字部分為凸面）。陰刻印鑑是竹簡、木簡時代的印鑑特徵。到了在紙上蓋朱印的時代，印鑑都變成了跟現代一樣的陽刻印鑑（朱墨塗在字上）。秦漢時代的人會將文書以繩子綁起，並在繩結處糊上黏土，蓋上封印。印鑑採用陰刻，封泥上的文字就會是凸面，效果較佳。

筆者在前文也提過，中國雲南省在一九五六年也從古墓中出土了一顆二・三公分見方的蛇鈕金印。印上刻著「滇王之印」四字。《史記・西南夷列傳》記載漢武帝「**賜滇王王印**」，實際出土的

「漢匈奴歸義親漢長」銅印　賜予朝貢之國的駱駝鈕銅印。

金印與史書相符。兩顆蛇鈕金印的持有者分別為倭奴國王及滇王，雙方之間並無直接交流，卻因漢帝國而建立起了極深的關聯。漢代只有最上級的官位或爵位才能獲賜金印。珍貴的黃金很適合用來作為對漢室有功者的獎勵，因此漢代的朝廷賜了許多黃金給臣下。「漢委奴國王」金印的成分為九十五％的金、四・五％的銀，以及少量的銅。雖不到二十四K金（百分之百純金）的純度，但已接近二十三K金（九十五・八％），散發著耀眼的光芒。雖然重量僅有一百零九公克，不到當時的半斤，上頭所刻的文字卻是曾向漢朝朝貢的證明。漢朝將這不滿半斤但純度極高且刻了五個字、雕了蛇鈕、綁上綬帶的金印賜給遠來的使者，其意義遠大於賜一枚重達一斤的金餅。

光武帝賜金印時的局勢

丞相、太尉（大司馬）、大司空、將軍等高官都可獲賜金印紫綬。官印只能在任期內持有，但爵位與印是對其功勞的獎勵，因此不用歸還。諸侯王的印為金璽綠綬，列侯及關內侯為金印紫綬。獲賜金印紫綬的諸外國，西域有蒙奇、兜勒，南方有葉調、撣，西南方有白狼、蠻夷王唐等。同樣是金印，鈕的形狀卻各不相同。諸侯王或列侯為龜，外國國王則依地方不同而為駱駝、羊或蛇。

「漢委奴國王」的「漢」字具有極重要的意義。原本是「東夷倭奴國王」，冊封後變成「漢委（倭）奴國王」。亦即東夷國王遣使朝貢，光武帝封其為漢朝的國王。不過這並不意味著倭奴國成為漢帝國的從屬國。像奴國這樣的外國稱為外臣，只需每數年一次，在正月時派使者帶著貢品前來朝貢就行了。以「漢某某國」為名的國家只有匈奴、倭等寥寥數國。同樣是在光武帝的時期，派遣使節至樂浪郡的蘇馬諟獲封為「漢廉斯邑君」。郡外蠻夷張遊則封為「歸漢里君」。傳世之印則有「漢匈奴惡適尸逐王」駱駝鈕銅印、「漢匈奴破虜長」印、「漢歸義胡長」駱駝鈕銅印、「漢夷邑長」等。這些封號的意思是「遠道而來的朝貢國」。不必從屬於漢朝，可以保持一定的距離。當時倭國共有三十多國向漢遣使朝貢，奴國也是其中之一。

東漢光武帝的治理期間長達三十三年，但其政權並非從頭到尾維持著太平與統一。例如公孫述建立了有別於漢政權的成家政權，持續長達十二年的時間；隗囂政權更是以「復漢」為名，宣稱要「復興漢室」。劉秀中興的漢朝又稱漢家。所謂的「漢家」，指的是受到以漢高祖劉邦之廟為首的各宗廟所守護的「家」。因此劉秀修復並祭拜高祖廟，同時亦祭拜西漢皇帝的十一座陵墓。此外劉秀亦在新都洛陽蓋了高祖廟，將漢高祖至漢平帝等十一位皇帝的神主牌位安置於其中。

倭奴國使節到來的前一年，光武帝特地將呂太后的牌位自其丈夫的高祖廟中移除。因為呂太后違背了劉邦在世時的「非劉氏不王」諾言，大封自己的族人為王。守護漢家宗廟，是強調自身政權正統性的一種方式。因此比起獲賜金印的倭奴國，賜下冠有「漢」字的金印對自稱中興了漢室的光武帝而言甚至具有更重大的意義。

光武帝之死與漢明帝即位

光武帝去世的那一天，身為皇太子的劉莊（劉秀的第四個兒子）便即位為帝。西漢時代從先帝駕崩到新帝即位之間會有幾天的空窗期，但東漢的作法則是在大喪的靈柩前舉行即位儀式。群臣為光武帝舉行喪禮的時候，先穿上了白色單衣作為喪服，取下頭冠，綁上白色頭巾。但他們在喪禮會場上暫時退出，改穿慶典服裝，重新走了進來。天下不能一日無君，這就是中興了漢室的東漢觀念。光武帝的遺體被放置在梓木靈柩之中，靈柩則被放在正殿兩根大柱子之間。梓木（可能指梓樹或野梧桐）的木心為紅褐色，材質堅固耐用，皇帝的棺木通常都以此樹材製成。因此天子的棺材又稱「梓棺」。棺內的遺體早已經過沐浴，以紅色絹布包覆全身，穿上金縷玉衣，並在口裡放了一塊玉。為了避免遺體腐爛，還會使用冰。負責在先帝與皇太子之間進行聯繫的是太尉。先帝去世後，群臣先在南郊以諡號光武告天，接著在靈柩前宣讀策文，將傳國玉璽交到皇太子手上，群臣高呼萬歲，即位儀式就算結束，過程可說是相當簡單。

光武帝的遺體於三月丁卯日入葬原陵。隔年（永平元年，西元五八年）元旦，新皇帝漢明帝登上光武帝的原陵，於陵墓前舉行原本都在宮中舉行的「元會」。公卿、百官、諸侯王、郡國的計吏（負責報告財政的官吏）、皇族及外戚皆齊聚朝廷，參與這場朝賀儀式。這一次的舉行地點改在先帝的陵墓前。郡國計吏會向先帝之靈報告各地穀物價格及風俗變化。中國古代原本有「古不墓祭」的禮法，但自從秦朝在秦始皇陵建了寢殿之後，這個禮法便遭到忽視，漢代亦沿用秦代的作法。不過皇帝率領群臣在先帝陵墓前舉行盛大儀式，這還是第一次。但此時已不見倭國使節的蹤影。

漢明帝時代的政局與光武帝時代同樣安定，並無外戚介入。而且不曾中途改元，整整十八年間都使用永平年號。繼光武帝之後，漢明帝也舉行了巡狩儀式。改元之後的第二年（永平二年，西元五九年），漢明帝巡狩西方，進入西漢古都長安，祭拜了高祖廟，接著又走訪了漢高祖至漢平帝的十一座西漢皇帝陵。這十一位西漢皇帝並不包含漢惠帝之後的兩個少帝。漢明帝巡狩西方是模仿了光武帝的作法，其目的在於重新強調東漢政權繼承西漢劉氏政權的正統性。一部分西漢皇帝陵在赤眉之亂中遭到破壞及盜掘，東漢政權基於政治立場上的必要性而加以修復及保護。

安定的漢明帝時代

永平十三年（西元七〇年），將作謁者王吳及王景只花了短短一年就完成了汴水的治水工程。王莽時代黃河河道出現巨大變化，其西側有一道名為汴水的支流。西漢末年的漢平帝時代，汴水潰堤，朝廷置之不理，其後便經常發生洪水。王景的祖先從琅邪移居至樂浪郡。他相當擅長水利技術，研發出了一種名為墕流法的新治水法。墕通調節水流的堰字，墕流的意思就是讓阻塞的水流恢復暢通。

從滎陽到渤海灣河口的千乘約有千餘里（約五百公里），每隔十里便設置一道分流用的水門，如此一來便可以在不阻抗水流的前提下減弱水流的氣勢，順利將河水導入海中。汴水的整治相當成功，主流的黃河也變得較為穩定。一直到唐代末年為止，黃河皆處於安定期，沒有發生嚴重的氾濫。漢明帝想起了從前漢武帝時期瓠子潰堤與治水的舊事，也跟漢武帝一樣曾親臨治水現場。他巡狩至黃河南岸的滎陽（現在的鄭州市西北方），將黃河流域上的耕地租借給貧困百姓，而且安排了令豪族無法獨占土地的措施。這個地區的人口密度最高，治水灌溉政策可說是相當成功。《後漢書》並沒有類似《史記・河渠書》或《漢書・溝洫志》的水利相關紀錄，或許正是因為黃河相當安定的關係。

白虎觀會議上的五經辯論

西漢時代的漢宣帝就曾在石渠閣邀集儒生討論五經內容。但後來五經的解釋更加細分化，於是漢章帝亦在建初四年（西元七九年），下令數十名儒生聚集在白虎觀，命他們針對五經內文的歧異與解釋方式進行討論。這場會議持續了一個月以上，辯論相當激烈。與會者除了太常以下的博士、諸生、諸儒之外，還有身為宿衛官的五官中郎將、負責傳遞皇帝詔書的大夫、議郎等。五官中郎將魏應代替皇帝提出問題，侍中淳于恭將辯論後的爭議點上奏，並由皇帝下最後的判斷。漢章帝是繼光武帝、漢明帝之後的東漢第三個皇帝，四歲成為皇太子，十九歲即位。漢章帝從年輕時便寬厚仁慈，而且愛好儒學，雖是皇帝卻積極參與儒學討論。班固的《白虎通德論》（或簡稱《白虎通》）一書詳細記錄下了白虎觀會議上的討論過程。

以下我們舉關於「天子」與「皇帝」這兩個稱呼的議題當作例子。當時有這麼一個議題：「為什麼天子是爵稱？」所謂的爵位，原本應該由皇帝賜給臣下，如列侯以下至公士共分二十等爵。身為爵位賜予者的皇帝，為什麼也有一個爵位？「天子是爵稱」這種說法，是今文學派的見解。周代制度下的王，以及漢代制度下的皇帝，為什麼要在凡間世界的爵制秩序中特地加入「天子」這個爵位？古文學派則引用《春秋左氏傳》，主張天子不是爵位，而是對夷狄使用的稱號。由於當初秦始皇的立場太過接近天，因此漢代的皇帝刻意想以天子一詞與天保持適當距離。上述的議題，正是為了解決這兩個稱號之間的矛盾。創始於秦代的皇帝一詞幾乎等同於天上的上帝，但漢代的天子卻難以與上帝畫上等號，兩者之間確實有著矛盾。對漢代的儒生而言，這是相當重要的議題。

會議上出現了各種不同的看法，試圖解釋皇帝與天之間的距離。有人主張「**王者父天母地，為天之子也**」，亦即強調皇帝也是誕生於天地之間。許多人引用了當時相當盛行的緯書內容。經的原意為縱線，緯的原意為橫線，所以緯書的目的在於解釋經書。例如有人引用了解釋《孝經》的《孝經援神契》一書內容，主張「**天覆地載謂之天子，上法斗極**」，意思是天子為天覆地載，所以稱為天子，而且天子就像天上的斗極（天極），所以應坐鎮於凡間諸侯的中心點。另外也有人引用同為《孝經》緯書的《孝經鉤命決》一書中所寫的「**天子，爵稱也**」，藉此印證自己的論點。

另外還有一個議題為：「為什麼有時稱天子，有時稱帝王？」針對這個議題，有人回答「**以為接上稱天子者，明以爵事天也；接下稱帝王者，得號天下至尊言稱，以號令臣下也**」，意思是皇帝對上天自稱天子，是想要以這個爵位確認服侍於天的身分，而對底下的凡人自稱帝王，是為了向天下宣揚至尊稱號，才能據此號令臣下。換句話說，天子是上天賜給皇帝的爵位。這番解釋也是依據《孝經鉤命決》，雖然與主張「皇帝對中華內部稱皇帝，對夷狄稱天子」的左氏學見解不同，卻也是頗為合理的解釋。藉由天子這個稱號，皇帝建立起了宛如「百姓父母」的形象，地位既在百姓之上，卻又與百姓平等。

漢章帝曾告誡皇親國戚不得過太奢侈的生活。當天下因饑荒而產生流民時，漢章帝下令若流民想返回故鄉，應提供他們旅費，且允許他們免費投宿在亭（公家房舍）內。若有流民主動申報自己沒有戶籍，就賜予爵位。不僅如此，漢章帝曾率領騎兵輕裝出巡，查看百姓的生活，亦曾下令死罪以下的罪犯減刑一級，並允許上繳絹布抵罪。

匈奴與西域經營

建武二十四年（西元四八年），匈奴分裂為南北兩派，日逐王比自立，成為匈奴的南單于（醢落尸逐鞮單于）。他遣使向東漢朝貢，自稱臣下，並且將兒子送入東漢當人質。東漢朝廷亦於建武二十六年（西元五〇年）答允讓其族人定居於雲中郡，同時賜予冠帶、璽綬、車馬、金帛、甲兵（兵器）、什器等物，並下令由河東郡提供乾米二萬五千石、牛羊三萬六千頭。東漢對西域全部國家的歲費合計不過七千四百八十萬錢，對南匈奴的歲費卻高達一億零九十餘萬錢，可見得東漢朝廷對匈奴有多麼禮遇。

與南匈奴的關係

這一年朝廷並設置使匈奴中郎將，職責為保護南匈奴部族。東漢皇帝與南匈奴單于之間的關係為君主與客臣，比一般君臣關係為高，類似主人與客人的關係。匈奴雖在外交上向東漢稱臣，但有權保留其自身的禮制及律法。南單于的祭祀活動除了祭天神（天）之外，也祭祀漢朝皇帝。

一九七七年，考古學家對青海省大通縣上孫家寨中的東漢末年匈奴墓進行挖掘。從這座墓便可看出當時匈奴臣服於東漢，受漢文化融合的狀況。墓室中出土了一顆駱駝鈕銅印，上頭刻著「漢匈奴歸義親漢長」等字（見本書第三七四頁圖）。這與一九五三年新疆沙雅縣出土的羊鈕銅印「漢歸義羌長」為同一類的銅印。中國在冊封北方或西北方的游牧民族時，會賜予符合該地特色的駱駝鈕或羊鈕銅印。此外，「漢匈奴」「親漢」等冠上「漢」字的稱號，也與蛇鈕金印「漢委奴國王」及「親魏倭王」印（三國魏賜給邪馬臺國卑彌呼的印）等賜給東方倭國的稱號有著共同特徵。

這座匈奴墓為版築夯土式的墳丘墓（高六・二公尺、直徑二十三公尺）。以磚塊堆成拱形的磚室墓內出土了五銖錢、銅鏡、陶製竈明器等陪葬物。不管是墓葬的形式還是出土的文物，都帶有明顯的漢文明特徵。根據其中的銅鏡研判，埋葬者應該是南匈奴諸部族的一名部族長。此外，陝西省出土了鼻鈕石印「漢匈奴惡適尸逐王」，傳世品中也有完全同文的駝鈕銅印（京都大谷大學藏），這應該也是東漢皇帝賜給匈奴部族王之印。

北匈奴滅亡

另一方面，分化後的北匈奴也在光武帝時期向東漢請求和親（建武二十七年，西元五一年）。但東漢朝廷較重視剛歸順的南匈奴，不願與南北兩派匈奴同時建立相同的外交關係。其後北匈奴一邊與南匈奴交戰，一邊屢屢侵擾東漢的邊境，試探東漢朝廷的反應。漢章帝元和二年（西元八五年），南匈奴伊屠於閭單于於琢邪山打敗北匈奴王的軍隊，武威太守孟言上奏建議朝廷接受北匈奴積極提出的和親要求，並釋放俘虜。針對此外交方針的問題，太尉（軍事最高長官）鄭弘、司空（副丞相）第五倫等反北匈奴派，與司徒（丞相）桓虞、太僕（天子車馬管理者）袁安等和親派展開了激烈的辯論。

最後漢章帝決定一方面釋放北匈奴的俘虜，一方面賞賜捕捉敵兵的南匈奴，以獎勵其忠誠。從這件事便可明顯看出當時東漢對北匈奴的外交態度。到了漢和帝永元三年（西元九一年），北匈奴單于再度派出使者，表示願意向東漢稱臣，但南單于同時上書建議消滅北單于。朝廷最後決定派軍與南匈奴一同攻打北匈奴。北匈奴在這場戰爭中慘敗，八千人遭斬首，數千人遭俘虜。到了隔年（西元九二年），北匈奴更遭竇憲徹底消滅，包含王族在內共五千人遭俘虜。北匈奴殘餘勢力遁逃，從此下落不明。

現在的內蒙古自治區額濟納河流域上的居延塞，自西漢時代起便是對抗匈奴的前線基地。這裡出土了大量木簡，考古學界稱之為居延漢簡，年代最晚者不超過東漢光武帝建武年間初期。其中以光武帝建武年號的木簡數量最多，生動反映出了當時的邊境軍事局勢及士兵們的生活。

一九七四年出土了以「塞上烽火品約」為名的十七枚木簡，其內容為建武初年對碉堡烽煙的相關使用規範。建武初年統治河西五郡的人物為竇融，他在建武五年（西元二九年）歸順光武帝。木簡中對烽煙的使用有詳細的規定，其種類及次數都會因匈奴的兵力及入侵路徑而有所不同。烽煙的種類有六種，分別為烽（在籠裡放入燃料，點燃後高舉）、表（旗幟信號）、鼓、煙、苣火（火把）、積薪（燒柴火），白天使用烽、表、煙，黑暗的夜晚使用苣火。此外亦規定來犯的兵力不足一千人時燒一堆薪柴，一千人以上燒兩堆，若是一千人以上且已攻至亭鄣，則燒三堆。

一九七三年至七四年出土了一部以《候粟君所責寇恩事》為題的冊書，共三十五枚四十七行，內容是甲渠候粟君（粟字應為粟）借了牛及穀類作物給一個名叫寇恩的人物，引發訴訟糾紛的調查報告書。

記錄下防衛匈奴最前線生活的史料

建武三年（西元二七年）十二月三日，居延縣都鄉嗇夫宮（調查官）基於甲渠候粟君（原告）提出的告訴，在縣官的命令下對寇恩（被告）進行調查。以下羅列了粟君的訴狀、於十二月十九日所作的寇恩訊問筆錄，以及調查官宮的結論。並在十二月二十七日由縣官發給甲渠候官的公文中，記載粟君指控不實，應以政不直者之法（誣告）論處。

根據該訴狀的陳述，粟君以八歲黃牛一頭（價值相當於穀物六十石）及穀物二十七石為報酬，雇用寇恩前往張掖郡觻得縣代賣五千尾魚，寇恩答應將所有的魚以四十萬錢的價格賣出。臨行之際，粟君認為那頭黃牛太瘦，因此建議寇恩別帶黃牛，改帶另一頭五歲的黑牛（價值同為六十石），寇恩接納了這個建議。粟君認為自己只是把黑牛借給寇恩，而寇恩卻認為這頭黑牛就是自己代賣魚的報酬。

寇恩在觻得縣賣光了所有的魚，所得卻不足約好的四十萬錢，只好將黑牛也賣了，湊了三十二萬錢，交給粟君的妻子業。由於還不足八萬錢，寇恩在業的車上放了價值一萬五千六百錢的器物，兩人一同回到居延。回程的路上，寇恩又買了大麥二石（價值六千錢）及肉十斤（價值三千錢），一併交給了業。器物、大麥及肉的總價值為二萬四千六百錢。

此外，寇恩有個叫欽的兒子，為粟君捕了三個月又十天（一百天）的魚，工資以每天二斗

（〇・二石）計算，一百天的工資為二十石，價值相當於八萬錢（一石四千錢）。寇恩認為賣魚所欠的八萬錢已還清，加上報酬中沒有算入從觻得回到居延這二十天路程的花費，因此沒有必要再歸還牛跟穀物。

最後宮的裁定為寇恩沒有必要將牛及穀物歸還粟君，因為寇恩的器物、買給業的肉跟穀物，以及欽為粟君捕魚的工資，早已還清了欠債。這個出土史料讓我們得以一窺當時居住在匈奴防衛前線基地的生活。此外，居延出土的建武年間木簡也包含了實際戰鬥的紀錄，將匈奴騎兵侵入居延城塞、搶奪漢軍武器、放火燒碉堡的過程描寫得相當生動。

玉門關及陽關：西域外交的大門

根據史書記載，東漢與西域諸國的關係「**自建武至于延光，西域三絕三通**」。亦即從光武帝到漢安帝的期間，雙方時而建交、時而斷交。光武帝、漢章帝、漢安帝對西域外交較為消極，漢明帝、漢和帝、漢順帝則較為積極，因此關係時好時壞。一旦東漢朝廷在外交上採消極立場，北方的匈奴勢力就會趁機進入西域，因此東漢的西域經營政策與對匈奴外交政策有著密不可分的關係。敦煌西側郊外有兩處關口，分別為玉門關及陽關，這兩處關口就像是東漢與西域外交的出入口。關門是開是關，會因西域諸國、匈奴及東漢的勢力均衡狀況而產生變化。

西域諸國在西漢末年多達五十五國。東漢建立政權之後，這些國家派出使節向東漢請求歸順，但光武帝以天下才剛統一，尚需充實內政為由拒絕。到了漢明帝的時期，雙方才建立起中斷了六十五年的邦交。永平年間（西元五八～七五年），漢軍進攻匈奴，奪得伊吾（現在的哈密地區），在此設置宜禾都尉進行屯田。伊吾位於敦煌以北，天山山脈東端，土壤相當肥沃，除了穀類作物之外，還可栽種桑、痲及葡萄。這裡是東漢與匈奴互相爭奪的土地，對東漢而言相當適合用來控制西域。此時期東漢與西域恢復建交，于闐諸國在永建四年（西元一二九年）送來了人質。負責經營西域外交的西域都護及戊己校尉等官職皆設置於漢明帝時期的永平十七年（西元七四年）。

但漢明帝一死，焉耆、龜茲便進攻都護，同時匈奴、車師亦包圍戊己校尉。建初元年（西元七六年），酒泉太守段彭於交河城打敗車師軍隊，但漢章帝以不想令國家疲憊為由主動放棄伊吾的屯田，這塊土地因而落入匈奴手中。到了漢和帝的時代，進入西域都護班超履建戰功、西域五十餘國紛紛歸順的時期。永元元年（西元八九年），竇憲擊敗匈奴，攻打伊吾。永元三年（西元九一年），負責管理西域的班超就任西域都護，進占龜茲，戊己校尉也重新設置。永元六年（西元九四年），班超破焉耆，西域五十餘國歸順。

西域諸國的動向

漢和帝死後，西域發動反擊，於漢安帝永初元年（西元一〇七年）攻打都護，朝廷因而放棄繼續經營西域外交。西域都護及戊己校尉等官職也在永初元年（西元一〇七年）遭到裁撤。北匈奴因而取代東漢地位，掌控西域諸國。但是到了漢順帝的時期，班超的兒子班勇獲任命為西域長史，率軍攻打車師及焉耆，龜茲、疏勒、于闐、莎車等十七國再度歸順。從前放棄的伊吾肥沃土地也重新奪回，開始進行屯田。到了漢靈帝的時期，漢靈帝率領臣下前往東漢開朝君主光武帝的陵墓原陵祭拜（上陵禮），除了群臣之外，諸侯王、外戚婦女、郡國計吏、匈奴單于及西域三十六國使者也參加了。由此可看出東漢對匈奴及西域外交關係的重視。

西域諸國之中，位於西域南道沿線上的于闐及鄯善為強國。從精絕到疏勒的十三國皆為于闐的從屬國，由此可知其強盛的程度。敦煌是通往西域的大門口，出土了不少東漢時代的木簡，其中包含漢順帝永和二年（西元一三七年）的木簡。敦煌太守裴岑於這一年率領三千郡兵打敗了匈奴呼衍王。十八世紀發現於新疆維吾爾自治區巴里坤哈薩克自治縣的一座石碑，記錄了這場戰爭。此外西域諸國亦可找到東漢時代的遺跡。

一九五九年，民豐縣北方一百五十公里處沙漠中的尼雅遺址內，發現一座東漢時期的夫妻合葬墓，木棺內有兩具化為木乃伊的遺體。棺內的陪葬品包含各種色彩鮮豔的絹布及棉布。此外還出土了一些錦布及蠟染棉布，上頭有「萬世如意文」「延年益壽大宜子孫」等吉祥文字及瑞獸圖騰。一件男性袍保存狀況良好，令人嘖嘖稱奇。此外還有錦布襪、刺繡鏡袋及胭脂白粉袋等等。

位於如今的羅布泊西岸的樓蘭古城遺跡中亦有東漢時代的墳墓，從中出土了東漢的絹織物及五銖錢。絹布上織著「望四海貴富壽為國慶」「永昌」等吉祥詞句，可看出當時已擁有高水準的織布技術。

馬不停蹄的軍事行動

河西走廊為連結長安與西域出入口敦煌的重要道路，西漢在這條路徑上設置了金城、武威、張掖、酒泉等郡。這一帶亦可發現東漢時期的遺跡，例如武威出土了絹織物的刺繡。此外，考古學家在一九六九年於甘肅省武威縣雷臺發現了東漢後期的大型磚室墓，出土了兩百餘件陪葬品，其中包含將近一百尊青銅製的車、馬及士兵俑。其詳細數字為三十九頭馬、十四輛車、十七尊騎士俑及二十八尊奴婢俑，組成了一支部隊，讓人對東漢時代對抗西域的軍隊有更進一步的瞭解。

在光武帝的時期，中原逐漸恢復統一局面，但邊境地區的紛爭卻不曾中斷過。首先採取行動的是西側的西羌。西羌部族之一的先零聯合其他部族攻打金城、隴西郡（西元三四年），隔年隴西太守馬援率軍鎮壓。其後交趾地區（如今的越南）的徵側、徵貳姊妹因不滿交趾太守蘇定所訂之法而舉兵造反（西元四〇年），九真、日南、合浦郡的諸部族也紛紛響應，叛軍共占領六十五座城，徵側自立為王。東漢朝廷派出伏波將軍馬援及樓船將軍段志，聚集長沙、桂陽、零陵、蒼梧郡的兵力共一萬餘，直到隔年才成功鎮壓。但不久之後，西南方的夷渠帥棟蠶帶領姑復、連然、滇池、昆明等地部族發動叛亂（西元四二年），益州太守繁勝、武威將軍劉尚率軍應戰，整整打了三年。

東胡的烏桓聯合匈奴侵擾邊境，曾經遠征南方邊境的伏波將軍馬援又率三千騎兵出五阮關迎戰（西元四五年）。緊接著南方的武陵蠻相單程攻擊郡縣官府（西元四七年），不久前才遠征西南的武威將軍劉尚又領兵出戰，卻吃了個大敗仗。兩年之後，伏波將軍馬援再度披掛上陣，才成功逼迫相單程投降。馬援幾乎可說是馬不停蹄地在西方、北方及南方征戰，由這點便反映出了東漢時代熱絡的外交行動。

與南匈奴建交（西元四八年）是個轉捩點，促使東漢在光武帝末期與東夷諸國（夫余、高句麗、倭）建交，以及在漢明帝時期掌控西域諸國。當漢軍出敦煌關口，往北驅逐匈奴，占領天山山脈東端的伊吾盧地，並設置宜禾都尉進行屯田（西元七三年）後，于闐等諸國皆將王子送入東漢當人質。隔年東漢朝廷又設置西域都護與戊己校尉，正式進入了經營西域外交的時代。

王充的科學批判精神

東漢時期的儒生爭相學習西漢哀帝時期彙整的圖讖之書（預言書），連光武帝自己也對此深信不疑。東漢時期的儒教特徵之一，就在於對圖讖之書（讖緯思想）的重視。經書的「經」為縱線之意，緯書的「緯」為橫線之意，因此「緯書」是用來輔助、說明經書的工具書。至於「讖緯」，則是用來解釋經書的「緯」與作為預言書的「讖」的合稱。

讖緯思想：東漢儒教的特徵

第一個將讖緯的預言功能運用在政治上的人物是王莽。在王莽毒殺漢平帝、擁立年僅兩歲的劉嬰並取得攝政地位的時候，據說有人從井中挖出一塊上圓下方的白色石頭，上頭以朱墨寫著預言文字「**告安漢公**（王）**莽為皇帝**」。繼王莽之後，光武帝也是將讖緯運用在樹立政權上的信奉者。早在他中興漢室之前，便有一個叫彊華的人送給他一本名為《赤伏符》的圖讖之書，上頭寫著「**卯金修德為天子**」。劉秀在統一天下之後，亦曾在中元元年（西元五六年）向全天下公布圖讖內容，可見他對圖讖的重視。自此之後，讖緯思想便對東漢政治有著極巨大的影響力，不再只是單純的預言而已。召開於建初四年（西元七九年）的白虎觀會議上，有很多人為了解釋經書而引用緯書的內容。

其實早在西漢時代，便有著根據瑞祥或災異之兆來揣測上帝旨意的思想，但由掌權者親自藉由圖讖的名義談論上帝旨意，或是毫不忌諱地大談原本儒家避談的怪力亂神，可說是一種新的思想潮流。雖然東漢儒生中亦不乏桓譚、王充（西元二七～一〇一年）、張衡這一類批判讖緯思想的人物，但讖緯思想的出現可視為儒教與皇權結合，已進入了新的形態，成為一種支持皇帝制度的政治理念。

根據秦朝的法家觀念，皇帝一詞的意思為「皇皇（煌煌）上帝」，亦即皇帝等同於上帝。但是到了西漢的漢武帝時期，董仲舒認為皇帝之德雖等同上帝，但皇帝應為上帝之子，也就是天子。後來的讖緯思想，又為這新型態的儒教式皇帝觀提供了理論上的統整性。皇帝既等於上帝又是上帝之子的矛盾，可從經書及緯書這兩方面來解釋。皇帝為什麼能成為皇帝？因為天命（上帝的旨意）以圖讖的形式出現在凡間，使皇帝的身分有了正當的理由。天子是象徵與上帝之間關係的稱號，而皇帝則是為了展現凡間統治者權力的稱號。名為《孝緯經》的緯書中寫道「**以為接上稱天子者，明以爵事天也；接下稱帝王者，得號天下至尊言稱，以號令臣下也**」，這幾句話為皇帝權力的兩面性作了極佳的解釋。

批判儒教神祕主義的《論衡》

讖緯思想在西漢末年出現，在東漢時期蔚為風氣，直到南北朝時期都受到廣大世人信奉。但由於其預言性質太濃厚，到了隋朝時，隋文帝下令禁止，其後的隋煬帝又嚴格取締，焚燒了許多相關書籍。如今絕大部分讖緯之書都已亡佚了，我們只能藉由清朝考證學家所編纂的逸文集成來大致瞭解其內容。

接下來筆者想稍微介紹一下反對儒教神祕色彩的王充這號人物。王充出身於會稽上虞，求學於洛陽的太學，以班彪為師。據說王充家境貧窮，買不起書，只能在書店站著看書，卻能夠當場將書中的內容背下，因此通曉百家之學。《論衡》共三十卷便是他的著作。「論衡」為評論、衡量諸般思想的意思。王充在書中主張天不過是自然環境的一部分，駁斥當時的天人感應說，以及將自然現象當成上帝旨意的讖緯思想。

《論衡》〈自然篇〉以自然為主題，主張「**天者普施氣萬物之中，穀愈飢而絲麻救寒**」（天將氣送入萬物之中，穀物助人止飢，絹麻助人禦寒）。一旦氣發生變化，當然會產生災害，這並非上天刻意要懲戒世人。天沒有嘴巴或耳朵，且是沒有意志的無為之體。此外在〈實知篇〉中，王充更是將讖緯的預言意義批評得體無完膚。例如《易經》的緯書《易緯》中記載孔子曾預言過「**亡秦者胡也**」，後來秦朝果然滅亡於二世皇帝胡亥手中，但王充認為那是後人的偽作。

王充的這種獨特的科學批判精神及唯物論思想，雖然遭到主流派思想視為異端，卻是東漢儒教的另一股不容忽視的潮流。王充的思想在當時絕非毫無來由，而是受到了東漢時代科學技術發達及道家、道教自然哲學觀念的影響。

印度佛教的傳入

佛教是從印度經中亞傳入中國，但傳入的時期卻只能仰賴毫無根據的傳說，因此有諸派說法。最早的一派說法，是在西漢的漢哀帝元壽元年（西元前二年），大月氏的使節伊存以口述的方式將《浮屠經》傳入中國（《三國志》〈魏志〉第三十卷引《魏略》〈西戎傳〉）。

光武帝共有十一個孩子，其中與許美人所生的楚王劉英所封之國在諸王之中最為貧窮且狹小。其封國如同歷代的楚國，是以彭城（現在的江蘇省徐州市）為首都。同父異母的兄弟漢明帝即位之後，由於與劉英頗有交情，因此對他特別優待。據說劉英晚年除了學習黃老之術外，亦祭拜浮屠。浮屠即佛陀之意。換句話說，他除了黃帝及老子之外，還信奉異域的佛陀。他一方面崇尚無為自然，追求自身的長壽，一方面祭拜來自西方的浮屠。有一次漢明帝下詔讓死刑犯減刑，劉英竟主動上繳一批絹布，理由是自己身為藩臣卻沒有做出什麼足以幫助天子的政績，因此想要贖罪。漢明帝表達了理解之意，並下令將絹布還給劉英，要他用這些布幫助那些優婆塞（在家居士）與桑門（僧侶）。由此可知漢明帝對浮屠信仰已有相當程度的瞭解。當時從西域傳入漢朝的不只是物產，還有名為浮屠的信仰。

但劉英是個命運多舛的人物。永平十三年（西元七〇年），他因遭一名男子舉發有謀反意圖而丟了王位。朝廷認定劉英製作預言的圖書，確實有謀反之意。不僅楚國封地遭剝奪，而且劉英也遭到流放，數千人遭連坐。由此可知劉英的封國雖小，但他的人脈很廣，與他有所牽連的人太多。一年之後，劉英自殺了。

袁宏的《後漢紀》對西域天竺國（印度）的浮屠（佛教）作了以下種種說明：

其教以修善慈心為主，不殺生，專務清淨。

蓋息意去欲而歸於無為也。

又以為人死精神不滅，隨復受形。

生時所行善惡皆有報應。故所貴行善修道，以鍊精神而不已，以至無生而得為佛也。

佛身長一丈六尺，黃金項中佩日月光，變化無方，無所不入，故能化通萬物而大濟群生。

雖然這些說明並不完全等同於西元一世紀時期的浮屠信仰，但可看出佛教在當時已藉由某種形式進入了東漢的社會。

此外，《後漢紀》亦記載了天竺的佛道在漢明帝（在位期間西元五七～七五年）時期傳入中國的情況：

帝夢見金人長大，項有日月光，以問群臣。或曰：「西方有神，其名曰佛。其形長大。陛下所夢，得無是乎？」於是遣使天竺，問其道術，遂於中國而圖其形像焉。

不過這段記載恐怕不是真正佛教傳入的史實，而是後世的杜撰。

受到關注的東漢佛教遺跡

近年來江蘇省連雲港市孔望山西面發現了一些東漢時期的佛教遺跡，引發高度關注。在東西長十七公尺、高八公尺範圍的石壁上，雕刻了各種題材的畫像，猶如東漢時代的畫像石。最令人感到有趣的是雕像中既有西王母、官吏等中國題材的圖案，亦有佛立像、佛坐像、涅槃像及佛教故事（捨身飼虎圖）。

在這個面臨東海的東方偏僻之地，竟然會發現與中國傳統道教未分化（或是已融合）的東漢時代佛教遺跡，其重要性確實足以引發社會關注。東漢時代有所謂的「老子化胡說」，即老子進入夷狄之地，成了浮屠（佛陀）的傳說。佛教作為一外來宗教，或許當時的中國人對其理解還不十分客觀。而藉由老子化胡的傳說，也有助於讓佛教在中國順利傳教。光武帝的兒子楚王劉英同時信仰道教及新來的佛教，想必也有著類似的背景因素。四川省樂山麻浩崖墓亦有帶著光背的佛坐像畫像石，相信未來對新發現遺跡的研究能夠讓我們對東漢時期的佛教有更進一步的瞭解。

第九章　自然災害與內亂的世紀

水災、乾旱、蟲害、地震、傳染病

東漢近兩百年歷史之中，從一世紀末期的九〇年代到二世紀，接二連三地發生了水災、乾旱、蝗蟲之類的蟲害、地震、傳染病等各種自然災害。若比較東漢與西漢的天災發生狀況，西漢兩百一十四年歷史中只有三十二年發生了天災（十五%），而東漢一百九十五年歷史之中，竟然有一百一十九年發生天災（六十一%），頻繁的程度可見一斑。這些天災彷彿與政治上的不安定（宦官與外戚勢力的崛起、黨錮之禍、黃巾之亂）及周邊民族的入侵互相呼應，嚴重打擊東漢帝國的基礎。天災被視為天（上帝）的旨意，不僅皇帝會基於政治責任而罷免官員，朝廷也有責任對天災受害者提供相應補償措施。而且在發生天災或異變之後，朝廷會要求中央大臣等級的公卿及地方郡國首長推薦能夠指正皇帝過失的賢良方正、直言極諫之士。活在這個時代的人，可說是與大自然維持著兢兢業業的緊張關係。

干擾人類生活的大自然

但這絕非僅是一個灰暗而混亂的時代。大自然能為人類提供豐饒的物產，也能讓人類活在水深火熱之中。大自然的這種雙面性格，早已讓人類學會了如何堅強地活下去。正因為這是一個充滿了大自然負面能量的世紀，世人要活下去就必須將智慧發揮得淋漓盡致，融會貫通整個秦漢四百年歷史。西元二世紀是個能以自然環境解讀東漢歷史的時代。此外氣候學家竺可楨亦指出中國的年平均氣溫自東漢開始有下降的趨勢，一直持續到西元六世紀。文獻上亦記載東漢時期的洛陽到了晚春還有下霜、雪的紀錄。

一旦發生天災，刺史及郡守等地方官就必須向中央報告。天災會引發饑荒、農民流亡及出現盜賊等問題，這些都會讓首腦級地方官員的評價大打折扣。廣範圍的天災會造成受害百姓的大規模流亡，更會動搖帝國體制的基礎。為政者必須能在一瞬間下達具體的對應政策，包含向災區派遣醫生、提供糧食及減免租稅等。如果有人死亡，還必須安排遺體收容、提撥喪葬費用及準備棺材。若有農民失去土地，則開放御苑等地的公田（國有地）分配給農民。若發生的天災是乾旱，還得挑名山舉行祈雨儀式。除了對受災者的直接救濟之外，還有施行各項政策以化解全體社會的不安，例如簡化行政機制、赦免犯罪者、禁止販酒等。

水災、旱災頻傳

要預防水災或旱災，方法之一是事先建設治水用的堤防、灌溉用的渠（水路）、陂（蓄水池）、塘（傾斜地的蓄水池）等。許多西漢時期所建的設施都在兩漢過渡時期荒廢，進入東漢後才開始大舉修復。黃河下游及濟水流域自西漢末年起便屢屢氾濫，持續了六十多年，數十縣城及水門都已沒入水中，河堤沿岸的農民也無法耕種。其中又以流域南側的豫州（河南）、兗州（山東）受害情況最為嚴重。漢和帝永元十年（西元九八年）及漢安帝元初二年（西元一一五年），皇帝下達了修築荒廢堤防、渠道的詔書。若是小規模的渠道或蓄水池，只能灌溉局部地區，則交付郡守管轄。如南陽太守杜詩的陂池、汝南太守鄧晨的塘、盧江太守王景的芍陂等，都對地方社會的開發有所貢獻。又如平原的溜池還能吸收過多的河水，對防止氾濫亦有幫助。

彙整東漢時期增加的各種天災紀錄，能發現幾項特徵。首先，漢安帝在位（西元一〇六～一二五年）的二十年間，水災、乾旱及地震等天災非常多，對應的政策也較縝密。這個時代由於在外交上處於劣勢，朝廷反而較能專心處理內部的災害問題。當時西域諸國攻擊東漢的西域都護，導致朝廷廢除西域都護一職並放棄經營西域外交。同時這也是北匈奴取代東漢地位、掌控西域諸國的時代。這時期只要一發生天災或異變，合稱三公的太尉（軍事）、司徒（民政）、司空（土木）就會被追究政治責任而遭罷官。三公第一次因災異而遭罷免，發生在太尉徐防身上，當時正好是漢安帝剛即位的永初元年（西元一〇七年）。

日蝕導致太陽暫時失去光輝的天文現象，被視為君主地位遭臣子侵犯的徵兆。短短數分鐘的日蝕現象，還會因方位的不同，而區分為叛亂、皇帝去世、諸侯王去世、外戚或太后干政等不同災厄的徵兆。全天下各地都有觀測據點，並不見得是在首都觀測到的日蝕。一百九十六年之間，共發生了七十二次，平均每二・七年就有一次日蝕，可說是相當頻繁。

尤其是在漢安帝永初七年（西元一一三年）至永寧元年（西元一二〇年）之間，每年都有觀測到日蝕的紀錄。其中四年為洛陽的史官實際觀測到的日蝕，其餘的則是分別來自遼東（元初三年）、張掖（元初五年）、酒泉（永寧元年）的報告。太陽與月亮在天球上的移動路線分別稱為黃道與白道，這兩條路線以大約五度的角度形成交錯，亦即太陽每年會有兩次來到交錯點附近。但即使太陽與月亮的黃經一致，如果黃緯相差一度三十四分四十九秒以上，還是不會發生日蝕現象。這種微妙的不定期偏差，古人將之與朝廷的非預期狀況聯想在一起。

蝗蟲異常繁殖

水災跟旱災輪流折磨著百姓。黃土高原只要持續降雨就會形成洪水，只要持續不降雨就會形成旱災。有時一年之內春天發生旱災，秋天發生水災；有時甚至旱災跟水災同時發生。由於疆域實在太廣大，導致各地氣候條件差異極大。乾旱不僅會阻礙作物生長，還會引發病蟲害。文獻上記載東漢時期發生了許多次蝗螟（蝗蟲與螟蟲）之害。如果從初春就開始乾旱，蝗蟲會因為高溫而大量繁殖，而且這些蝗蟲的翅膀會比往年更長，能夠飛得更遠。數億隻蝗蟲成群結隊到處移動，將穀類作物吃得一乾二淨。蝗蟲不僅對氣候的變化相當敏感，而且其生態充滿了不解之謎。從漢安帝永初四年（西元一一〇年）到元初二年（西元一一五年）的六年之間，每年都發生嚴重的蝗害。永初五年那次受害範圍遍及全天下，元初二年那次亦遍及二十郡國。從受害郡國的數量，便可看出蝗害的規模。穀物都被蝗蟲吃光了，餓死的百姓不計其數。漢獻帝興平元年（西元一九四年），曹操攻打濮陽的呂布勢力，雙方正打得難分難解，卻因穀物遭蝗蟲吃光了而不得不退兵。當時亦發生旱災，數個月不曾下雨，穀物價格飆漲至一石五十萬錢。

雖然蝗害為基於某些條件而偶然發生的天災，但引發蝗害的環境卻是由人類親手創造。當時黃河下游流域快速開發，成為麥類作物的穀倉地帶，導致大量人口集中於此地區。《後漢書・五行志三》中記載「**獻帝興平元年夏，大蝗。是時天下大亂**」，可見得蝗害與天下大亂往往為因果關係。

傳染病的流行與醫學

漢安帝元初六年（西元一一九年），會稽郡爆發傳染病大流行。朝廷派出光祿大夫前往傳染區，由隨行的太醫為病人看診，並供應木材作為病死者的棺木。延光四年（西元一二五年）冬天，京師再度爆發傳染病。漢桓帝元嘉元年（西元一五一年）正月，京師又爆發一次，光祿大夫帶著負責醫藥的官員東奔西走。這一年到了二月，南方的九江、廬江一帶也爆發流行。經由這些紀錄，可知中國在進入二世紀後經常爆發傳染病大流行。光是文獻上找得到的紀錄，就多達十一次。每次發生傳染病，朝廷就會將醫生及藥材送往傳染區。文獻上沒有記載病名，但多半是傷寒之類。流行季節大多為冬季至初春之間，共有九次，平均十年就流行一次。在二世紀之前，並沒有這樣的現象。

張仲景（西元一五〇～二一九年）在其著作中提到「**余宗族素多，向餘二百。建安紀年以來，猶未十稔**（年），**其死亡者，三分有二，傷寒十居其七**」。由這句話可知當時傷寒傳染的嚴重程度，令張仲景大受衝擊。冬天是一年中最難熬的季節，所謂的傷寒，原義是因冬天的寒氣而受了傷。傷寒這種病會有一段潛伏期，等到春、夏才發病，可視為一種具傳染性的急性熱病。張仲景認為要治好傷寒，必須在病因尚在表層，亦即還沒有進入體內前投藥。表層的症狀為畏寒、頭痛及發燒，深入體內後的症狀則為腹脹、便祕、舌苔、口乾、脈沉。

張仲景生活在東漢末年的混亂時期，亦是傳染病大流行的時期。他根據漢代以前的醫學知識，並參考民俗處方，寫了《傷寒雜病論》一書，書中記載了三百種以上的處方。但這本書在東漢滅亡後佚失，到了十一世紀的宋代才重獲刊行，但被拆成了《傷寒論》及《金匱要略》兩書。

名醫學家張仲景與華佗

古代人並沒有病毒感染的觀念，當遇上越來越多人發燒及發病的情況，只能就臨床醫學採取治標的療法。古代人認為生病就跟天然災害一樣，乃是陰陽不調和的結果。可能是陰虛或陽虛而導致陰陽失衡，只要設法讓病人流汗、嘔吐或腹瀉就能恢復平衡。而這正是中藥的功效。例如一天服用煎藥三次，幫助病人排汗。

東漢的這個時期經常爆發傳染病流行的理由，在於屢屢發生水、旱災，糧食不足導致百姓缺乏抵抗力，再加上許多流民為了覓食而在天下各地往來移動。

出生於這個時代的張仲景，可說是中國醫學史上的重要人物，但《後漢書》《三國志》這些正史並沒有提到這個人，關於他的事蹟只零星出現於《傷寒論・自序》等各種文獻上。因此我們對張仲景這個人依然有許多不明白之處，例如據說他曾當過長沙太守，但有學者主張那並非事實。後人將張仲景奉為醫聖，如今南陽還有其墓碑（建於晉咸和五年，西元三三〇年）和祠堂。

一九七二年，考古學家在甘肅省武威縣旱灘坡一座東漢初期古墓中發現了一部醫學著作，內容為內科、外科、婦科、五官科、針灸科等各科別的醫學處方。如「治傷寒遂風方」「治婦人膏藥方」「治目痛方」「治百病膏藥方」等等，處方共三十餘篇，提及藥物將近一百種，並詳細記載了

張衡的候風地動儀（中國地質博物館） 地震發生時，中央的柱擺會開始搖晃，牽動龍首之一，使其口中的球落入蟾蜍的口中。這個機制可以偵測出地震的方位與時間。

病狀、投藥方法、服用時間、禁忌、針灸穴道等等。藉由這份史料，我們可看出東漢時期醫學已相當進步。

東漢還有另一個名醫，那就是沛國人華佗。他婉拒了朝廷的延攬，畢生在民間行醫，不僅擅長內科、婦科、小兒科、針灸，還精通外科，能將病人全身麻醉後進行外科手術。據說他所動過的手術還包含腸胃接合、切除腫瘤這類重大手術。此外他也相當重視疾病的預防，曾設計出一種模仿虎、鹿、熊、猿、鳥等各種動物的健康體操，命名為「五禽戲」。

張衡的地動儀

漢順帝永和三年（西元一三八年）二月乙亥，金城郡與隴西郡發生了大地震，兩郡崖壁坍塌、地面陷落。這場發生在如今的甘肅省的大地震，即使在洛陽也感受得到。朝廷在四月派出光祿大夫前往災區視察，凡是七歲以上的百姓遭倒塌的建築物壓死，皆給予救濟金二千錢。若是一家人都死了，則收其遺體，並為其舉行葬禮。此外還免除了災區的稅賦。

在此之前的陽嘉元年（西元一三二年），張衡製作出了候風地動儀。當地震發生時，地動儀正確偵測出了震源的方向。京師的學者們起初都不相信，但數天後隴西驛站傳來地震的消息，確實符合地動儀所偵測的方向。地動儀的材質為銅，尺寸為直徑八尺（約一百八十四公分），呈酒樽形狀。內部的中央有一根柱擺，周圍設置八組機械裝置，連結外側的八條龍。龍頭皆朝外，龍口中含有銅球。八條龍的下方各有一隻蟾蜍，蟾蜍張口朝上。當發生地震時，中央的柱擺會搖晃，牽動周圍龍頭之一，使其口中銅球落入蟾蜍口中。如此一來，就能得知地震的方位與時間。其內部機械裝置的結構並未傳至後世，但中國國家博物館展示了其復原模型。

這座利用了振擺的地動儀，原理與現代的地震儀相同。當橫搖的速度太快時，中央的柱擺不會擺動，但地動儀本身則會隨著地面往震源方向晃動。橫搖幅度最大的龍頭所指方向，就是震源的方向。現代的地震儀必須使用三個振擺結構來偵測東西、南北、上下三個方向的擺動，古代人則僅靠一座地動儀來偵測大地的動靜。

張衡（西元七八～一三九年）是中國科學史上相當傑出的科學家。他出生於南陽郡西鄂縣（現在的河南省南召縣南），與司馬遷同樣擔任掌管天文與歷史的太史令，除了地動儀之外還發明了渾天儀。渾天儀類似現代的天球儀，是一種用來理解天空星座的儀器。利用自漏壺滴落的水帶動齒輪，使天球以固定軸為中心進行旋轉，旋轉的速度就是地球的公轉速度。據說這座儀器能夠正確表現出天空星座的變化。除此之外，張衡也是第一位為月蝕找出原因的中國科學家。

漢順帝時期的涼州地震

漢順帝漢安二年（西元一四三年），涼州又發生了一起更大的地震。震動廣及隴西、漢陽、張掖、北地、武威、武都諸郡，造成山崩地裂、屋毀牆塌。當時的涼州相當於現在的甘肅省。從九月到隔年四月，共震了一百八十次。朝廷同樣派出光祿大夫前往災區視察。中國東方的黃河、長江下游平原不常發生地震，但西方的高原地帶由於活斷層多，發生地震的頻率很高。其主要原因，就在於印度大陸推擠歐亞大陸板塊，西藏高原遭到擠壓而往東西兩側延伸。

東漢時期的地震紀錄相當多，但這並不表示當時正好進入地震的活動週期。涼州的位置在祁連山脈的北麓，即河西走廊的所在地。這個地區是在漢武帝之後才成為漢朝的領土。乍看之下東漢的地震似乎特別多，那是因為發明了地動儀，京師對地震的觀測較為徹底，而且經常發生地震的地區成為漢朝的領土，地震災害皆確實傳達至中央的緣故。

東漢時代包含天文現象在內的各種自然災異都被視為上帝的旨意，因此儒生們對天文觀測也相當感興趣，其意義並非只是單純觀察自然現象而已。例如東漢大儒鄭玄著有《乾象曆》《天文七政論》等書，蔡邕亦對天文學頗有涉獵。

人口流動與每年一次的戶口普查

從西漢末年到東漢（西元一、二世紀）的兩百年之間，史書上共有約十次戶口統計紀錄。但戶口統計資料並不見得能確實反映現實中的人口數量。地方官所管轄的郡縣戶口若因貧困、疾病或流亡而減少，對個人的政績而言都會造成負面評價，因此灌水虛報在當時並不是什麼稀奇的事。地方官往往會將災害、盜賊及流亡等負面消息隱匿不報，並且在墾田及戶口的數量上灌水。地方官的政績考核皆是以數字為準，例如丹陽太守李忠的郡內墾田增加數量為天下第一。至於人口數變化的原因，同時代（東漢）的蔡邕已提出了合理的解釋。西元一世紀前期人口數量銳減，是因為王莽政權造成的混亂所導致。進入二世紀後，人口數量依然沒有恢復西漢的水平，則是因為經常與西羌、匈奴等周邊民族交戰的關係。

東漢時期每年都會在八月進行戶口普查，紀錄每戶成員的姓名、性別、年齡、爵位、出身地等，製作戶籍資料。根據西漢末期元始二年（西元二年）的戶口調查統計數據，全天下的戶數為一千二百二十三萬三千戶，人口數為五千九百五十九萬四千九百七十八人。半個世紀後的建武中元二年（西元五七年），戶數為四百二十七萬九千六百三十四戶（以元始二年為一〇〇%，降至僅剩三十四%），人口數為二千一百萬七千八百二十人（降至僅剩三十五%），可以看出人口大幅減少。但其後逐漸增加，漢明帝永平十八年（西元七五年）為五百八十六萬零五百七十三戶（表記同義，四十八%）、三千四百一十二萬五千零二十一人（五十六%），漢章帝章和二年（西元八八年）為七百四十五萬六千七百八十四戶（六十一%）、四千三百三十五萬六千三百六十七人（七十二%）。進入西元二世紀後，漢和帝元興元年（西元一〇五年）為九百二十三萬七千一百一十二戶（七十五%）、五千三百二十五萬六千二百二十九人（九十%），此時人口已恢復至九成。東漢時期人口變動的特徵，就在於兩漢過渡時期的動亂導致人口銳減，後來政局恢復穩定，人口也在二世紀大致恢復了西漢時期的水準。

人口的過疏化與過密化

從全天下的人口統計資料無法看出人口增減及各地人口密度差異等訊息，但若要理解東漢社會，這是相當重要的環節。崔寔在《政論》一文中提到青、徐、兗、冀等東方各州地狹人密，相較之下關中及西北方的涼州、幽州附近卻是地廣人稀，應該積極加以開發。舊都所在的三輔（京兆尹、左馮翊、右扶風）及關中地區因西、東漢過渡時期的戰亂而荒廢，加上首都東遷，這些地區的防衛能力也大不如前，導致經常遭受周邊民族侵擾，與西漢時期相較之下人口過疏化情形嚴重。三輔的總人口數從二百四十三萬六千三百六十人（西漢元始二年，西元二年）銳減至五十二萬三千八百六十九人（東漢永和五年，西元一四〇年），僅剩二十二%。

另一方面，東方諸州及華北平原的人口過密則加重了黃河、洛水等河川氾濫時的災情。建武十年（西元三四年）濟水氾濫，數十縣城沒入水中；永興元年（西元一五三年）黃河氾濫，以冀州百姓為主的數十萬戶蒙受其害。西元一五五年洛水及南陽大水，朝廷除了埋葬溺死者的遺體之外，凡是七歲以上的死者，皆發放二千錢作為救濟金。

江南地區人口增加，則是一個新的趨勢。西漢末年江南七郡國的總人口數僅有二百五十萬，到了東漢則大幅增加為六百二十萬。這意味著江南地區的經濟在東漢時代有了高度的成長。當時手工業生產也變得相當活絡，如會稽郡的郡治山陰（現在的浙江省紹興）成為東漢時期的青銅鏡生產重鎮，大量生產神獸鏡及畫像鏡，風格不同於北方的長安或洛陽所產的西漢鏡。此外在瓷器方面，會稽郡上虞及現在的寧波等地開始生產類似青瓷的瓷器，不同於以往的灰釉陶。

官吏、字書與數學

東漢時期有一部字書及一部數學書流傳到今天，分別是《說文解字》及《九章算數》。字書及數學書都是給官吏讀的書。讀、寫及計算為漢代官員的必要能力。

九千字讀寫能力

許慎的《說文解字》為現存最古老的中文字字典，共十五卷，收錄九千三百五十三個中文字。原稿完成於漢和帝永元十二年（西元一〇〇年），由許慎的兒子許沖在建光元年（西元一二一年）上獻給漢安帝。這部字書的體制為按五百四十個部首的順序排列（開始於「一」，結束於「亥」），並依照六書（指事、象形、形聲、會意、轉注、假借）進行分類並解釋字義。

西漢初期的史（記錄官）只須能夠讀寫五千字以上，但東漢朝廷對官吏的要求增加為九千字。基於行政上的需求，文字的數量不斷增加。舉個例子，《說文解字》中關於馬的文字就多達一百二十字。有很多字對我們現代人而言根本不需要，但對當時管理馬的官吏而言卻是必要的。譬如依年齡、毛色、動作的不同，使用的字也截然不同。一歲馬稱「馬」，二歲馬稱「駒」，三歲馬稱「駣」，四歲至七歲並無特別稱呼，八歲馬稱「馱馴」。

一匹馬必須訓練至三歲才能成為軍馬，而八歲則是奔跑能力及持久力的巔峰期，因此有特別的稱呼。此外依馬的身高（體長）的不同，還可分為六尺為「驕」，七尺為「騋」。若是只有五尺六寸，或是五尺九寸以上但牙齒不平整的馬，在當時是禁止帶出關外的。由於馬是以牙齒將草葉磨碎後呑嚥，因此只要看牙齒的磨耗狀況，就能知道年齡。在八歲之前，牙齒上方平面的中央呈凹陷狀態，但是到了十歲以上，齒面會徹底磨平。依當時的規定，成年馬在齒面磨平（上了年紀）之前，不准帶出關口至國外交易。此外，從走路、奔跑方式可看出馬匹的優劣，因此這也是當時的人相當注重的環節。「騤」「颿」為快步走，「驅」為快跑，「馳」為疾奔。毛色方面也是種類繁多，接近黑棗色為「驪」（深黑色）或「騩」（淺黑色），接近黃色為「驃」（黃中有白），接近白色為「駱」，雜色則為「騅」（青、黑交雜）。

當時的官吏被形容為「刀筆之吏」，因為他們必須隨身攜帶竹簡或木簡、毛筆及修正用的小刀這些書寫工具。要成為官吏，至少必須能夠讀寫九千字的隸書（當時的官方文字）。因為這樣的需求，早在秦代就有教人讀寫字的字書，考古學上亦發現過秦代字書的斷章殘句，但若論現存最完整的字書，則以東漢許慎的《說文解字》最為古老。

又如「辠」這個字，《說文解字》中的解釋為「**犯法也。從辛從自**（中略）。**秦以辠似皇字，改爲罪**」。前段說明其字義，中段說明其字形，後段則說明由於這個字看起來像皇帝的「皇」字，所以在秦代改為「罪」字。現代人使用的字典是使用成語或慣用句來解釋字義，漢代的人則有其自己的一套解釋方式。

官吏實務、儒生素養所必備的算術

身為官吏，亦須具備數學知識。數學指導書《九章算術》成書於東漢中期，為先秦至漢代數學成就的集大成，但作者不詳。全書共分九章，內容為二百四十六題算術問題及其解答。除了比例及體積計算之外，還有聯立一次方程式的問題。雖然幾何學方面的水準不及古希臘數學，但可看得出在算術及代數方面已頗有成就。而且其問題都是漢代政治經濟的實例。

例如以下是官吏進行土木工程建設前的土地測量問題。

今有穿渠上廣一丈八尺，下廣三尺六寸，深一丈八尺，袤五萬一千八百二十四尺。問積幾何？

這個問題是假設要建一條長約十二公里的灌溉渠道，欲計算其容積。算法是先計算出上邊長十八尺、下邊長三・六尺、高十八尺的梯形面積，再乘上長度，便可得答案為一千零七萬四千五百八十五尺六寸（平方）。以下又有另外一個延伸問題。

秋程人功三百尺，問用徒幾何？

秋程指的是秋天的工程。假設一個人的勞動量為三百（平方）尺，則以剛剛的容積除以三百，可得所需人力為三萬三千五百八十二人，這就是進行這項土木工程建設所需的勞動力。由此可知當時官吏所學的數學，都是行政上必須用到的計算能力。此外，據說東漢大儒鄭玄除了儒家經典之外亦頗精通《九章算術》，可見得算術也是重要的儒生素養，並非僅是官吏的實務知識。

里耶秦簡中包含九九乘法表，居延漢簡中有《算術書》《九九述》等著作，張家山漢簡中亦有

《算數書》。這些出土史料的內文中，加減乘除的計算及稅收、價格、面積計算等內容與《九章算術》頗有共通之處。過去我們一直認為《九章算術》成書於東漢初期，這些珍貴的出土史料讓我們重新思考這個判斷的正確性。又如以下這個比例計算問題，可看出西漢與東漢的差異。

今有甲持錢五百六十，乙持錢三百五十，丙持錢一百八十，凡三人俱出關，關稅百錢。欲以錢數多少衰出之，問各幾何？（《九章算術》第三卷〈衰分〉）

這問題問的是甲、乙、丙三人各帶不同數目的錢出關，共繳關稅一百錢，問三人依其所帶金額各該分攤多少關稅。答案是「**甲出五十一錢一百九分錢之四十一**。**乙出三十二錢一百九分錢之一十二**。**丙出一十六錢一百九分錢之五十六**」。

相較之下，西漢初期的《算數書》中的類似問題則有趣得多。

狐、狸、犬出關，租百一十錢。犬謂狸、狸謂狐，爾皮倍我，出租當倍我。問各出幾何？

在這問題中，犬告訴狸，狸也告訴狐：「你的皮是我的兩倍價，應該付我的稅金的兩倍。」算出來的答案是「**犬出十五錢七分六，狸出三十一錢（七）分五，狐出六十三錢（七）分三**」。

簡直像在看伊索寓言一樣，相當有意思。但原本是快樂學習的算術教學書，後來竟也成了儒學之書。

從帛書到紙

成天抱著竹簡束的官吏，相當清楚帛書有多麼方便及輕巧。所謂的「紙」，原本指的是書寫用的絹布。當時絹布除了用來製作衣物之外，還用來繪畫及書寫。馬王堆西漢古墓中的女性埋葬者不僅身上包裹著絹布，同時墓室中也出土了帛畫及帛書。絹帛有著上墨容易、輕巧、易摺疊等優點，但製作方式只能一絲一縷地織出，因此價格昂貴。相較之下，竹簡則便宜得多，能夠大量購買，而且修正容易，因此成為最普遍性的書寫材料，但缺點是又大又重。於是當時的人便發明了紙。絹帛的製作方式為紡織動物纖維，而紙的製作方式則是抄漉植物纖維。所謂的抄漉，指的是將植物纖維放在臼中碾碎，加入水中使其溶解，再迅速倒在簾子上。製作過程相當簡單，接下來只要將纖維晒乾，就成了紙。倘若一開始沒有使用紡織而成的帛紙，或許根本不會發明抄漉而成的麻紙。

發明這種新紙的人物，過去一般認為是東漢的宦官蔡倫。他是漢和帝時期的中常侍，並擔任尚方令一職，負責監督皇室御用物品的製作。他想出了以樹皮、麻屑、破布、漁網等物來製作紙的點子。麻雖然也是製作衣物的材料，但比絹便宜得多，蔡倫將老舊的麻布回收再利用，製作出了紙。元興元年（西元一〇五年），蔡倫將新紙上獻給漢和帝，其後迅速普及，天下人稱這種新紙為「蔡侯紙」。即使到了現代，麻紙依然是水墨畫的材料。

扶風紙　1978年，陝西省扶風縣出土了西漢宣帝時期的麻紙。此紙的出土證明了早在蔡倫之前的西漢中期便已發明了麻紙。

但考古學上的新發現，證明了蔡倫並非最初發明紙的人物。一九五七年，西安市東郊外灞橋西漢墓出土了製造於西元二世紀的淡黃色古老紙片，這些紙片被鋪在銅鏡底下。這種「灞橋紙」有一段時期被視為全世界最古老的紙張，但後來中國輕工業部造紙局宣布這不是紙，而是一種紡織物。製作方式是「紡織」還是「抄漉」，只要仔細觀察表面就能一目瞭然。紡織的絲線會呈現規則的縱橫排列，而抄漉的纖維則會呈現不規則重疊。

一九七三—七四年，內蒙古自治區居延肩水金關遺跡出土了兩枚麻紙。根據同一遺跡出土的木簡上所記載的年號（漢宣帝甘露二年，西元前五二年），可知其時代大約是西元前一世紀。一九七八年，陝西省扶風縣也出土了西漢宣帝時期的麻紙。到了一九七九年，甘肅省敦煌馬圈灣漢代烽燧遺跡也出土了西漢中後期的麻紙。自一九八六年開始挖掘的甘肅省天水地區西漢文景時期漢墓，也在埋葬者的胸口位置發現了長五・六公分、寬二・六公分的紙。紙張已泛黃且有汙點，上頭以黑色細線畫著山川及道路。此外，內蒙古自治區額濟納河地區則是出土了東漢時期（約西元二世紀）的紙，上頭寫了六、七行字，這是目前考古學上最古老的「寫了字的紙」。

根據這些近年來的發現，可知早在蔡倫以前的西漢中期便已出現了麻紙，但當時的麻紙作為書寫的材料，還沒有取代竹簡、木簡的地位。東漢時期畫像石上所畫的上課景象，學生們皆是以木簡作筆記。到了西元二世紀後期，紙才逐漸成為普遍性的書寫材料。

東漢對西方的外交與羅馬使節

東漢帝國兩百年間的外交立場，都在於展現中華帝國的氣勢，以天子的名義冊封周邊諸民族的首長或國王。但東漢內部的政治局勢卻並非長期維持著安定狀態。漢明帝、漢和帝、漢順帝這三位皇帝的時期，從他們的諡號就可看出是東漢朝廷在外交上較占優勢的巔峰期。除此之外的時期，則不斷與周邊諸民族發生局部性的戰爭。明帝的明為「**照臨四方**」之意，和帝的和為「**不剛不柔**」之意，漢順帝的順為「**慈和徧服**」之意，這些都是基於外交上的高度評價所取的諡號。

班超、班勇與西域控制

漢明帝永平十七年（西元七四年），朝廷設西域都護及戊己校尉，恢復了西漢末年以來對西域的統治。漢和帝永元六年（西元九四年），班超破焉耆，西域五十諸國歸順。漢順帝永建二年（西元一二七年），班勇擊敗西域的焉耆，令龜茲、疏勒、于闐、莎車等十七國歸順。這些皆是東漢在對西域諸國外交上較占優勢的巔峰期。由於匈奴一直與東漢爭奪西域諸國的控制權，因此東漢想要在西域發揮安定的政治影響力，有一個最大的前提，那就是對匈奴必須保有軍事上的優勢。而且東漢朝廷對整個周邊世界的往來動向都會造成影響。東漢的外交可說是以這三個時期為頂點向外開拓。

東漢時期的外交是由官秩兩千石的大鴻臚負責。漢朝與周邊諸國的外交關係，可說是與內部諸侯王往來交流的延伸。換句話說，諸侯王的封國與蠻夷諸國之間並沒有明確的華夷之界，只是靠模糊的華夷觀念加以大致區分。若有內外諸王入朝，大鴻臚必須前往首都郊外舉行迎賓儀式。皇帝賜下王號時，也是由大鴻臚遞交印綬。不管是國內的諸侯王還是四方夷狄，這方面的待遇都是相同的。

東漢時代在西元二世紀初期，全天下共有一百零五個郡國，其中二十個為諸侯王國，分封給劉氏皇族。東漢採用的是西漢初期的郡國體制，如漢明帝原為東海王，漢安帝為清河王的兒子，漢順帝曾經從皇太子被降為濟陰王，漢質帝為渤海王的兒子，漢桓帝為河間王的孫子，漢靈帝為其曾孫，漢獻帝原為陳留王。

東漢的諸侯國幾乎都位於黃河下游流域。一旦冊封的王過世，朝廷就會派出中郎將之類的官員前往冊封繼承人。此外，周邊諸國的使者帶著其領地的特產品前來京師朝貢的行為，原本只是朝廷對內部郡國提出的要求。但後來每當遇上正月的朝貢，外部諸王及內部諸侯王都會派使節前來參加。東漢時期的觀念認為所謂的天子，就是對內統治諸夏（指中國），對外君臨百蠻的帝王。

游牧騎馬民族、西藏山岳民族、綠洲都市國家

當然這種天子觀只是一種理想，實際上東漢與周邊諸民族的關係可說是紛爭不斷。若是因國力

不敵而不得不歸順東漢，則會依國家等級而得到四夷國王、率眾王（率領民眾歸順之意）、歸義侯、邑君、邑長等爵號，並獲賜印綬。匈奴單于、日南徼外葉調王、西羌麻奴等君王皆獲賜金印，與倭奴國王相同。蠻夷王、夷狄王的領土與諸侯王、郡縣之間並無明確國界，這也意味著那些蠻夷之地隨時有可能被編入東漢的郡縣領地之中。

朝廷於廣漢郡、蜀郡、犍為郡、張掖郡、遼東郡等邊境諸郡皆設置屬國都尉，便於管理投降的蠻夷勢力。異族的行政管理則由屬國都尉轄下的道（相當於一般的縣）負責。另外，朝廷又特地在南匈奴設置使匈奴中郎將（西河郡美稷縣），在烏桓設置護烏桓校尉（上谷郡寧縣），在西羌設置護羌校尉（隴西郡令居縣），在西域設置西域都護、戊己校尉等官職。尤其是在處理北方、西方的匈奴、烏桓、西羌及西域諸國的外交問題時，東漢朝廷往往也必須動用軍事力量。朝廷內諸大臣常常為了該採和平安撫政策還是軍事強硬政策而爭執不休。朝廷在邊境實施屯田正是為了確保軍糧，因應長期戰爭的情況。但倘若戰事真的陷入膠著，僅靠邊郡或州根本無法獨力負擔軍事費用，對中央的財政還是會形成相當大的負擔。

對東漢帝國而言最棘手的邊境民族，是北方的游牧騎馬民族（匈奴、烏桓、鮮卑）及西方的西藏山岳民族（西羌），這些勢力往往讓朝廷需要傾全中國之力採取軍事對抗行動。其次為綠洲都市國家群（西域）與華南、西南諸族（南蠻、西南夷）。至於東亞沿海諸國（東夷）則能維持較安定的外交關係，因此對東漢帝國的影響力並不大。這些諸民族勢力以東漢帝國為中心，其相互之間的動向有著密切的關聯性。

西境羌族的叛亂

東漢時期的西藏游牧民族居住在現代的青海省一帶，在正史中有單獨的傳，地位與東夷、南蠻、西南夷、西域、南匈奴並列。東漢朝廷相當重視與西羌之間的關係。

根據《說文解字》的記載，「羌」字的解釋為「**西戎牧羊人也。從人從羊**」。可見得羌族是一支放牧羊隻的西方民族。羌族勢力在東漢初期進入陝西、甘肅省一帶，與漢族交雜生活。羌族又可細分為許多部族，如參狼羌、燒當羌、鍾羌、牢羌、先零羌、虔人種羌、全無種羌、沈氏種羌、隴西種羌、白馬羌、當煎羌等等。據說光是爰劍種羌所分化出來的子孫部族就多達一百五十種，其中有八十九種在東漢的西方邊境歷經了興亡。

永初元年（西元一〇七年），東漢朝廷徵調金城、隴西、漢陽三郡的羌人，這些羌人在前往酒泉郡的中途逃走並造反。元初五年（西元一一八年），長達十二年的叛亂終於平定，但這十多年之間對羌族用兵所耗費的軍資高達二百四十數億錢，幾乎耗盡國庫。邊境領土化為戰場，百姓死傷無數，并州（山西省一帶）及涼州飽受摧殘，蒙受傷害極深。一九四二年出土於青海省樂都縣的趙寬碑記錄下了當時的慘況。趙寬為西漢人趙充國的孫子，官封護羌校尉假司馬，曾參與第五山的戰鬥。碑文以悲切的語氣記錄下了「**大軍敗績**」四字。

永和五年（西元一四〇年），羌族再度叛亂，攻擊目標為金城、武都郡，這次的時間也長達十年，耗費軍資八十數億，據說草原上放眼望去盡是士兵的白骨。到了延熹二年（西元一五九年），羌族第三次叛亂，其後遭破羌將軍段熲鎮壓。羌族反抗東漢的歲月合計長達五、六十年，令東漢國力大傷。

東漢朝廷對抗羌族的方法為派遣護羌校尉、破羌將軍率軍鎮壓，或是徵調歸順東漢且居住於內地的羌族、羌胡兵出戰，讓他們自己人打自己人。歸順東漢的部族首領會被冊封為歸義侯、破羌侯、羌侯或是羌王。燒當羌首領嫡子麻奴率領三千數戶投降東漢時，漢安帝賜予金印紫綬與金銀、綵繒（五彩絹帛）。新疆沙雅出土了西漢時期的「漢歸義羌長」銅印，印鈕為羊形。羊隻是羌族游牧生活的重要象徵，朝廷將其表現在冊封時的印綬上。「歸義羌長」應是賜給歸順東漢的羌族某部族首領（渠師、大豪）的爵號。傳世封泥中也有「漢青羌邑長」的稱號（《封泥彙編》）。發生黃巾之亂時，羌族也曾趁勢造反，可見得東漢末年的內亂與周邊民族的入侵為互相牽動的關係。

倭國王帥升的朝貢使節

漢安帝永初元年（西元一〇七年）冬十月，倭國相隔五十年又有了動作。《後漢書》中的本紀記載「**倭國遣使奉獻**」，〈東夷傳〉亦記載倭國王帥升「**獻生口百六十人**」。倭國在二世紀初期又對中國派出了使節。這一年，年僅十三歲的漢安帝取代兩歲就夭折的漢殤帝，剛即位不久。羌族在這一年造反，同時西域諸國開始反擊，朝廷因都護遭攻擊而放棄繼續經營西域外交。當時的日本列島是諸多部族各成一國的時代，這些小國為了依附東漢帝國的權威而爭相遣使朝貢。

其後倭國在桓、靈帝統治期間（西元一四六～一八九年）大亂，各小國互相攻伐，好一段時期沒有共同的君主。當時倭國人還沒有共同擁立女性君主卑彌呼。南匈奴、烏桓、鮮卑、板楯蠻反抗東漢帝國，倭國也受到了影響。

到了漢安帝統治時期的後半段，中國東北方邊境諸族對漢朝的朝貢關係開始瓦解，陷入了不安定的軍事紛爭局勢。漢安帝永初五年（西元一一一年），原本每年皆按時朝貢的夫余王率領七、八千騎兵攻打樂浪郡，殺害官員及百姓。漢安帝元初五年（西元一一八年），高句麗王宮也從朝貢關係轉為敵對，與濊貊族一同攻打玄菟郡。建光元年（西元一二一年），幽州刺史、玄菟太守、遼東太守的聯軍成功殺死濊貊族首領，但高句麗王卻以兩千兵力攻打玄菟郡與遼東郡，焚毀城郭，殺害兩千餘人。到了桓、靈帝時代的末期，由於東漢政局混亂，樂浪郡不再能控制東夷諸族，東漢帝國冊封周邊諸民族政權的東亞國際關係開始動搖。

曾在延熹四年（西元一六一年）遣使朝貢的夫余，在永康元年（西元一六七年）以兩萬兵力攻打玄菟郡，玄菟太守率軍迎戰，斬殺千餘人。一九三二年，西漢時期之後的樂浪郡遺跡東南墳墓群出土了一顆刻有「樂浪太守掾王光之印」及「臣光」字樣的兩面木印，以及一顆刻有「王光私印」的鼻鈕木印，可知其出土處之墓為東漢樂浪太守轄下屬官王光的墳墓。

羅馬帝國皇帝大秦王安敦

塞琉古帝國疆域的東方，由希臘勢力組成的巴克特里亞王國（約西元前二五〇～前一三九年）與伊朗游牧民族組成的安息王國（約西元前二五〇～後二二六年）形成了獨立國家。安息王國或稱為帕提亞王國，其始祖稱為阿薩息斯，古代的中國依其發音而記錄為「安息」。在長達四百年的中國秦、漢朝時期，安息王國恰好是

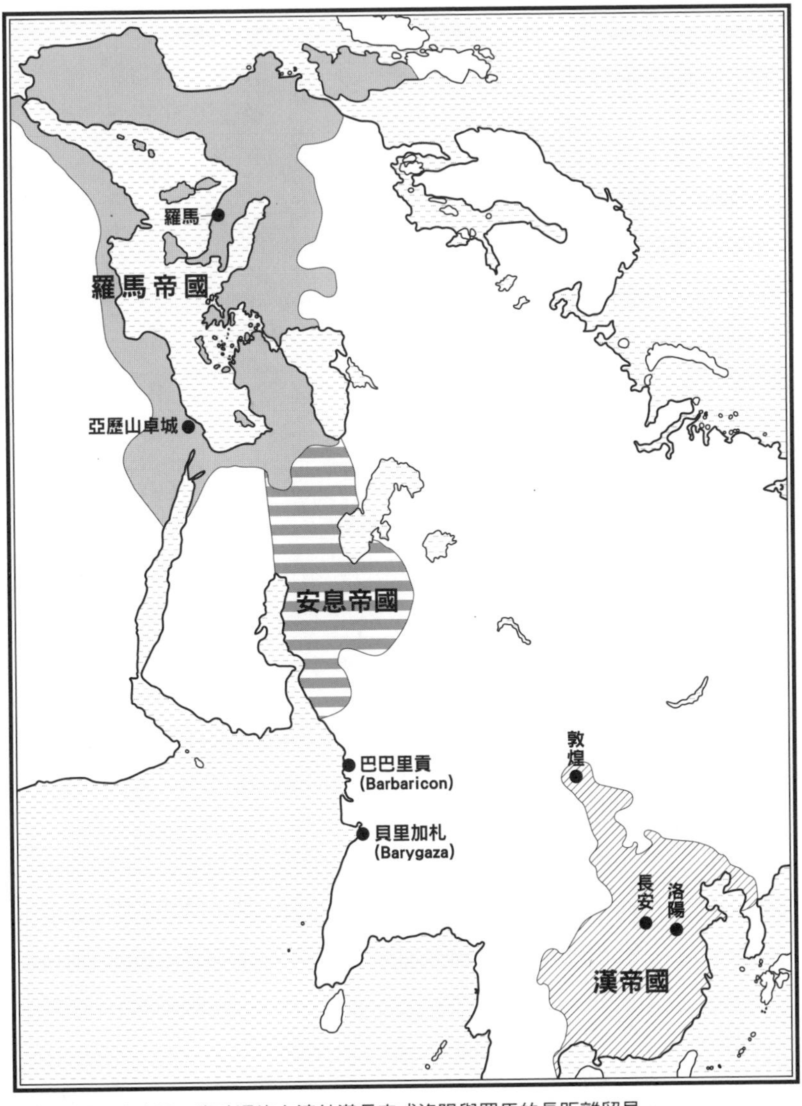

從漢往羅馬的路徑　當時還沒有連結漢長安或洛陽與羅馬的長距離貿易。

存在於西亞的大國，在居中聯繫羅馬與東漢上發揮了相當重要的功效。

羅馬帝國於西元前二七年統一地中海世界，當時正值西漢末年。從屋大維（奧古斯都）到五賢帝時期的兩百年為羅馬帝國的盛世，後人稱這段時期為羅馬治世（Pax Romana，或稱羅馬和平），而這段時期恰好相當於中國的西漢末年至東漢時代。中國人是在進入東漢之後才得知羅馬帝國的存在。羅馬帝國的五賢帝指的是涅爾瓦、圖拉真、哈德良、安敦寧・畢尤，以及馬可・奧里略・安敦寧（在位期間西元一六一～一八〇年），其中的最後一帝就是後文將提到的大秦王安敦。

漢朝與羅馬的對應，嚴格說來為西漢對共和制羅馬、東漢對帝政羅馬。西漢與共和制羅馬之間有塞琉古帝國作為媒介，而東漢與帝政羅馬之間則有安息王國作為媒介。

東漢時代的中國人已得知西域的更西邊有個名為大秦的國家。漢和帝永元九年（西元九七年），西域都護班超的部下甘英通過安息及條支（即從前的敘利亞地區塞琉古帝國，此時已為羅馬帝國版圖）抵達了海邊。甘英原本想要繼續渡過大海，朝大秦前進，但船員表示這片海洋實在太大，順風要行船三個月，逆風要行船兩年，因此得準備三年分的糧食才能渡海。甘英一聽，只好打消了渡海的念頭。史書中記載大秦的領地廣及方圓數千里，擁有四百餘城，城郭皆為石砌，郵亭交通制度發達，人民身材魁梧。由於其國頗似中國，所以被稱為「大秦」。百姓使用金銀錢幣，與天竺等國進行海上貿易。

大秦這個國名的原意為「巨大的秦」。當時秦朝早已滅亡，但西域人依然習慣將中國地區稱為秦。如今中國的英文china一詞正是源自於秦字。在西域人的心中，「漢」為當時朝代名，而

「秦」為區域名。由於西方那個大國足以與秦（中國）匹敵，所以被西域人命名為大秦。

成書於西元一世紀的《厄立特利亞海航行記》是一本經商說明手冊，作者是一名居住在埃及的希臘人。厄立特利亞海是希臘文的「紅海」之意，但當時的紅海所指範圍相當廣大，包含現在的阿拉伯海、波斯灣及印度洋。這本書反映了當時羅馬與印度之間的熱絡貿易活動，而東漢亦藉由海運與西方建立了交流。

羅馬皇帝使節前往洛陽

西元二世紀的羅馬時代地理學家托勒密曾繪製過世界地圖，如今僅能見於十五世紀的抄寫本。一直到歐洲的大航海時代，托勒密的地圖都相當具有權威性。地圖上所畫的阿拉伯半島以東的東亞地區相當耐人尋味，從中可看出古代羅馬人對東方世界的理解。圖上可看到波斯灣、印度洋、錫蘭島（斯里蘭卡）、中南半島（印度支那半島）……世界的最東端為古代的中國。在那被稱為「秦那」的區域南邊有片大海灣（秦那斯・馬格努斯），兩條大河注入此灣。隔了一座山脈的北方則是一大片名為賽里克的土地。地圖上的中國分成了兩個區域，「秦那魯姆」（秦那諸地區之意）這個名稱源自於中國的秦字，而「賽里克・雷格」（賽里克地區之意）這個名稱的原意為絲綢之國。

漢桓帝延熹九年（西元一六六年），東漢朝廷因黨錮之禍而陷入混亂。羅馬帝國的使者就是在這一年來到了東漢。《後漢書》的本紀中記載「**大秦國王遣使奉獻**」，〈西域傳〉則記載「**大秦王安敦遣使自日南徼外獻象牙**、**犀角**、**玳瑁**，**始乃一通焉**」。

大秦王安敦即羅馬皇帝馬可・奧里略・安敦寧，他派遣使節自日南郡（如今的越南）外獻上了象牙、犀角、玳瑁等物。日南郡在當時為漢朝與東南亞、印度等南海諸國交流的窗口，亦是南海貿易的出入口，為東南亞的南海交易網上的重要據點。在西域陸路不通的時期，印度（天竺）的使節也曾經在漢桓帝延熹二年（西元一五九年）及四年（西元一六一年）兩度經由日南進入漢朝。

進入西元二世紀後，漢朝與羅馬終於能夠藉由海路進行交流，這是東西兩大帝國皇帝的第一次接觸。《後漢書》所用的「一通」一詞象徵著劃時代的壯舉，與形容張騫的「鑿空」有異曲同工之妙。

只有政治使節才得以入關

象牙、犀角、玳瑁都不是地中海型氣候的羅馬帝國的特產品。象牙為非洲象或印度象的牙齒，雕刻後可當作酒杯使用。犀角為柔軟的纖維質，角尖部位磨粉可當作退燒藥，且其形狀亦可加工成裝飾容器。玳瑁是一種棲息在赤道近海的海龜，其龜殼共有十三塊，上有斑點，即所謂的鼈甲。由於其厚度不均，要製作成裝飾品必須經過堆疊與加熱。以上這些東西都產自非洲東岸、印度、東南亞等地，也就是南海的特產品。離漢朝較近的海南島珠崖也產犀角及玳瑁，此外黃支國也曾獻上犀牛。自東羅馬帝國出發的使節經由南海路徑抵達中國，並獻上了這些貢品。

徼字往往與關字合稱為關徼，泛指帝國邊境的關隘與城塞。但所謂的邊境，其實只有北方的長城沿線為了防範匈奴而戒備森嚴，其他交通要衝上的關徼只作管理之用。不過根據漢代律法，徼外之人若侵入徼內竊盜，將處腰斬之刑。位於最南端的日南郡（越南）的海港必須注意有無使節自海上來，其職責類似內陸的敦煌。

漢代只有政治上的使節才能獲准進入國境。因為這個緣故，敦煌的木簡亦沒有留下任何一般商人的往來紀錄。假設並非商人謊稱自己是大秦的使節，而是使節的身邊帶了商人，這些人要進入漢朝首都，還是必須仰賴使節的身分。既然《後漢書》記錄了這件事，照理來說這些使節最後應該進入了首都洛陽，而非只抵達日南郡而已。考古學家於湄公河三角洲上的喔㕭文化遺跡中發現了刻有馬可・奧里略肖像與名字的貨幣，可證明羅馬與東漢確實曾有過接觸。羅馬人除了會以大理石雕刻皇帝之外，亦會將其肖像刻在貨幣上。這麼做是希望讓百姓認識皇帝，進而提升其威望。相較之下，中國的皇帝提升威望的方式卻是盡量不對外拋頭露面，與羅馬帝國剛好相反，這就是文化的差異。

玻璃碗（廣州市橫枝崗出土　廣州博物館藏）　材質分析結果發現近似約西元前一世紀的羅馬玻璃製品。

漢與羅馬的交流：絹布與玻璃

據說中國產的絹布是放在駱駝背上通過中亞地區，千里迢迢運送到遙遠的羅馬。唐三彩讓現代人相當熟悉唐代的駱駝，但過去一直沒有文獻史料可以證明漢代的駱駝長什麼模樣。出土於西安東郊的彩色陶製駱駝，讓我們得以一窺漢代駱駝的風采。其外觀相當樸實，應接近野生駱駝。但當時的商人當然不是帶著這樣一隊駱駝直接進入羅馬領地。

另一方面，羅馬產的玻璃製品則是經由南海路徑傳入中國。一九五四年出土於廣州市横枝崗的玻璃碗為西漢時期的古物，內側呈半透明狀，顏色為藍中帶紫，外側則因玻璃成分與泥土混合而產生化學反應，出現了銀化現象。經過X光材質鑑定，其成分為蘇打石灰（由矽酸、碳酸鈉及碳酸鈣組成），近似西元前一世紀的羅馬玻璃製品。大約從西元前一世紀開始，吹製玻璃工法在羅馬廣為流傳。中國雖然也有玻璃製品，但材質並非蘇打石灰玻璃，而是將鉛玻璃或鉀矽酸玻璃倒入模型內製成，因此外觀像玉一樣帶有厚重感。羅馬式玻璃的輕盈材質在中國逐漸受到喜愛。一九八七年，洛陽東郊也出土了羅馬式玻璃瓶，可見得羅馬製品在東漢時其已流入了首都洛陽。

但這些玻璃製品當然也不是直接被運入中國。不管是陸上的絲路還是海上的絲路，都無法直接連結漢朝與羅馬。漢朝的長安、洛陽並非直接與羅馬進行著遠距離貿易。

儒教與道教

作為國家意識形態的儒教

儒學到了東漢時代已不是單純的學問，而是一套運用在政治行政上的儒術。不僅如此，而且儒家思想更形成名為儒教的國家意識形態，在社會、國家秩序的維持上扮演著舉足輕重的角色。東漢這個國家雖然在運作及經營上是以法律（律令）為基礎，但其規範的訂定過程相當偏重儒學，因此東漢可說是個儒教國家。

學問上的儒學，是將孔子的教誨奉為圭臬。官吏學習儒學皆相當積極，並以其理論作為治理百姓的方針。這套學問與東漢這個國家在利害關係上可說是有著密不可分的關聯性。東漢時代的儒學已發展為解釋古代典籍的家學。皇帝也曾親自在洛陽的北宮白虎殿或南宮雲臺接受儒士直接教授《春秋左氏傳》《尚書》《詩經》等典籍。

建武五年（西元二九年），朝廷於洛陽城南設置太學（類似現在的國立大學），並由五經博士之類的儒學家在其內的講堂授課。這些儒學家有時也會當著皇帝的面辯論經義。據說太學的學生在漢桓帝時期多達三萬人。博士們在這裡將代代相傳的儒學家法教授給學生們。光武帝時期共有十四家五經博士，分別為《易經》的施氏、孟氏、梁丘氏、京氏，《尚書》的歐陽氏、大小夏侯氏，《詩經》的齊詩、魯詩、韓詩，《禮記》的大小戴氏，《春秋》的嚴氏、顏氏。博士底下聚集許多弟子，向老師學習儒學。當時全天下著名儒學家都被召聘至首都，擔任博士一職。

各家博士是以家學的方式代代相傳，並且在教學上帶有競爭意味，因此在西漢之後的經書內文上已開始出現訛誤及差異。在朝廷將博士分成甲乙科使其辯論是否該修正內文時，甚至有博士暗行賄賂，使自家說法能得以保留。在這樣的狀況下，蔡邕、李巡等人開始校訂經籍文字，並於熹平四年（西元一七五年）由漢靈帝下令，將五經正本刻於太學講堂前東側的石碑上。這項校訂作業足足耗費了九年時間，後人將石碑上的經文稱為熹平石經，簡言之就是由官方拍板定案的儒教經書。

石經原碑如今已佚失，但自宋朝之後偶有石經的殘塊出土，宋朝洪适《隸釋》收錄了這些斷章殘句，近年來在洛陽的太學遺跡處也出土了石經的基座及殘塊。一九二五年出土的《周易》殘塊如今保存在上海博物館，一九二九年出土的殘塊則保存在西安的碑林。此外漢章帝亦曾在建初中四年

（西元七九年）模仿西漢宣帝的石渠閣，廣邀儒生於白虎殿討論經書的異同，長達數個月之久。

維持社會秩序的基本理念

不僅如此，而且身為儒學之祖的孔子，亦在其出生地魯國曲阜受到官方隆重祭拜。永壽三年（西元一五七年），朝廷下令重建孔子墓。如今其墳墓依然存在於曲阜城北的孔林（孔氏一族的廣大墓園）之內。漢章帝亦曾在元和二年（西元八五年）前往魯地祭拜孔子，並賜絹帛給孔子直系子孫褒成侯及孔氏族人。山東曲阜的孔廟內有一座石碑名為「孔廟置守廟百石卒史碑」，此碑建於永興元年（西元一五三年），上頭記載魯相乙瑛安排了一百石的卒史在此地負責管理祭祀及禮器的出納。此外還有「魯相韓勅造孔廟禮器碑」及「魯相史晨奏祀孔子廟碑」，可知歷代魯國地方官皆負有祭拜孔子的責任。

東漢時期的孔宙（孔子第十九代子孫）墳前墓碑豎立於延熹七年（西元一六四年）。其兄弟孔彪、孔褒亦有墓碑。除此之外，孔子的後代子孫也都被厚葬於孔林。光和元年（西元一七八年），朝廷於鴻都門開設學校，並讓人畫了孔子及七十二弟子畫像擺在裡頭。位於內蒙古自治區和林格爾縣的護烏桓校尉墓（東漢）中，確實有著孔子走在前頭，後方跟著顏淵、子張、子貢、子路、子游、子夏、閔子騫、曾子、子有等十七名學生的壁畫。孔子與弟子們的關係，被當成了學校裡師生關係的榜樣。

儒教思想在東漢時期自中央滲透至天下各地方。甚至可以說上至國家、鄉里社會，下至家庭關係，全都受到儒教思想浸淫。儒教思想成為皇帝權威的基礎，成為官吏行政上的基本知識。即使是在鄉里的地緣共同體社會之中，或是同族、同血緣關係的家族內部，儒教思想都是維持社會秩序的基本理念。改朝換代的戰亂、統一後的復興、與周邊民族的紛爭、頻頻發生的自然災害、皇帝政治的不安定化與政治鬥爭……或許正因為這是個政治社會動盪不安的時代，更需要仰賴儒教帶來的德治效果。事實上孔子生活的時代（春秋末期）也是個周王已失去威望的動亂時代。像這樣的時代，需要建立新的社會秩序。

自然災害、政治混亂下的儒教德治

位居地方行政頂點的官吏由於可將行政實務交給部下處理，因此最重要的能力為儒教知識及素養。為《春秋左氏傳》作訓解（《春秋左氏傳解》）的服虔由於將《左氏傳》運用在漢代政治上而成為九江太守，《五經異義》的作者許慎也當上沛國洨縣的縣令。丹陽太守李忠為了變更越人的婚姻習俗而創設了學校。此外還有個更極端的例子，泚陽縣長鮑昱將一名趙姓縣人依殺人罪嫌收監，其年過七旬的父母向鮑昱求情，聲稱獨生子一死，趙家將會絕後。鮑昱聽了竟網開一面，讓犯人的新婚妻子在牢裡待一個晚上，使其懷有身孕。當時雖是法治社會，卻追求儒教的德治精神。

東漢選任官吏的制度包含賢良方正、直言、至孝、有道、孝廉、明經、茂才等各科別，其中孝廉（孝順及為政清廉）、至孝、明經（熟悉儒教經典知識）等科皆是站在儒教觀點的評鑑標準。在名義上，這些人都是經由「鄉舉里選」的方式選出。像這樣依據鄉里聲譽選賢與能，被視為上古儒教的理想制度。但實際上並非真的由鄉里自行推薦，而是郡國的地方官會與中央的高官共同挑出特定人選逕行推薦。

史書中舉了許多儒教思想上品格高尚的人物，作為後人的典範。例如种暠在父親過世後，將三千萬家財分給了鄉里內的窮人；又如南陽富人樊重因見外孫何氏兄弟爭奪財產，深以為恥，於是以兩頃田化解其紛爭。像這種行為在當時被視為犧牲自我而成就團體利益的美德。此外，樊重平日借貸出去的金錢多達數百萬，但他臨死前卻在遺書中指示將借據燒毀。這些美談的背後都隱含著不追求過度經濟利益的儒教思想。

會稽郡上虞縣有一個名叫曹娥的少女，年僅十四歲，父親溺水失蹤，曹娥一方面悲傷，一方面認為自己是個無法埋葬父親的不孝女兒，因而投河自盡。後來度尚成為縣長，認為曹娥是名孝女，因此將她改葬，並在墳前立碑彰顯其孝行。孝順在當時並非僅是家族內部的親情問題，有些官吏在父母過世時，會特地辭官回家鄉服喪三年，像這樣的具體行動都會成為評價的依據。相反地，不孝被視為一種犯罪行為，有時甚至會遭受懲罰。但若將侮辱父親的人殺死，有時在法律上能得到寬恕，這正是儒教主義式的法律精神。此外民間亦公然默許為親人報仇的行為，有時甚至會因此而出現脫序的現象。

法律提倡孝道而處罰不孝，這實際上也意味著戰亂與天災所造成的貧困及流民化現象已摧毀了鄉里、家族內的秩序。殺害或販賣孩子，妻兒遭掠奪而被賣為奴婢，甚至是饑荒時發生人吃人的現象，在當時都是時有所聞。例如長沙有許多衣食都成問題的窮人將剛出生的嬰兒殺死，長沙太守宋度為此嚴厲斥責鄉里內負責教化的三老。自然災害與政治局勢的混亂，讓東漢成為一個追求儒教統治的時代。

道教誕生的時代

漢桓帝於延熹年間（西元一五八～一六六年）因信奉黃老道而祭拜黃帝（升仙的帝王）及老子，並廢除其他所有祭祀活動。他在延熹八年（西元一六五年）這一年之間就祭拜了老子三次，足見其狂熱的程度。儒教嚴格來說並非一種個人思想，而是一種為鄉里社會、國家的集團秩序訂下規範的意識形態，因而在國家的強力推動下發展茁壯；相較之下，道教則誕生於個人追求長壽的神仙思想，推動者為民間一群以方士（道士）為業的人。因此即便漢桓帝在宮中祭拜黃老君，那也只不過是因為東漢皇帝早夭的例子太多，他想要延長自己的壽命而已。但另一方面，在兩漢過渡時期的亂世及東漢後期的社會動盪不安局勢之下，道教在地方社會群眾之間的普及率迅速攀升。

西漢末期的建平四年（西元前三年），不論京師或地方郡國的民眾皆以歌舞祭祀西王母，並廣為流傳一種據說只要放在身上就能不老不死的符書，天下百姓為之瘋狂。王莽時代末期，道士西門君惠亦曾預言劉秀將為天子。在儒教式秩序體制無法發揮安定社會的功效時，道教就會開始受到重視，成為誘發百姓政治行動的意識形態。其中最顯著的例子，就是在東漢時期發動宗教叛亂的道教團體「太平道」及「五斗米道」。

東漢時代的畫像磚有不少是以當時的信仰為主題，例如據說人死後會進入的天上世界。西王母以龍虎之形端坐其中，旁邊的玉兔及蟾蜍正以杵臼搗著不老不死的妙藥。附近還有九尾狐及長了翅膀的仙人，有的一邊飲酒一邊玩著名為六博的遊戲，有的乘著馬翱翔天際。那正是東漢的世人所想像的天上世界。

此外，東漢時期的青銅鏡相較於西漢時期有個特點，那就是銘文多隱含不老不死的思想。例如「方格規矩四神鏡」的銘文為：

尚方作鏡真大巧，上有仙人不知老，渴飲玉泉飢食棗，徘徊天下取芝草。

由此可知當時的世人將不老不死的願望放入了鏡中。東晉葛洪（西元二八三～三六三年）所著《抱朴子》一書中更記載了以青銅鏡調合仙藥的方法，以及鏡子有驅邪避凶的威力，可見得鏡子在古代並非只是單純的化粧道具。

此外，東漢時期的墳墓也常可發現與道教有關的陪葬品。例如發現於陝西省戶縣的東漢墓，出土了一個陶製明器，上頭以朱墨寫了九十七字的文章及兩組符籙，內容為天帝使者為死於陽嘉二年（西元一三三年）八月的曹伯魯的家人消災解厄，並祝禱「**生死異路，相去萬里，從今以長保孫子，壽如金石，終無凶**」。明器上的符籙也象徵著天帝對現世活人的庇護。文章中更提及身為天帝使者的證明為身上帶著「黃神地越之印」。此外，出土於同一墓的陶瓶上也以朱墨寫著「**太陽之精，隨日為德，利以丹沙，百福得**」數語。這兩段文字的末尾都使用了古代公文的制式用語「**如律令**」三字。

若以中國道教的整體歷史來看，東漢時期的道教還不像魏晉南北朝時代那樣建立起嚴謹的教義。但東漢時代確實有著宗教團體及道教習俗，應該可視為道教誕生的時代。

黃巾之亂與五斗米道

若概觀東漢皇帝的即位年齡，可發現一個時代特徵。光武帝（在位期間為西元二五～五七年，以下表記同義）、漢明帝（五七～七五）、漢章帝（七五～八八）、漢和帝（八八～一〇五）、漢殤帝（一〇五～一〇六）、漢安帝（一〇六～一二五）、漢順帝（一二五～一四四）、漢沖帝（一四四～一四五）、漢質帝（一四五～一四六）、漢桓帝（一四六～一六七）、漢靈帝（一六八～一八九）、漢少帝（一八九）、漢獻帝（一八九～二二〇），以上這些皇帝之中，十歲以下就即位的有漢和帝十歲、漢殤帝未滿一歲（百餘日）、漢沖帝二歲、漢質帝八歲，十五歲以下即位的有漢安帝十三歲、漢順帝十一歲、漢桓帝十五歲、漢靈帝十二歲，西元二世紀可說是幼帝即位見怪不怪的時代。

進入外戚時代

若以皇帝的壽命來看，西元一世紀的皇帝之中，光武帝六十二歲、漢明帝四十八歲、漢章帝三十三歲、漢和帝二十七歲。相較之下，西元二世紀的皇帝之中，就算不提漢安帝三十二歲、漢順帝三十歲、漢桓帝三十六歲、漢靈帝三十四歲這幾個皇帝，單看十歲以下的就有漢殤帝二歲、漢沖帝二歲、漢質帝九歲，壽命之短可說是相當明顯。這些幼帝不僅即位年齡小，而且非常短命。子嗣方面，整體而言除了光武帝有十個孩子、漢明帝有九個孩子、漢章帝有八個孩子之外，其他皇帝的孩子都相當少。漢和帝只有兩個、漢安帝只有一個、漢順帝只有一個、漢靈帝只有兩個、漢質帝及漢桓帝沒有孩子。

年幼的皇帝即位，意味著母親能以皇太后的身分臨朝聽政，其結果就是導致外戚勢力掌握大權。光武帝的陰皇后及漢明帝的馬皇后都沒有形成外戚勢力，其原因不外乎是這兩個皇帝的壽命都較長，而且他們很清楚西漢時期的外戚問題造成多大的危害，因此深自引以為戒。但是自第三代的漢章帝之後，外戚勢力開始崛起，到了西元二世紀屢屢出現年幼皇帝，更可說是徹底進入了外戚的時代。

圍繞在皇帝身旁的外戚與宦官

東漢臨朝聽政的皇后共有六人，分別為漢章帝的竇皇后、漢和帝的鄧皇后、漢安帝的閻皇后、漢順帝的梁皇后、漢桓帝的竇皇后、漢靈帝的何皇后。她們都是在皇帝死後藉由擁立幼帝，讓政權落入自己的族人手中。漢章帝死後，竇皇后以皇太后的身分攝政，其兄弟竇憲、竇景專橫跋扈。漢和帝死後，鄧皇后與其兄長鄧騭共謀改立清河王的孩子為帝，鄧皇太后攝政長達十七年之久。擁立漢沖帝、漢質帝、漢桓帝三代幼帝的梁皇太后，則是任憑其兄長梁冀把持朝政。這個時代的群臣有事要上奏皇帝，奏章要寫兩份，一份給皇太后，另一份給幼帝作作樣子。由於皇帝的孩子太少，皇統經常斷絕，導致外戚的勢力也經常新舊交替。東漢的所有皇帝中，因皇統斷絕而獲擁立的皇帝就有四人。東漢的皇后有幾點不同於西漢的皇后。第一，在漢明帝為母親陰太后上謚號「烈」之後，東漢的皇后開始跟皇帝一樣有謚號。例如漢明帝的馬皇后因謚號為「德」，故後人稱之為「明德馬皇后」。第二，西漢的皇后多出身低微，而東漢的皇后則大多選擇名門望族之女。此外，東漢會挑選十三歲以上且姿色端麗的良家閨女送入掖庭宮（後宮），其階級從采女、宮人、美人、貴人，一直到頂點的皇后，形成數千人的女官體制，她們的飲食、衣著及化妝費用皆由國家供應，形成龐大的負擔。

《後漢書・宦者列傳》將宦官的歷史追溯至春秋時代，並且描述東漢的宦官勢力已形成了政治問題。其立場帶有批判之意，主張東漢正因為重用宦官，才會毀於曹操（宦官養子的兒子）手裡。其列傳更評論「**三世以嬖色取禍，嬴氏以奢虐致災，西京自外戚失祚，東都緣閹尹傾國**」（夏商周三代皆因女色而取禍，秦朝因暴政而致災，西漢因外戚而斷絕，東漢因宦官而傾國）。相較之下，《史記》只在〈佞幸列傳〉中提及受皇帝寵愛的少數幾個宦官，由此便可看出宦官在東漢時代具有多麼重大的意義。

宦官的制度化與政治面的崛起

歷朝歷代其實都有宦官受到重用，秦代有趙高，西漢時代有漢文帝時期的趙談、漢武帝時期的李延年、漢元帝時期的史游等等。到了東漢光武帝的時期，後宮官吏一律採用施過閹割手術的人，在永平年間（西元五八～七五年）又規定人數為中常侍四人、小黃門十人。因此後宮的宦官可說是在東漢時代才受到制度化。在幼帝即位而皇太后掌權的非常態皇權政局之下，宦官的勢力一方面與外戚勢力抗衡，一方面卻又產生相乘效果而逐漸壯大。正常情況下是由官吏代替皇帝執行政務，但是當皇太后開始坐鎮在幼帝背後下詔敕之後，一般官吏皆受到排擠，能夠自由進出後宮的宦官反而開始獲得發言權。

漢和帝時期，鄧太后掌權，大將軍鄧憲兄弟（太后的兄長）以外戚身分專權跋扈，宦官中常侍鄭眾策畫打倒外戚勢力，從此為東漢宦官掌握大權開了先例。有時宦官甚至握有擁立新皇帝的權力，爵封諸侯，官至九卿。不僅如此，而且這些宦官還特地收養子，使其繼承爵位。宦官的兄弟及其子弟也擔任各地太守或縣令，勢力遍及全天下。例如單超的弟弟為河東太守，侄子為濟陰太守；徐璜的弟弟為河內太守；左悺的弟弟為陳留太守；具暖的哥哥為沛相（丞相）。只要是宦官的兄弟，便能成為地方的大官。

漢靈帝時期，十名中常侍及其族人無法無天，導致張角等人起義造反。據說中常侍侯覽自民間強奪了宅舍三百八十一處、耕地一百一十八頃，興建了十六座擁有高樓池苑的宅邸，還為了興建自己的墳墓而拆毀百姓的住家及墳墓。宦官因此被稱為濁流豪族，以示與清流豪族不同。以皇帝為中心，官吏、外戚及宦官形成了三方互相制衡的關係。東漢的宦官便是在這樣的對抗關係之下，巧妙地擴大權勢。

宦官只有在干政弄權的時候會受到批評，其存在本身並不曾遭到質疑。宮刑雖為中國古代刑罰之一，但東漢時期的宦官是自願接受閹割，成為皇帝的內朝之臣。相較之下，秦代的趙高是與其兄弟一同因父親的宮刑而連坐受累，但獲得秦王政（秦始皇）青睞，才升任中車府令。西漢時期的李延年起初也是因受腐刑（宮刑）而在宮裡負責照顧獵犬，後來因妹妹李夫人受到寵幸而得勢。這些例子都是在遭受刑罰之後進入宮中從事雜務工作，情況顯然與東漢的宦官頗有不同。在東漢皇帝、皇太后的眼裡，身有殘損的宦官就跟受了刑罰的罪人沒兩樣，原本應該是像家奴一樣值得信賴且能夠任意使喚的手下。

《後漢書・宦者列傳》中提及的宦官，還包含發明了紙的蔡倫，以及擁有「清忠」之譽的趙祐等人。文中描述趙祐總是退居政權之外，從不參與鬥爭，因而受到讚揚。所以我們不能只看見身體殘缺的異常性，就一味認定所有宦官都是壞人，而是應該思考當時的政治狀況為何會導致宦官勢力抬頭。東漢就跟後來的唐朝、明朝一樣，是宦官在政壇上嶄露頭角的時代。

「河水清」為東漢覆滅之兆

漢桓帝延熹八年（西元一六五年）四月，濟陰、東、濟北郡的河水轉清。到了隔年（延熹九年，西元一六六年）四月，河水沿岸上的濟陰、東、濟北、平原各郡再度發生河水轉清的現象。《後漢書・孝桓帝紀》特地記下了「**河水清**」一事。河水就是黃河，由於其黃濁程度越來越嚴重，因此自唐代之後被稱為黃河。在那之前有時會稱大河，但不稱黃河。東漢時代的黃河河道比現在更偏北方。根據書中記載，黃河的河水竟然一時轉清了。

不過這並非發生了什麼奇蹟。河水清的意思並不是混濁的黃河變得清可見底。黃河在中游河段不僅湍急而且挾帶大量泥土，但是到了下游之後，河道的傾斜幅度趨緩，周圍盡是海拔一百公尺以下的大平原。夏末秋初之際，黃河水量增加，河面會因水中含有大量泥土而變成紅褐色，但是到了冬末春初的乾旱期，河口的水流會幾乎停止流動，導致泥沙皆堆積在河底。若沉澱的情況較明顯，就會形成相對較清澈的黃河。而且上游的黃土高原若進入乾旱期或發生旱災，地表遭沖刷而進入河中的黃土量就會減少，混濁程度也會相對降低。但當時的世人將這種自然的變化與社會局勢的改變聯想在一起。

這一年發生了影響整個桓、靈時期的重大事件，那就是黨錮之禍。「黨人」原義為擁有相同理想的同志，在政治鬥爭中專指組成徒黨的政敵集團，帶有批判意味。最初的黨人之爭只發生在甘陵縣這個地方。兩個主角都是甘陵縣出身，分別為河南尹房植，以及漢桓帝即位前的老師（後獲拔擢為尚書）周福。雙方的門客各自組成徒黨，互相指責對方的不是，成為黨人之爭的濫觴。其後在朝廷內批判宦官勢力的官員們卻都遭宦官誣指為黨人，雙方展開激烈鬥爭，黨人這一方的許多優秀人才都在這一場場宦官與黨人之間的鬥爭中犧牲性命。二十多年之間，遇害者不僅是中央朝廷的官員，甚至遍及全天下各郡縣，成為東漢政治史上的一大汙點。後來雖因爆發黃巾之亂而告一段落，但整起事件加速了東漢政權的滅亡。

黨人與宦官的全面鬥爭

第一次黨錮之禍爆發於延熹九年（西元一六六年），司隸校尉李膺等兩百多人遭誣指為黨人而入監。導火線是宦官黨羽之中有個名叫張成的風角（占卜）師，他預先算出朝廷將發布大赦令的日子，故意指使兒子在大赦之前殺人。當時擔任河南尹的李膺針對此案嚴加查辦，最後將張成處死。張成的弟子心懷怨恚，因而向皇帝上書，誣陷李膺等人「**養太學遊士，交結諸郡生徒，更相驅馳，共為部黨，誹訕朝廷，疑亂風俗**」。漢桓帝勃然大怒，下令懸賞通緝全天下的黨人，李膺、陳寔等兩百餘人遭逮捕。隔年六月，尚書霍諝及竇武等人上表請求寬赦這些人，漢桓帝於是允許這些人返回故鄉，但命令中央的府庫記下他們的名字，列入終身禁錮（不得任官）的名單。

當時的輿論皆支持黨人。宦官勢力雖在宮廷內如日中天，但清流派的名士皆在民間享有盛譽。當時有所謂「三君、八俊、八顧、八及、八廚」的名士階級表，竇武、陳蕃為三君，李膺則位居八俊。三君、八俊等三十五人的傳記皆收錄於《後漢書・黨錮傳》中。

建寧元年（西元一六八年），漢桓帝去世，年僅十一歲的漢靈帝即位。陳蕃就任太傅，竇武就任大將軍，胡廣就任司徒，三人皆得以重返官場。但不久之後，中常侍曹節陷害陳蕃、竇武及尚書令尹勳、侍中劉瑜、屯騎校尉馮述等人，將他們滅族。建寧二年（西元一六九年），中常侍侯覽又慫恿官員，將前司空虞放、太僕杜密、長樂少府李膺等人逮捕，在獄中將他們殺害，牽連受害者多達百餘人。

漢靈帝接著又下詔書，逮捕全天下的黨人，許多士人都被視為黨人而遭捕，即便遇上了大赦，黨人也不在恩赦的範圍之內。漢靈帝又下令逮捕千餘名太學學生，並將與黨人關係較深厚的門生、故吏、父兄、子弟一律罷免官職並終身禁錮。後來爆發了黃巾之亂，漢靈帝擔心黨人與亂民聯手反抗朝廷，才赦免了這些人。這就是第二次的黨錮之禍。遭流放者直到這時才能返回故鄉，已遭殺害者的遺體也被送回。

東漢末年這起宦官濁流勢力與士人清流勢力的鬥爭波及全天下，雖然只是一時的現象，卻反映出了當時社會的巨大動向。日本學者川勝義雄認為六朝時代的貴族制度便源自於東漢末年的清流派勢力。清流派的地方豪族自我壓抑了原本身為領主的階級立場，企圖維持及重建當時已逐漸解體的鄉里共同體。

從宗教團體發展為叛亂團體

西元二世紀後半的桓（在位期間西元一四六～一六七年）、靈（在位期間西元一六八～一八九年）二帝在位期間，是社會經濟面及政治面的混亂趨向惡化的時期。乾旱、洪水、饑荒、蝗害、地震等災害頻傳，京師、九江、盧江等地更爆發傳染病，導致整個社會動盪不安。朝廷的因應措施為發送藥物給病患，於災區發糧救濟災民，減免災區的田租、賦稅、人頭稅（算）等。在這段時期裡，清河劉氏、陳留李堅、扶風裴優自立，自稱天子或皇帝，長平陳景自稱黃帝之子，南頓管伯自稱真人，蜀地李伯自稱太初皇帝，渤海蓋登自稱太上皇帝，但這些勢力都是單獨起兵，不久後都遭東漢朝廷平定。邊境的羌族及鮮卑族也趁著漢朝大亂之際侵略周邊諸郡。

中平元年（西元一八四年）二月，東方鉅鹿人張角自稱天師（黃天），組織了名為太平道的集團，旗下共聚集三十六萬百姓。由於這個集團在起兵時為了辨別敵我而在頭上綁黃色頭巾，因此世人稱之為黃巾賊。安平、甘陵等地的百姓也響應其行動，紛紛擒住了諸侯王。這一股反政府勢力獲得各地區的支持，迅速向外擴散。

張角的太平道常被人拿來與張陵的五斗米道互相比較。這兩個集團與以往的叛亂勢力大不相同，或許更適合稱之為宗教團體。張角自稱大賢良師，組成了信奉黃老道的集團，吸收大量弟子。其集團最受百姓崇敬之處，就在於能夠施咒術為病人治病。師父持九節杖為病人施咒之後，要病人懺悔自身罪孽並喝下符水。病人如果痊癒，代表有一顆虔誠的心；如果沒有痊癒，則代表不夠虔誠。以這種方式在亂世中進行組織性的傳教，自然凝聚了數十萬信眾。像這樣的宗教團體逐漸增強武力，形成了反政府的叛亂勢力。

以推翻東漢政權為口號的黃巾之亂

張角除了是宗教團體的教祖之外，還自稱天公將軍。此外他還封弟弟張寶為地公將軍，弟弟張梁為人公將軍，三人同為軍事上的領袖。其底下統率的軍隊以「方」為單位，大方約一萬人，小方約六、七千人，各由渠師領導。張角起兵造反之際，以「**蒼天已死，黃天當立，歲在甲子，天下大吉**」為口號，並命人在首都及州郡的官府門口以白土寫上甲子二字（甲子年之意）。蒼天指的是漢朝，而黃天則指的是即將取代漢朝的朝代。若依照正式的「五行相生說」理論，東漢應為火德，象徵色為紅色，而取代火德的朝代應為土德，但張角的口號並沒有依照這個規則。

張角的目標相當明確，那就是推翻東漢政權。或許他打算建立一個由教祖君臨天下的宗教王國，天師就相當於擁有天子稱號的皇帝。江蘇省高郵縣東漢遺跡出土的符籙上包含了「天帝神師」四字，或許張角自稱的天師就是天帝神師（侍奉天帝的神師）之意。長安三里村出土的陶瓶上，也以朱墨寫著「天帝使者」，可見得神師也是侍奉天帝的使者。

京師於隔年三月釋放了所有黨人。這是宦官中常侍呂彊為了不讓黨人與黃巾勢力結盟而想出的辦法，漢靈帝也同意了。東漢朝廷對付叛亂勢力的態度相當謹慎，一方面讓大將軍何進鎮守洛陽，另一方面於全天下的函谷、廣城、伊闕、大谷、轘轅、旋門、小平津、孟津共八處關隘設置都尉官，提防賊兵進犯。

以宗教團體太平道為核心的叛亂勢力以黃巾為象徵，規模越來越龐大。各地都有不同的黃巾勢力，如穎川、南陽、汝南、廣陽黃巾、葛陂黃巾、益州黃巾馬相、青、徐州黃巾等等。特別是張角親自率領的冀州黃巾軍打敗了董卓、盧植的官兵，成為東漢朝廷的一大威脅。但是在張角病死之後，這些集團不再受太平道這個宗教所統一指揮，各集團之間少有交流，成了單純的掠奪集團，最後遭曹操軍一一鎮壓。這些勢力雖然加速了東漢政權的解體，但還沒建立新體制就遭到消滅了。

宗教集團五斗米道

沛國豐縣（現在的江蘇省）人張陵在西元二世紀前期的漢順帝時代（西元一二六～一四四年）進入蜀地，於鶴鳴山（一說為鵠鳴山，現在的四川省崇慶縣）開道場、作符書。信道者必須捐獻五斗米，因此在當時被喚為「米賊」，其集團一般多稱為五斗米道。由於這是一個宗教團體，關於教祖或其集團的描寫多少形成了傳說。

張陵（後世亦稱張道陵）死後，這個信仰在漢靈帝光和年間（西元一七八～一八四年）由其子張衡、其孫張魯所繼承，成為一個有組織的宗教集團。張魯原本跟隨益州牧（首長）劉焉，焉死後於興平元年（西元一九四年）前後成為漢中地區五斗米集團的領袖，號「師君」。

這個集團經常被拿來與張角的太平道相提並論，甚至有「東方太平道張角，漢中五斗米道張陵」的說法。信徒皆稱為鬼卒，信仰深厚者可獲得祭酒稱號。祭酒統率其下眾多信徒，規模較大者則稱為治頭大祭酒。初入教者必須先以病人自居，坐在道場的靜室內反省自身過錯。姦令、祭酒皆是以《老子》五千文作為教材指導信徒，並要求信徒不得說謊。信徒若是生了病，則必須先坦白說出自己所犯之罪。另以鬼吏為病人祈禱，作法是將病人的姓名書寫於木札上，共寫三份，一份放在靠近天的山頂，一份埋入地下，一份沉入水中，合稱為「三官手書」。

此外並設置類似亭傳的通行住宿設施，名為義舍。裡頭隨時備有米、肉等食糧，過路人可自行酌量取用。不可多取，否則將受疾病之災，藉此要求信眾自我克制。若有人犯法，必給予三次悔改機會，第四次再犯才加以懲處。此外春季及夏季禁止殺生及飲酒。

屈服於曹操的宗教王國

張魯集團自西元一九〇年前後起，統治了漢中及巴地將近三十年，在西元二一五年投降於曹操軍。當時張魯主張倉庫內的寶物為國家所有，因此將寶物封存妥當，全部獻給了曹操。張魯投降後，曹操對張魯相當禮遇，對待他就像對待客人一樣。張魯的孩子全封列侯，女兒還嫁給了曹操的兒子。到頭來，宗教領袖依然不敵政治權力。

五斗米道集團的特徵，在於擁有獨自的身分階級，從師君以下，分別為治頭大祭酒、祭酒、姦令、鬼吏、鬼卒，並依此建立起集團規範，所有成員皆須遵守獨特的規矩。吏、卒原本為舊有政治社會組織內的稱呼，但改成了鬼吏、鬼卒，就成了有別於舊制度的宗教集團內官吏及成員。在東漢末期的亂世之中，鄉里社會秩序逐漸失去機能，世人正渴望擁有像這樣的宗教集團意識。這個集團並非地緣集團或血緣集團，而是一群遭舊有社會集團放逐的人，以繳納五斗米為代價，基於信仰而建立起了人際關係。

這個集團能夠在特定的時間及空間內獲得如此廣大的信眾，形成一股龐大的勢力，原因就在於東漢後期社會陷入一片混亂，許多百姓被迫離開了鄉里社會，加上這個集團的包容性強，因此能夠吸引大量百姓加入。集團內沒有嚴格的戒律，且能為離鄉背井、流離失所的百姓提供糧食及醫療。這與鄉里社會的長老秩序不同，可說是一種獨特的共同體，研究者多稱之為「宗教王國」或「五斗米道王國」。

豪族與鄉里社會

維繫政權運作的豪族階層

所謂的豪族，指的是在地方社會中擁有社會影響力的大地主。文獻內或稱為「大族」「大姓」「豪族」「著姓」「豪宗」「豪右」「豪疆」「大豪」「姓族」「右姓」「名族」「顯姓」「豪俠」「大俠」等。例如與光武帝同為南陽郡出身的樊宏，其族人在南陽郡湖陽縣正是當地名族，世人稱之為「鄉里著姓」或「南陽舊姓」。樊氏能成為豪族，理由就在於樊氏組成了向心力相當強的同族集團，而且在經濟方面，有樊宏的父親樊重藉由經商及務農累積了龐大資產。文獻中記載樊重利用陂渠（蓄水池）灌溉，開墾了三百餘頃的田地，此外又栽種梓、漆等植物。樊重累積萬貫家財，經常將錢財分給宗族或鄉里之中的窮人。樊重一族之所以有名，在於樊家出了不少列侯及高官，並非只是單純的地方豪族，而是成為維繫政權運作的階層。

東漢時代的刺史每年到了八月就會巡視轄下郡國，確認地方官的施政沒有出任何問題。此時的評斷基準有所謂的「六條問事」，亦即只要沒有發生六種情況，便可視為施政正常。其中第一條為「**強宗豪右，田宅踰制，以強陵弱，以眾暴寡**」（豪族擁有超過規定的田宅，或欺壓弱小），第六條為「**二千石違公下比，阿附豪強，通行貨賂，割損政令**」（秩祿兩千石的郡守與當地豪族互通賄賂，損及政令的公正性），這些都是為了杜絕官府與地方豪族掛勾，並避免豪族擁有太多的土地。

反過來看，如果有地方官對取締豪族不當行徑相當嚴厲，則會被視為酷吏，記錄於《後漢書》的列傳之中。例如清河大姓宗族領袖趙綱擅自在縣境築起塢壁（壘壁），憑藉武力胡作非為，東郡陽平令李章到任時，竟然在新官上任的宴會上奪下趙綱的佩刀，將他殺死。又例如北海相董宣的屬下之中，有個名叫公孫丹的人，擔任五官掾一職。公孫丹是當地的豪族領袖，有一次，公孫丹派人興建新宅邸，但占卜卻出現施工期間將有人死亡的預兆，公孫丹於是命兒子殺死路人，將其遺體放在宅邸內。董宣審判這個案子，將公孫丹父子處死，其宗族、黨羽共三十餘人奔進官府為公孫丹父子喊冤，董宣竟然將這些人也全部捉起來處死了。

再舉一個例子，黃昌擔任陳相時，彭氏在道路旁建了一座大宅邸，彭氏的妻子登上高高的樓臺，低頭俯視黃昌。黃昌非常生氣，將彭氏的妻子下獄後處死。這些雖然都是個別案例，但可從中看出地方官與豪族之間的對峙關係。東漢時期的仲長統親眼目睹東漢末期的社會亂象，將其對時事的評論全寫在《昌言》（符合道理的言論之意）一書之中。他在書中最大力抨擊的一點，就是豪族勢力過於豪奢，王侯不及其榮華，郡縣首長不及其權勢。

豪族的地域性與階層性

若站在郡守的地方政治角度觀察，當時的世人已相當清楚哪些地區有著根深蒂固的豪族勢力。那就是包含首都洛陽的河南周邊一帶、包含南陽（東漢劉氏政權的發跡地）的豫州，以及黃河北部的冀州。當時有所謂「河南（洛陽）帝城多近臣，南鄉（南陽）帝鄉多近親」這種說法，因此這些地區的豪族往往擁有超過規定上限的土地及宅邸。若從整個漢朝疆域來看，皆集中於北方的關東區域。因此這些地區的地方官若能在施政上不畏懼豪族勢力，就能獲得世人的高度評價。例如堅決不接受豪右囑託的河南尹羊涉、舉發豪強拯救一般吏人的南陽太守趙戒等等。皇室、外戚、宦官或高官的族人往往在地方擁有龐大勢力，形成強大的豪族，在清廉的地方官眼裡可說是最麻煩的燙手山芋。

西漢時期的三輔屬於畿內地區，居住了許多從各地搬遷來的豪族。東漢時期雖遷都洛陽，但三輔由於西連涼州、北接并州，因此成為軍事上極度重要的據點。此外，巴蜀及江南地區由於百姓生活比較安定（相較於經常發生天災的北方黃河流域），因此豪族也多支持地方政治，極少反抗官府。據說蜀郡太守第五倫因蜀地肥沃豐饒，轄下掾史大多家境富裕，所以在錄用官員時會刻意挑選家境貧窮但志向遠大的人。巴蜀之中的巴郡由於豪族之中包含一些漢化的異族，因此有著許多不同於內地的有趣現象。

在審視東漢國家與豪族之間關係時，上述的豪族地域性是不容忽視的重要環節。站在朝廷施政方針的立場來看，自西漢時代便存在的在地豪族勢力若過於強大，朝廷必須設法加以打壓；但是另一方面，若是在現實中對中央集權式的地方政治懷抱支持立場的在地豪族，朝廷卻又必須設法與其攜手合作。郡的太守、丞，以及縣的令、長、丞、尉等職位都是中央任命的地方官，不同於掾以下的地方採用官吏，依規定不得於戶籍地任官，這正是為了避免地方官與族人勾結，阻礙地方政治的公平性。另外又有所謂的「三互法」，進一步禁止郡的太守與任地的豪族之間發生婚姻關係。例如山陽太守史弼娶了任地山陽郡鉅野縣薛氏的女兒為妻，他主動向上呈報，因而轉任平原相。

然而在現實上，地方首長與任地的豪族卻能夠以另一種方式互通關係。地方郡太守等級的官員就跟中央高官一樣，擁有自行選擇屬官的權限，這種權限稱為辟召（辟、召皆為召聘之意）。辟召者與受辟召者之間發生的人際關係會在私底下永久維持下去，不會因長官調任而結束，這就是所謂的「故吏」關係。豪族之中因此而誕生了不少中央官員，由此可知豪族與國家之間並非完全對立的關係。

一縣平均三鄉、一鄉為十里以上的地方行政組織

東漢時代某一時期的文武官（高階官員）人數為全天下共七千五百六十七人，屬官（基層官員）人數則為十四萬五千四百一十九人，合計共十五萬二千九百八十六人。正是這些官員們支撐起了中央集權式的專制政治體制。如

今我們撇開中央不談，將焦點放在地方郡縣政治上。首長級的官員，包含郡的太守（首長）、丞（次長）、縣的令（大縣首長）、長（小縣首長）、丞（次長）、尉，皆是由皇帝親自任命，且為了避免官員與地方社會掛勾，任官的地點會避開官員的戶籍地。但是課長級以下的基層官員，卻是從郡內、縣內選出的當地人士。

此處所稱的課長級以下，指的是郡或縣的屬吏（掾史）。地方行政的實務面皆是由這些人所負責。舉例來說，會稽郡的屬吏在東漢初期有五百多人，中央的河南尹屬吏更多達九百二十七人。在這個屬吏架構之內，位居頂點的屬吏為主簿、功曹及督郵。據說當時流傳著以下這樣的歌謠：

汝南太守范孟博，南陽宗資主畫諾。南陽太守岑公孝，弘農成瑨但坐嘯。

實際上汝南太守為南陽出身的宗資，而南陽太守為弘農出身的成瑨。歌謠中提到的范滂（字孟博）及岑晊（字公孝）只是這兩郡的功曹而已。這首歌謠是諷刺無能太守把工作都推給底下的優秀功曹，自己只是坐著簽核公文及高談闊論。

縣的底下還有鄉、里等行政組織，直接管轄百姓。鄉的數量在永興元年（西元一五三年）全天下有三千六百八十二，平均一縣底下有三個鄉。鄉官（政府官員）包含了負責道德教化的三老、負責傜役及賦稅的有秩，以及負責維持治安的游徼。依制度每鄉有十里以上，每里有一百戶以上。里為最基層的行政單位，由里魁負責管理。

東漢時代各地盛行石刻，其上頭的紀錄讓我們得以一窺當時的鄉里社會狀況。秦漢時代的出土石刻超過兩百座，其中有九成製作於東漢，而東漢石刻又以西元二世紀中、後期的桓靈二帝時期最多。例如墓碑上會記錄埋葬者的同鄉族人，倘若埋葬者曾當過地方的郡守，則還會記錄下故吏的姓名及出身地（籍貫）。藉由後者，我們便能看出該郡的地方社會有著什麼樣的豪族集團。此外，地方首長的功德碑也能提供一般文獻資料上沒有記載的寶貴紀錄。日本學者增淵龍夫研究東漢末年的巴郡太守張納碑，發現碑陰刻了五十九名巴郡基層官員（掾史以下）的姓名，且其姓氏大部分與《華陽國志・巴志》中所記載的大姓一致，因而主張當時的地方統治是建立在土著豪族的自律性秩序之上。

新發現史料所記載的東漢鄉里社會農民狀況

一九六六年，考古學家於四川省郫縣犀浦附近發現了一片東漢墓的墓門，那竟然是一座簿書碑，上頭刻了大約二十戶農民的財產清單（土地、奴婢、屋宅、牛等），卻被拿來當作墓門使用。根據上頭的紀錄，我們得以一窺東漢時代四川地方的鄉里社會狀況。清單中有**「田三十畝，質六萬」「奴立（名字）……并五人，直二十萬」「舍（房舍）六區，直四十四萬三千」「牛一頭，直萬五千」**等文字。單看擁有土地面積，最少者只有八畝（一畝大約為現在的四・五公畝），最多者有二百六十畝，差距甚大。若看每畝田的價值，田地少的家庭為每畝五百錢，田地多的家庭為每畝二千錢，可見得土地肥沃程度、生產性也有明顯的優劣之分，相當不均衡。而且根據東漢時代的買賣契約書，當時是可買賣土地的。

一九七三年，河南省偃師縣出土了一塊石券（刻在石上的證明書），上頭記載東漢時代一群父老為了減輕其職務負擔而約定共同買賣土地。這是相當珍貴的史料，可讓我們具體理解當時的鄉里狀況。石券長一公尺五十四公分，寬八十公分，厚十二公分，表面以陰刻方式刻了隸書十二行共二百一十三字。其內容記錄漢章帝建初二年（西元七七年）正月十五日，侍廷里的父老僤（選任父老的組織）二十五名成員聚集在里治所內，以石券約定以下事項：

永平十五年（西元七二年）六月，眾人籌得六萬一千五百錢，購買八十二畝耕地。成為父老的人可借用此田地作為客田，種植農作物以供給開銷。若是沒有出資購買耕地的人，則須將自己的耕地直接交給父老。僤內成員若有人去世，子孫的戶主可繼承其權利。若僤內所有成員無可提供之財產，則可將耕地出租以填補其費用。其下記載的二十五名成員，包含于氏十名、左氏二名、僤氏三名、尹氏三名、錡氏三名、周氏三名、其他一名，父老職位似乎是由這些人輪流擔任。父老的職責為教化里民，由此石券紀錄可看出東漢時代的父老是由里內擁有一定程度資產的人物擔任。換句話說，維持鄉里社會秩序的力量並非國家法律，而是里民之間的約定。

墓室壁畫所描繪的豪族莊園

東漢時代的豪族一方面將族人送進中央的朝廷擔任高官，另一方面又讓族人獨占地方郡縣官府的實務官職，藉此掌握地方政治的實權。其經濟來源是以直接經營廣大莊園為基礎。所謂的莊園，包含別莊（別墅）與田園，雖然是從唐代之後才開始盛行，但在漢代已開始出現高官或豪族在都市周邊的農村向外擴張之際，趁機占據土地，讓奴婢及佃農在裡頭從事生產的例子。正如同皇帝、諸侯王在全天下到處占據土地作為禁苑，豪族也在田野之間占地作為莊園。據說東漢的梁冀所擁有的莊園大得可以在裡頭建造山林溪谷，放養各種飛禽走獸。這當然是特別豪奢的例子，一般而言莊園都是遠離既有郡縣城郭，座落於未開墾的深山野嶺之地。

東漢的仲長統評論秦漢時期的三度亂世（秦末、王莽、東漢末），認為豪族占據土地的行為搗亂了編戶齊民（登錄了戶籍的平民）的生活環境，更形容豪族的莊園為「**豪人之室，連棟數百，膏田滿野，奴婢千羣，徒附萬計**」（豪族的屋舍多達數百棟，耕地滿山遍野，奴婢數以千計，依附其下的農民數以萬計）。這或許有些誇大其辭，但可看出當時的豪族莊園有多麼廣大。

東漢的墓室壁面上常可見彩色壁畫，其中有不少正是描繪了地方豪族的莊園生活。一九七一年，考古學家於內蒙古自治區和林格爾發掘一座東漢桓、靈帝時期的墳墓，其後室南側壁面上畫著一片受山林環繞的莊園。內部情況畫得清清楚楚，中央有宅邸及馬廄，周圍有塢壁，南側飼養著牛、羊、雞，右上方的山麓耕地上有兩頭牛正拉著犁，宅邸的左側有人在摘桑葉，左下則有車庫。所謂的塢壁，指的是豪族將勢力擴展至郡縣城外的田野時，為了防禦其據點而私自建造的壘壁。同一座墓室內，東側的壁面則畫著寧城縣城的格局，兩相比較便可清楚看出莊園的意義。墳墓埋葬者的身分為使持節護烏桓校尉（負責戍衛北方邊境的高階官員），墓室牆壁上畫著他曾到任過的郡縣治所，以及他在故鄉所擁有的莊園。

一九五九年發現於山西省平陸縣棗園村的東漢初期墳墓壁畫，也畫著受塢壁環繞的豪族莊園。赤裸雙腳的農民正持鞭趕著兩頭牛拉犁耕田，還有農民在掘土及播種。此外，東漢墓內的畫像石或畫像磚（在石頭或磚塊上雕出紋路或圖畫）所呈現出的畫面雖然較零碎，但組合起來也可看出豪族莊園的整體景象。農耕、製鹽、釀造、養魚、狩獵等生產行為皆描繪得栩栩如生。

東漢墳墓裡的明器（陪葬品）常可見水田、乾田及蓄水灌溉的模型。氣候溫暖多雨的地方則有稻作模型。陝西省勉縣東漢墓出土的明器可看到有著直排土堆的乾田、從蓄水時引水的灌溉渠道，以及區塊不整齊的水田。農作物收成之後，水田就成了養魚場。

或可視為中世紀前史

這些東漢時代的莊園皆採多元經營的方針，看起來似乎是自給自足的經濟單位，因此有學者認為這是中國的「中世紀前史」，也就是將此視為魏晉南北朝時代自然經濟體制的濫觴。不過我們難以判斷豪族的莊園擴大是否為全天下的普遍性社會現象，因此直接將莊園與中世紀畫上等號恐怕有些過於草率。一來那或許只是古代式的莊園，二來史料中雖然常可見到描述豪族豪奢跋扈的詞句，但其目的只是為了強調這種社會現象違反了以編戶齊民及單一個體統治為理念的統治制度。

崔寔是涿郡安平縣出身，在漢桓帝時期擔任郎官，著有《政論》一書，在當時頗負盛名。他的文章明確點出了東漢衰退期的社會不安現象，是研究東漢社會變動的重要參考依據。其後崔寔亦從事東漢的史書編纂工作，但真正讓他發揮才能的是擔任五原（現在的內蒙古自治區包頭附近）太守時的地方行政工作。據說當時有些百姓窮得冬天沒有衣物可以禦寒，崔寔賣去剩餘物資，製造紡織器具，教那些百姓自己做衣服。

四百年劉氏皇朝的終結

緯書《春秋命歷序》中有這麼一段敘述：

四百年之間，閉四門，聽外難，群異並賊，官有孽臣，州有兵亂。五七弱，暴漸之效也。

與西漢末年如出一轍的朝代更迭戲碼

後人對「五七」的解釋為五乘七。五七弱的意思，就是漢朝自大約三百五十年的漢順帝時期開始走向下坡。這則預言開始在民間廣為流傳，正是在西元二世紀中葉的漢順帝時期。預言更指出到了四百年的時候，將出現孱弱的君主封閉四門、聆聽外難的災厄，因此漢順帝時有人主張應該從現在開始改革制度、化奢為簡，才能渡過四百年的難關，漢順帝當時也同意了。那個時代會出現這樣的緯書，理由在於天災異變頻傳，世人皆擔心漢朝的劉氏政權撐不過四百年大關。在漢獻帝（東漢最後一個皇帝）時期，四百年劉氏皇朝真的面臨了終結的命運。將東漢推向滅亡的人物是有「賊臣」「國之大賊」之稱的董卓，經常有人將他與篡奪西漢劉氏政權的王莽相提並論。

當時袁紹打著復興漢室的口號，與「義兵」對抗董卓。但最後在這朝代更迭的舞臺上登場的是曹操的兒子曹丕，他接受了東漢最後一個皇帝漢獻帝禪讓。這齣戲碼與從前秦末亂世及兩漢過渡期的政權輪替戲碼可說是如出一轍。秦始皇與項羽、劉邦的關係，就像是王莽、更始帝劉玄、光武帝劉秀的關係，亦像是董卓、袁紹、曹操的關係。

董卓不同於王莽之處，在於他沒有建立自己的皇朝。中平六年（西元一八九年）四月，漢靈帝去世，皇太子劉辯（漢少帝）即位。但短短五個月之後，董卓便廢去劉辯的帝位，並在同年九月改立年僅八歲的陳留王劉協為帝，是為漢獻帝。同時董卓派人殺害了皇太后何氏。到了隔年，即初平元年（西元一九〇年），董卓遷都長安，放火燒了洛陽的宮殿、宗廟及民宅。其後董卓又命部下呂布挖掘洛陽的皇帝陵及高官墳墓，取走其中的財寶。到了初平三年（西元一九二年），董卓遭部下呂布殺害。雖然時間短暫，但董卓在東漢最後的政權之下掌握了實權。董卓的官位從并州牧躍升為太尉、相國及太師，但沒有當上皇帝。董卓命人將五銖錢重新鑄造成小錢，且蒐集洛陽及長安的所有銅人、鐘鐻、飛廉、銅馬等銅製品，當作鑄造貨幣的材料。但他下令鑄造的銅錢太過粗糙，沒有任何輪廓或文字，因此引發了混亂，導致物價飛騰。

就跟秦始皇及王莽時期一樣，山東（關東）地區出現了反董卓的勢力。袁紹是汝南郡汝陽的名族出身，曾為了與漢靈帝時期的外戚何進一同消滅宦官勢力，誅殺了兩千多人。董卓擁立漢獻帝後，袁紹與其堂弟袁術吸收地方的州刺史、郡太守各方勢力，組成了討伐董卓的同盟，以袁紹為盟主，發兵攻打董卓。董卓為了報復，殺盡都內與袁紹同族的高官及其族人，埋於青城門外及東都門內。其後到了建安五年（西元二〇〇年），袁紹與曹操在官渡之戰中一決雌雄，袁紹大敗。

延康元年（西元二二〇年），漢獻帝將帝位禪讓給魏王曹丕，自行降格為山陽公。公的地位比諸侯王更高。曹丕在繁陽故城築壇，登壇接下皇帝璽綬。

這場禪讓戲碼，模仿的是劉邦即位。歷史總是會不斷重演。東漢兩百年歷史，劉氏政權四百年歷史，到此畫下句點。漢獻帝降格為山陽公後又活了十四年，到青龍二年（西元二三四年）去世，最後以漢朝天子之禮埋葬於禪陵。站在魏朝的角度來看，漢獻帝是禪讓了帝位的東漢皇帝，因此加以厚葬，還特地將陵墓命名為禪陵。但其地點有別於其他位於洛陽的東漢皇帝陵，而是孤零零地座落於山陽公的封地（現在的河南省焦作縣）。

以劉氏為皇帝的傳統雖然結束了其長達四百年的歷史，但沒有完全消滅。西元三世紀初期於蜀地建立漢國的劉備，是西漢時期漢景帝之子中山靖王劉勝的子孫，他善加利用了自己身為劉氏的權威。中山靖王劉勝的墳墓於一九六八年出土，遺體身上包著金縷玉衣，前文已提過。總而言之，劉備擁有漢朝皇室後代身分，這是其蜀漢政權的基礎。

到了四世紀初，漢朝的系譜又由北方的匈奴繼承。匈奴人劉淵自立為漢王，當時是五胡十六國時代的初期（值得一提的是五胡十六國中最早誕生的成漢，是由巴人李雄於蜀地建立）。劉淵事實上並非漢朝的劉氏子孫，他能夠聲稱繼承漢室，理由在於漢朝自西漢的漢文帝之後就與匈奴建立兄弟關係，而且在漢元帝的時候，後宮的王昭君嫁給了呼韓邪單于，因此雙方亦算是有姻親關係。

魏王曹丕接下皇帝璽綬

建元二年（西元四八〇年）夏天，流經盧陵郡石陽縣的長溪水暴漲，引發長約六、七丈的山崩，從中露出一千多根柱子。這些柱子粗十圍，較長者約一丈（十尺），較短者約八、九尺，頭題有古文字，但誰也看不懂。江淹向王儉請教這些柱子的來歷，王儉輕描淡寫地回答：「**江東不閑隸書，此秦漢時柱也。**」（看來你對隸書不熟，這是秦漢時代的柱子。）（《南齊書》第十九卷）由這段文獻紀錄可知在進入五世紀之後，世人已沒有機會接觸隸書（秦漢時代的文字）。儘管漢朝的文化傳承了下來，但真正屬於漢朝的文字卻已讓世人感到陌生。

結語　秦漢四百四十年的「第一個皇帝們」

秦朝統一天下的時期（西元前二二一～前二〇六年）只有短短十五年，不過若加上西漢（西元前二〇二～後八年）與東漢（西元二五～二二〇年），則大約有四百四十年。若將這四百四十年視為單一時代，那會是什麼樣的時代？這就是本書的主題。這四百四十年並非長期處於安定狀態，其中有五年為項羽與劉邦的楚漢相爭時代（西元前二〇六～前二〇二年），有十五年為王莽的新朝時代（西元八～二三年），還有東漢末年的混亂時期。我們甚至可以說這是一個動盪不安的時代。

若將四百四十年視為一整個時代

若將四百四十年取一個較完整的數字，我們可以說秦漢史長達四百年。隋唐史只有三百年，明史及清史則連三百年都不到。秦朝兩代皇帝的時代，加上立足於秦朝的基礎之上的劉氏二十四代皇帝的時代，雖然中間曾一度中斷，但合計竟然超過了四百年，實在令人吃驚。概觀這一整個時代，能夠發現什麼？

事實上將秦代與漢代放在一起的思維方式，並非現代的歷史學家所獨創。早在漢代世人的認知裡，便將秦史與漢史共同視為現代史。秦漢史在我們現代人眼裡為古代史，但漢代人則認為上古時代（他們不稱古代）為夏商周三代，而秦漢時代為現代。西漢司馬遷所作的本紀雖然從夏商周三代一直延續到秦漢時代，但相當於現代史的秦漢部分所占比例較高。《史記》從〈夏本紀〉到〈今上（武帝）本紀〉合計共十一篇本紀，但以字數來看，自〈秦本紀〉之後的部分占了七十六％。就連東漢時代的班固也在《漢書・司馬遷傳》中提到「**其言秦漢，詳矣**」。可見得此時代區分並非肇始於現代的歷史學，早在中國古代就有這樣的觀念。由於時代區分是立足在由現在看過去的概念上，因此會隨著時間而發生變化，其意義只有在進行比較的時候才會顯現。

距離漢代越遙遠，世人心中的秦漢時代越會是「過去的時代」，記憶也會越來越不可靠。我們的現代歷史學所追求的是過去時代的忠實呈現，但從前的中國人並沒有這樣的想法。只有對現代有所幫助的歷史才會受到重視，這就是傳統中國人的思維模式。

以成為「第一個皇帝」為目標

東漢滅亡後又過四百年，唐朝第二代皇帝唐太宗李世民（在位期間西元六二二～六四九年）受讚譽為在統一天下後鞏固了基業的英明君主。後人稱其在位期間為貞觀之治。有一次，唐太宗問蕭瑀：「**朕欲長保社稷，奈何？**」唐太宗會這麼問，想必是因為前面的隋朝太短命了。蕭瑀的回答相當明確：

三代有天下所以能長久者，類封建諸侯以為藩屏。秦置守令，二世而絕。漢分王子弟，享國四百年。魏、晉廢之，亡不旋跬。此封建之有明效也。

（夏商周三代能夠長期維持，是因為封建諸侯作為藩屏。秦改為設置郡守跟縣令，兩代就斷絕了。漢分封王的子弟，得以享國四百年。魏、晉又廢除封建，同樣很快就覆滅了。可見得封建的效果有多大。）

唐太宗接納了蕭瑀的建議，採行封建制。封建二字並非源自於歐洲中世社會Feudalism的翻譯語，而是中國的傳統制度。那是一種由諸侯王及列侯分治領土的制度，有別於皇帝直接統治的郡縣制。封建並沒有政治上的獨立性，其定位只是維繫中央集權的制度。

蕭瑀認為採用郡縣制的秦朝有如曇花一現，兼用郡縣與封建的漢朝卻得以延續了四百年之久。正因為漢朝的為政者不希望讓漢朝像秦朝那麼短命，所以才能夠維持基業四百四十年，這是相當正確的觀念。筆者將本書標題取為「始皇帝的遺產」，理由也正在於此。秦始皇的遺產不論好的還是壞的，都由漢朝繼承了下來，因此漢朝才能維持四百年而屹立不倒。劉邦、漢武帝、王莽、光武帝等人皆是一方面繼承秦始皇的遺產，一方面又希望成為另一種全新面貌的「第一個皇帝」。西楚霸王項羽雖然沒有成為皇帝，但應該有資格加入他們的行列。

希望成為第一個皇帝的人物，並非只有秦始皇而已。

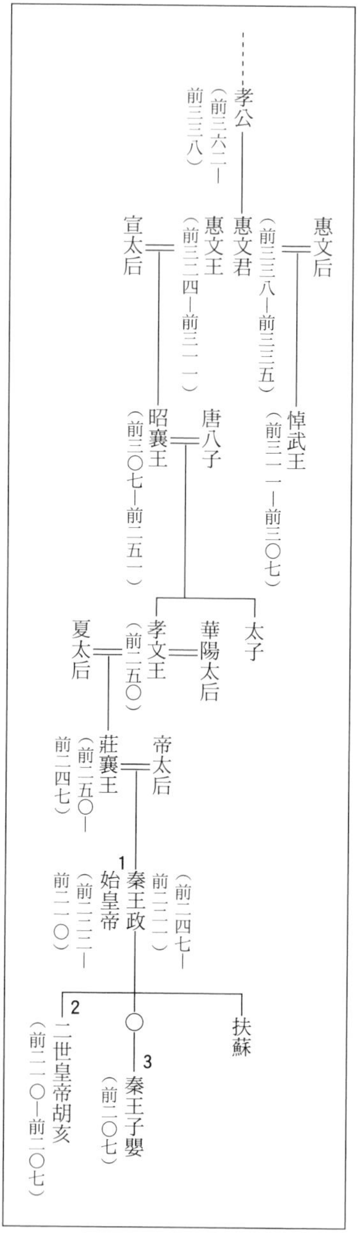

秦始皇系譜（括弧內為在位期間）

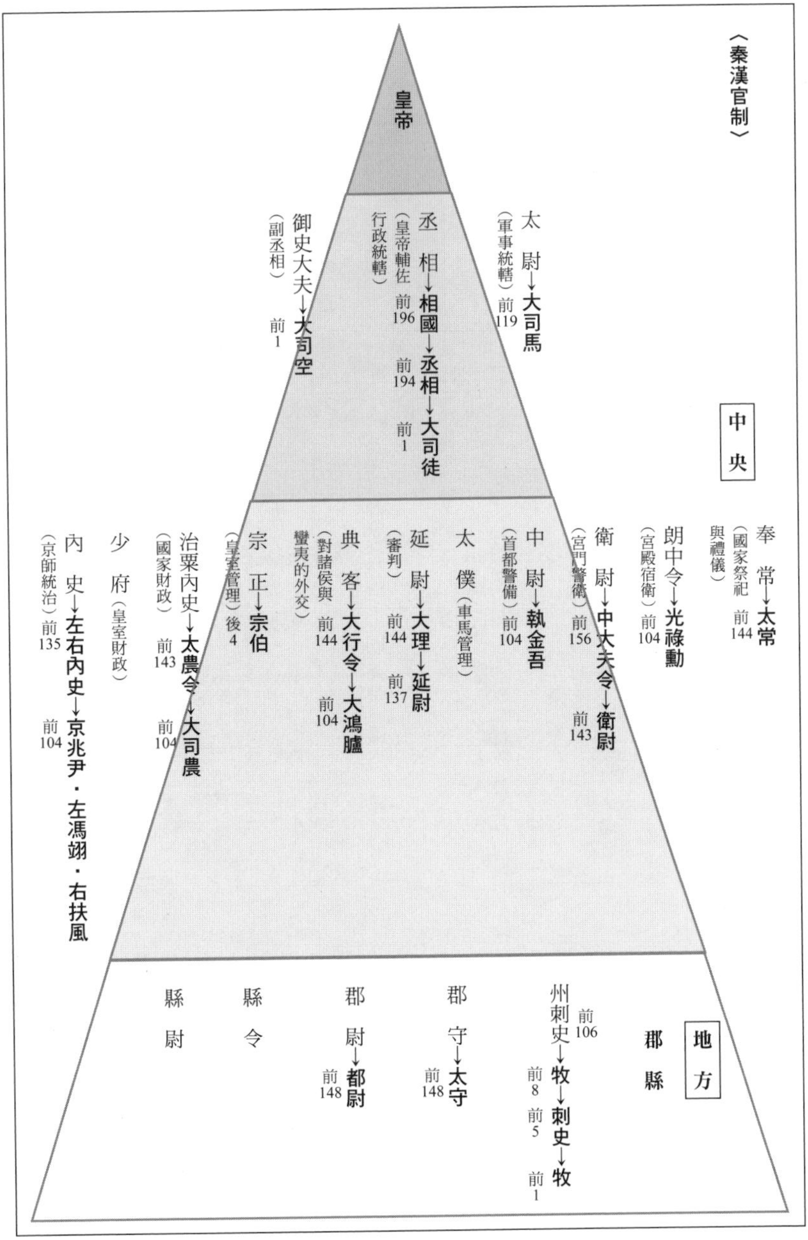

秦漢官制（細體字為秦至西漢初期，粗體字為西漢中後期）

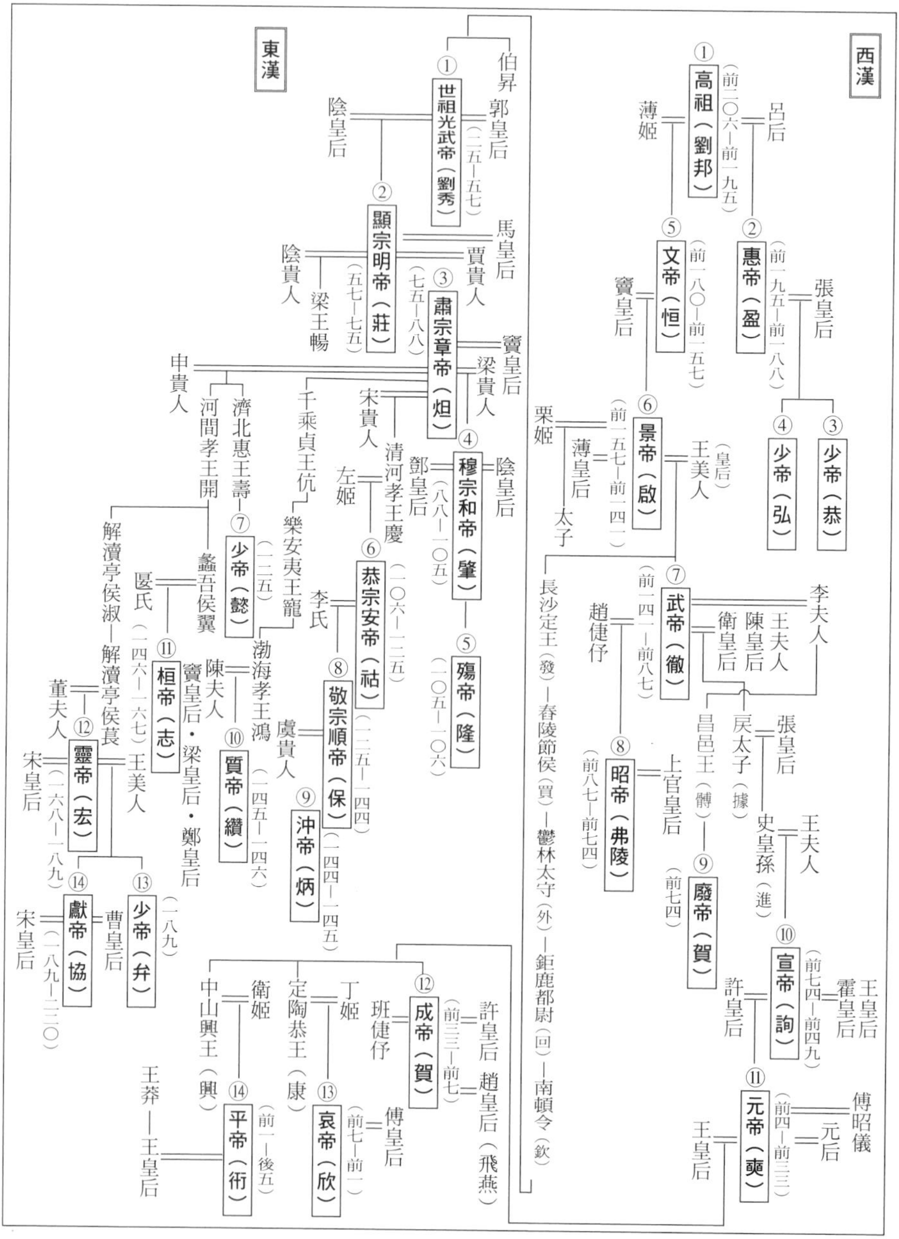

西（前）漢、東（後）漢皇帝系譜（括弧內為在位期間）

主要人物略傳

秦始皇（西元前二五九～前二一〇年、在位期間西元前二四七～前二一〇年）

秦王嬴政。出生於趙國首都邯鄲。繼父親秦莊襄王後即位為秦王。到五十歲去世為止，統治期間可分為前面二十六年的秦王，以及後面十二年的（中國史上第一個）皇帝。雖因統一戰國亂世而獲得高度評價，卻又因消滅六國、採行極權、焚書坑儒、建設長城等草菅人命的政策而遭批評為殘酷暴君，在後人心目中的形象不斷改變。一九七四年發現兵馬俑坑，一九七五年發現睡虎地秦簡，二〇〇二年發現里耶秦簡，這些與秦始皇同時代的文物史料讓學者得以排除後世的虛構傳說，對秦始皇作出更貼近現實的詮釋。

項羽（西元前二三二～前二〇二年）

戰國時代楚將世家出身，與叔父項梁一同響應陳勝、吳廣之亂，起兵抗秦。出生於下相縣（今江蘇省徐州東方），但因項梁為避仇而渡長江，移居至會稽的吳縣（今江蘇省蘇州），故在此舉兵。項梁死後，項羽成為叛軍領袖。跟劉邦軍相比，項羽軍在軍事行動上可說是連戰連勝，兵力從八千暴增至十萬，接著又增加至四十萬，三年後攻進關中，但晚了劉邦一步。項羽坑殺戰敗秦兵四十萬，殺害秦王子嬰，焚燒咸陽，挖掘秦始皇陵，種種殘暴行徑經常被人拿來與行事沉穩的劉邦互相比較。秦朝滅亡前的（秦二世）三年，項羽擁立楚懷王，利用其權威就任上將軍。秦朝滅亡後，項羽將懷王升格為義帝，在形式上分封十八王，並封自己為西楚霸王，地位為諸王領袖。但隨後項羽便派人殺死義帝，諸王聯合體制也隨之瓦解。楚、漢雖曾一度停戰，但最後楚軍於垓下敗給了漢王劉邦，項羽逃到烏江邊，在漢軍面前自殺。

劉邦（西元前二四七～前一九五年，在位期間西元前二

〇六～前一九五年）

西漢第一代皇帝，廟號高祖，諡號高皇帝。出生於現在的江蘇省沛縣，為了響應陳勝、吳廣之亂，於沛縣起兵。在秦朝滅亡前的身分為沛公（沛縣首長），與西楚霸王項羽進行楚漢之爭時為漢王（蜀、漢兩地之王），打敗項羽後才稱帝，後人稱其為漢高祖。稱帝之後的七年之間，劉邦定都於舊都咸陽，改名長安，並下令舊戰國六國的貴族、豪族數十萬人移居至長安周邊一帶的關中地區，為漢帝國建立了基礎。當時匈奴的冒頓單于於陳勝、吳廣之亂的時期即位，匈奴國力勝於漢朝，漢高祖曾在白登山遭包圍七日。雖然當上了皇帝，但一直到去世之前，漢朝依然處於內憂外患的狀態。但劉邦不同於項羽之處，在於麾下人才濟濟，如蕭何、曹參、周勃、韓信、陳平等人，數次為漢朝化解了危機。

呂不韋（？～西元前二三五年）

戰國時代後期活躍於東方都市的大商人。偶然遇上在邯鄲當人質的落魄秦公子子楚，暗中策劃讓子楚繼承秦孝文王的王位，是為秦莊襄王。呂不韋在秦莊襄王時代及其後的秦王政時代皆為相邦（丞相），手握大權，但後來因捲入嫪毐風波而失勢，落得自殺下場。呂不韋死後，秦王政親臨朝政，李斯成為新的智囊。呂不韋曾將一名邯鄲歌姬獻給子楚，當時歌姬已懷了呂不韋的孩子，因此後世謠傳秦王政為呂不韋的孩子。

白起（？～西元前二五七年）

出身於咸陽西方的郿縣。曾率軍攻打過韓、魏、趙、楚等國。攻陷楚都郢後設置南郡，受封為武安君。官至國尉（秦國將領最高官銜）。西元前二六〇年的長平之戰中，坑殺四十萬降兵。秦昭襄王五十年，因不肯出戰而得罪秦王，最後落得自殺的悲慘下場。

王翦

出身於咸陽東北方的頻陽縣。兒子為王賁、孫子為王離，前後三代皆是活躍的秦國將領。剛開始的時候，秦王政聽了年輕將軍李信的話，以二十萬軍隊攻楚，卻鎩羽而歸。秦王政改派老將軍王翦出戰，動員六十萬大軍才終於獲勝。王翦統率了六十萬大軍，這幾乎是秦國的全部兵力，王翦為了避嫌，故意向秦王政索求美田。陝西省富平縣東北方二十公里的到賢鄉永和村出土一墓，據傳便是王翦墓。

商鞅（？～西元前三三八年）

商鞅為衛國公子，效力於秦孝公，於西元前三五九年、前三五〇年兩度推動變法。第一次變法，讓五家或十家的相鄰之家負連帶責任，一戶有兩個兒子就必須分家，並且依軍功賞賜爵位。第二次變法，禁止父子兄弟同住，推行縣制，劃定土地邊界，統一度量衡。商鞅變法促使戰國國家走向中央集權，對後來秦漢帝國的形成具有相當重要的意義。

孟姜女

河北省秦皇島市有著明代長城東端的山海關，其東北方有孟姜女的廟及名為姜女墳的岩礁。事實上秦代的長城在更北方，距離此地相當遠，何況秦代文獻中並無關於孟姜女的紀錄，因此其故事及史蹟應為後人的杜撰。但近年來這附近的海岸出土了與秦代碣石宮有關的大型離宮遺跡，促使後世傳說的背景逐漸明朗化。

蒙恬（？～西元前二一〇年）

秦代將軍。祖先出身於東方的齊國。自祖父蒙驁以來，蒙家三代皆效命於秦國。天下統一之後，蒙恬率領三十萬兵力北征匈奴，並且修築長城及碉堡，頗立功績。但在二世皇帝的時期受趙高等人陷害，與弟弟蒙毅一同自殺。陝西省綏德縣城西南方出土一墓，據說便是蒙恬墓。

扶蘇（？～西元前二一〇年）

秦始皇的長子。秦始皇下令坑儒時，扶蘇試圖勸阻，惹惱了秦始皇，因而被派往上郡（今陝西省北部），負責監視蒙恬。秦始皇死後，趙高、李斯偽造詔書，將扶蘇與蒙恬一同賜死。陝西省綏德縣有一墓，據說便是扶蘇墓。

趙佗

原本為中原人，加入秦朝遠征百越的軍隊，在新置的南海郡就任龍川令。秦朝末年趁著中原混亂之際自立，於越人居住之地建立南越國，以番禺（廣州）為首都，成為第一代南越王。對外向西漢稱臣並接受冊封，但對內自稱武帝。一九八三年，考古學家發掘第二代南越王趙胡（趙佗的孫子）之墓。趙佗建立的南越國於西漢時期遭漢武帝派軍消滅，共傳五代九十三年。

二世皇帝胡亥（在位期間西元前二〇九～前二〇七年）

秦朝第二代皇帝，故稱二世皇帝或秦二世。繼承父志續建阿房宮及馳道，導致百姓的稅役負擔太重，引發陳勝、吳廣之亂，最後在宦官趙高的逼迫下自殺。西安大雁塔東南方有一墓，據傳便是胡亥墓。

漢文帝（在位期間西元前一八〇～前一五七年）

漢高祖與薄皇后之子。呂太后死後，外戚呂氏一族發動叛變，群臣擁立代王劉恒即位，是為漢文帝。漢文帝實施了諸多仁政，如廢除肉刑及田租、開放山川資源、開穀倉賑濟貧民等。對外則以和親政策防止匈奴繼續入侵，使漢朝內外皆進入安定期。遺言下令薄葬，因此其埋葬的霸陵為西漢唯一利用了自然山坡的皇帝陵。

漢景帝（在位期間西元前一五七～前一四一年）

漢文帝與竇皇后之子。由於削減同姓劉氏諸侯王的領地，引發吳楚七國之亂，所幸由大將軍竇嬰、太尉周亞夫平定，化解了危機。其後下達了允許諸侯分封的推恩令之後，諸侯王勢力減弱，政局轉為安定。文、景帝父子共維持了大約四十年的安定時期，後世稱為文景之治。

漢武帝（在位期間西元前一四一～前八七年）

漢景帝與王皇后之子。於西漢政權誕生半個世紀後即位，大幅變更了原本承襲秦制的西漢前期制度。內政方面實施鹽鐵專賣制及均輸平準法，設五經博士，使儒學成為官學，並整治黃河。對外攻打匈奴，占領鄂爾多斯及河西走廊，並征服南越、西南夷及朝鮮半島北部。對內對外皆建立起鞏固的帝國體制。繼秦始皇之後於泰山舉行封禪儀式，將曆法從以十月為年初的秦曆（顓頊曆）變更為以一月為年初的太初曆，如同宣布西漢帝國已進入嶄新的時代。

張騫（？～西元前一一四年）

漢武帝為了對抗匈奴，打算與匈奴的仇敵月氏結盟，派張騫率領一百多人的使節團前往月氏。張騫在途中遭匈奴扣留十餘年，甚至在匈奴娶妻生子，但最後還是成功經大宛、康居，抵達了大月氏（月氏西遷之後的稱呼）。然而月氏人已無意向匈奴報仇，張騫歷經了十三年回到漢朝，雖然沒有達成使命，卻帶回了許多西域諸國的資訊。

漢成帝（在位期間西元前三三～前七年）

漢元帝與王皇后（王莽的姑母，元后）之子。在位期間多次發生黃河氾濫等天災，漢成帝對災民及流民的救濟可說是不遺餘力。但另一方面，漢成帝恢復了漢元帝時廢止的陵邑徙民政策，且除了初陵（延陵）之外打算建第二座陵墓（昌陵）及設置陵邑，後因內外局勢不安定才作罷。在位期間母親一方的外戚王氏崛起，最終導致王莽政權誕生。劉向曾勸漢成帝不要厚葬，其理由之一就在於對外戚王氏所抱持的危機意識。

王昭君

王昭君為南郡秭歸縣人，名嬙，字昭君。根據《漢書》及《後漢書》的記載，王昭君於西漢元帝（在位期間西元前四九～前三三）時期入宮，西元前三三年因匈奴呼韓邪單于請求「和親」而嫁給了匈奴單于。單于死後，王昭君依照匈奴習俗，改嫁給了單于與前妻所生的兒子，育有二女。由於在漢族眼裡，下嫁匈奴是極為羞恥的事情，因此晉代出現了王昭君在下嫁前服毒自殺的傳說。元曲《漢宮秋》則改成了在漢與匈奴的國界處投河自盡。其墳墓位於內蒙古呼和浩特市南郊。據說胡人墓上之草皆為白色，唯獨昭君墓的草為綠色，故被稱為「青塚」。

王莽（西元前四五～後二三年）

夾於西、東漢劉氏政權之間，建立了只有十五年的新朝。王莽能有機會取代劉氏成為皇帝，全仰賴姑母王政君為漢元帝的皇后。年幼的漢平帝即位之際，王政君掌握大權，將國政交給王莽處理。王莽不同於秦始皇或劉邦，是藉由禪讓方式當上了皇帝。他以外戚身分與劉氏皇族建立緊密關係，歷經安漢公及假皇帝（皇帝輔佐者之意），最後成為真皇帝。毒殺十四歲的漢平帝之後，他在年僅兩歲的孺子嬰面前舉行了君臣交替的儀式。王莽的政治改革皆依循《周禮》，企圖將漢朝的制度全部改成理想中的周朝制度。

光武帝（在位期間西元二五～五七年）

劉秀。復興西漢劉氏政權，建立了東漢。初期響應赤眉之亂，於南陽起兵。王莽政權雖是由劉氏本家的劉玄（更始帝）所消滅，但劉秀吸收了赤眉勢力，且擊敗河北諸勢力，最終建立了新政權。在位期間實施了各項政策，如減少田租、修築黃河堤防、解放奴婢、簡化財政及官吏制度等等，致力於讓兩漢過渡期的混亂局勢恢復安定。

漢明帝（在位期間西元五七～七五年）

東漢第二代皇帝劉莊。其治世有如光芒普照四方，故諡為明帝。光武帝的第四子，母親為陰皇后。愛好儒學，恪遵光武帝傳下的制度，對律法相當熟悉，能夠親自審理刑案。積極經營光武帝時期中斷的西域外交，並曾派竇固及班超討伐北匈奴。據說曾作金人之夢，促使佛教傳入中國。

漢和帝（在位期間西元八八～一〇五年）

東漢第四代皇帝劉肇。其治世不剛不柔，故諡為和帝。母親梁貴人死後，以竇太后之子的身分長大。漢章帝去世時，竇太后讓年僅十歲的劉肇即位，自己臨朝聽政。雖然二十七歲就去世了，但在位期間竇氏等外戚及宦官勢力逐漸壯大，對外關係上也造成匈奴等周邊民族入侵。東漢帝國歷經武帝、明帝、章帝的治世時期，自和帝之後因外戚及宦官勢力而轉為亂世。

王充（西元二七～九〇年）

東漢思想家，在《論衡》一書中評論諸般思想。就學於洛陽太學，師事班彪。主張天為大自然的一部分，駁斥自然現象反映上帝旨意的思想及天人感應說、讖緯（預言）。

張仲景

南陽郡人，名機。東漢末年著名醫學家。其事蹟《後漢書》及《三國志》並未記載，僅散見於《傷寒論・自序》等文，頗多不明之處。據說曾任長沙太守，但亦有歷史學家否定此說。著有《傷寒雜病論》一書，彙整了到漢代為止的醫學知識。這本書後來被拆成了《傷寒論》及《金匱要略》兩書。後世尊為「醫聖」，現代南陽尚有其墓碑（建於晉咸和五年，西元三三〇年）及祠堂。

班固（西元三二～九二年）

東漢人，出身於右扶風安陵縣（陝西省咸陽縣東）。《漢書》一百卷的作者。由於《史記》只記錄到漢武帝時期，班固的父親班彪試著寫了數十篇《後傳》，但尚未完成便去世了。從小就展現詩文之才的班固繼承父親遺志，專注於寫作，卻遭漢明帝誤解而入監，著作亦遭沒收。所幸弟弟班超代為澄清，才獲得諒解。其後班固就任蘭臺令史（宮廷內的秘書官兼文書官），繼續《漢書》編纂作業。其妹班昭也是著名學者。班固於六十一歲去世，《漢書》還差一點沒有完成，妹妹班昭動筆補足。

班昭

東漢學者。班彪的女兒，班固的妹妹，曹世叔的妻子。班固去世時，《漢書》的表及天文志還有一部分沒有完成，班昭繼承遺志加以補足。漢和帝將班昭召入宮中，教導皇后及貴人，在當時被稱為曹大家。著有《女誡》七篇，內容為婦人的生存之道，包含侍奉丈夫、謹言慎行、端莊少語、順從公婆、與小姑和睦相處等等。

李冰

都江堰的外江出土兩具石人，據推測應是東漢時代豎立於岷江易氾濫之處，後因河水氾濫而沒入土中。李冰是戰國時代的秦國蜀守，治水有功。豎立石像的目的，一來應是為了祈求河水不再氾濫，二來則是作為測定水位之用。李冰石人的刻銘除了有東漢建寧元年（西元一六八年）的年號之外，還有「造三神石人」等字，可見得除了這兩具石人之外還有一具。

歷史關鍵詞解說

睡虎地秦簡

一九七五年，湖北省雲夢縣睡虎地秦墓出土了一千一百五十五枚竹簡，其中包含大量秦律條文，如田律（農耕生產）、廄苑律、倉律、金布律（財政）等，此外還有法律問答集、封診式（判決書）等。在此之前，我們只知道秦朝實施嚴刑峻法，但對其法律條文並不清楚。

龍崗秦簡

一九八九年，湖北省雲夢縣龍崗秦墓出土了大約一百五十枚竹簡，其內容包含秦朝統一天下後的禁苑（御苑）、馳道（道路交通）、牛羊馬等牧場管理的相關法律條文。與睡虎地秦簡同為珍貴的同時代史料。

邯鄲

從西元前三八六年起，至前二二二年為止，為戰國時期的趙國在遭秦國消滅前的首都。這是一座位於今河北省邯鄲市西南方四公里處的古城，可分為宮城（趙王城）及郭城兩部分，整體規模為東西三・二公里、南北四・八公里。秦王政出生於此，母親亦是此地人，可說是與秦始皇頗有淵源的一座城市。

大篆、小篆

東漢時代字典《說文解字》中提及的秦書八體，分別為大篆、小篆、刻符（刻於符節上的文字）、蟲書（寫於絹幡上的文字）、摹印（刻於印璽的文字）、署書（題在門上的文字）、殳書（刻於殳等兵器上的文字）、隸書（由官吏墨書於竹、木簡上的篆書簡化而成）。其中的大篆、小篆為刻在青銅器或鐵器上的文字，統一前使用的文字為大篆，秦始皇統一天下後下令根據大篆設計出一套新的字體，稱為小篆。小篆可見於秦始皇的石刻及度量衡器具上。

咸陽

原為戰國時代的秦國首都，西元前三五〇年由秦孝公興建於渭水北岸。前二二一年，秦王政統一天下後，命各地富豪十二萬戶移居此地，定為統一帝國的首都，並於渭水南岸建阿房宮，擴充其規模。如今因渭水河道北移，咸陽城南部沒入水中，只有北方丘陵還殘留著宮殿基礎。

度量衡

依據權（青銅製、鐵製或石製的秤砣）、量（青銅製或陶製的量桶）上所刻的始皇二十六年詔書，可知秦朝曾於西元前二二一年統一度量衡。實際測量其度量衡工具，可知一斤約現在的二百五十公克，一升約現在的一百九十八立方公分。

阿房宮

如今西安西郊約十五公里處的阿房村一帶，依然隨處可見版築夯土建築的遺跡。如「始皇上天臺」為周長約三十一公尺、高約二十公尺的圓柱體建築。此外根據最新報告，建築群中規模最大的前殿，如今依然殘留著東西長一千二百七十公尺、南北長四百二十六公尺、面積二十六萬平方公尺的長方形基座，上有村落。二〇〇二年起正式展開調查，發現前殿北側有土壁，南側則為平緩的斜面。其南方則完整保留了由圓瓦及板瓦組成的一部分屋頂瓦。阿房宮是否真的遭項羽燒毀，還原歷史真相的日子相信已不遠了。

秦代長城

秦始皇統一六國後，為了防止北方匈奴南侵，於西元前二一四年命將軍蒙恬率領三十萬士兵，將戰國時期的秦、趙、燕三國長城連結起來。這條長城西起臨洮、東至遼東，全長一萬餘里（約五千公里），故稱為萬里長城。根據調查，可知目前殘存於寧夏、內蒙古、河北一帶的秦代長城，其位置比明代長城更偏北方，且採用的是疊石或版築夯土等簡單的工法。如今秦代長城的全貌還不明朗，尤其是黃河上游的賀蘭山脈一帶是否曾有長城，學界說法不一。

百越

泛指居住於中國長江以南（華南地區）的各種越人。秦朝在統一天下後進攻百越之地，於西元前二一四年設置桂林、象、南海三郡。居住於山岳地帶的越人展開游擊戰，讓秦朝派遣的五十萬水軍陷入苦戰。

徐福傳說

根據《史記・秦始皇本紀》的記載，秦始皇巡行至琅邪時見了一個名叫徐市的齊人方士。徐市率領童男童女數千人入東海為秦始皇尋求長生不老之藥，但最後失敗了。《史記・淮南衡山列傳》則記載徐福帶三千人抵達平原廣澤，在該地自立為王。徐福的抵達地點到了後世又出現亶州、倭（日本）等說法，因此日本各地都有相應的徐福傳說，如和歌山縣新宮市有徐福墓，三重縣熊野市有徐福祠與徐福墓。九州筑後川注入有明灣的河口（佐賀縣）有一地名為浮盃，據說為徐福登陸之地。筑後平野則有祭祀徐福的金立神社。

坑儒

據說坑殺儒生的地點在今日的西安市臨潼區西南十公里處的韓峪鄉洪慶堡一帶，有一地名為坑儒谷。東漢時代則謠傳驪山山麓有一地因冒出溫泉而相當溫暖，秦始皇派人於冬天在該地種瓜，等瓜發芽後讓儒生們前往觀看，再趁機放箭射殺並填土掩埋。到了唐代，該地被稱為愍儒鄉。

方士

自戰國時代起，沿海的燕、齊等地出現一群自稱懂得成仙之術的人，被稱為方士。「方」即處方的方，原意為法術。《史記・封禪書》記載燕人宋毋忌、正伯僑、羨門高等人能施展靈魂出竅之術。

巡狩

亦稱巡行或巡幸。秦始皇在統一天下後的隔年（西元前二二〇年）便舉行巡狩，一直到去世（西元前二一〇年）為止，共帶著群臣巡狩天下多達五次。第一次前往西方巡視秦國故地，其他的四次皆是以戰國東方六國故地為目的地。一邊仿效上古帝王祭祀天下山川，一邊向各地百姓誇耀皇帝的權威。途中於嶧山、泰山、琅邪、之罘、東觀、碣石、會稽共七處豎立彰顯秦始皇統一大業的功德碑。

匈奴

北方草原上的游牧民族。戰國時代隔著長城與秦、趙、燕三國相鄰。秦國統一天下後，派遣蒙恬率軍打敗頭曼單于的軍隊，占領鄂爾多斯地區。其後冒頓單于殺死父親奪其政權，趁秦朝覆滅之際收復失地，並打敗北方諸族，國力達到鼎盛，與西漢互相對峙。西漢時期的漢高祖劉邦曾在平城（今山西省大同市）遭冒頓精兵四十萬包圍。

鄂爾多斯地區

古稱河南（並非現在的河南省），其意為黃河河道最偏北方地段的南岸地區。由於黃河在此處繞了一個大灣，河南的西、北、東方皆受河道包圍，故又稱河套地區。鄂爾多斯一詞源自於明末之後占據此地的蒙古鄂爾多斯族。

函谷關

位於今河南省靈寶縣西南方的關口。設置於秦代，西漢的漢武帝時期遷移至東方的新安縣。秦、漢兩朝皆以關中為核心地區，而函谷關為關中的出入口。

灞水

流經西安市東方的河川，名稱源自於秦穆公的霸業。上有灞橋，為當時世人自咸陽（長安）前往東方時的惜別之地。漢代要渡橋必須接受調查。劉邦的軍隊也是由此處進入秦都咸陽。

關中

今陝西省渭水兩岸的盆地。東有函谷關，南有武關，西有散關，北有蕭關，受四個關口包圍，宛如要塞一般，故名關中。中心區域為現在的西安一帶，周、秦、西漢、隋、唐等各朝首都皆在這附近。

版築

將土置入夾版中，並一層層夯實的建築工法，中國古代運用在長城、城牆、墳墓、道路、屋宅等建築上。夯實且乾燥後的黃土非常堅硬，即使是兩千年後的今天，依然能見到漢代長城、長安城城牆、陵墓等古代遺跡。

壽陵

埋葬前的陵墓稱為壽陵。《史記・趙世家》記載趙肅侯於即位十五年後（西元前三三五年）著手興建壽陵。漢代的皇帝則是在即位的隔年便由將作大匠開始進行選地及施工。壽陵在漢代又稱初陵。等到埋葬之後，才會正式取名，如長陵（西漢高祖）、茂陵（西漢武帝）等。

徙民

強制性的移民政策稱為徙民。目的都市包含秦都咸陽、漢都長安、西漢時代的陵邑（守陵都市）、北方邊境都市等。若是遷徙一般百姓，多以地方豪族為對象。徙民的目的，在於建立首都圈、開拓或是防衛邊境。

張家山漢簡

一九八三年，湖北省江陵縣張家山西漢墓出土了超過一千枚竹簡，其內容除了西漢呂太后二年時的法律（漢律）之外，還有名為《奏讞書》的法令集，記載了秦、楚（項羽）、漢（劉邦）過渡期的亂世所發生的各種案例及處理方式，可說是相當珍貴的史料。

帛畫

指絹帛上的畫。用於喪禮上可作為幡布，或是蓋在棺木上。如湖南省長沙的戰國楚墓，便出土了帛畫。位於長沙的西漢馬王堆一號及三號漢墓也在內棺上各發現一件，此外山東省臨沂金雀山西漢墓也出土了同類型的帛畫。馬王堆一號墓的帛畫呈T字形，長二百零五公分。頂端左右有月亮及太陽，中央有蛇身女神，象徵天上世界。帛畫中央有一名拄著杖的老婦人，應是埋葬者，兩側有男女五人隨侍。帛畫下方則象徵地下世界，有大力士站在大魚上，以兩手撐住大地。整幅帛畫呈現出埋葬者升天的景象，讓我們能以圖像的方式理解漢代人的世界觀。

太史令

掌管天文及曆法的官職。尊稱為太史公，官秩六百石，屬於中階官員。司馬談、遷父子皆擔任此官。司馬遷擔任太史令時，曾研究史官的天文紀錄，為新的太初曆貢獻了心力。其後司馬遷為遠征匈奴卻遭俘虜的李陵辯護，獲罪慘遭宮刑，卻還是竭盡所能地記錄下了從黃帝到當時（漢武帝太初年間）的歷史。

西南夷

《史記・西南夷列傳》反映出了西漢時代世人對西南民族的觀感。《史記》中的列傳除了西南夷之外，還有北方的〈匈奴列傳〉、南方的〈南越列傳〉〈東越列傳〉及東方的〈朝鮮列傳〉。〈西南夷列傳〉記錄的是夜郎等南夷諸國與滇國等西夷諸國在漢武帝的時代一一臣服的歷史。西南夷位於巴蜀與身毒（印度）之間的往來路徑上，基於開拓交通路線的必要而成為軍事攻擊的對象。

夜郎

位於現在的貴州省，在漢朝人眼裡是南夷最大的國家。臨牂牁江，水運可通南越。西漢武帝的大軍為了自牂牁江順流而下攻打南越，不僅以夜郎為軍事據點，而且要求夜郎軍加入南越攻擊軍。戰爭結束後，夜郎侯擔心自己的國家成為漢軍下一個攻擊目標而入朝稱臣，獲封為王。據說夜郎侯曾向漢朝使者詢問夜郎與漢哪一邊大，因此有了夜郎自大這句成語，引申為不知天高地厚。

居延漢簡

居延城位於今內蒙古的額濟納河流域上，為漢代對抗匈奴的前線戰略基地。一九三〇—三一年，瑞典與中國西北科學考查團在此找到一萬一千枚漢代木簡（舊居延漢簡）；一九七三—七四年，甘肅省文物工作隊又找到一萬九千枚（新居延漢簡）。內容包含邊境城塞、關口、烽火臺相關詔書、官府間往來公文、法律、帳簿、值勤記錄等官方文書。

敦煌漢簡

一九〇七年，英國考古學家斯坦因在進行第二次中亞探險時，於敦煌的漢代遺跡發現了七百零八枚（一說為七百零四枚）木簡，其後由逃亡至日本的羅振玉與王國維考證其內容，發表了《流沙墜簡》（一九一四年）。直到今天，敦煌依然陸續有木簡出土。

太陽黑子觀測

《漢書·五行志》第七下之下記載「（成帝河平元年，西元前二八年）**三月乙未，日出黃，有黑氣大如錢，居日中央**」（太陽中央有個如銅錢大的黑點）。中國人早在西元前一世紀便數次觀測到太陽黑子，西洋則要到九世紀初期，相較之下中國要早得多。哥白尼也曾經在一六〇七年觀測到太陽黑子，卻誤以為是水星通過太陽前方。

南陽

建立東漢政權的劉秀（光武帝）及其族人、功臣們的故鄉。南陽北方有伏牛山脈與洛陽相隔，西方有武當山，東方有桐柏山，南方有湖北丘陵，為一盆地地形。相當於現在的河南省。位於東西南北的交通要衝，加上有水利之便，可說是相當重要的地區。南陽豪族與東漢政權的關係是相當重要的歷史研究主題。此外，這個地區亦是東漢畫像石的一大寶庫。

《厄立特利亞海航行記》

成書於西元一世紀，作者為住在埃及的希臘人。內容為紅海（厄立特利亞海）、波斯灣、阿拉伯海、印度洋的海上貿易教學。船隻從埃及啟程前往印度洋沿岸港口時，船上載著羅馬貨幣、葡萄酒、玻璃製品、珊瑚等，回程則載著胡椒、象牙及中國產的絹布等。

邙山

一九五二年十月，毛澤東曾為了視察黃河而來到鄭州市西北郊外，登上鄰近河岸邊的邙山。邙山從洛陽到鄭州東西長約七十公里，沿著黃河南岸並行的山巒最高只有海拔五百公尺，但從斷崖俯視黃河的壯闊水流堪稱絕景。據說位於洛陽北方的邙山沉睡了兩萬五千個英雄豪傑，其中還包含東漢、北魏的皇帝陵。鄭州市的西方斷崖還有楚漢二城的遺跡，項羽與劉邦曾在這裡隔著僅八百公尺的黃土溝壑互相對峙。

畫像石、畫像磚

西漢中期之後的世人在建造橫穴式石造室墓時，會在墓室的石壁或磚面上繪製一些裝飾用的圖騰、動物、人物像或神話故事，後人稱之為畫像石或畫像磚。目前為止出土的畫像石、磚皆集中於山東省、江蘇省徐州、河南省南陽、四川省、陝西省北部等地。圖案主題可說是五花八門，包含當時的農業、狩獵、鹽業等生產業，及貴族的宴會、遊戲、舞蹈、天體星座、西王母、羽人神話、荊軻刺秦王之類的歷史故事等等。

白馬

傳說東漢的漢明帝曾在永平十年（西元六七年）遣使至西域求取佛法。使者在月氏遇上兩名印度僧侶，將他們帶回了中國。當時隨行攜帶的佛經及佛像皆是以白馬載運至洛陽。隔年興建佛寺，便命名為白馬寺，位於現在的河南省洛陽市東郊外。

參考文獻

秦漢史的概述書

（1）日比野丈夫・米田賢次郎・大庭脩共著《秦漢帝國》《東洋歷史》三，人物往來社，一九六六年

（2）植村清二《萬里長城》《大世界史》三，文藝春秋，一九六七年

（3）《長城與絲路》《人物中國歷史》四，集英社，一九八一年

（4）大庭脩《秦漢帝國的威容》《圖說中國歷史》二，講談社，一九七七年

（5）西嶋定生《秦漢帝國》《中國歷史》二，講談社，一九七四年

（6）西嶋定生《秦漢帝國　中國古代帝國的興亡》，講談社學術文庫，一九九七年

（7）西嶋定生《東亞史論集》第二卷《秦漢帝國的時代》，岩波書店，二〇〇二年

（8）平勢隆郎・尾形勇《中華文明的誕生》《世界歷史》二，中央公論社，一九九八年

◆（5）為最充實且易讀的概述書，（6）為（5）的補訂版，（7）則為加入了作者自編的用語人名事典文章的再版。（8）分成兩部分，後半部為從秦漢到三國。

以下為中文的秦漢史文獻：

（9）呂思勉《秦漢史》，開明書店，一九四七年，上海古籍出版社，一九八三年

（10）勞榦《秦漢史》，臺北華岡出版有限公司，一九五二年

（11）錢穆《秦漢史》，臺北東大圖書，一九五七年

（12）翦伯贊《秦漢史》，北京大學出版社，一九八三年

（13）《秦漢史》，中國大百科全書出版社，一九八六年

（14）林劍鳴《秦漢史》上下，上海人民出版社，一九

八九年
（15）崔瑞德‧魯惟一編《劍橋中國秦漢史》，中國社會科學出版社，一九九二年（英書中譯）

秦漢史研究通論

（16）鎌田重雄《漢代史研究》，川田書房，一九四九年
（17）宇都宮清吉《漢代社會經濟史研究》，弘文堂，一九五五年
（18）栗原朋信《秦漢史研究》吉川弘文館，一九六〇年
（19）增淵龍夫《中國古代的社會與國家—秦漢帝國成立過程的社會史研究—》，弘文堂，一九六〇年，新版，岩波書店，一九九六年
（20）西嶋定生《中國古代帝國的形成與構造—二十等爵制研究—》，東京大學出版會，一九六一年
（21）木村正雄《中國古代帝國的形成—特別針對其成立的基礎條件—》不昧堂書店，一九六五年，新訂版，比較文化研究所，二〇〇三年
（22）濱口重國《秦漢隋唐史研究》上下，東京大學出版會，一九六六年
（23）守屋美都雄《中國古代的家族與國家》，東洋史研究會，一九六八年
（24）楠山修作《中國古代史論集》，精興社，一九七六年
（25）好並隆司《秦漢帝國史研究》，未來社，一九七八年
（26）宇都宮清吉《中國古代中世史研究》，創文社，一九七七年
（27）尾形勇《中國古代的「家」與國家》，岩波書店，一九七九年
（28）渡邊信一郎《中國古代社會論》，青木書店，一九八六年
（29）川勝義雄《六朝貴族制社會研究》，岩波書店，一九八二年
（30）越智重明《戰國秦漢史研究1》，中國書店，一九八八年
（31）淺野裕一《黃老道的成立與展開》，創文社，一九九二年
（32）越智重明《戰國秦漢史研究2》，中國書店，一

九九三年
（33）渡邊信一郎《中國古代國家的思想構造—專制國家與意識形態—》，校倉書房，一九九四年
（34）鶴間和幸《探索秦漢帝國》（世界史Libretto），山川出版社，一九九六年
（35）多田狷介《漢魏晉史研究》，汲古書院，一九九九年
（36）李開元《漢帝國的成立與劉邦集團》，汲古書院，二〇〇〇年
（37）五井直弘《漢代豪族社會與國家》，名著刊行會，二〇〇一年
（38）馬彪《豪族社會研究》，中國書店，二〇〇二年
（39）好並隆司《西漢政治史研究》，研文出版，二〇〇四年

◆在秦漢史研究方面，對於中國歷史上第一個專制帝國的形成過程與構造，一直有著熱烈的討論，主題包含家族、豪族、鄉里共同體、縣、叛亂集團等。

政治制度

（40）宋・王應麟《漢制考》
（41）徐復《秦會要訂補》，羣聯出版社，一九五五年，中華書局，一九五九年
（42）宋・徐天麟《西漢會要》，中華書局，一九五五年
（43）宋・徐天麟《東漢會要》，中華書局，一九五五年
（44）清・孫星衍《漢官六種》，臺北中華書局，一九六六年
（45）鎌田重雄《秦漢政治制度研究》，日本學術振興會，一九六二年
（46）嚴耕望《中國地方行政制度史》上下，中央研究院歷史語言研究所專刊之四十五，一九七四年
（47）嚴耕望《兩漢太守刺史表》，鳳凰出版社，一九七八年
（48）安作璋・熊鐵基《秦漢官制史稿》上下，齊魯書社，一九八四年
（49）周振鶴《西漢政區地理》，人民出版社，一九八七年
（50）福井重雅《漢代官吏登用制度研究》，創文社，

一九八八年
（51）李曉傑《東漢政區地理》，山東教育出版社，一九九九年
（52）李玉福《秦漢制度史論》，山東大學出版社，二〇〇二年
（53）卜憲群《秦漢官僚制度》社會科學文獻出版社，二〇〇二年

第一章～第二章

秦史通論

（54）林劍鳴《秦史稿》，上海人民出版社，一九八一年
（55）馬非百《秦集史》，中華書局，一九八二年
（56）林劍鳴《秦史》，臺北五南圖書出版，一九九二年
（57）王雲度・張文立《秦帝國史》，陝西人民教育出版社，一九九七年
（58）王蘧常撰《秦史》上海古籍出版社，二〇〇〇年

秦始皇

（59）楊寬《秦始皇》，上海人民出版社，一九五六年
（60）鎌田重雄《秦始皇》，河出書房新社，一九六二年
（61）Arthur Cotterell著／日比野丈夫監譯、田島淳譯《秦始皇》，河出書房新社，一九八五年，新裝版，一九九八年
（62）馬非百《秦始皇帝傳》，江蘇古籍出版社，一九八五年
（63）吉川忠夫《秦始皇》，集英社，一九八六年，講談社學術文庫，二〇〇二年
（64）李福泉《千古一帝秦始皇歷史之謎》，湖南出版社，一九九一年
（65）籾山明《秦始皇》，白帝社，一九九四年
（66）NHK取材班《秦始皇》，日本放送出版協會，一九九四年
（67）陳舜臣《秦始皇》，尚文社Japan，一九九五年，文春文庫，二〇〇三年
（68）鶴間和幸《秦始皇傳說與史實之間》，吉川弘文館，二〇〇一年

秦竹簡史料

（69）睡虎地秦墓竹簡整理小組《睡虎地秦墓竹簡》（線裝本），文物出版社，一九七七年

（70）睡虎地秦墓竹簡整理小組《睡虎地秦墓竹簡》（平裝本），文物出版社，一九七八年

（71）雲夢睡虎地秦墓編寫組《雲夢睡虎地秦墓》，文物出版社，一九八一年

（72）睡虎地秦墓竹簡整理小組《睡虎地秦墓竹簡》，文物出版社，一九九〇年

（73）劉信芳・梁柱《雲夢龍崗秦簡》，科學出版社，一九九七年

（74）中國文物研究所・湖北省文物考古研究所編《龍崗秦簡》，中華書局，二〇〇一年

◆若對睡虎地秦簡、龍崗秦簡等秦代竹簡史料有興趣，可參考上述的圖版及釋文。

秦竹簡研究

（75）吳福助《睡虎地秦簡論考》，文津出版社，一九九四年

（76）劉樂賢《睡虎地秦簡日書研究》，文津出版社，一九九四年

（77）工藤元男《從睡虎地秦簡看秦代國家與社會》，創文社，一九九八年

（78）松崎常子《睡虎地秦簡》，明德出版社，二〇〇〇年

（79）魏德勝《睡虎地秦墓竹簡語法研究》，首都師範大學出版社，二〇〇〇年

（80）吳子強《秦簡日書集釋》，岳麓書社，二〇〇〇年

（81）曹旅寧《秦律新探》，中國社會科學出版社，二〇〇二年

（82）王子今《秦簡日書甲種疏證》，湖北教育出版社，二〇〇三年

◆（78）為睡虎地秦簡中的法律文書的日語譯文。睡虎地秦簡除了法律文書之外，還有名為「日書」的獨特占卜書籍。（76）（77）（80）（82）皆以日書為主題，其中（77）更藉由日書探討古代的中國。

秦始皇陵與兵馬俑坑

（83）陝西始皇陵秦俑坑考古發掘隊・秦始皇兵馬俑博物館共編・田邊昭三日語版監修《秦始皇陵兵馬俑》，平凡社，一九八三年

（84）陝西省考古研究所・始皇陵秦俑坑考古發掘隊編《秦始皇陵兵馬俑坑一號坑發掘報告1974～1984》上下，文物出版社，一九八八年

（85）袁仲一《秦始皇陵兵馬俑研究》，文物出版社，一九九〇年

（86）袁仲一主編《秦始皇帝陵兵馬俑辭典》，文匯出版社，一九九四年

（87）王學理《秦俑專題研究》，三秦出版社，一九九四年

（88）王學理《秦始皇陵研究》，上海人民出版社，一九九四年

（89）今泉恂之介《兵馬俑與秦始皇》，新潮選書，一九九五年

（90）樋口隆康《挖掘秦始皇》，學生社，一九九六年

（91）秦始皇兵馬俑博物館・陝西省考古研究所《秦始皇陵銅車馬發掘報告》，文物出版社，一九九八年

（92）同右《秦陵銅車馬修復報告》，文物出版社，一九九八年

（93）秦始皇兵馬俑博物館編《秦始皇兵馬俑博物館》，文物出版社，一九九九年

（94）《秦始皇陵兵馬俑》，文物出版社，一九九九年

（95）陝西省考古研究所・秦始皇兵馬俑博物館編《秦始皇帝陵園考古報告（1999）》，科學出版社，二〇〇〇年

（96）鶴間和幸《秦始皇的地下帝國》，講談社，二〇〇一年

（97）袁仲一《秦始皇陵的考古發現與研究》，陝西人民出版社，二〇〇二年

（98）徐衛民《秦公帝王陵》，中國青年出版社，二〇〇二年

（99）鶴間和幸《秦皇陵與兵馬俑》，講談社學術文庫，二〇〇四年

◆（84）為一號坑最詳盡的發掘報告，鉅細靡遺的圖版幫助很大。（85）（97）為主要負責兵馬俑發掘的考古學家所寫的研究著作。（86）

為秦始皇兵馬俑博物館人員投注心力編成的辭典，能夠依相關項目進行搜尋，相當方便。（91）（92）為銅車馬的發掘報告。（94）為大型圖錄。（95）為石鎧坑、百戲俑坑的詳細發掘報告，亦有到目前為止的陵園發掘成果概觀，內容包含最新進展。

咸陽城

（100）王學理《秦都咸陽》，陝西人民出版社，一九八五年
（101）王學理《咸陽帝都記》，三秦出版社，一九九九年
（102）徐衛民《秦都城研究》，陝西人民教育出版社，二〇〇〇年
（103）陝西省考古研究所編著《秦都咸陽考古報告》，科學出版社，二〇〇四年

（100）（101）為以考古學成果為基礎的研究著作。（102）為包含咸陽之前的秦都城研究。（103）為咸陽宮、咸陽城全體的正式發掘報告。

秦漢陶文・封泥・印章

（104）吳式芬・陳介祺《封泥考略》，中國書店，一九九〇年
（105）東京國立博物館編《中國的封泥》，二玄社，一九九八年
（106）袁仲一《秦代陶文》，三秦出版社，一九八七年
（107）周曉隆・路東之編著《秦封泥集》，三秦出版社，二〇〇〇年
（108）《秦官印封泥聚》，文雅堂，二〇〇〇年
（109）孫慰祖《封泥　發現與研究》，上海書店出版社，二〇〇二年

◆（104）收錄傳世封泥八百四十六枚。陳介祺舊藏封泥皆保管於東京國立博物館。（106）彙整了兵馬俑、瓦片等陶製品上的印字。西安市西北方的秦代章臺遺跡自一九八三年至今出土了超過一千枚秦代封泥，有不少成為市面上流通的古董。這些封泥是研究秦代官吏制度的珍貴史料，雖然不若秦簡那麼受人注目，卻是官吏制度研究上的重大發現。如今收藏於西北大學博物館、西安市文物保護考古所、西安書法藝

術博物館、北京古陶文明博物館等處。亦參照（107）（108）。

第三章

劉邦、項羽、呂后

（110）河地重造《漢高祖》，人物往來社，一九六六年

（111）司馬遼太郎《項羽與劉邦》，新潮社，一九八〇年

（112）安作璋・孟祥才《劉邦列傳》，齊魯書社，一九八八年

（113）永田英正《項羽》，新人物往來社，一九八一年，後納入PHP文庫，二〇〇三年

（114）堀敏一《漢劉邦 物語漢帝國成立史》，研文出版，二〇〇四年

◆（111）為歷史小說，其他則為歷史研究者的著作，兩相比較可增添趣味。

第四章

張家山漢簡與漢律研究

（115）大庭脩一《秦漢法制史研究》，創文社，一九八二年

（116）《江陵張家山漢簡—中國古代的審判紀錄—》，中國歷史地理研究會，一九九六年

（117）冨谷至《秦漢刑罰制度研究》，同朋舍，一九九八年

（118）《張家山漢墓竹簡（二四七號墓）》，文物出版社，二〇〇一年

（119）池田雄一編《奏讞書一中國古代的審判紀錄一》，刀水書房，二〇〇二年

（120）程樹德《九朝律考》，中華書局，二〇〇三年

◆（115）（117）為根據睡虎地秦簡法制文書及木簡文書漢律進行論述的法制史。（118）的張家山漢簡圖版出版之後，漢律研究正式開始。（116）（119）為在那之前發表的奏讞書（一種審判文書）解讀成果。漢律佚文的輯佚著作很多，（120）是代表之作，評點本的出版更增添

了便利性。

長安

（121）足立喜六《長安史蹟研究》，東洋文庫論叢二十之一、二，一九三三年

（122）王雙懷・淡懿誠・賈雲譯《長安史蹟研究》，三秦出版社，二〇〇三年

（123）陝西省博物館《西安歷史述略》，陝西人民出版社，一九五九年

（124）佐藤武敏《長安》，近藤出版社，一九七一年，講談社學術文庫，二〇〇四年

（125）武伯綸編著《西安歷史述略》，陝西人民出版社，一九七九年

（126）陝西省考古研究所《西漢京師倉》，文物出版社，一九九〇年

（127）西安市地方志館・張永祿主編《漢代長安辭典》，陝西人民出版社，一九九三年

（128）中國社會科學院考古研究所編著《漢長安未央宮——一九八〇～一九八九年考古發掘報告》，中國大百科全書出版社，一九九六年

（129）史念海《漢唐長安與黃土高原》，中國歷史地理論叢增刊，陝西師範大學，一九九八年

（130）《黃土高原的自然環境與漢唐長安城》，亞洲遊學二十，勉誠出版，二〇〇〇年

（131）劉慶柱・李毓芳《漢長安城》，文物出版社，二〇〇三年

（132）中國社會科學院考古研究所《西漢禮制建築遺址》，文物出版社，二〇〇三年

◆（121）除了長安之外，亦對包含黃帝陵在內的西安周邊遺跡進行了早期調查，可謂經典之作。足立曾在一九〇六年至一〇年之間受清朝政府招聘，於西安任教。一九三五年即有中譯本問世，（122）為新的譯本。（124）為古都長安的通史。（128）為未央宮單獨的發掘報告。（129）（130）則以長安的自然環境為論述主題。

都市聚落、交通史研究

（133）古賀登《漢長安城與阡陌、縣鄉亭里制度》，雄山閣，一九八〇年

（134）王子今《秦漢交通史稿》，中共中央黨校出版社，一九九四年
（135）堀敏一《中國古代的家與聚落》，汲古書院，一九九六年
（136）周長山《漢代城市研究》，人民出版社，二〇〇一年
（137）佐原康夫《漢代都市機構研究》，汲古書院，二〇〇二年
（138）五井直弘《中國古代城郭都市與地域支配》，名著刊行會，二〇〇二年
（139）池田雄一《中國古代的聚落與地方行政》，汲古書院，二〇〇二年

皇帝陵

（140）楊寬著／西嶋定生監譯、尾形勇・太田有子共譯《中國黃帝陵的起源與變遷》，學生社，一九八一年
（141）楊寬《中國古代陵寢制度史研究》，上海古籍出版社，一九八五年，上海人民出版社，二〇〇三年
（142）劉慶柱・李毓芳《西漢十一陵》，陝西人民出版社，一九八七年
（143）劉慶柱・李毓芳著・來村多加史譯《西漢皇帝陵研究》，學生社，一九九一年
（144）中國社會科學院考古研究所編著《漢杜陵陵園遺址》，科學出版社，一九九三年
（145）陝西省考古研究所漢陵考古隊《中國漢陽陵彩俑》，陝西旅遊出版社，一九九二年
（146）劉慶柱《古代都城與帝陵考古學研究》，科學出版社，二〇〇〇年
（147）焦南峰主編《漢陽陵》，重慶出版社，二〇〇一年
（148）馬永嬴・王保平《走近漢陽陵》，文物出版社，二〇〇一年
（149）王學理《漢景帝與陽陵》，三秦出版社，二〇〇三年

◆（140）為日文版，（141）為中文版，內容為在整個中國歷史中為漢代皇帝陵尋找定位。（142）為中文版，（143）為日文版，內容為以考古學調查為基礎的分析。（144）為西漢宣帝

陵園遺跡的發掘報告。（145）（147）（148）

（149）主要介紹西漢景帝陵墓陪葬坑出土的彩色俑。（146）為長安與皇帝陵全體的研究著作。

馬王堆漢墓

（150）湖南省博物館・中國科學院考古研究所・《文物》編輯委員會《長沙馬王堆一號漢墓發掘簡報》，文物出版社，一九七二年

（151）文物出版社編輯《西漢帛畫》，文物出版社，一九七二年

（152）湖南省博物館・中國科學院考古研究所《長沙馬王堆漢墓》，文物出版社，一九七三年

（153）湖南省博物館《長沙馬王堆漢墓》，湖南人民出版社，一九七九年

（154）《長沙馬王堆一號漢墓　出土紡織品的研究》，文物出版社，一九八〇年

（155）《馬王堆一號漢墓　古屍研究》，文物出版社，一九八〇年

（156）國家文物局古文獻研究室《馬王堆漢墓帛書》全三冊，文物出版社，一九八〇年

（157）湖南省博物館《馬王堆漢墓研究》，湖南人民出版社，一九八一年

（158）何介鈞・張維明《馬王堆漢墓》，文物出版社，一九八二年

（159）湖南省博物館《馬王堆漢墓》，湖南美術出版社，一九八三年

（160）工藤元男・藤田勝久譯注《馬王堆帛書　戰國縱橫家書》，朋友書店，一九九三年

（161）劉曉路《中國帛畫與楚漢文化》，吉林教育出版社，一九九四年

（162）陳松長《馬王堆帛書藝術》，上海書店出版社，一九九六年

（163）湖南省博物館・湖南省文物考古研究所《長沙馬王堆二、三號漢墓》，文物出版社，二〇〇四年

第五章～第六章

司馬遷與史記

（164）武田泰淳《司馬遷—史記的世界》，日本評論

社，一九四三年，講談社文庫，一九七二年
（165）岡崎文夫《司馬遷》，弘文堂，一九五八年
（166）大島利一《司馬遷—〈史記〉的成立》，清水書院，一九七二年
（167）宮崎市定《話說史記》，岩波新書，一九七九年，岩波文庫，一九九六年
（168）Edouard Chavannes Memoires historiqueade Sema Ts'ien, 4 tomes, 1895-1905岩村忍譯《司馬遷與史記》新潮選書，一九七四年
（169）加地伸行《史記　司馬遷的世界》，講談社現代新書，一九七八年
（170）李長之《司馬遷之人格與風格》，三聯書店，一九八四年
（171）李長之・和田武司譯《司馬遷》，德間文庫，一九八八年
（172）池田英雄《史記學五十年—日・中〈史記〉研究動向（一九四五—九五）》，明德出版社，一九九五年
（173）小倉芳彥《入門史記的時代》，筑摩學藝文庫，一九九六年
（174）佐藤武敏《司馬遷研究》，汲古書院，一九九七年
（175）藤田勝久《史記戰國史料的研究》，東京大學出版會，一九九七年
（176）藤田勝久《司馬遷與其時代》，東京大學出版會，二〇〇一年
（177）伊藤德男《史記構成與太史公之聲》，山川出版社，二〇〇一年
（178）藤田勝久《司馬遷之旅》，中公新書，二〇〇三年

◆（164）可說是日本司馬遷論的濫觴。（170）採多元探討。（174）是將焦點放在司馬遷的為人上的研究著作。（175）是從司馬遷所依據文本的角度分析《史記》架構的研究著作。（178）以司馬遷的旅行為主題，內容為實地調查的近年成果。與司馬遷有關的論文及著作相當多。可參考（172）的目錄。

史記的文本與譯注

（179）瀧川龜太郎《史記會注考證》全十冊，東方文化

學院，一九三二—三四年，再版，一九五六—六〇年
(180) 水澤利忠《史記會注考證校補》全九卷，一九五七—七〇年
(181)《史記》全十冊，中華書局，一九五九年
(182) 小竹文夫・武夫譯注《史記》全二冊，世界文學大系，筑摩書房，一九六二年，筑摩學藝文庫，一九九五年

經濟、財政

(183) 加藤繁譯註《史記平準書・漢書食貨志》，岩波書店，一九四二年
(184) 吉田虎雄《兩漢租稅研究》，大阪屋號書店，一九四二年，大安，一九六六年
(185) 陳直《兩漢經濟史料論叢》，陝西人民出版社，一九五八年
(186) 平中苓次《中國古代田制及稅法》，東洋史研究會，一九六七年
(187) 宋敘五《西漢貨幣史初稿》，香港中文大學，一九七一年
(188) 西嶋定生《中國古代社會與經濟》，東京大學出版會，一九八一年
(189) 影山剛《中國古代工商業與專賣制》，東京大學出版會，一九八四年
(190) 山田勝芳《秦漢財政收入研究》，汲古書院，一九九三年
(191) 重近啟樹《秦漢稅役體系研究》，汲古書院，一九九九年
(192) 山田勝芳《貨幣的中國古代史》，朝日新聞社，二〇〇〇年

漢武帝

(193) 吉川幸次郎《漢武帝》，岩波新書，一九四九年
(194) 張緯華《論漢武帝》，上海人民出版社，一九五七年
(195) 影山剛《漢武帝》，教育社歷史新書，一九七九年
(196) 福島吉彥《漢武帝》，集英社，一九八七年
(197) 林劍鳴《漢武帝》，三秦出版社，二〇〇三年
(198) 王志傑《漢武帝與茂陵》，三秦出版社，二〇〇

三年

◆（193）（196）為中國文學家論漢武帝，（195）（197）為歷史研究者論漢武帝。相較於秦始皇，以漢武帝為題材的著作較少。（198）作者為茂陵博物館館長，文中同時介紹茂陵附近出土的文物。

黃河、水利

（199）鄭肇經《中國水利史》，臺灣商務印書館，一九七〇年

（200）鄭肇經《中國之水利》，人人文庫，臺灣商務印書館，一九七〇年

（201）黃河水利委員會編《黃河　一九四六—一九五五治理黃河圖片集》，河南人民出版社，一九五七年

（202）黃耀能《中國古代農業水利史研究》，六國出版社，一九七八年

（203）長江流域規劃辦公室《長江水利史略》，水利電力出版社，一九七九年

（204）中國水利史稿編寫組《中國水利史稿》上中下，水利電力出版社，一九七九年、八七年、八九年

（205）黃河水利史委員會《黃河水利史述要》，水利電力出版社，一九八四年

（206）張驊《大秦一統　秦鄭國渠》，三秦出版社，二〇〇三年

西域、絲路、匈奴

（207）梅原末治《蒙古諾彥烏拉發現的遺物》，東洋文庫，一九六〇年

（208）《桑原　藏全集》第二卷，岩波書店，一九六八年

（209）白鳥庫吉《西域史研究》上下（《白鳥庫吉全集》第六、七卷，岩波書店，一九七〇—七一年）

（210）護雅夫編《東西文明的交流1漢朝與羅馬》，平凡社，一九七〇年

（211）護雅夫《古代游牧帝國》，中公新書，一九七六年

（212）中島敦《李陵》，筑摩書房，一九四八年

（213）護雅夫《李陵》，中央公論社，一九七四年，中

公文庫，一九九二年
（214）冨谷至《活在戈壁的男人們─李陵與蘇武》，白帝社，一九九四年
（215）澤田勳《匈奴》，東方書店，一九九六年
（216）加藤謙一《匈奴「帝國」》，第一書房，一九九八年
（217）安作璋《兩漢與西域關係史》，齊魯書社，一九七九年
（218）林梅村《漢唐與西域關係史》，文物出版社，一九九八年
（219）內蒙古文物考古研究所・魏堅編著《內蒙古中南部漢代墓葬》，中國大百科全書出版社，一九九八年
（220）小谷仲男《大月氏》，東方書店，一九九九年
（221）石雲濤《早期中西交通與交流史稿》，學苑出版社，二〇〇三年

諸侯王墓

（222）中國社會科學院考古研究所・河北省文物管理處編《滿城漢墓發掘報告》上下，文物出版社，一九八一年
（223）大葆臺漢墓發掘組・中國社會科學院考古研究所《北京大葆臺漢墓》，文物出版社，一九八九年
（224）河南省文物考古研究所編《永城西漢梁國王陵與寢園》，中州古籍出版社，一九九六年
（225）河南省商丘市文物管理委員會・河南省文物考古研究所・河南省永城市文物管理委員會・閻根齊主編《芒碭山西漢梁王墓地》，文物出版社，二〇〇一年
（226）《徐州北洞山西漢楚王墓》，文物出版社，二〇〇三年
（227）鄭紹宗《滿城漢墓》，二十世紀中國文物考古發現與研究叢書，文物出版社，二〇〇三年
（228）徐湖平主編《泗水王陵出土西漢木雕》，天津人民美術出版社，二〇〇三年

◆（222）（223）（224）（225）（226）為漢代諸侯王墓的發掘報告。由於皇帝陵並未進行發掘，因此相當具有參考價值。

鹽鐵專賣

(229) 河南省文化局文物工作隊《鞏縣鐵生溝》，文物出版社，一九六二年

(230) 曾我部靜雄譯《鹽鐵論》，岩波文庫，一九三四年

(231) 山田勝美《鹽鐵論》，明德出版社，一九六七年

(232) 佐藤武敏譯注《鹽鐵論　漢代的經濟論爭》，平凡社，一九七〇年

長城

(233) 青木富太郎《萬里長城》，近藤出版社，一九七二年

(234) 文物編輯委員會《中國長城遺跡調查報告集》，文物出版社，一九八一年

(235) 謝和耐、羅哲文等著／日比野丈夫監譯、田島淳譯《萬里長城》，河出書房新社，一九八四年

(236) 羅哲文・趙洛《萬里長城》，北京外文出版社，一九八七年

(237) 彭曦《戰國秦長城考察與研究》，西北大學出版社，一九九〇年

(238) 中國長城學會編《長城國際學術研討會論文集》，吉林人民出版社，一九九五年

(239) 《長城辭典》，文匯出版社，一九九九年

(240) 路宗元主編《齊長城》，山東友誼出版社，一九九九年

(241) 來村多加史《萬里長城　攻防三千年史》，講談社現代新書，二〇〇三年

(242) 阪倉篤秀《長城的中國史》，講談社選書Metier，二〇〇四年

(243) 馬建華・張力華《長城》，敦煌文藝出版社，二〇〇四年

◆秦漢為長城研究的重要時代。(237)為戰國秦長城的調查紀錄。

周邊諸民族

雲南

(244) 雲南省博物館編《雲南晉寧石寨山古墓群發掘報告》，文物出版社，一九五九年

(245) 玉溪地區行政公署編《雲南李家山青銅器》，雲南人民出版社，一九九五年

(246)張增祺《滇國與滇文化》，雲南美術出版社，一九九七年
(247)張增祺《晉寧石寨山》，雲南美術出版社，一九九八年
(248)羅二虎《秦漢時代的中國西南》，天地出版社，二〇〇〇年
(249)張增祺《滇文化》，文物出版社，二〇〇一年
(250)雲南省文化廳・中國國家博物館《雲南文物之光　滇王國文物精品集》，中國社會科學出版社，二〇〇三年
(251)黃懿陸《滇國史》，雲南人民出版社，二〇〇四年
◆依據(244)(245)的發掘成果，(249)(250)(251)彙整出有別於《史記・西南夷列傳》的滇文化及歷史。

南越

(252)廣州市文物管理委員會等《西漢南越王墓》上下，文物出版社，一九九一年
(253)張榮芳《南越國史》，廣東人民出版社，一九九五年
(254)廣州市文化局編《廣州秦漢考古三大發現》，廣州出版社，一九九九年
(255)廣州市文物考古研究所《廣州文物考古集　廣州秦造船遺址論稿專輯》，廣州出版社，二〇〇一年

樂浪

(256)東京帝國大學文學部編《樂浪》，刀江書院，一九三〇年
(257)駒井和愛《樂浪郡治址》，東京大學文學部考古學研究室，一九六五年
(258)駒井和愛《樂浪　漢文化的殘像》，中公新書，一九七二年

夜郎

(259)朱俊明《夜郎史稿》，貴州人民出版社，一九九〇年
(260)夜郎學術研討會論文集編輯委員會《夜郎研究》，貴州人民出版社，一九九九年

（261）貴州省畢節地區社會科學聯合會《可樂考古與夜郎文化》，貴州民族出版社，二〇〇三年
（262）唐文元・劉衛國《夜郎文化尋蹤》，臺北世潮出版，二〇〇三年

第七章

班固《漢書》

（263）《漢書》全十冊，中華書局，一九六二年
（264）清・王先謙《漢書補注》，中華書局，一九八三年
（265）陳直《漢書新證》，天津人民出版社，一九五九年
（266）魏連科編《漢書人名索引》，中華書局，一九七九年
（267）陳家麟・王仁康編《漢書地名索引》，中華書局，一九九〇年
（268）小竹武夫譯《漢書》上中下，筑摩書房，一九七七—七九年，筑摩學藝文庫，全八冊，一九九七—九八年
（269）狩野直禎・西脇常記譯注《漢書郊祀志》，東洋文庫，平凡社，一九八七年
（270）冨谷至・吉川忠夫譯注《漢書五行志》，東洋文庫，平凡社，一九八六年
（271）永田英正・梅原郁譯注《漢書食貨・地理・溝洫志》，東洋文庫，平凡社，一九八八年

簡牘資料

（272）羅振玉・王國維《流沙墜簡》，中華書局，一九九三年
（273）勞榦《居延漢簡　圖版之部》，臺北國立中央研究院歷史語言研究所專刊二十一，一九五七年
（274）勞榦《居延漢簡　釋文之部》，臺北國立中央研究院歷史語言研究所專刊二一之四十，一九六〇年
（275）中國科學院考古研究所《居延漢簡甲編》，科學出版社，一九五九年
（276）甘肅省文物考古研究所等《居延秦簡—甲渠候官與第四燧》，文物出版社，一九九〇年
（277）甘肅省文物考古研究所・甘肅省博物館・中國文

物研究所・中國社會科學院歷史研究所《居延秦簡　甲渠候官》上下，中華書局，一九九四年
（278）甘肅省文物考古研究所《敦煌漢簡》上下，中華書局，一九九一年
（279）甘肅省博物館・中國科學院考古研究所《武威漢簡》，文物出版社，一九六四年
（280）《銀雀山漢墓竹簡》，文物出版社，一九七五年
（281）連雲港市博物館・東海縣博物館・中國社會科學院簡帛研究中心・中國文物研究所《尹灣漢墓簡牘》，中華書局，一九九七年
（282）中國文物研究所・胡平生・甘肅省文物考古研究所・張德芳編《敦煌懸泉置漢簡釋粹》，上海古籍出版社，二〇〇一年
（283）中國文物研究所・甘肅省文物考古研究所編《敦煌懸泉月令詔條》，中華書局，二〇〇一年

簡牘研究與入門

（284）森鹿三《東洋學研究　居延漢簡編》，同朋社，一九七五年
（285）大庭脩《木簡》，學生社，一九七九年
（286）大庭脩《木簡學入門》，講談社學術文庫，一九八四年
（287）陳直《居延漢簡研究》，天津古籍出版社，一九八六年
（288）永田英正《居延漢簡研究》，同朋舍出版，一九八九年
（289）大庭脩《漢簡研究》，同朋舍出版，一九九二年
（290）大庭脩《漢簡研究的現狀與展望》，關西大學出版部，一九九三年
（291）冨谷至《古代中國刑罰》，中公新書，一九九五年
（292）大庭脩編《木簡—來自古代的訊息—》，大修館書店，一九九八年
（293）籾山明《漢帝國與邊境社會　長城的風景》，中公新書，一九九九年
（294）大庭脩《漢簡的基礎研究》，思文閣出版，一九九九年
（295）李均明・劉軍《簡牘文書學》，廣西教育出版社，一九九九年
（296）汪桂海《漢代官文書制度》，廣西教育出版社，

一九九九年
（297）馬今洪《簡帛　發現與研究》，上海書店出版社，二〇〇二年
（298）冨谷至《木簡、竹簡所述說的中國古代》，岩波書店，二〇〇三年
（299）李均明《古代簡牘》，文物出版社，二〇〇三年
（300）何雙全《簡牘》，敦煌文藝出版社，二〇〇四年

王莽

（301）沈展如《新莽全史》，正中書局，一九七七年
（302）周桂鈿《王莽評傳—復古改革家》，廣西教育出版社，一九九六年
（303）東晉次《王莽》，白帝社，二〇〇三年
（304）影山剛《王莽的酒專賣制與六完制》（自費出版），一九九〇年

思想、儒教

（305）金谷治《秦漢思想史研究》，日本學術振興會，一九六〇年
（306）狩野直喜《兩漢學術考》，筑摩書房，一九六四年
（307）藤川正數《漢代禮學研究》，風間書房，一九六八年
（308）安居香山《緯書》，明德出版社，一九六九年
（309）安居香山・中村璋八《重修緯書集成》，明德出版社，一九七一、七三年
（310）板野長八《中國古代人間觀的展開》，岩波書店，一九七二年
（311）安居香山・中村璋八《緯書的基礎研究》，國書刊行會，一九七六年
（312）顧頡剛・小倉芳彥等譯《中國古代學術與政治》，大修館書店，一九七八年
（313）町田三郎《秦漢思想史研究》，創文社，一九八五年
（314）日原利國《漢代思想研究》，研文出版，一九八六年
（315）安居香山《緯書與中國神祕思想》，平河出版社，一九八八年
（316）板野長八《儒教成立史研究》，岩波書店，一九九五年

（317）馬伯樂著／川勝義雄譯《道教》，平凡社Library，二〇〇〇年
（318）戶川芳郎《漢代學術與文化》，研文出版，二〇〇二年

第八章

東漢史通論

（319）狩野直禎《東漢政治史研究》，東洋史研究叢刊之四十七，同朋舍出版，一九九三年
（320）東晉次《東漢時代的政治與社會》，名古屋大學出版會，一九九五年
（321）渡邊義浩《東漢國家的支配與儒教》，雄山閣出版，一九九五年

◆研究秦漢時代的著作很多，專門探討東漢時代的研究書籍則主要為（319）（320）（321）這三本。

後漢書

（322）范曄撰・李賢注《後漢書》全十二冊，中華書局，一九六五年
（323）清・王先謙《後漢書集解》，藝文印書館
（324）張舜徽主編《後漢書事典》，山東教育出版社，一九九四年
（325）吉川忠夫訓注《後漢書》全十冊，別冊一，岩波書店，二〇〇一年～
（326）渡邊義浩主編《全譯後漢書》全十八冊，別冊一，汲古書院，二〇〇一年～

◆（325）彙整《後漢書》原文全文與注釋，持續刊行中；（326）則是以《後漢書》原文全文、注釋及白話文翻譯為目標，持續刊行中。

民變

（327）谷川道雄・森正夫編《中國民眾叛亂史1秦～唐》，東洋文庫，平凡社，一九七八年
（328）木村正雄《中國古代農民叛亂研究》，東京大學出版會，一九七九年

洛陽

（329）洛陽市文物局《漢魏洛陽故城研究》，科學出版

社，二〇〇〇年

東亞世界

（330）西嶋定生《倭國的出現　東亞世界中的日本》，東京大學出版會，一九九九年
（331）西嶋定生《中國古代國家與東亞世界》，東京大學出版會，一九八三年

石刻金石資料

（332）宋・洪适《隸釋》，影印本，極東書店，一九六六年
（333）同右《隸續》，影印本，極東書店，一九六九年
（334）清・翁方綱《兩漢金石志》，影印本，臺北文海出版社，一九六七年
（335）容庚《秦金文錄・漢金文錄》，臺北國立中央研究院歷史語言研究所專刊五，一九三一年
（336）永田英正編《漢代石刻集成》全二冊，同朋舍出版，一九九四年

人口

（337）葛劍雄《西漢人口地理》，人民出版社，一九八六年
（338）葛劍雄《中國人口發展史》，福建人民出版社，一九九一年

畫像石・畫像磚

◆漢代墓室、祠堂、石棺的石面或磚面上多繪有各種圖案。由於具有地區差異，以下文獻依地區分類。

四川

（339）聞宥撰《四川漢代畫像選集》，中國古典藝術出版社，一九五六年
（340）高文編《四川漢代畫像磚》，上海人民出版社，一九八七年
（341）《巴蜀漢代畫像集》，文物出版社，一九九八年

山東

（342）南京博物院・山東省文物管理處《沂南古畫像石墓發掘報告》，文化部文物管理局出版，一九五

九年
（343）《徐州漢畫像石》，江蘇美術出版社，一九八五年
（344）《山東沂南漢墓畫像石》，齊魯書社，二〇〇一年
（345）《山東長清孝堂山漢祠畫像》，齊魯書社，二〇〇一年
（346）臨沂博物館編《臨沂漢畫像石》，山東美術出版，二〇〇二年
（347）馬漢國主編《微山漢畫像石選集》，文物出版社，二〇〇三年

南陽

（348）《南陽漢代畫像石》，文物出版社，一九八五年
（349）《南陽兩漢畫像石》，文物出版社，一九九〇年
（350）南陽漢畫館編著《南陽漢代畫像石墓》，河南美術出版社，一九九八年

陝北

（351）陝西博物館編《陝北東漢畫像石》，陝西人民美術出版社，一九八五年
（352）張鴻修編著《陝西漢畫》，三秦出版社，一九九四年
（353）康蘭英・趙力光編著《陝北漢代畫像石》，陝西人民出版社，一九九五年
（354）韓偉主編・王煒林副主編《陝西神木大保當漢彩繪畫像石》，重慶出版社，二〇〇〇年

徐州

（355）《徐州漢畫像石》，中國世界語出版社，一九九五年
（356）高書林編著《淮北漢畫像石》，天津人民美術出版社，二〇〇二年

◆以下文獻則為畫像石研究及畫像石通論。

（357）長廣敏雄《漢代畫象的研究》，中央公論美術出版，一九六五年
（358）土居淑子《古代中國的畫象石》，同朋舍出版，一九八六年
（359）吳曾德《漢代畫像石》，臺北丹青圖書有限公

司，一九八七年
（360）《中國美術全集　繪畫篇18　畫像石畫像磚》，上海人民美術出版社，一九八八年
（361）渡部武《畫像述說的中國古代》，平凡社，一九九一年
（362）林巳奈夫《刻在石上的世界》，東方書店，一九九二年
（363）中國農業博物館編《漢代農業畫像磚石》，中國農業出版社，一九九六年
（364）信立祥《中國漢代畫像石研究》，同成社，一九九六年
（365）高文・高成剛編著《中國畫像石棺藝術》，一九九六年
（366）王明發《畫像磚》，遼寧畫報出版社，二〇〇一年
（367）歐陽摩一《畫像石》，遼寧畫報出版社，二〇〇一年
（368）蔣英炬《漢代畫像石與畫像磚》，文物出版社，二〇〇一年
（369）羅二虎著・渡部武譯《中國漢代畫像與畫像墓》，慶友社，二〇〇二年
（370）羅二虎《漢代畫像石棺》，巴蜀書社，二〇〇二年
◆（357）（358）（359）（364）（369）為漢畫像石的研究著作，其他則為概論及各地畫像石、畫像磚的圖錄集。

壁畫墓

（371）《望都漢墓壁畫》，中國古典藝術出版社，一九五五年
（372）內蒙古自治區博物館文物工作隊《和林格爾漢墓壁畫》，文物出版社，一九七八年
（373）洛陽博物館供稿《洛陽漢代彩畫》，河南美術出版社，一九八六年
（374）河北省文物研究所《安平東漢壁畫墓》，文物出版社，一九九〇年
（375）陝西省考古研究所・西安交通大學《西安交通大學西漢壁畫墓》，西安交通大學出版社，一九九一年
（376）河南省文物考古研究所《密縣打虎亭漢墓》，文

物出版社，一九九三年

(377) 韋娜・李聚寶主編《洛陽古墓博物館》，中州古蹟出版社，一九九五年

(378) 賀西林《古墓丹青　漢代墓室壁畫的發現與研究》，陝西人民出版社，二〇〇一年

(379) Susanne Greiff・尹申平《考古發掘出土的中國東漢墓（邠王墓）壁畫》，陝西省考古研究所，二〇〇二年

◆漢代以長安、洛陽為中心的北方地區亦可發現壁畫的蹤影。壁畫與畫像石皆是理解漢代文化的重要線索。(377)介紹以保存壁畫墓文物為主的博物館。(378)則為壁畫墓的研究著作。

第九章

自然災害、環境、歷史地理

(380)《竺可楨科普創作選集》，科學普及出版社，一九八一年

(381) 史念海《黃土高原森林與草原的變遷》，陝西人民出版社，一九八五年

(382) 佐藤武敏編《中國災害史年表》，國書刊行會，一九九三年

(383) 史念海《河山集》，生活・讀書・新知三聯書店，一九六三年；第二集，同上，一九八一年；第三集，人民出版社，一九八八年；第四集，陝西師範大學出版社，一九九一年；第五集，山西人民出版社，一九九一年；第六集，山西人民出版社，一九九七年；第七集，陝西師範大學出版社，一九九九年

(384) 譚其驤《長水集》上下續，人民出版社，一九八七年、一九九四年

(385) 袁清林著・久保卓哉譯《中國的環境保護與其歷史》，研文出版，二〇〇四年

◆(380)為氣象學者的論集。(381)概述古代黃土高原的豐富森林資源因開發而逐漸消失的歷史。(382)將以正史為主的災害紀錄整理成年表。(383)為涵蓋古代關中、長城、道路、黃土高原、森林變遷、古都學、黃河、人口等歷史地理學各領域的論集。(384)為秦郡、西漢行政地理、黃河古道的研究論文集。

宦官

（386）三田村泰助《宦官　側近政治的構造》，中公新書，一九六三年，中公文庫，一九八三年

（387）顧蓉・葛金芳著、尾鷲卓彥譯《宦官　操縱中國四千年的異形集團》德間書店，一九九五年

醫學

（388）丸山敏秋《黃帝內經與中國古代醫學》，東京美術，一九八八年

（389）坂出祥伸編《中國古代養生思想的綜合研究》，平河出版社，一九八八年

秦漢考古美術通論

（390）大阪市立美術館《漢代的美術》，平凡社，一九七五年

（391）《世界美術大全集》第二卷，秦・漢，小學館，一九九八年

（392）陝西省博物館編《秦漢雄風》，浙江人民美術出版社，一九九九年

（393）陝西省博物館編《秦漢文化》，學林出版社，二〇〇一年

◆在諸多以圖版介紹秦漢豐富出土文物的書籍中，（390）以日本收藏的文物為主，（391）則以中國新出土的文物為主。（392）（393）則是由位於秦漢古都西安的陝西省博物館所編纂，內容相當充實。

一般漢代考古學

（394）王仲殊《漢代考古學概說》，新華書店，一九八四年

（395）宋治民《戰國秦漢考古》，四川大學出版社，一九九三年

（396）趙化成・高崇文等《秦漢考古》，文物出版社，二〇〇二年

◆（394）為漢代考古學的概論，（395）則是從戰國到漢代略為詳細的考古學概論。

秦漢墓

（397）中國科學院考古研究所編《長沙發掘報告》，科

學出版社，一九五七年
（398）河北省文化局文物工作隊《望都二號漢墓》，文物出版社，一九五九年
（399）中國科學院考古研究所編《洛陽燒溝漢墓》，科學出版社，一九五九年
（400）湖北省西漢古屍研究小組《江陵鳳凰山一六八號墓西漢古屍研究》，文物出版社，一九八二年
（401）中國社會科學院考古研究所・廣州市文物管理委員會・廣州市博物館《廣州漢墓》上下，文物出版社，一九八二年
（402）南京博物館《四川彭山漢代崖墓》，文物出版社，一九九一年
（403）河南省文物研究所《密縣打虎亭漢墓》，文物出版社，一九九三年
（404）青海省文物考古研究所《上孫家寨漢晉墓》，文物出版社，一九九三年
（405）咸陽市文物考古研究所《塔爾坡秦墓》，三秦出版社，一九九八年
（406）陝西省考古研究所編著《隴縣店子秦墓》，三秦出版社，一九九八年
（407）西安文物保護考古所《西安龍首原漢墓》，西北大學出版社，一九九九年
（408）黃岡市博物館《羅州城與漢墓》，科學出版社，二〇〇〇年
（409）湖北省荊州博物館編著《荊州高臺秦漢墓》，科學出版社，二〇〇〇年
（410）黃曉芬《中國古代葬制的傳統與變革》，勉誠出版，二〇〇〇年
（411）《白鹿原漢墓》，三秦出版社，二〇〇三年

◆（397）～（409）（411）為秦漢一般墓葬的發掘報告。（410）則是將墓葬形式的變化有系統地加以整理的研究著作。

文物

（412）孫機《漢代物質文化資料圖說》，文物出版社，一九九一年
（413）林巳奈夫《漢代文物》，京都大學人文科學研究所，一九七六年
（414）林劍鳴・吳永琪主編《秦漢文化史大辭典》，漢語大辭典出版社，二〇〇二年

明器

（415）《漢代建築明器》，大象出版社，二〇〇二年

（416）李正光編繪《漢代漆器藝術》，文物出版社，一九八七年

（417）湖北省博物館・香港中文大學文物館《湖北出土戰國秦漢漆器》，湖北省博物館，一九九四年

（418）《中國漆器全集3漢》，福建美術全集，一九九八年

（419）李正光編繪《漢代漆器圖案集》，文物出版社，二〇〇二年

瓦當

（420）《秦漢瓦當》，陝西旅遊出版社，一九九九年

（421）陝西省考古研究所秦漢研究室《新編秦漢瓦當圖錄》，三秦出版社，一九八六年

貨幣

（422）陝西省錢幣學會《秦漢錢范》，三秦出版社，一九九二年

（423）上海博物館青銅器研究部編《上海博物館藏錢幣　秦漢錢幣》，上海書畫出版社，一九九四年

（424）關漢亨《半兩貨幣圖說》，上海書店出版社，一九九五年

（425）西安錢幣學會・陝西省錢幣學會編《新莽錢範》，三秦出版社，一九九六年

數學

（426）彭浩《張家山漢簡算數書註釋》，科學出版社，二〇〇一年

（427）藪內清《中國的數學》，岩波新書，一九七四年

（428）川原秀城《九章算術解說》（科學名著二），朝日出版社，一九八〇年

年表

（編註：中國在漢武帝之前有年而無年號，因此加上「紀年」兩字）

西元	紀年／年號	中國	東北亞・日本・朝鮮・其他
前三〇六	秦昭王元年	喜的《編年記》從這一年記錄到始皇三十年。	
二八八	十九	秦昭王稱西帝，齊王稱東帝。	
二六二	四十五	睡虎地秦墓埋葬者「喜」出生。	
二六〇	四十七	秦國白起於長平大破趙軍。	
二五九	四十八	秦王政於趙國邯鄲出生。	
二五七	五十	秦軍包圍趙國邯鄲，楚、魏出兵支援。	
二五五	五十二	秦滅東周。	
二五一	五十六	秦昭王去世。	
二五〇	秦孝文王元年	秦孝文王即位不久便去世。	
二四九	秦莊襄王元年	呂不韋成為秦相。	
二四七	三	秦莊襄王去世，十三歲的兒子政（秦始皇）即位。 劉邦出生。	

二四六	秦王政元年	開始建造驪山陵。開始挖掘鄭國渠。
二四一	六	楚國遷都壽春。
二三九	八	甘肅天水出土這一年的墳墓埋葬者編年紀錄及木板地圖（一九八六年）。
二三八	九	爆發嫪毐之亂。
二三七	十	鄭國遭發現為間諜。呂不韋失勢。
二三五	十二	呂不韋自殺。
二三三	十四	韓非子在秦國遭毒殺。
二三二	十五	項羽出生。
二三〇	十七	秦滅韓。
二二七	二十	燕太子丹派荊軻刺殺秦王，失敗。
二二五	二十二	秦滅魏。
二二三	二十四	秦滅楚。
二二二	二十五	秦滅趙、燕。
二二一	始皇二十六	秦滅齊，統一天下。秦王政成為皇帝（秦始皇）。統一度量衡、車軌及文字。實施郡縣制。改稱人民為黔首。
二二〇	二十七	秦始皇第一次巡狩。

二一九	二十八	秦始皇第二次巡狩，封禪泰山，派遣徐市（徐福）率領童男童女數千人前往東海尋求長生不老之藥。	
二一八	二十九	秦始皇第三次巡狩。	
二一七	三十	《編年記》紀錄到此為止。喜可能死於這一年。	
二一五	三十二	秦始皇第四次巡狩，逗留於碣石，派燕人盧生尋找仙人。	
二一四	三十三	秦攻百越，設置南海等三郡。	（北）蒙恬驅逐鄂爾多斯地區的匈奴，設置四十四縣。
二一三	三十四	秦在丞相李斯的提案下公布焚書令，焚燒民間的《詩》、《書》及諸子百家典籍	
二一二	三十五	秦造直道。開始建造阿房宮。於咸陽坑殺儒生四百六十餘人（坑儒）。	
二一〇	三十七	秦始皇第五次巡狩，途中於七月死於沙丘平臺。九月太子胡亥即位（二世皇帝）。九月於咸陽埋葬秦始皇。	
二〇九	二世元年	七月陳勝吳廣之亂。九月劉邦、項梁、項羽叛亂。十二月陳勝戰死。	（北）冒頓單于殺父親頭曼自立，統一匈奴。
二〇八	二	項羽擁立楚懷王，李斯遭處刑。	
二〇七	三	丞相趙高害死二世皇帝胡亥。子嬰殺趙高。	

二〇六	漢王元年	十月秦王子嬰向劉邦投降。十二月鴻門宴。項羽殺子嬰，焚燒咸陽宮殿。秦滅亡。項羽自立為西楚霸王，分封劉邦等十八人為各地之王。	
二〇五	二	十月項羽殺義帝，楚漢之爭正式展開。	
二〇三	四	楚漢達成休戰協議。	
二〇二	高祖五年	項羽於垓下戰死。劉邦即位為皇帝，漢朝誕生。	
二〇一	六	漢高祖劉邦與功臣們行封爵之誓。漢高祖於平城白登山遭匈奴包圍。	
二〇〇	七	漢朝將首都從洛陽遷至長安。	
一九八	九	下令楚地的昭、屈、景、懷氏及齊地的田氏移居關中。	
一九七	十	諸侯王至長安朝賀。	
一九六	十一	韓王信、梁王彭越遭殺害。	
一九五	十二	黥布遭殺害。四月漢高祖去世，漢惠帝即位。	
一九四	惠帝元年	呂后毒殺趙王如意等人。開始興建長安城。	（朝）衛滿建立衛氏朝鮮政權。
一九〇	五	長安城竣工。	
一八八	七	漢惠帝去世，太子即位（少帝劉恭）。	
一八七	呂太后元年	呂太后臨朝稱制，掌握大權。	

一八六	二	湖南省長沙馬王堆西漢墓埋葬者軑侯去世。張家山漢簡內有呂后二年律令。
一八四	四	少帝劉弘即位。
一八〇	八	呂太后去世。周勃等人消滅呂氏一族。漢文帝即位。
一七九	文帝前元年	漢與匈奴交換簡牘外交文書。
一七四	六	（北）冒頓單于去世，老上單于即位。
一六八	十二	田租減半。此時期匈奴經常入侵漢地。
一六七	十三	廢除肉刑（身體刑）。田租全免。
一六六	十四	此時期月氏遭匈奴迫害而西遷。
一五七	後七年	吳氏長沙國遭廢。漢文帝去世，漢景帝即位。
一五六	景帝前元年	恢復田租。稅率為三十分之一。
一五四	三	吳楚七國之亂。
一四五	中五年	司馬遷出生（一說為西元前一三五年）。
一四一	後三年	漢武帝即位。
一四〇	武帝建元元年	開始使用年號後，將年號回推至此年（建元元年）。董仲舒擔任江都相。此時期司馬談就任太史令。

一三九	二	張騫於此時期出使大月氏。設置茂陵邑。	
一三六	五	一說五經博士設立於此年。	
一三三	元光二年	漢朝試圖於馬邑偷襲匈奴但沒有成功。	
一三二	三	黃河於濮陽的瓠子潰堤。	
一二九	六	衛青第一次遠征匈奴。	
一二八	元朔元年	衛青第二次遠征匈奴。這一年秋天衛子夫成為皇后。	（朝）薉君南閭降漢，漢朝於該地（朝鮮半島東海岸）設置蒼海郡。
一二七	二	衛青第三次遠征匈奴。占領鄂爾多斯地區，修築秦代長城。	
一二六	三	張湯就任廷尉。張騫自西域歸來。	（北）軍臣單于去世，伊稚斜單于即位。
一二四	五	衛青第四次遠征匈奴。	
一二三	六	衛青、霍去病第五、六次遠征匈奴。將軍衛青大破匈奴。	
一二二	元狩元年	淮南王劉安、衡山王劉賜謀反。	
一二一	二	將軍霍去病大破匈奴。匈奴渾邪王降漢。設置河西四郡。	

一一九	四	張騫再度出使西域。實施鹽鐵專賣制度。	
一一八	五	取消半兩錢，發行五銖錢。	
一一六	元鼎元年	張騫再度出使西域。	
一一五	二	桑弘羊就任大農中丞，實施均輸法。	
一一三	四	漢武帝第一次巡狩。	
一一一	六	漢消滅南越，設置南海九郡。	
一一〇	元封元年	漢武帝封禪泰山。司馬談去世。	
一〇九	二	修復黃河瓠子潰堤處。攻打西南夷，征服滇國。	
一〇八	三	司馬遷就任太史令。	（朝）漢武帝派軍消滅衛氏朝鮮，設置樂浪、真番、臨屯、玄菟四郡。
一〇七	四	發行五銖錢。	
一〇六	五	將天下分為十三州，由刺史管轄。	
一〇四	太初元年	改採太初曆，以一月為歲首。李廣利攻打大宛。	
一〇〇	天漢元年	桑弘羊就任大司農。蘇武於匈奴領地遭擒。	
九九	二	貳師將軍李廣利於祁連山攻打匈奴右賢王。李陵投降匈奴。	
九八	三	司馬遷受李陵之禍牽連而入獄。	

九五	太始二年	建白渠。	
九一	征和二年	發生巫蠱之禍，皇太子及其妻、兒遭殺害。	
九〇	三	李廣利戰敗，投降匈奴。	
八九	四	《史記》完成於這個時期。	
八八	後元元年	設置敦煌郡。	
八七	二	漢武帝去世。么子劉弗陵即位（漢昭帝），霍光、金日磾、上官桀為輔佐。司馬遷於這個時期去世。	
八六	昭帝始元元年	這個時期開始實施代田法。燕王旦謀反。	
八二	五		（朝）漢朝廢去真番郡及臨屯郡。
八一	六	朝廷召集賢良、文學開鹽鐵會議。	
前八〇	元鳳元年	燕王旦再度謀反。上官桀、桑弘羊等人遭殺害，霍光掌握政權。	
七五	六		（朝）玄菟郡自半島遷移至蘇子河流域。
七四	元平元年	漢昭帝去世。昌邑王劉賀即位，旋即遭廢，漢宣帝即位。	
六八	宣帝地節二年	霍光病死。	

六六	四	霍氏謀反計畫曝光，遭滅族。	
六〇	神爵二年	鄭吉就任西域都護，設置於烏壘城。	
五九	三	王褒作《僮約》（奴隸買賣契約）。	
五八	四		（北）呼韓邪單于即位。
五六	五鳳二年	（北）匈奴分裂為五單于，郅支單于自立。	
五三	甘露元年		（北）匈奴的郅支單于與呼韓邪單于將兒子送入漢朝為人質。羅馬的克拉蘇軍進攻安息王國。
五一	三	召開石渠閣會議。	
四八	元帝初元元年	王氏成為漢元帝的皇后。	
四四	五		（北）郅支單于殺漢使，西遷康居。
四三	永光元年	廢除陵邑制度。	
三三	竟寧元年	漢朝王昭君嫁給呼韓邪單于。	
三一	成帝建始二年	匈奴呼韓邪單于去世。	
三〇	三		羅馬帝國統一地中海。
二八	河平元年	黃河於金堤潰決，王延世造堤防。	

二七	二	外戚王譚等五人封為王侯。	羅馬改行帝政。
一七	鴻嘉四年	黃河於金堤潰決，王延世造堤防。黃河於下游三郡潰堤。	
一六	永始元年	王莽受封新都侯。	
一一	元延二年	東海郡功曹史師饒的日記（尹灣漢墓簡牘）。	
八	綏和元年	王莽就任大司馬。學者劉向過世（西元前八二〜）。	
七	二	漢成帝猝死，漢哀帝即位。公布限田法。	
三	哀帝建平四年	京師及其他各地盛行祭拜西王母。	
二	元壽元年	一說大月氏國王的使節於這一年將《浮屠經》傳入中國。	
一	二	漢哀帝去世。王莽復任大司馬。漢平帝即位。元后臨朝稱制。	
後一	平帝元始元年	王莽受封安漢公，輔佐漢平帝施政。	（日）這時期倭人分為百餘國，部分國家向西漢的樂浪郡進貢。
後二	二	根據這一年的戶口普查，全漢朝人口為五千九百五十九萬四千九百七十八人（《漢書・地理志》）。	

五	五	王莽代替劉嬰（孺子嬰）掌政，就任攝皇帝。太皇太后王政君向全天下發布《四時月令》。
七	（孺子嬰）居攝二年	王莽發行錯刀、契刀、大泉五十等新貨幣。第一次貨幣改革。
八	三	王莽稱帝，改國號為新。
九	新始建國元年	王莽稱天下之田為王田，稱奴婢為私屬，禁止買賣。第二次貨幣改革。
一〇	二	第三次貨幣改革。（北）王莽將賜予匈奴的印璽降格為章。
一一	三	黃河於魏郡元城潰堤。第二次大改道。
一二	四	（朝）將高句麗該稱下句麗侯，引發高句麗離叛。
一四	天鳳元年	王莽發行貨布及貨泉（第四次貨幣改革）。
一七	四	發生呂母之亂。
一八	五	樊崇等叛亂。
二〇	地皇元年	綠林軍起兵。
二二	三	四月樊崇軍自稱赤眉（赤眉之亂）。十月劉縯、劉秀舉兵。

二三	更始元年	二月劉玄稱帝（更始帝）。九月王莽遭殺害。	
二四	二	二月更始帝遷都長安。五月劉秀於河北自立。	
二五	三	三月赤眉軍擊敗更始帝軍。	
後二五	光武建武元年	四月公孫述自稱天子。六月劉秀稱帝（東漢光武帝）。赤眉軍以劉盆子為天子。九月赤眉軍進入長安。十月光武帝定都洛陽。十二月赤眉軍殺害更始帝，焚燒長安宮殿，盜掘陵墓。	
二七	三	一月赤眉軍向光武帝投降。	
二九	五	朝廷於洛陽城外設太學。	
三〇	六	田租稅率減為三十分之一。解放奴婢。	
三二	八		（朝）高句麗遣使朝貢，恢復王號。
三三	九	隗囂病死。	
三四	十	隗囂之子隗純投降，隗囂政權滅亡。	
三五	十一	詔令殺奴婢不得減刑。廢除奴婢射傷一般人須處棄市之刑的律法。	
三六	十二	公孫述於成都戰敗，身亡。公孫述政權滅亡。光武帝統一天下。	

三七	十三	解放益州奴婢。	
三九	十五	實施全國農地及戶口普查。	
四〇	十六	恢復五銖錢。	（越）越南的徵側、徵貳姊妹舉兵叛漢。
四三	十九		（越）東漢伏波將軍馬援擊敗徵氏姊妹。
四四	二十		（朝）韓廉斯國蘇馬諟與樂浪郡建立交流。
四八	二十四		（北）匈奴南北分裂。南匈奴向漢朝貢。
四九	二十五	東漢伏波將軍馬援擊敗武陵蠻。	
五〇	二十六		（北）朝廷允許南匈奴居住於雲中。
五一	二十七		（北）朝廷拒絕北匈奴的和親請求。
五六	建武中元元年	光武帝封禪泰山，向全天下公布圖讖之書。	

五七	二	光武帝去世，漢明帝即位。這一年倭奴國王向東漢朝貢，光武帝賜予印綬。
五八	明帝永平元年	劉荊（光武帝第九子）受封廣陵王。
六〇	三	東漢南宮雲臺放置功臣二十八將畫像。
六七	十	洛陽城西的白馬寺建於此時期。西域佛經傳入東漢。
六九	十二	王景整治黃河與汴渠，隔年竣工。此後九百年河道無重大變化。
七〇	十三	楚王劉英謀反，牽連數千人。
七三	十六	班超遠赴西域。
七四	十七	朝廷設置西域都護、戊己校尉，重新掌控西域。
七五	十八	西域諸國叛離。
七九	章帝建初四年	漢章帝召集諸王、儒生齊聚洛陽白虎觀，討論五經異同。
八二	七	《漢書》大致完成於建初中（西元七六～八四年）。
八五	元和二年	漢章帝於魯地祭祀孔子，並賜布帛予孔氏一族。（北）南匈奴擊敗北匈奴。
八八	章和二年	廢止鹽鐵專賣制。

八九	和帝永元元年	竇憲擊敗匈奴。	
九一	三	復設西域都護，由班超擔任此一職位。	
九二	四	漢朝與南匈奴的聯軍擊敗北匈奴，北匈奴逃亡。班固死於獄中。	
九四	六	西域都護班超擊敗焉耆、尉犁，殺其國王，西域五十餘國向東漢歸順。	
九七	九	西域都護班超派部下甘英前往大秦。甘英經安息、條支，抵達海邊。	
一〇〇	十二	許慎完成《說文解字》。	
一〇五	十七	蔡倫獻紙。漢和帝去世，漢殤帝即位，鄧太后臨朝。	（朝）這一年春天高句麗攻打遼東郡。
一〇六	殤帝延平元年		（朝）玄菟郡遷移至渾河流域。
一〇七	安帝永初元年	廢除西域都護。西方羌人叛亂。	
			（日）倭國王帥升向東漢獻上生口（奴隸）。
一一〇	四	自這一年起連續六年發生蝗害。	
一一一	五		（朝）夫余王攻打樂浪郡。
一一三	七	自這一年起連續八年觀測到日蝕。	

一一八	元初五年	（朝）高句麗王宮攻打玄菟郡。
一一九	六	會稽郡發生傳染病。
一二〇	永寧元年	獻《說文解字》。
一二五	延光四年	京師爆發傳染病大流行。
一二七	順帝永建二年	班勇讓西域十七國歸順。
一三二	陽嘉元年	張衡造渾天儀（天球儀）與地動儀（地震儀）。
一三八	永和三年	金城、隴西郡發生地震。張衡測得震源方向。
一四〇	五	羌人叛亂，長達十年。全天下分為一百零五郡國、一千一百八十縣（《後漢書・郡國志》）。
一四三	漢安二年	涼州發生大地震。
一五〇	桓帝和平元年	（日）桓、靈帝期間，倭國大亂。
一五一	元嘉元年	正月京師爆發傳染病大流行。
一五三	永興元年	黃河氾濫。曲阜孔廟豎立「孔廟置守廟百石卒史碑」。
一五七	永壽三年	於魯地曲阜重建孔子墓。
一五八	延熹元年	漢桓帝於延熹年間信奉黃帝及老子，廢除其他祭祀活動。

一五九	二	羌人叛亂。	（印）天竺使節自日南入漢。
一六一	四		（印）天竺使節再度自日南入漢。
一六四	七	孔子的子孫孔宙之墓建碑。	
一六五	八	漢桓帝一年祭祀老子三次。四月黃河河水變清澈。	
一六六	九	李膺等兩百餘名黨人入獄（黨錮之禍）。	大秦國王安敦的使節抵達東漢。
一六七	永康元年	黨人獲釋，但終身禁錮（不得任官）。	（朝）夫余攻打玄菟郡。
一六八	靈帝建寧元年	陳蕃、竇武遭殺害。	
一六九	二	李膺等百餘名黨人遭殺害。	
一七五	熹平四年	蔡邕校正五經內文，建石經之碑於洛陽郊外的太學門口（熹平石經）。	
一七八	光和元年	朝廷於洛陽鴻都門設立學校，放置孔子及群弟子像。	
一八四	中平元年	張角叛亂，自稱黃天（黃巾之亂）。朝廷解除黨人的禁錮。	（日）這個時期倭國大亂，互相攻伐。其後諸國共同擁立卑彌呼為女王。
一八九	獻帝永漢元年	漢靈帝去世，少帝即位，何太后臨朝。袁紹殺盡宦官。董卓廢少帝，立漢獻帝。	

一九〇	初平元年	董卓遷都長安。朝廷取消五銖錢，改鑄造小錢。	
一九二	三	呂布殺董卓。	
一九四	興平元年	張魯統率五斗米道，自號師君。	
一九六	建安元年	曹操迎漢獻帝，定都於許。	
二〇〇	五	曹操於官渡擊敗袁紹。鄭玄去世。	
二〇四	九	這個時期公孫康於樂浪南方設置帶方郡。	
二〇八	十三	赤壁之戰（劉備與孫權的聯軍擊敗曹操軍）。	（朝）這個時期高句麗遷都國內城（丸都城）。
二〇九	十四		
二一三	十八	曹操受封魏公。	
二一四	十九	劉備就任益州牧。	
二一五	二十	張魯投降曹操。	
二一六	二十一	曹操受封魏王。這一年南匈奴單于向魏朝貢。	
二二〇	延康元年	曹操去世，兒子曹丕建立魏朝政權，東漢滅亡。	

若因改元而在一年之中有複數年號，原則上僅記新年號。

ISBN978-957-05-3148-0

中國・歷史的長河

03

始皇帝的遺產

秦漢帝國

初版一刷—2018 年 6 月
初版四刷—2023 年 5 月
定價—新台幣 600 元

作者　鶴間和幸
譯者　李彥樺
發行人　王春申
總編輯　張曉蕊
責任編輯　王育涵
封面設計　吳郁婷、吳郁嫻
內頁編排　菩薩蠻
地圖繪製　吳郁嫻
印刷　沈氏藝術印刷股份有限公司
出版發行　臺灣商務印書館股份有限公司
地址　23141 新北市新店區民權路 108-3 號 5 樓
電話　(02) 8667-3712
傳真　(02) 8667-3709
讀者服務專線　0800056196
郵撥　0000165-1
郵件信箱　ecptw@cptw.com.tw
網路書店網址　www.cptw.com.tw
臉書　facebook.com.tw/ecptw
局版北市業字第 993 號

始皇帝的遺產：秦漢帝國／鶴間和幸著；李彥樺譯 .-- 初版--新北市：臺灣商務，2018.6
面；14.8x21 公分
ISBN 978-957-05-3148-0（平裝）

1. 秦漢史 2. 通俗史話

610.9　　107007624

廣 告 回 信
板 橋 郵 局 登 記 證
板橋廣字第1011號

免 貼 郵 票

23141
新北市新店區民權路**108-3**號**5**樓
臺灣商務印書館股份有限公司　收

請對摺寄回，謝謝！

傳統現代　並翼而翔

Flying with the wings of tradtion and modernity.

讀者回函卡

感謝您對本館的支持，為加強對您的服務，請填妥此卡，免付郵資寄回，可隨時收到本館最新出版訊息，及享受各種優惠。

■ 姓名：________________　　性別：□ 男　□ 女
■ 出生日期：________年________月________日
■ 職業：□學生　□公務(含軍警)　□家管　□服務　□金融　□製造
□資訊　□大眾傳播　□自由業　□農漁牧　□退休　□其他
■ 學歷：□高中以下（含高中）□大專　□研究所（含以上）
■ 地址：
____
____
■ 電話：(H) ________________ (O) ________________
■ E-mail：________________________________
■ 購買書名：________________________________
■ 您從何處得知本書？
□網路　□DM廣告　□報紙廣告　□報紙專欄　□傳單
□書店　□親友介紹　□電視廣播　□雜誌廣告　□其他
■ 您喜歡閱讀哪一類別的書籍？
□哲學．宗教　□藝術．心靈　□人文．科普　□商業．投資
□社會．文化　□親子．學習　□生活．休閒　□醫學．養生
□文學．小說　□歷史．傳記
■ 您對本書的意見？（A/滿意　B/尚可　C/須改進）
內容________編輯________校對________翻譯________
封面設計________價格________其他________
■ 您的建議：________________________________

____

※ 歡迎您隨時至本館網路書店發表書評及留下任何意見

臺灣商務印書館　The Commercial Press, Ltd.
23141新北市新店區民權路108-3號5樓　電話：(02)8667-3712
讀者服務專線：0800-056196　傳真：(02)8667-3709
郵撥：0000165-1號　E-mail：ecptw@cptw.com.tw
網路書店網址：www.cptw.com.tw　網路書店臉書：facebook.com.tw/ecptwdoing
臉書：facebook.com.tw/ecptw　部落格：blog.yam.com/ecptw